지은이

이명현 서울대학교 철학과 명예교수

한충수 이화여자대학교 철학과 교수

윤영광 강원대학교 윤리교육과 조교수

최훈　강원대학교 삼척자유전공학부 교수

선우현 청주교육대학교 윤리교육과 교수

정성훈 인천대학교 인천학연구원 학술연구교수

손화철 한동대학교 교양학부 교수

정원섭 경남대학교 자유전공학부 교수

목광수 서울시립대학교 철학과 교수

김은희 경인교육대학교 윤리교육과 교수

박정일 숙명여자대학교 기초교양대학 교수

석기용 성신여자대학교 창의융합교양대학 교수

이영철 부산대학교 철학과 명예교수

백두환 남서울대학교 교양대학 겸임교수

김도식 건국대학교 철학과 교수

백도형 숭실대학교 철학과 교수

이서영 철학사상연구소 객원연구원

문아현 자유기고가

박신화 자유기고가

강영안 서강대학교 철학과 명예교수

황경식 서울대학교 철학과 명예교수

『철학과 현실, 현실과 철학』 기획편집위원

백종현(대표), 강상진, 김도식, 김양현, 양일모, 이종환, 이진우, 정원섭, 조은수, 허우성, 백두환(간사)

(주)북이십일 경계를 허무는 콘텐츠 리더

21세기북스 채널에서 도서 정보와 다양한 영상자료, 이벤트를 만나세요!
페이스북 facebook.com/jiinpill21　　　**포스트** post.naver.com/21c_editors
인스타그램 instagram.com/jiinpill21　　　**홈페이지** www.book21.com
유튜브 youtube.com/book21pub

당신의 일상을 빛내줄 탐나는 탐구 생활 〈탐탐〉
21세기북스 채널에서 취미생활자들을 위한 유익한 정보를 만나보세요!

현대 문명의 향도

일러두기

• 이 책에 등장하는 고유명사의 표기는 국립국어원 외국어 표기법을 원칙으로 하되 저자의
요청이 있는 경우 원어의 발음으로 표기했다.
• 따옴표 등 약물의 사용은 가독성을 높이는 방향으로 표기법을 통일했다.

현대 문명의 향도

인류 문명 진보를 위한 현대 철학의 모색들

이명현	김은희	박신화
한충수	박정일	강영안
윤영광	석기용	황경식
최훈	이영철	지음
선우환	백두환	
정성훈	김도식	백종현
손화철	백도형	엮음
정원섭	이서영	
목광수	문아현	

21세기북스

석양의 강 언덕에 앉아 흐르는 강물을 물끄러미 바라보면서 상념에 젖는다. '나는 어디서 와서 어디로 가고 있는가?', '태어나서[生] 살다가 늙고[老], 병 들어[病] 마침내 죽는 것[死]이 생애 전부인가?', '누구는 만물이 물이라 하니, 나 또한 물에서 나서 물로 돌아가는가? 아니면, 흔히 말하듯 흙에서 나서 흙으로 돌아가는가? 아니면, 깨달았다는 내 친구가 말하듯, 빛에서 일어나서 한 줄기 빛으로 지나가는가?'

사소한 일상에서 시작된 상념이 깊어져 사변으로 발전하면 철학이 된다. 숱한 철학적 논변들의 발단은 철학자의 생활 환경과 현실 체험이다. 이 책『철학과 현실, 현실과 철학』은 한 철학자 또는 한 철학 학파의 어떤 사상이 그 철학자의 어떤 생활 세계, 어떤 현실 인식에서 발생했는지를 이야기하는 글 모음이다. 이 책의 공저자들은 단지 '현실'에 관한 철학 이야기뿐만이 아니고, '이상'에 관한 철학이라도 그것의 발단은 철학자의 현실 기반임을 이야기하고 있다.

이 이야기 글 모음에는 한국 철학계 동료 74인이 동참하고 있는데, 공저자 대부분이 전문 논문을 작성하는 일이 습성화한 전문 학자이다 보니, 어떤 글 꼭지는 논문식으로 서술되기도 했다. 그렇지만 공저자 일동은 가능한 한 다루고 있는 철학자, 철학 주제를 일상에서처럼 이야기해보고자 하였다. 또 어떤 글 조각은 이 책을 위해 처음으로 쓴 것이라기보다는 필자의 옛 글을 이 책의 발간 취지에 맞춰 고쳐 쓴 것이다.

공저자 74인이 서로 의논한 바 없이 각자 자기 방식으로 써낸 철학 이야기들임에도, 그 이야기들에는 일정한 맥락이 있어 이를 네 권에 나누어 담고, 각각에 다음과 같이 표제를 붙였다. 제1권 인간의 자각과 개명(開明), 제2권 인간 문명의 진보와 혼란, 제3권 인간 교화의 길, 제4권 현대 문명의 향도(嚮導).

우리 공저자 일동이 함께 뜻을 모아 이런 책을 펴내는 바는 줄곧 '철학과 현실'을 주제로 활동해 오신 현우(玄愚) 이명현(李明賢, 1939~) 교수님의 85세수(八十伍歲壽)를 기리기 위한 것이다. 우리는 이 책으로 이명현 교수님이 오늘날의 한국 철학계를 형성하는 데, 특히 한국 철학계의 국제적 위상을 높이는 데 기여한 빛나는 공적을 후학들이 오래오래 기억하고, 우리 학계를 더욱더 발전시키고자 다짐하는 계기를 마련하려 하였다.

이명현 교수님의 일생을 되돌아보는 것은, 한국 현대사 85년을 되돌아보는 일이나 다를 바 없다. 이 교수님은 공식 기록에는 1942년 6월 16일생으로 되어 있으나, 실제로는 1939년 8월 1일 평안북도 신의주에서 아홉 형제 중 일곱째로 탄생하였다. 고향에서 8년을 살고 부친 별세 후에 1947년 모친과 함께 이남으로 피난하여 1949년 제주도에 정착, 열 살이 되어서야 초등학교에 2학년으로 입학했는데, 당시에 동급생들이 대개 1942년생이어서 그에 맞춰 1942년생으로 비로소 호적 정리를 했다고 한다. 그렇게 입학한 초등학교는 제대로 졸업했지만, 가정 형편상 중고등학교 정규 교육 과정을 이수하지 못하고 검정고시를 거쳐 1960년에 서울대학교 철학과에 입학하였다. 이후로는 당시의 인재들이 보통 선택할 수밖에 없었던 '학자 되는 길'을 걸었다. 장학금을 얻어 미국 대학(Brown Univ.)에 유학하고, 1973년에 귀국하여 한국외국어대학교에서 교수 활동을 시작하였다. 1977년에 서울대학교 철학과 교수로 전임하여, 2007년에 정년 퇴임하였다.

이명현 교수님은 그사이 1980년 신군부 치하에서 4년여 강제 퇴직을 당하기도 했고, 복직 후 1994~1996년 간에는 대통령 자문 교육개혁위원회 상임위원을 맡아 이른바 '5·31 교육개혁안'(1995)을 마련, 현행 교육 3법 (교육기본법, 초·중등교육법, 고등교육법)의 제정을 주도하였다. 그리고 그는 그 후속으로 짧은 기간(1997. 8.~1998. 3.)이지만 교육부 장관직을 맡아 교육 3법에 부수하는 제도 정비 작업을 수행하였다. 그리고 이와 관련해 이 교수님은 자신이 철학하는 취지와 사회 혁신, 특히 교육 개혁의 필요성과 방향을 두 권의 웅혼한 저술, 곧 『신문법 서설』(철학과현실사, 1997)과 『교육혁명』(철학과현실사, 2019)을 통해 밝혔다.

1945년 이후에야 한국의 철학계는 비로소 현대 한국어로 철학하기를 시작했는데, 일제 강점기의 여파로 초기 1950~1970년대는 독일 철학적 주제들이, 이어지는 1980~1990년대는 사회철학이 학계의 주류를 이루었다. 이러한 환경에서 이명현 교수님은 이른바 영미 철학의 분위기를 일으킨 선도자였다. 학사 논문 「Tractatus의 중심 사상」(서울대학교, 1966), 석사 논문 「Wittgenstein에 있어서 언어의 의미 문제 - 후기철학을 중심으로」(서울대학교, 1968), 박사 논문 "The later Wittgenstein's Reflection on Meaning and Forms of Life"(Brown Univ., 1974)을 통해 이 교수님은 비트겐슈타인을 천착하였고, 이로써 한국 철학계에 새로운 학풍을 조성하였다. 이때 김준섭(서울대), 이한조(서강대), 이초식(서울교대, 고려대) 교수님 등 몇 분으로 겨우 구색을 갖추고 있던 영미 철학 분야가 이 교수님을 비롯해 김여수(성균관대, 서울대), 소흥렬(계명대, 이화여대), 엄정식(서강대), 정대현(이화여대) 교수님 등이 등장함으로써 차츰 한국 철학계의 큰 줄기로 발전하여, 2000년 이후는 학계의 대세가 되었는데, 그러한 학계의 형성에 이명현 교수님은 초석을 놓았다.

'한국 철학계'라는 학계의 형성에는 탁월한 연구와 교육뿐만 아니라, 이를 위한 기관 설립과 학자들의 교류의 장을 확대하는 일이 긴요한데, 이명현 교수님은 '서울대학교 철학사상연구소'(1989)와 '사단법인 한국철학회'(1996)의 기틀을 잡았고, 한국철학회가 주최한 두 차례의 세계적 학술대회였던 '한 민족 철학자 대회'(서울대, 1991)와 '제22차 세계 철학 대회(World Congress of Philosophy)'(서울대, 2008)를 주관하였다. 이와 같은 물적·가시적 업적을 넘어 이명현 교수님의 최고 미덕은 일에 대한 거시적인 안목과 통찰력, 미래 지향적 사고, 업무 처리에서의 공명정대함과 주변 인사들의 허물은 덮고 장점을 높이 사서 저마다의 역량을 널리 펼 수 있도록 눈에 띄지 않게 배려하는 품성이다. 오늘날 한국 철학계라는 '학계'는 그의 이러한 미덕에서 많은 자양분을 얻었다.

여기에 더해 이명현 교수님은 이 책의 표제가 그에서 비롯한 계간지

《철학과 현실》(철학문화연구소)의 창간 시기부터 편집인(1989~1997)으로, 나중에는 발행인(2009~현재)으로 활동하면서 철학과 현실의 접목에 진력하고 있다.

우리 공저자 일동은 각자 관심 있는 철학자(철학 학파)의 철학 이야기를 여기에 펼쳐내면서 이명현 교수님의 높은 학덕에 경의를 표하고, 그 노고에 깊은 감사를 표하는 바이다.

『철학과 현실, 현실과 철학 4 : 현대 문명의 향도』는 "철학은 당대의 내비게이션이다"라는 머리말 아래에 20편의 철학 이야기를 4부로 나누어 담고 있다.

"자연과 인간 사회 문화 제 영역의 최고 원리와 제 영역의 통일 원리를 반성적으로 탐구하는 활동 또는 그 결실"로 규정되는 철학은 언제 어디서나 당대의 문명을 비판적 시각으로 바라보고, 자연과학, 사회과학, 인문학의 제반 학문 원리들을 고찰함으로써 개선된 장차의 문명사회를 그린다.

'제1부 현대 문명 비판'을 구성하는 세 편, '제2부 정의 실천의 모색'의 여섯 편, 제3부 '경험의 한계와 진리에 대한 사색'의 여섯 편, '제4부 다시 '참'을 추구하는 노고(勞苦)'의 다섯 편의 철학 이야기는 20세기 이래의 다양한 사상가들의 현대 문화 현상에 대한 성찰과 함께 문명 개선을 위한 지혜를 전시하고 있다. 이들의 이야기는 오늘 그리고 내일의 한국 문화 진흥을 위해서도 견인차가 될 것이다.

이렇듯 다양한 철학 이야기를 한 권의 책으로 묶어내는 데는 많은 시간과 비용이 들어가는데, 이러한 책의 발간 기획 취지에 선뜻 응하여 공저자들이 독자들을 만날 수 있게 호의를 베풀어 준 북이십일 출판사 김영곤 대표님과 결코 쉽지 않았던 교열과 교정 작업을 인내와 포용으로 맡아 해 준 편집 담당자님께 깊은 사의를 표한다.

이명현 교수님과 함께 공저자 일동은 이렇게 책을 엮어냄으로써 철학도들끼리 주고받던 철학 이야기를 일반교양인 독자들과도 나누게 될 수 있기를 소망한다. 그리고 마침내는 한국의 교양인들 사이에서 철학 이야기꽃이 만발하기를 소망한다.

2024년 7월

『철학과 현실, 현실과 철학』기획편집위원회를 대표해서

백종현

철학은 당대의 내비게이션이다

현우 이명현

　우리말의 철학(哲學)은 고대 그리스어 '필로소피아(φιλοσοφία)'의 번역어이다. 한자 문화권에서는 학(學) 또는 이학(理學)이라는 말이 있었다. 영어 'philosophy'는 고대 그리스어에 뿌리를 둔 말이다. '지혜 사랑'이라고 풀이될 수 있는 말이다. 동양의 학(學)과 대응한다고 볼 수 있다. 그런데 고대 그리스에 있어서 '필로소피아'는 특별한 배움(學)이라 볼 수 있다. 말을 타는 법을 배우는 것과 같은 것은 필로소피아라 볼 수 없다. 일하는 방법 또는 기술(how to do)을 배우는 것을 필로소피아라 부를 수 없다. 일과 사물의 본질, 더 나아가 사물의 근본 원리를 탐구하는 활동을 필로소피아라 부를 수 있다. 한 마디로 쉽게 풀이하면, 존재하는 것에 대해서 깊이 있게(radical) 그리고 폭넓게(comprehensive) 탐구하는 활동을 필로소피아라고 불렀다고 볼 수 있다.

　말[言語]은 역사와 더불어 변화한다. 새로운 말이 생겨나기도 하고, 있었던 말이 소멸하기도 한다. 또 같은 말이라도 시간과 더불어 의미가 조금씩 변화한다. 말은 존재하는 모든 것과 더불어 변화 속에 놓여 있다.

필로소피아, 철학이란 말도 역사적 변용 속에 있다. 그런데 참으로 오랫동안 고정불변한 철학의 특징으로 여겨온 것은 철학(philosophia)은 영원불변하는 '절대적 진리(absolute truth)를 탐구하는 활동'이라는 것이다. 그런 의미에서 여타의 다른 지적 활동과 구별되는 최고의 자리, 지적 활동 영역에서 황제의 자리를 점유하고 있었다고 볼 수 있다. 서양 대학에서 수여하는 최고의 학위가 Ph. D.(Doctor of philosophy)인데, 그것은 과거 서양에서 'philosophy'라는 지적 활동이 차지하는 역사적 연원과 무관하지 않다. 100여 년 전만 해도 유럽에서는 응용 학문과 대비되는 순수 학문 전체를 지칭하는 말로 'philosophy'가 사용되기도 했다.

서양 철학사라는 책 속에 나타나는 철학자들의 탐구 주제와 내용을 들여다보면, 시대에 따라, 역사적 상황에 따라 각기 다른 모습으로 나타난 것을 읽을 수 있다. 대표적인 예로 소크라테스와 그의 제자 플라톤이 문제 삼았던 철학적 탐구의 주제와 근세 철학의 대표적 프랑스 철학자인 데카르트의 탐구 주제는 보통 사람의 견해로는 너무나 동떨어진 것처럼 보인다. 더구나 카를 마르크스의 철학과 비트겐슈타인의 탐구 주제는 너무나 다르다고 하지 않을 수 없다. 이것은 무엇을 말해주는가? 왜 이렇게 시대와 역사적 상황에 따라 각기 다른 주제와 내용을 지닌 철학적 활동이 이루어졌는가? 19세기 독일의 철학자 헤겔은 철학적 활동을 날이 저물어야 날기 시작하는 '미네르바의 올빼미'에 비유하기도 했다. 이에 대응하여 카를 마르크스는 철학적 활동을 새벽을 알리는 '갈리아의 수탉'에 비유하기도 했다.

그러면 한국에 있어서 철학이라는 학문에 종사하는 사람들은 무엇에 몰두하며 철학적 탐구를 한다고 자임해왔는지 뒤돌아볼 필요가 있다. 주지하다시피 한반도에 오랫동안 몸을 담고 살았던 우리 선조들은 가깝게는 중국 문명, 멀게는 인도 문명권에서 논의되었던 문제들을 가지고 지적 씨름을 했다. 간단히 이야기해서 유불선으로 표현될 수 있는 종교적 형이상학적 문제가 서양에서 필로소피아라고 지칭되는 지적 탐구와 대응하는 지적 활동이었다고 볼 수 있다.

한반도에 몸담고 사는 사람들이 서양의 필로소피아라는 지적 탐구에 본격적으로 개입한 것은 1900년대 이후의 일이다. 소수의 예외를 제외하면, 주로 일본 학자들의 번역과 저작을 통해 걸러낸 재수입품으로서의 서양 철학과의 만남이었다. 해방 이후 대한민국에서의 철학적 탐구는 주로 대학의 철학과에 소속된 학자들의 관심거리였음은 말할 것도 없다. 지난 70여 년 동안 대한민국의 대학 철학과에서 철학적 탐구라는 영역에서 주로 해온 작업은 중국과 인도로부터 유입되어온 사상들의 문헌 해독과 해설, 그리고 서양 철학사에 기록된 사상가의 저술 해독과 해석에 집중되었다 해도 과언이 아니다. 한마디로 철학사 공부하기였다.

과거 동서양의 철학자들이 산출한 철학적 작업은 그들이 살면서 당면했던 문제들에 대한 자기 나름의 처방이요, 응답의 궤적이라 볼 수 있다. 그러나 그들 각자 내심으로는 절대 불변의 진리에 대한 탐구라고 여겼는지도 모른다. 어쩌면 특정한 시대와 상황에서 살았던 사상가들에게 포착된 진리라고 볼 수도 있다.

인간은 절대적 진리를 갈구하는 존재인지도 모른다. 하지만 인간은 어떤 특정한 시대와 특정한 상황이라는 제한 속에 존재하기에 시간과 상황을 초월한 절대적 진리의 파악이란 한갓된 인간의 희구일 뿐, 인간이 포착한 진리는 특정한 시대와 상황이라는 빛 아래서 드러난 것인지도 모른다. 그래서 영원의 상 아래에서 본 절대 진리란 인간 존재의 유한성 때문에 언제나 인간에겐 사막 속 한가운데 있는 이의 눈에 나타나는 신기루와 같은 것에 지나지 않는지 모르겠다.

동양의 옛 선현들의 저작과 서양의 옛 선현들의 저작은 그들이 살았던 시대와 상황 속에서 포착된 하나의 진리였다. 그러기에 옛 고전들에 관한 연구는 철학사의 연구다. 그러고 보면 이 땅의 철학과에서 많은 사람이 몰두했던 작업은 철학사 연구였다고 볼 수 있다. 그렇다고 그냥 얕잡아 보아서는 안 된다. 인간에게 있어서 창조적인 작업이란 결코 무(無)로부터 출발할 수 없다. 선현들 저작의 탐구는 자신의 창조적 철학적 작업을 위한 토대요, 자신의 철학적 사유의 비약을 위한 뜀틀이 아닐 수 없다.

우리가 철학사에서 만나는 선현들도 그 이전의 선배들이 쌓아놓은 업적을 바탕으로 하여 자신의 독자적인 창조적 사유를 수행했다고 볼 수 있다. 패러다임의 변화(paradigm change)란 그 이전의 앞선 패러다임을 전제로 하기 때문이다.

서양 근대 철학의 선구자 데카르트가 새로운 사고의 틀을 제시할 수 있었던 것은 그에 앞선 사고의 틀로서의 패러다임이 존재했고, 그 이전의 패러다임에 관한 탐구가 선행했기 때문이다.

지금 한반도에 몸담고 사는 사람들은 어디로 갈지 몰라 방황하고 있음을 대중 매체를 통해 매일 느낀다. 특히 이 땅의 지도자로 자처하는 사람들, 그 가운데서도 정치권을 드나들며 백성을 이끌고 간다는 사람들의 언행을 듣고 보고 있노라면 그야말로 가관이다. 서양이나 외국에서 이미 오래전에 풍미하던 생각의 보따리를 들고 와서 오늘 한국이 당면한 문제들에 대한 해답을 내놓는다고 야단하는 꼴을 보고 있노라면, 한숨이 절로 나온다. 노래야 옛날 유행가를 불렀다 해서 조금도 부끄러울 게 없지만, 구시대의 내비게이션을 달고 백성들을 이리저리로 몰고 가는 이 땅의 운전기사들이 바로 이 땅의 정치권에서 큰소리를 치고 있는 정치 지도자들이라 할 수 있다. 오늘 이 땅은 그야말로 혼란을 넘어서 오늘의 공동체를 존재 위기 속으로 끌고 들어가는 형국이 아닐 수 없다.

크게 들어보면 오늘 이 시대는 인류 문명의 대전환기이다. 국경이라는 높은 칸막이 안에 갇혀 살던 지구 위의 인간들이 이제 국경을 넘어 인적·물적으로 교류하며, 이와 함께 인터넷이라는 인류 역사상 처음으로 등장한 통신 기기로 지구가 정보와 온갖 견해가 동시다발적으로 교환되는 하나의 정보통신 체제로 변모되어 가고 있다. 인간의 삶의 방식이 혁명적으로 변화되는 참으로 전에 볼 수 없던 온갖 현상들이 출몰하는 그야말로 문명의 대전환이 지금 지구 위에서 일어나고 있다. 과거에 통용되던 온갖 사고 방식과 사회 체제가 용도 폐기되는 이 시대에 옛 사고방식과 사회 체제에 매달려있는 개인과 공동체는 그야말로 문명의 대변혁이라는 문명의 진화 과정에서 도태되고 말 것이 불을 보듯 뻔하다.

한반도에 몸담고 사는 사람들은 지난 문명의 변방에서 이리 치이고 저리 몰리는 수난의 역사를 뼈아프게 체험했다. 다가오는 신문명 세계에서 변방을 헤매는 역사의 미아가 된다는 것은 상상만 해도 끔찍하고 몸서리치게 하는 일이 아닐 수 없다.

창조적 사색인은 선현들의 저술들을 탐독한다. 그러나 그것은 그의 창조적 활동을 위한 토대요 뜀틀은 될 수 있으나, 그의 창조적 활동의 탐구 대상은 아니다. 그의 탐구 대상은 어디까지나 자신이 몸 담고 있는 현실이 제기하는 문제 상황이다. 그 문제 상황에 대한 적절한 진단과 처방을 내리는 것이 그 시대와 호흡하는 창조적 사색인의 임무요, 사명이다. 그 시대가 해명해야 할 과제를 명료히 하고, 그 과제를 해결하기 위한 방향을 보여주는 개념적 지도가 창조적 철학이 산출하는 내비게이션(navigation)의 본 모습이다.

모든 살아 있는 사상은 자기 시대가 해명해야 할 과제를 명료하게 함으로써 시대정신을 대변한다.

오늘 이 땅은 이 시대가 당면한 문제들에 정면 승부를 거는 지적 용기와 실천력을 지닌 생동하는 철학자를 요청하고 있다.

신문명은 새로운 개념적 지도, 신-문법(neo-grammar)을 요청한다. 이러한 철학적 작업이 산출하는 신문법이 다름 아닌 그 시대를 위한 내비게이션(navigation)이다.

차례

1부 현대 문명 비판

2부 정의 실천의 모색

3부 경험의 한계와 진리에 대한 사색

4부 다시 '참'을 추구하는 노고(勞苦)

현대 문명 비판

현대 과학기술 문명에 대한
하이데거의 철학적 물음

한충수(이화여자대학교 철학과 교수)

1. 들어가는 글

독일 철학자 마르틴 하이데거는 영국 철학자 루트비히 비트겐슈타인과 함께 20세기 서양 철학의 양대 산맥을 이룬다. 하이데거의 대표작 『존재와 시간』은 고대 그리스 철학자 플라톤의 『파이드로스』, 독일 철학자 임마누엘 칸트의 『순수이성비판』, 독일 철학자 게오르크 헤겔의 『정신현상학』, 프랑스 철학자 앙리 베르그송의 『의식에 직접 주어진 것들에 관한 시론』과 함께 서양 철학의 역사에서 가장 우수한 책으로 인정받는다.

독일에는 철학의 위대한 고전들을 그 분야의 여러 전문가가 모여 함께 해석하는 시리즈의 책들이 있는데, 그 시리즈에는 하이데거의 주저에 대한 해석서도 포함되어 있다. 그 책을 편집한 토마스 렌취는 「서문」을 다음과 같이 시작한다. "『존재와 시간』, 즉 미완성으로 남은 이 1927년 책이 세계적으로 영향을 미친 역사가 없었다면 20세기의 철학도 21세기 초반 세계 철학의 현대적 담론도 이해될 수 없을 것이다. 세계의 구조에 대한 새로운 접근법이 드러났고, 시간 및 역사뿐만 아니라 이를 이해하는 방식도 새롭게 다루어졌다. 그 토대에는 전통 존재론 및 형이상학과 인식론에 대한 심오한 비판이 있었다."[1] 이처럼 하이데거는 철학사에 한 획을 그은 책을 남겼다.

1930년대부터 하이데거는 『존재와 시간』의 문제의식을 넘어서 사유하기 시작하였다. 그는 서양의 여러 위대한 사상가 및 시인과 철학적으로 대결하였고, 현대 과학기술 문명에 대해서도 비판적으로 사유하였다. 그 사유의 결과는 1949년 12월 독일 도시 브레멘에서 '존재하는 것에 대한 통찰(Einblick in das was ist)'이라는 제목의 시리즈 강연을 통해서 세상에 알려졌다. 하이데거는 같은 시리즈의 강연을 1950년 3월 독일 도시 바덴바덴에서 다시 행하였다. 이 시리즈는 모두 4편의 강의, 「사물」, 「몰아-세움」, 「위험」, 「방향 전환」으로 이루어져 있다. 하이데거는 그중 두 번째 강연을 대폭 수정 및 보완하였고, 「기술에 대한 물음」이라는 제목으로 1953년 11월 뮌헨에서 다시 행하였다. 이 강연문은 1954년 논문집 『강연과 논문』에 포함되어 출간되었으며, 현재까지 9개국어로 번역되었다. 이 글에서는 「기술에 대한 물음」을 중심으로 현대 과학기술 문명에 대한 하이데거의 사유를 살펴볼 것이다.

기술에 대한 사유는 넓고 길게 보면 고대 그리스 철학자들에게서도 찾아볼 수 있다. 하지만 '기술 철학'이라는 명칭과 분야는 19세기 후반에야 비로소 등장하였다. 기술 철학의 주된 연구 주제는 세 가지이다. 첫 번째는

---

1   Thomas Rentsch, "Vorwort", *Martin Heidegger. Sein und Zeit*(Klassiker Auslegen, Band 25), hrsg. von Thomas Rentsch(Berlin: Akademieverlag, 2007), S. VII.

기술의 본질에 대한 존재론적 고찰이고, 두 번째는 기술과 과학의 관계에 대한 인식론적 고찰이고, 세 번째는 기술이 인간의 삶에 끼친 영향에 대한 인간학적·가치론적 고찰이다.[2]

하이데거의 사유는 첫 번째 종류의 고찰에 속한다. 그 자신은 '기술 철학'이라는 표현을 사용하지 않았다. 하지만 그의 존재론적 사유는 처음으로 기술을 철학적 물음의 대상으로 만들었다. 그래서 그는 기술 철학의 선구자와 같고, 그 역사에서 빼놓을 수 없는 인물이 되었다.[3]

기술에 대한 하이데거의 사유를 살펴보기 전에 그의 생애를 간단히 소개하겠다. 이로부터 그가 「기술에 대한 물음」을 강연하였을 때의 상황과 그의 기술 철학의 배경을 이해할 수 있을 것이다. 더 나아가 그가 자신의 시대를 어떻게 바라보았는지도 엿볼 수 있을 것이다.

2. 하이데거의 생애와 그의 시대 인식

하이데거는 1889년 독일 남서부의 작은 마을 메스키르히에서 태어났다. 독실한 천주교 집안에서 자란 그는 성직자가 되고자 1909년 예수회 신

---

2   이중원, 「책을 읽기 위해 알아둘 현재 기술철학의 흐름: 기술철학의 새로운 담론을 위하여」, 『21세기 첨단 공학 기술에 대한 철학적 성찰. 필로테크놀로지를 말하다』(북하우스, 2008), 14~20쪽 참조.

3   손화철, 「현대 기술에 대한 비판, 왜 유효한가. 하이데거와 엘륄의 기술철학」, 『21세기 첨단 공학 기술에 대한 철학적 성찰. 필로테크놀로지를 말하다』(북하우스, 2008), 72~74쪽 참조.

학교에 입학하였으나 곧 심장 질환으로 신학교를 중퇴하였다. 그 대신 하이데거는 프라이부르크대학교에 입학해 신학과 철학을 함께 전공하였고, 1913년 철학 박사학위, 1915년 철학 교수 자격을 취득하였다. 제1차 세계대전 중에 그는 건강상의 이유로 전선이 아니라 후방에서 근무하였다.

종전 후 하이데거는 프라이부르크대학교의 강단에 섰으며 명강사로서 독일 전역에 이름을 날렸고, 1923년 마르부르크대학교에 교수로 부임하였다. 그로부터 4년 후인 1927년 『존재와 시간』을 출간하며 세계적인 철학자가 되었고, 1928년 프라이부르크대학교의 철학과 정교수로 부임하였다. 1930년과 1933년 하이데거는 베를린대학교로부터 교수로 초빙하겠다는 제안을 받았으나 모두 거절하였다. 1933년 하이데거는 대학 총장으로 선출되며 국가 사회주의 독일 노동자당에 가입하였다. 그러나 이듬해 그는 당과의 불화로 총장직에서 사임하였다.

1935년부터 그는 횔덜린의 시와 니체의 철학에 관한 다수의 강의를 진행하였다. 1945년 나치 독일은 패망하였고, 하이데거는 나치 정화 위원회로부터 교수 자격 정지라는 처벌을 받았다. 한동안 그는 공개적 활동을 중단하였다가 1949년 말 재개하였다. 그 복귀 강연이 바로 현대 과학기술 문명과 대결한 『존재하는 것에 대한 통찰』이었다. 하이데거는 1951년 복권되었고 대학교수로서 퇴임하였다. 이후에도 그의 강의와 강연 활동은 활발하게 계속되었다. 주로 기술, 예술 등에 대해 철학적으로 숙고하였다. 하이데거 전집은 102권으로 기획되었고, 1975년부터 출간되기 시작하였다. 1976년 그는 프라이부르크에서 죽음을 맞았고, 고향에 안장되었다.

하이데거가 자신의 시대를 어떻게 바라보았는지는 그가 베를린대학교로 이직하지 않은 데에서 엿볼 수 있다. 그는 초빙 제안을 두 번이나 거절한 후 베를린 라디오 방송국을 찾아가 '창조적 풍광: 왜 우리는 시골에 머무르는가?'라는 제목으로 강연하였다. 이 강연에서 하이데거는 자기 자신이나 농민과 같은 지방 사람과 도시인을 흥미롭게 대비시킨다. 도시에서 사는 사람들은 어쩌다 한번 시골살이를 경험하며 새로운 자극을 받곤 한다. 그러나 이와 달리, 하이데거의 모든 작업은 그의 산장 주변의 자연들과 그곳의 농민들에 의해서 지탱되고 인도된다. 또 도시인들은 하이데거가 오랫동안 단조롭게 산속에서 고립되어 지내는 것을 놀라워한다. 하지만 그는 오히려 대도시에서 사는 그들이야말로 쉽사리 고립된다고 말한다. 그들과 달리 자신은 고독하게 있는 것이라고 한다. 그 고독감은 하이데거를 고립시키지 않고, 그를 온전히 본래적으로 존재하는 만물의 드넓은 가까움 속으로 풀어준다.

이러한 대비에 이어서 그는 신문이나 잡지와 같은 언론도 비판한다. 매스컴은 손쉽게 어떤 사람을 유명인으로 만들 수 있지만, 그 사람의 원래 의도가 왜곡되고 잊히는 가장 확실한 방법이기도 하다. 이와 달리 농민들은 소박하면서 확실하게 그리고 끊임없이 충실하게 그 사람을 기억해준다고 하이데거는 말한다. 그러면서 그는 임종의 순간에 자신을 기억해준 한 농민을 소개한다.[4]

이 강연에서 하이데거는 슈바르츠발트의 산골 마을 토트나우베르크와 당시 독일 제3 제국의 수도이자 세계적인 대도시 베를린을 대비하고 있

4   Vgl. Martin Heidegger, "Schöpferische Landschaft: Warum bleiben wir in der Provinz?", *Aus der Erfahrung des Denkens 1910-1976*(Frankfurt am Main: Vittorio Klostermann, 1983), S. 9~13.

다. 다시 말해, 현대 기술 문명의 수혜를 거의 입지 않은 시골에서의 삶과 그 혜택을 가장 많이 누리는 도시에서의 삶 사이를 비교하는 것이다. 여기서 베를린에 대한 하이데거의 태도로부터 기술에 대한 그의 인식을 짐작해 볼 수 있다.

위의 대비에서 주목할 점은 매스컴을 향한 하이데거의 부정적 태도이다. 매스컴은 수많은 사람에게 대량의 정보를 전달하는 일이나 그 매체를 말한다. 1930년대의 하이데거는 신문과 잡지를 언급하지만, 언론 매체는 정보통신 기술의 발전과 함께 변화해왔다. 라디오와 텔레비전이 뒤따라 등장하였고, 21세기 현재는 인터넷과 스마트폰이 주류를 이루고 있다. 흥미로운 점은 이러한 매스컴에 대해서 하이데거가 『존재와 시간』에서부터 「기술에 대한 물음」에 이르기까지, 그리고 그 후에도 한결같이 비판적 태도를 견지하였다는 것이다.

앞서 살펴보았듯, 하이데거는 종전 후에 한동안 강연 활동을 중단하였다가 재개하였고, 그 복귀 후 첫 강연 시리즈가 현대 과학기술 문명을 주제로 한 것이었다. 그리고 그 강연 시리즈의 전반부에 해당하는 「기술에 대한 물음」과 「사물」은 곧이어 논문집에 포함되어 출간되었다. 이처럼 하이데거가 자신의 강연문을 신속히 책으로 출판한 것은 이례적인 일이었다. 아마도 그는 현대 과학기술 문명의 문제점을 절실히 느꼈고, 그 위험성을 사람들에게 시급히 일깨워주고 싶었던 것 같다.

또 이례적인 일은 하이데거가 제2차 세계대전이 끝나갈 무렵 세 편의 대화편을 저술하였다는 것이다. 그 대화편들은 하이데거 전집 제77권 『들길 ― 대화(1944/1945)』에 포함되어 1995년에야 비로소 출간되었다. 그중 세 번째 대화편은 「러시아의 전쟁포로수용소에서 젊은이와 노인의 저녁 대화」이다. 이 대화편의 끝에는 그 탈고일이 적혀 있는데, 그날은 바로 1945년 5월 8일, 즉 나치 독일이 패망한 날이다.

이 대화편은 전쟁과 그로 인한 황폐화에 대한 철학적 반성을 담고 있다. 이 대화편에는 부록이 실려 있는데, 거기서 하이데거는 다음과 같이 말한다. "기술의 '중립성'이라는 본질이 인간의 본질을 점점 더 파괴하는 곳에서, 기술은 존재와 재앙에 대하여 '중립적이다'."[5] 여기서 '기술'은 수많은 시설을 무차별적으로 파괴하며 수천만 명의 목숨을 앗아간 기술, 즉 전쟁에 활용된 현대 과학기술 문명을 가리킨다.

기술은 보통 가치 중립적이라고 일컬어진다. 이는 기술이 누가, 어떻게, 어떤 목적으로 이용하느냐에 따라 좋은 기술이 될 수도 있고 나쁜 기술이 될 수도 있음을 뜻한다. 그러나 하이데거는 이러한 기술의 중립성을 인정하지 않는다. 그 중립적이라고 하는 기술의 본질이 인간의 본질을 파괴하고 있기 때문이다. 기술 중립성에 대한 하이데거의 구체적인 비판은 이어지는 절에서 「기술에 대한 물음」을 통해서 살펴볼 것이다.

5   Martin Heidegger, "Abendgespräch in einem Kriegsgefangenenlager in Russland zwischen einem Jüngeren und einem Älteren", *Feldweg-Gespräche*(1944/1945)(Frankfurt am Main: Vittorio Klostermann, 1995), S. 243.

3. 하이데거의 강연 「기술에 대한 물음」[6]

이 강연에서 하이데거가 기술에 관해 묻는 목적은 기술과 자유로운 관계를 맺는 일을 준비하는 데에 있다. 먼저 그는 기술과 기술의 본질을 구분하며, 기술의 본질은 기술적인 것이 아니라고 말한다. 이어서 그는 사람들이 기술을 중립적인 것으로 이해한다면, 결코 기술에서 벗어날 수 없다고 한다. 그러한 이해는 그들이 기술의 본질을 보지 못하도록 눈을 멀게 하기 때문이다.

하이데거는 먼저 기술의 본질에 대한 상식적 견해부터 검토한다. 그 견해에 따르면 기술은 인간이 목적으로 하는 활동을 위한 수단이다. 즉, 일반 사람들은 기술을 중립적인 것으로 간주하고, 인간이 기술이라는 수단을 어떻게 쓰느냐에 따라서 그 가치가 정해지는 것으로 본다. 이어서 하이데거는 상식적 견해에서 보이는 목적(결과)과 수단(원인) 사이의 인과 관계에 주목한다. 그는 고대 그리스 철학에서 말하는 네 가지 원인 이론을 참조한다. 그는 제사에 쓰이는 은그릇을 사례로 들어 그 이론을 설명한다. 그 그릇은 네 가지 원인, 즉 재료 원인, 형태 원인, 목적 원인, 영향 원인을 가진다. 첫 번째 원인은 은이라는 재료이고, 두 번째 원인은 그릇이라는 형태이

---

6   아래에서 「기술에 대한 물음」의 논의를 소개할 때 직접 인용을 하지 않는다. 참고한 독일어 원문의 서지 사항은 다음과 같다. Martin Heidegger, "Die Frage nach der Technik", *Vorträge und Aufsätze*(Frankfurt am Main: Vittorio Klostermann, 2000), S. 7~38. 한국어 번역본은 다음과 같다. 마르틴 하이데거 (박찬국·신상희·이기상 옮김), 「기술에 대한 물음」, 『강연과 논문』(이학사, 2008), 9~49쪽.

고, 세 번째 원인은 제사를 위해 사용한다는 목적이고, 네 번째 원인은 그 그릇의 제작에 영향을 미친 은세공사이다.

이렇게 설명한 후 하이데거는 이 네 가지 원인의 공통된 특성이 무엇인지 묻는다. 이 물음에 답하기 위해 그는 독일어 'Ursache(원인)'에 해당하는 고대 그리스어 'αἴτιον(aition)'에 주목한다. 이 그리스어 낱말은 '책임이 있다'를 뜻한다. 그는 다시 제사에 쓰이는 은그릇을 사례로 든다. 그것은 은이라는 재료로부터 만들어졌으므로 은은 그릇에 책임이 있다고 말할 수 있다. 마찬가지로 그 그릇은 그릇의 형태로 나타나므로 그 형태도 그릇에 책임이 있다. 또 은그릇은 봉헌을 위한 제기로 쓰인다. 그 목적도 그릇에 책임이 있다. 마지막으로 은세공사도 그릇에 책임이 있다. 그는 다른 세 가지 책임이 있는 것들을 하나의 사물로 모아주었기 때문이다.

그러니까 'αἴτιον'이 뜻하는 '책임이 있는 것'의 네 가지 방식은 무엇인가를 나타나게 하는 것, 즉 아직 있지 않은 것을 '여기 앞으로 옮겨오는 것(ποίησις)'이다. 여기 앞으로 옮겨오는 것은 자연이 동식물을 낳고 자라게 하는 것, 수공업자가 제품을 제작하는 것, 예술가가 작품을 창작하는 것 모두를 가리킨다. 이렇게 여기 앞으로 옮겨오는 것은 은폐된 상태의 무엇인가를 은폐되어 있지 않은 상태로 옮겨오는 것이다. 그리하여 그 무엇인가가 은폐 상태에서 벗어나게 된다. 다시 말하자면, 원인은 은폐 상태에 있는 어떤 것을 그 상태에서 벗어나게 하는 탈은폐인 것이다.

이처럼 고대 그리스의 낱말을 가지고 기술의 본질을 탈은폐로 해명한 것에 대해 사람들이 이의를 제기할지도 모른다고 하이데거는 말한다. 왜냐하면, 고대 그리스의 수공업 기술과 근대 자연과학에 기반한 현대 기술은 서로 매우 달라 보이기 때문이다. 그렇지만 하이데거는 현대 기술의 본질도 탈은폐라고 말한다. 그런데 그 탈은폐의 성격은 달라졌다고 한다. 현대 기술은 자연을 에너지의 저장고로만 보고, 그 저장고에서 에너지를 강요하며 끌어내기 때문이다. 그렇게 강요하며 끌어내는 기술은 모든 것을 그 자리에서 어떤 목적을 위해서 당장 주문해서 사용할 수 있는 것으로 다룬다. 따라서 모든 것이 더이상 대상으로서 마주 서 있는 것이 아니라 부품이 되어버린다.

모든 것이 부품이 되어버리는 세계에서는 인간도 자유롭지 못하다. 부품으로써의 인간 역시 자연과 자기 자신에게서 에너지를 강요하며 끌어내라는 강요를 받고 있다. 그러므로 주문하는 탈은폐로서 현대 기술은 인간이 마음껏 사용하는 수단도 아니고 인간이 원해서 하는 활동도 아니다. 이처럼 중립적이지 않은 현대 기술의 본질을 하이데거는 '몰아-세움'이라고 부른다.

이러한 본질은 인간을 모든 것을 부품으로 탈은폐하는 길로 데려간다. '길로 데려가다'를 독일어로는 '보내다(schicken)'라고 말한다. 그렇게 보내는 방식이 다양하므로, 하이데거는 '그 다양한 보냄'을 'Geschick'라고 부른다. 'schicken'의 어근 'schick'에 집합 명사를 만드는 접두사 'ge'를 붙인 것이다. 이렇게 만들어진 'Geschick'는 '운명'을 뜻하는 독일어 낱말이기도 하다. 따라서 모든 것을 부품으로 탈은폐하도록 보내는 현대 기술의 본질은 인간의 운명인 것이다.

하지만 이때 운명은 피할 수 없는 것이 아니라 운명을 경청하는 인간을 자유롭게 하는 것이라고 하이데거는 말한다. 그런데 인간은 그 운명을 잘못 들어 오해할 수도 있다고 한다. 그래서 현대인들은 자연을 계산할 수 있는 여러 힘의 관계로 그릇되게 해석하고 모든 것을 부품으로 보는 것이다. 그러한 시대에는 인간 자신도 강요와 착취를 당할 뿐이다. 따라서 현대 기술의 본질이라는 운명은 위험한 것이다. 그런데 이렇게 인간이 자기 자신 및 모든 것과 관계하는 것을 위태롭게 하는 것만이 그 위험의 전부가 아니다. 그 운명은 다른 방식의 탈은폐를 은폐하기도 한다. 그래서 사람들은 몰아-세움을 유일한 탈은폐의 방식으로 알게 된다. 그렇기 때문에 현대 기술의 본질은 최고도로 위험한 것이다.

그다음에 하이데거는 독일 시인 프리드리히 휠덜린의 시 「파트모스」의 한 구절을 인용한다. 그 구절은 다음과 같다. "그러나 위험한 것이 있는 곳에서는, / 구원하는 것도 자라나네."[7] 이 구절을 통해서 하이데거는 기술의 본질이 지닌 이중성에 주목한다. 이때 그는 고대 그리스어 'τέχνη(techne)'로서의 '기술'을 염두에 두고 있다. 그래서 기술의 본질은 한편으로 강요하며 끌어내는 몰아-세움으로서의 위험이고, 다른 한편으로는 머무르도록 내버려 둠으로서의 구원이다. 하이데거는 'techne'가 진리를 광택이 나며 빛나는 것 속으로 옮겨오는 것, 즉 예술도 가리켰음을 언급한다. 그러니까 바로 예술이 머무르도록 내버려 둠으로서의 구원인 것이다. 따라서 하이데거는 예술이라는 영역에서 기술에 대한 본질적인 숙고와 기술과의 결정적인 대결이 일어나야 한다고 주장하며 「기술에 대한 물음」을 끝맺는다.

이제까지 하이데거의 논의를 간단히 정리해보고자 한다. 강연의 초반에 그는 기술을 중립적인 것으로 이해하는 상식적 견해를 검토한다. 그는

7 Martin Heidegger, "Die Frage nach der Technik", *Vorträge und Aufsätze*(Frankfurt am Main: Vittorio Klostermann, 2000), S. 29에서 재인용.

그 견해에서 근본이 되는 개념 '원인'을 고대 그리스 사람들의 관점에서 해명한다. 그 해명에 따라 기술의 본질은 아직 있지 않은 것을 여기 앞으로 옮겨오는 탈은폐로 밝혀진다. 그런데 현대 기술의 탈은폐는 강요하며 끌어내는 몰아-세움이다. 그래서 현대에는 모든 것이 부품이 되어버리고, 인간도 그러한 몰아-세움으로부터 자유롭지 못하다. 따라서 현대 기술의 본질은 중립적이지 않으며 위험 그 자체이다. 이어서 하이데거는 횔덜린의 시구를 인용하면서 위험과 구원 사이의 긴밀한 관계를 지적한다. 기술의 위험한 측면 속에 뿌리내리고 있는 구원의 측면은 바로 예술이다. 독일어 '기술(Technik)'의 어원이 되는 고대 그리스어 'τέχνη'는 기술뿐만 아니라 예술도 가리켰다. 그로부터 하이데거는 예술을 통해서 기술의 본질에 대해 사유할 것을 촉구한다.

4. 하이데거의 기술관이 지닌 현대적 의의

「기술에 대한 물음」은 하이데거가 1953년 행한 강연이다. 이 글을 쓰는 올해가 2024년이므로, 벌써 70여 년의 세월이 흘렀다. 그동안 과학과 기술은 매우 빠른 속도로 발전하였다. 그 발전 덕분에 하이데거는 상상도 할 수 없었던 일들이 지금은 자연스러운 현실이 되었다. 당연히 사람들은 그의 기술 철학이 지금 이 시점에도 여전히 유의미하냐는 의문을 제기할 수 있다. 그래서 마지막으로 21세기를 살아가는 현대인들의 대표적 필수품인 스마트폰을 하이데거가 말한 기술의 본질, 즉 몰아-세움의 관점에서 살펴보도록 하겠다.

요즘 사람들은 스마트폰의 알람과 함께 일어나고, 창밖을 내다보지 않은 채 날씨를 확인하고, 스마트폰의 내비게이션을 사용해 출근한다. 직장에서는 스마트폰의 앱들을 사용해 업무를 진행하고, 중간중간 동료들 및 지인들과 메신저로 연락도 주고받는다. 저녁에 회식이나 친구들과의 약속이 있으면 만날 장소를 스마트폰의 지도를 이용해 정하고 찾아간다. 모임 중에는 카메라로 같이 사진도 찍고 곧바로 온라인 SNS에 게시도 한다. 귀가하는 길에는 온라인 쇼핑몰을 통해서 필요한 물건과 먹거리를 주문한다. 잠들기 전에는 스마트폰으로 음악을 듣거나 게임을 하거나 영상을 본다. 이처럼 현대인의 일상은 스마트폰 없이는 굴러갈 수 없게 되었다. 스마트폰의 편리함은 점점 더 편리해지고 있고, 인간이 살아가는 방식을 획기적으로 변화시키고 있다.

몇 년 전에 '스몸비(smombie)'라는 새로운 말이 생겼다. 이 말은 '스마트폰(smartphone)'의 '스ㅁ'과 '좀비(zombie)'의 'ㅁ비'가 결합된 말이다. 스몸비'는 길거리에서 스마트폰을 보며 주변을 살피지 않고 좀비처럼 걷는 사람을 가리킨다. 이러한 사람은 스마트폰에 몰입하느라 주변 환경을 잘 인지하지 못하고 보행하기에 높은 사고 위험에 노출되어 있다. 최근 건널목에는 바닥에 설치된 신호등이 늘어나고 있는데 바로 스몸비가 된 사람들을 위한 것이다. 이처럼 스마트폰을 지나칠 정도로 사용하는 사람들이 점점 늘어나고 있다. 물론 스마트폰을 적절하게 사용하는 사람들도 있다. 그러므로 스마트폰은 잘 쓰는 사람에게 득이 되고 잘 못 쓰는 사람에게는 해가 되는 중립적인 기술인 것처럼 보인다.

하지만 관점을 달리해보자면, 어쩌면 이미 사람이 스마트폰을 사용하는 것이 아니라 스마트폰이 사람을 이용하는 것인지도 모르겠다. 그러니까 사람이 사용을 멈추고 싶어도 자기 뜻대로 그만둘 수 없는 상태가 되어버린 것이다. 정확히 말하면 이미 스마트폰의 애플리케이션들이 그것을 설치해서 사용하는 사람들을 이용하고 있다. 가령 요즘은 어떤 앱을 사용하든 그것을 작동시키면 첫 화면에 여러 개의 광고창이 뜬다. 그 앱을 쓰려면 그 광고창들부터 보고 닫아야 한다. 인기가 매우 많은 응용 프로그램의 경우에는 제거할 수 없는 광고와 함께 사용해야 한다. 요즘은 데이터 수집 기술이 좋아져서 스마트폰은 그 사용자의 검색어, 위치, 방문 웹사이트, 시청 동영상, 광고, 연령대, 성별 등등에 따라 맞춤형 광고를 집중적으로 반복해서 제공한다. 그렇게 관심을 끄는 광고에 계속 노출되면 웬만한 사용자는 결국 그 상품이나 서비스를 구매할 수밖에 없게 된다. 그러니까 광고를 의뢰한 회사가 스마트폰 사용자를 이용하는 것이다.

그렇다면 스마트폰의 애플리케이션 혹은 아예 스마트폰 자체를 쓰지 말아야 한다는 해결책을 제시하는 사람들이 있을 수 있다. 하지만 그러한 해결책은 현실성이 떨어진다. 두 가지 앱을 사례로 들어보겠다. 먼저 한 사회에서 거의 모든 사람이 사용하는 메신저 앱이 있다. 이러한 응용 프로그램을 안 쓰고 그 사회에서 살아가는 것은 거의 불가능할 것이다. 심지어 하루에 한두 시간이라도 그 메신저를 확인하지 않으면 주변 사람들로부터 원성을 듣기도 한다.

그다음으로 원하는 장소에 이르는 최적의 경로를 찾아주는 길 찾기 기능과 주변 생활 편의 시설들의 위치 및 정보를 알려주는 기능 등을 가진 내비게이션이 있다. 이와 같은 앱을 쓰지 않기도 무척 어려울 것이다. 직장이나 집과 같이 익숙한 곳은 그 애플리케이션이 없이도 갈 수 있다. 하지만 낯선 곳을 찾아갈 때는 지도 앱을 켜고, GPS 기능을 활용해 현재 위치를 파악한 후, 안내해주는 최적의 경로로 따라간다. 이제는 미리 지도를 볼 필요가 없다. 그리고 종이 지도에 표시된 내용을 해독할 줄 아는 사람도 거의 없을 것이다.

이처럼 현대인들은 스마트폰과 그 애플리케이션에 의존하지 않을 수 없으며, 오히려 점점 더 예속되어 가고 있음을 알 수 있다. 이렇게 의존도가 높아지면 스마트폰의 사용자는 더욱더 많이 광고에 노출될 것이다. 그 광고를 의뢰하는 회사들이 이 사실을 가장 잘 알 것이다.

과거 1953년 하이데거에게 기술은 자연에서 에너지를 강요하며 끌어내는 것이었고, 인간은 앞장서서 자연을 몰아세우고 있었다. 2024년 현재 가장 대표적인 기술인 스마트폰도 근본적으로는 과거의 기술과 다르지 않은 것 같다. 스마트폰은 우리를 소비하도록 몰아세우는 최고의 기술이다.

과거에는 직접 시장에 가서 여러 상품을 보고 비교한 후에 구매하였다. 현재는 가만히 앉아서 스마트폰 위에서 손가락을 위아래나 좌우로 몇 번 움직이기만 하면 된다. 결제도 손쉽게 할 수 있다. 손가락으로 비밀번호를 입력하거나 미리 지문이 입력된 손가락 하나를 터치스크린 위에 잠깐 대고 있으면 된다. 심지어는 안면 인식 기능이 보편화 되면서, 손가락조차도 움직이지 않아도 된다. 이처럼 쇼핑과 결제가 간결해지면서 소비가 점점 늘어나고 있다. 그럼으로써 과거보다 훨씬 더 많이 자연에서 에너지를 강요하며 끌어내는 것이다.

이처럼 지금이나 예전이나 기술의 본질과 인간의 역할은 다르지 않다. 따라서 하이데거의 기술 철학은 여전히 사람들에게 스스로가 기술과 맺는 관계를 반성해보도록 할 수 있다.

한충수

이화여자대학교 철학과 교수. 서울대학교 기계항공공학부를 졸업하고, 동 대학원 철학과에서 석사학위를 취득하였고, 독일 프라이부르크대학교에서 하이데거 철학에 관한 논문으로 박사학위를 취득하였다. 저서로는 *Erfahrung und Atmung bei Heidegger*(Ergon, 2016)와 『실존의 향기: 진실한 존재의 철학적 탐구』(이학사, 2024)가 있고, 역서로는 한병철의 『선불교의 철학』(이학사, 2017), 하이데거의 『철학의 근본 물음』(이학사, 2018), 야스퍼스의 『철학적 생각을 배우는 작은 수업』(이학사, 2020), 하이데거의 『예술 작품의 샘』(이학사, 2022)이 있다. *The Routledge Handbook of Phenomenology and Phenomenological Research*(Routledge, 2021)에서 한국의 하이데거 철학 연구를 소개하였고, 한국 하이데거 학회 및 Heidegger Circle in Asia에서 활동하며 국내외 하이데거 철학 연구에 기여하고 있다.

푸코의 문제화로서의 철학과 철학의 문제화[1]

윤영광(강원대학교 윤리교육과 교수)

1. 서론

푸코 해석과 이해에는 일정한 역설이 존재한다. 한편으로 푸코가 '무엇'을 했는지는 매우 명확하다. 그는 다른 많은 철학자와 달리 광기, 형벌, 섹슈얼리티 등 구체적이고 특정한 문제들을 다루었고 이 때문에 현실의 문제를 사유함에 있어 직접적인 참조점으로 삼기 용이한 철학자로 여겨진다. 그러나 다른 한편으로 보면 푸코가 그러한 작업들을 통해 궁극적으로 '무엇'을 하려고 했는지는 아직도 추가적인 숙고와 논의를 요하는 문제로 남아 있다.

그가 역사학자인지 사회학자인지 철학자인지, 자유주의 혹은 신자유주의의 비판자인지 옹호자인지, 새로운 좌파 정치를 모색한 이론가인지 부

---

[1] 《철학》 제156집(한국철학회, 2023)에 수록된 같은 제목의 논문을 본서 기획 취지에 맞춰 수정한 것이다.

르주아 이론의 최후의 보루인지 등에 대해 여전히 논란이 끊이지 않는 상황도 이 문제와 관련되어 있다. 후기 강연과 대담들에서 푸코가 자신의 가장 기본적인 의도와 개념, 프로젝트들에 대해 반복적으로 질문받고 설명해야 했던 것 역시 이와 무관하지 않을 것이다.

한 철학자의 작업의 세부가 아니라 그가 자신의 철학으로 결국 무엇을 하려고 했는지, 그 철학이 어디에 발 딛고 서서 어디를 바라보는지를 검토하는 일은─작업의 성격상 거칠고 성긴 논의에 머물고 말 위험에도 불구하고─ 철학의 해석과 활용, 연구의 시작점과 종착점 모두에 걸려 있는 문제다. 특히 푸코처럼 스스로 연구의 문제의식과 목적을 자주 밝혀왔음에도 불구하고 그 작업의 성격을 둘러싼 논란이 쉽게 해소되지 않는 철학자, 개념과 논리의 일관성과 체계성을 중시하기보다 초점의 변화에 따라 연구 대상과 행로를 끊임없이 재조정·재규정해온 철학자, 무엇보다 그 연구 혹은 작업의 철학으로서의 성격 자체가 문제적인 철학자라면 더욱 그렇다. 이 글은 푸코가 철학과 맺었던 관계를 그의 작업 전체를 추동했던 문제의식의 맥락에서 문제화(problématisation)라는 문제계(問題系)를 매개로 검토해보려는 시도다.

푸코는『광기의 역사』이래 자신의 모든 작업을 관통하는 개념 중 하나로 문제화를 제시한다.[2] 문제화는 일차적으로 연구나 분석의 대상을 가리킨다. 푸코는 "어떻게 그리고 왜 어떤 사태, 행동, 현상, 과정이 하나의 문

---

2 Michel Foucault, "The Concern for Truth", in *Politics, Philosophy, Culture: Interviews and Other Writings, 1977-1984*(New York : Routledge, 1988), 257쪽.

제가 됐는지", 가령 "어떻게 그리고 왜 세계의 상이한 사태들이 정신병으로 규합되어 정신병으로 특징지어지고 분석됐으며 또 정신병으로 다루어진 것"인지, 요컨대 어떻게 그리고 왜 하나의 문제가 문제로 떠오르고 정립되는지를 분석하는 것이 자신의 과제였다고 말하면서 이를 문제화에 대한 분석으로 정식화한다.[3]

그러나 다른 한편 문제화는 연구 대상이 아닌 방식, 방향, 목적을 뜻하기도 한다. 문제화로서의 연구, 연구로서의 문제화는 하나의 문제를 현재 주어진 형식 그대로가 아니라 그것을 정립한 역사적 과정으로서의 문제화의 관점에서 분석함으로써 그 자명성 혹은 필연성의 외양을 파괴하는 것을 목적으로 한다. 다시 말해 작업 방식으로서의 문제화는 굳어져 고정된 것으로 보이는 '문제'들이 유동적이고 우연적인 '문제화'의 결과물임을 드러냄으로써 그것들을 재규정 가능성의 장에 개방하는 일이다. 광기, 감금, 섹슈얼리티 등의 문제를 그 역사적 형성의 관점에서 고찰하는 연구 수행 역시 하나의 문제화인 것이다.

푸코는 자신이 여러 곳에서 철학 자체와 동일시하는 비판의 임무가 '항구적 재문제화'라고 말하는바, 결국 역사적 비판으로서의 철학의 과제는 현재를 조건 짓는 문제화를 변화시키는 것, 즉 문제화를 문제화하는 것이다.[4] 종합하면, 문제화는 일정한 역사적 시기에 어떤 문제가 사유와 경험의 초점으로 정립되는 역사적 과정인 동시에 그 역사적 과정에 대한 비판

---

3   미셸 푸코(오트르망·심세광·전혜리 옮김), 『담론과 진실: 파레시아』(동녘, 2017), 359~360쪽. 국역본 인용 시 필요한 경우 번역을 수정했다.
4   미셸 푸코, 『담론과 진실: 파레시아』, 362쪽.

적 분석—주지하듯 이 작업을 지시하는 푸코 자신의 개념이 고고학과 계보학이다—을 가리키는 용어다. 한마디로 문제화로서의 철학은 역사적 문제화를 문제화하는 작업이다.

푸코와 철학의 관계라는 관점에서 문제적인 것은 문제화로서의 철학이 철학 자체를 문제화하는 국면들이다. 잘 알려져 있듯이, 또한 역사적 문제화 과정을 대상으로 하는 문제화 작업이라는 규정의 논리상 당연하게도, 푸코 철학을 규정하는 키워드는 역사인바, 이는 그가 역사에 대한 철학을 했음이 아니라 역사를 수행하는 방식으로 철학을 했음을 의미한다.[5] 푸코가 역사학을 혁신했다는 폴 벤느의 평가를 받아 말하자면 푸코는 역사학을 혁신하는 바로 그 방식으로 역사를 수행함으로써 철학을 혁신했다고 할 수 있다.[6]

---

5   발리바르는 푸코가 수행한 철학의 전위(轉位)를 "역사에 대한(de) 철학에서 역사 속의(dans) 철학으로의 이행"으로 규정한 바 있는데, 이는 "역사에 대한 성찰"과 "역사 속에서의 성찰"을 대비시킨 푸코 자신의 정식화에 기초한 것이다. Michel Foucault, "À propos des faiseurs d'histoire", Dits et écrits, tome2(Paris : Gallimard, 2001), 1231~1234쪽; 에티엔 발리바르(최원·서관모 옮김), 「푸코와 맑스: 유명론이라는 쟁점」, 『대중들의 공포: 맑스 전과 후의 정치와 철학』(도서출판b, 2007), 364쪽.

6   폴 벤느(이상길·김현경 옮김), 「역사학을 혁신한 푸코」, 『역사를 어떻게 쓰는가』(새물결, 2004), 453~508쪽. 물론 푸코가 '역사'를 수행했다는 말이 정확히 무엇을 뜻하는지는 별도의 추가적인 논의를 요하는 문제다. 푸코는 여러 강연과 대담에서 역사학자들의 작업과 자신의 작업을 구분하려 했다(가령, 미셸 푸코, 오트르망 옮김, 『생명관리정치의 탄생: 콜레주드프랑스 강의 1978~79년』(난장, 2012, 23:쪽). 이 구분은 푸코가 자신의 방법론을 단순히 역사학이 아니라 고고학과 계보학으로 규정하는 이유, 그가 역사학을 혁신했다고 평가받을 만한 이유와 관련되어 있을 것이다.

그러나 철학의 문제화라는 관점에서 보면 역사함을 통한 철학함, 즉 철학의 역사화보다 더 중요한 것은 그러한 역사화의 이유 혹은 동기다. 문제화로서의 철학의 '어떻게'와 '왜' 모두가 철학을 문제화하지만 '어떻게'는 '왜'와의 관계에서 논의되지 않으면 과녁에 도달하지 못한다. 푸코는 왜 역사적 문제화의 방식으로 철학을 수행했는가? 이것이 이 글을 인도하는 물음이며, 이 물음의 인도하에서만 '비오스(bios)'와 '에토스(êthos)'라는 철학의 오랜 문제가 철학의 문제화의 정점으로 제기되는 후기 푸코의 행로의 철학적 함축을 이해할 수 있다.

주요 테제를 앞서 정리하면 다음과 같다. 첫째, 푸코는 철학을 문제화의 작업으로 규정하고 수행함으로써 철학 자체를 문제화한다. 푸코는 철학 바깥에 있다기보다는 (다른 주제나 영역과 관련해서도 그랬듯이) 안과 밖의 구분 자체를, 그럼으로써 철학 자체를 문제화한 철학자로 이해되어야 한다.

둘째, 푸코 사유에서 철학의 문제화가 도달한 극점(極點)은 철학적 삶, 혹은 삶으로서의 철학이라는 테마였다. 삶에 관한 진리가 아니라 진리로서의 삶, 에토스에 관한 담론이 아니라 에토스 자체가 철학일 수 있다는 테제가 철학에 대한 문제화의 마지막 단계를 이룬다.

셋째, 철학의 문제화가 철학적 삶이라는 테마에 도달한 이유와 경로는 문제화로서의 철학의 동기 혹은 그것이 입각해 있는 가치의 관점에서 숙고되어야 하며 또 그런 관점에서 볼 때 가장 잘 이해될 수 있다. 이어지는 논의는 이 세 가지 문제에 대한 상술이 될 것이다.

2. 푸코 철학의 규정들:
문제화로서의 철학, 현재성의 철학, 반시대적 철학

"철학이란 무엇인가?" 혹은 "철학이란 무엇이어야 하는가?"가 후기 푸코의 주요 물음 중 하나였다는 주장은 낯설게 들릴 것이다.

첫째, 푸코는 자신의 작업이 철학으로 규정될 수 있는지 없는지에 큰 관심을 갖고 있지 않았던 것으로 보이며 때로는 명시적으로 자신이 철학이라는 실천 체계에 속하지 않는다고 말했기 때문이다.[7]

둘째, 적어도 일정 시기 이후의 헤게모니적 철학이 지도에도 달력에도 구속되지 않는 문제를 다루는 것, 혹은 지도와 달력에 결부된 문제를 그로부터 분리하여 다루는 것을 본분이자 영예로 알아 왔으며 "철학이란 무엇인가?"라는 물음이 그러한 철학의 성격으로부터 자유로울 수 없다면, 그것은 지도도 달력도 없는 문제는 다루지 않는다고 알려진 푸코가 관심을 가질 법한 문제가 아닌 것으로 보이기 때문이다.

그러나 후기 푸코는 분명 철학이라는 문제계를 자주 그리고 직접적으로 다루었을 뿐 아니라 그것을 통치, 계몽, 비판, 윤리, 주체화 등과 나란히 핵심 개념들의 망(網)에 삽입시켰으며, 무엇보다 자신의 작업을 철학사의 맥락에 위치시키는 데 관심을 가졌다는 점에서 자신만의 방식으로 "철학이란 무엇인가?"라는 문제를 제기하고 사유했다고 할 수 있다.

철학에 지도와 달력을 부여하려는 푸코의 집요한 노력은 그의 작업을

---

7   미셸 푸코(오트르망·심세광·전혜리 옮김), 「비판이란 무엇인가?」, 『비판이란 무엇인가? ― 자기수양』(동녘, 2016), 51쪽.

특징짓는 다른 많은 물음과 더불어, 그리고 그 물음들과 관련된 것으로서 "철학이란 무엇인가?", 더 정확히는 "철학은 어떤 과정을 거쳐 어떤 조건에서 지금의 철학이 되었는가?", "지금의 철학과 다른 가능한 철학의 양식은 무엇인가?", "우리는 어떤 조건 위에서 어떤 방식으로 철학에서의 '자유의 실천'을 말할 수 있는가?"라는 물음을 제기하는 것으로 보인다. 이것이 '철학의 문제화'라는 정식화가 함축하는 내용이다.

문제 자체 못지않게 중요한 것은 푸코가 그것을 어떻게 제기하고 다루었는가다. 푸코가 저 물음들에 접근하는 방식과 관련하여 두 가지 특기할 만한 점이 있다.

첫째, 푸코는 독자적인 철학관을 제시하는 제스처를 취하기보다 소크라테스 이래, 혹은 칸트 이래 철학 전통을 둘로 나누는 결정적인 분기가 존재한다고 주장하면서 그중 하나의 전통에 자신의 작업을 위치시킨다. 철학사를 재분류 혹은 재계열화하고 두 계열의 차이, 갈등, 경합, 길항, 교류를 서술하는 방식인데, 하이데거나 들뢰즈에게서 보듯, 이 같은 철학사 재서술은 그 자체로 한 철학자의 철학이 제시되는 방식이며 이는 푸코의 경우도 마찬가지다. 그러므로 푸코가 행한 구분이 철학사적으로 얼마나 적절한가, 각 철학자 혹은 연구자들의 관점에서 동의할 만한 것인가는 지금 맥락에서 유의미한 물음이 아니다. 문제는 이런 구분이 자신의 철학에 대한, 혹은 철학 일반에 대한 푸코 사유의 어떤 측면을 드러내는가 그리고 어떤 방식으로 철학의 현재를 문제화하는가이다.

둘째, 푸코는 고대 철학에서 소크라테스로부터 출발하는 분기와 근대 철학에서 칸트로부터 출발하는 분기를 그 핵심에 있어 같은 성격을 갖는 것으로 제시함으로써 서구 철학사 전체를 관통하고 틀 짓는 문제가 있음을 시사한다.[8] 철학에 대한 본질적 규정을 시도하기보다 역사적 맥락에서 논의를 전개하는 것은 푸코다운 방식인 데 반해, 철학사의 분기를 규정하는 문제의 항구적 성격을 주장하는 두 번째 논점에서는, 역사의 연속성보다 불연속과 단절을 부각했던 기존 태도와 어긋나는 보이는 것이 사실이다. 그러나 서구 철학사 전체를 둘로 나누는 문제가 있다는 이 같은 주장, 나아가 자신 역시 그 문제가 규정하는 전통에 속한다는 주장은 ─그 주장의 타당성 여부를 떠나─ 후기 푸코의 고대 철학 연구가 어떤 현재적 관심하에 이루어졌는지를 보여주며, 그러한 한에서 푸코의 근대 철학 연구와 고대 철학 연구 모두를 관통하는 문제의식과 관점을 살피는 출발점이 될 수 있다. 그리고 바로 이 관점과 문제의식이야말로 푸코가 철학과 철학사를 문제화하는 출발점이기도 할 것이다.

상호 연관되어 있지만 서로에게 환원되지 않으며 교류, 대립, 경쟁, 갈등하는 철학의 두 전통이라는 테마는 후기 강연, 대담, 인터뷰에서 무수히 반복된다. 진리 혹은 인식의 형식적 분석학과 우리 자신의 역사적·비판적 존재론, 비판과 계몽을 인식의 문제로 이해하는 비판철학과 우리 자신의 변화의 문제로 이해하는 비판철학, 자기 인식(γνῶθι σεαυτόν)을 우선시하고 자기 돌봄(ἐπιμέλεια ἑαυτοῦ)을 주변화하거나 소거하는 철학과 자기인식을 자기 돌봄의 한 계기로 배치·활용하는 철학, 영성(spiritualité)을 철학에서 배제하는 철학과 영성과 철학을 겹쳐놓는 철학 등 고대 철학에서 근대 철학에 이르기까지 시기와 맥락에 따라 다양한 변주를 통해 제시되는 철학

---

8   미셸 푸코, 『비판이란 무엇인가?: 자기수양』, 358~359쪽.

의 분기 혹은 두 전통이라는 테마는 이 모든 변주의 결과를 하나로 엮는 철학적인 동시에 정치적인 관심을 중심으로 회전하며 푸코가 수행하는 철학의 문제화는 바로 그 관심에 입각해 있다.[9]

대비의 효과를 얻기 위해, 푸코가 긍정적으로 개념화하는 철학적 실천을 본격적으로 논의하기에 앞서 그가 거리를 두는 철학, 적어도 자신의 것은 아니라고 생각하는 철학의 특징을 간략히 정리해보자. 두 전통을 나누는 중요한 한 가지 기준은 진리/진실에 접근하는 방식, 진리/진실을 사유하는 방식이다.[10] 진리/진실을 무엇보다 혹은 오직 인식의 문제로 다루는 철학, 진리/진실을 그 자체로, 즉 그것에 대한 의지와 욕망—말할 것도 없이 이것은 니체적 테마다— 및 그것이 발하는 권력·정치적 효과에 대한

9   미셸 푸코, 『비판이란 무엇인가?: 자기수양』, 99쪽; 심세광 옮김, 『주체의 해석학: 1981-1982, 콜레주드프랑스에서의 강의』(동문선, 2007), 44쪽, 61쪽, 63쪽, 104쪽; 오르트망 옮김, 『자기해석학의 기원』(동녘, 2022), 40쪽; Michel Foucault, *Le Courage de la Vérité: Le Gouvernement de Soi et des Autres II: Cours au Collège de France*(1983-1984)(Paris: Gallimard: Seuil, 2009), 2~3쪽 참조.

10   한국어는 서구어 'vérité/truth'에 대한 번역어로 '진리'와 '진실'이라는 두 가지 선택지를 제공한다. 한국어 화자의 어감상 인식론적 의미의 'vérité/truth'는 '진리'로, 자기 돌봄-영성-계몽의 'vérité/truth'는 '진실'로 옮기는 것이 어울리고, 푸코 관련 번역이나 논문 등에서는 암묵적으로 이런 구분이 통용되는 듯하다. 그러나 푸코 작업 전체가 그것의 문제화로도 간주될 수 있을 만한 개념인 'vérité/truth'가 갖는 함축은, 상이한 맥락에서 작동하는 상이한 의미들이 이 하나의 단어에 중첩되어 있다는 사정에 대한 종합적 숙고 속에서만 온전히 드러난다. '진리/진실'이라는 표기를 택한 것은 그 때문이다. 한국어 어감상 어색함 등의 이유로 부득이 '진리' 혹은 '진실'을 단독으로 사용하는 경우에도 양자의 의미를 겹쳐 읽어야 할 것이다.

고려 없이도 사유할 수 있다고 믿는 철학, 인식은 자신과 타자의 통치가 아니라 인식 그 자체를 위해 이루어진다고 믿는 철학, 진실과 거짓의 형식적 조건이 아니라 그 구분 자체의 정치적 원인과 효과를 문제 삼는 데 무관심하거나 무력한 철학, 그리하여 진리/진실이 오늘의 우리를 오늘의 우리로 만든 조건 및 그것의 변형 가능성과 무관하게 다루어질 수 있으며 나아가 마땅히 그렇게 '순수하게' 다루어져야 한다고 믿는 철학. 푸코가 문제화하는 것은 바로 이런 철학이 정립되어 다수적 위치를 점하게 된 역사적 과정과 그 정치적 효과 혹은 의미다.

푸코는 자신을 다른 전통에 귀속시킨다. 푸코가 이 전통을 규정하는 데 동원하는 몇 가지 표현들이 있는데 그중 하나가 '현재성의 철학'이며 이는 그대로 자신이 수행한 작업의 성격을 나타내는 말이기도 하다. 푸코가 문제화를 철학 활동 자체와 동일시할 때, 철학은 정확히 무엇을 문제화하는가? 단적으로 그것은 현재이자 우리이며 현재의 우리다. 현재성의 철학의 다른 이름이 우리 자신의 비판적 존재론인 것은 그 때문이다.

푸코를 나타내는 문장(紋章)이 되어버린 고고학과 계보학은 현재성의 철학의 방법론이다. 고고학과 계보학은 역사와 무관한 것처럼 보이는, 혹은 무관함을 주장하는 것들을 역사와 다시 결부시키는 작업이다. 그러나 고고학과 계보학은 과거를 이해하는 것이 아니라 현재를 바라보는 방식을 바꾸는 것을 목적으로 한다는 점에서 역사학과 다르다.[11]

---

11 요하나 옥살라(홍은영 옮김), 『How to read 푸코』(웅진지식하우스, 2008), 97쪽; 안토니오 네그리(김상운 옮김), 「과거와 장래 사이의 푸코」, 『푸코 이후: 통치성, 안전, 투쟁』(난장, 2015), 299~300쪽 참조.

들뢰즈의 말대로 푸코 작업 전체에서 푸코 자신이 직접 밝힐 필요가 없을 정도로 명확하고 본질적인 두 가지가 있다면, 그것은 첫째, 그가 어떤 의미에서건 역사를 수행했다는 것이고 둘째, 어떤 역사적 시기이건 늘 오늘의 우리와의 관계에서 다루었다는 것이다.[12] 역사적 문제화의 문제화로서의 철학이 현재성의 철학이라는 다른 이름을 갖는 것은 이런 맥락에서다.

현재에 대한 문제화 혹은 비판은 지금 이 현재보다 더 나은 어떤 현재를 제시하는 것을 목적으로 하지 않는다. 철학은 전통적으로 참칭해왔던 바와 달리 현재의 방향과 목적을 제시하거나 결정할 수 없으며 그런 의미에서 목적론적일 수 없고 목적론적이어서는 안 된다. 현재의 문제화는 다만 현재가 얼마나 자의적인지, 즉 자명하지도 필연적이지도 않은지만을 드러낸다. 그것은 현재의 가정된 필연성에 결박된, 혹은 비가시화된 가능성들의 개방에 관심을 갖는다.

푸코적 의미의 자유는 이 가능성들의 개방에 관한 것이다. 그것은 억압받거나 소외되어 있는, 그러므로 저항의 실천을 통해 해방해야 할 어떤 본성이나 본질이 아니라 현재를 문제화하고 이를 통해 개방되는 가능성들을 실험과 관계시키는 우리의 실천에서 존립한다. 푸코가 "가장 역설적인 의미의 칸트주의자"인 것은, 가능 조건에 대한 탐구라는 유구한 칸트적 문제 설정을 이어받았지만, 칸트의 탐구가 인식과 윤리의 확고한 정초를 위한 것이었던 데 반해 푸코의 탐구는 우리의 실존과 사유에 유동성과 비결정성을 도입하기 위한 것이었기 때문이다.[13]

---

12   질 들뢰즈(김종호 옮김), 「푸코의 초상화」, 『대담 1972~1990』(솔, 1993), 104쪽.
13   존 라이크먼(심세광 옮김), 『미셸 푸코, 철학의 자유』(그린비, 2020), 161쪽.

그는 칸트로부터 선입견과 미신에 대한 비판이라는 의미의 계몽의 기획 또한 계승했지만 이때 선입견과 미신은 우리에게 주어진 선한 본성과 능력의 오용이나 그로부터의 일탈을 가리키기보다 오히려 우리가 우리 자신이라고, 우리의 '본성'이라고 확고히 믿고 있는 바에 관한 것이다. 현재를, 현재의 우리를 왜 문제화하는가? 단적으로 말해 그것을 변형하기 위해서다.

주지하듯, 푸코가 니체주의자라는 진술은 그가 칸트주의자라는 진술만큼 복잡한 역설을 함축하지 않는다.[14] 그의 작업 전반이 그렇듯 현재성의 철학의 배후에는 매우 분명하게 니체적 사유가 작동하고 있다. 현재성의 철학은 단순히 '오늘의 이슈들'에 대해 이런저런 입장을 바삐 내놓는 철학, 현재 사람들의 이목을 끌고 있는 문제들에 말을 보태는 철학, 그래서 현재를 현재의 표면에서 사유하고 말함으로써 그것이 현재의 모습을 유지하는 데 기여하는 철학이 아니다. 다시 말해 그것은 소위 '시대정신'에 입각하거나 그것을 반영하는 철학이 아니다. 오히려 정확히 반대가 진실인바, 그것은 반(反)시대적 철학이다.

들뢰즈와 푸코는 공히 니체를 사숙했으면서도 그로부터 발굴해낸 문

---

14   물론 이는 푸코와 니체의 사상적 관계가 어떤 차이나 변형의 요소도 포함하지 않는다는 주장은 아니다. 기실 '철학자'라는 이름에 값하는 두 철학자 사이에서 그런 식의 관계가 성립하는 일은 원리상 불가능할 것이다. 푸코와 니체가 만나는 지점과 갈라서는 지점을 종합적으로 다루는 일은 푸코 연구의 중요한 한 축이며 이에 대한 논의로는 정대훈, 「'지식의 의지' 개념 분석을 중심으로 한 푸코와 니체의 사상적 관계에 대한 고찰」, 《철학》 139집, 2019, 167~195쪽을 참조할 수 있다.

제가 상이했고 철학함의 스타일도 달랐다고 해야겠지만, 반시대적 철학이라는 테마—그리고 그와 불가분한 진단이라는 테마—만은 함께 계승했다.[15] 철학의 반시대성에 대한 들뢰즈의 규정과 서술에서 푸코의 문제의식을 발견하게 되는 것은 그 때문이다. "철학은 역사의 철학도 영원성의 철학도 아니다. 철학은 반시대적이며, 언제나 그리고 오로지 반시대적일 뿐이다"[16]라고 말할 때, 들뢰즈는 물론 니체가 개시한 철학사 전체에 대한 문제제기를 이어받고 있는 것이지만 이는 그대로 푸코의 철학관, 푸코가 수행한 철학의 문제화의 모토로 간주해도 무방하다. 『철학이란 무엇인가?』에 등장하는 반시대적 철학에 대한 다음과 같은 서술 역시 그대로 푸코의 현재성의 철학에 대한 설명으로 독해될 수 있다.

> 과거에 맞서, […] 현재 위에서, (바라건대) 어떤 미래(un avenir)를 위해 행위하기. 그러나 미래는 역사의 미래도 유토피아적 미래도 아니다. 그것은 무한한 지금, […] 반시대적인 것이다. […] 지나가는 모든 현재 속에서 생성을 진단하기, 이것이야말로 니체가 의사, 즉 '문명의 의사' 혹은 새로운 내재적 실존 양식의 고안자인 철학자에게 부여했던 과제다.[17]

---

15   푸코에 따르면, 들뢰즈 철학에서 니체의 영향이 뚜렷이 나타나는 것은 욕망 이론이지만 자신에게 니체와 관련하여 중요했던 것은 진리/진실이라는 문제였다. 미셸 푸코(정일준 옮김), 「비판이론과 지성사: 푸코와의 대담」, 『자유를 향한 참을 수 없는 열망: 푸코-하버마스 논쟁 재론』(새물결, 1999), 73쪽.

16   질 들뢰즈(김상환 옮김), 『차이와 반복』(민음사, 2004), 21쪽.

17   Gilles Deleuze & Félix Guattari, Qu'est-ce que la philosophie?(Paris: Éditions de Minuit, 1991), 107쪽.

현재성의 철학자는 반시대적 철학자로서 현재 위에서 과거를 거슬러 '무한한 지금' 속에서/속으로부터/속으로 무언가가 도래하도록(à venir) 하기 위해, 즉 생성(devenir)을 위해 행위한다. 말하자면 그는 '새로운 내재적 실존 양식의 고안자'로서 행위한다. '진단'은 현재가 현재로 머물려는 힘이 얼마나 강력한지 확인하고 그 강력함을 근거로 '어쩔 수 없음'을 정당화하기 위해서가 아니라 새로움이 도래할 수 있는 가능성의 공간을 확보하기 위해 하는 작업이다. 푸코가 "위대한 철학자"인 것은 "역사를 다른 것을 위하여 이용했기 때문", 즉 "다가올 시간을 위하여 시간에 맞서서 행동하기, 시간 위에서 행동하기"를 실천했기 때문이라고 들뢰즈가 말할 때, 그는 푸코의 철학이 반시대적 철학이라고 말하는 것이다.[18]

현재성의 철학을 반시대적 철학으로 만드는 것은 실험 (expérimentation, essai)이라는 계기다. 현재의 우리 자신에 대한 비판은 "우리에게 부과되는 한계들의 역사적 분석", 즉 진단인 동시에 "그 한계들을 넘어갈 가능성의 실험"이어야 한다.[19] 그러므로 실험은 이른바 문학·미술 시기 푸코의 바깥, 위반, 한계 경험에 대한 문제의식과 공명하는 개념이며, 널리 회자되는 '진단'과 함께 현재성의 철학의 필수적인 두 벡터를 이룬다. 실험을 동반하지 않는 진단은 반시대적이지 않으며 그런 한에서 현재성의 철학에 미달한다.[20]

18   질 들뢰즈(박정태 옮김), 「장치란 무엇인가?」, 『들뢰즈가 만든 철학사』(이학사, 2007), 482쪽.
19   미셸 푸코(정일준 옮김), 「계몽이란 무엇인가?」, 『자유를 향한 참을 수 없는 열망』 (새물결, 1999), 200쪽.
20   "우리가 [단순히] 자유를 확인하거나 공허하게 꿈꾸는 것에 만족하지 않으려

그러므로 문제화로서의 철학은 실험으로서의 철학에 의해 추동되며 그것을 통해 완성된다. 실험은 역사를 요구하고 역사는 실험을 위해 수행된다.[21] 현재에 대한 역사적 진단은 위반으로서의 실험의 여지, 즉 한계를 넘어설 가능성을 확보하려는 노력이다. 그리고 역사와 실험의 연결고리가 되는 것, 자신 위에 양자를 포개놓는 것, 역사와 실험을 연속체로 만드는 것이 바로 푸코의 '현재'다.

현재성의 철학이 현재, 오늘, 지금에 무엇보다 큰 가치를 부여하는 것은 그것이 위반과 변형이 일어날 수 있는 특권적 장소이기 때문이다. 현재성의 철학은 현재를 존중하는 동시에 위반하는데, 이때 존중은 현재를 현재로 만든 지층을 있는 그대로 진단한다는 의미이며 위반은 바로 그 같은 존중과 진단을 바탕으로 이루어진다. 요컨대 현재에 대한 존중은 오직 위반을 목적으로 한다.[22] 문제화로서의 철학은 이처럼 진단과 실험의 결합체

면, 이러한 역사-비판적 태도는 또한 실험적 태도이기도 해야 하는 것으로 보인다." 미셸 푸코, 『자유를 향한 참을 수 없는 열망』, 195쪽.

21 이런 이유에서 들뢰즈는 실험 자체는 역사적인 것이 아니라 철학적인 것이라고 말한다. 그에 따르면 푸코에게 사유한다는 것은 실험한다는 것이다. 역사가 없다면 실험은 미규정적인 것, 구체적인 조건에 입각하지 못한 것이 되겠지만 역사 자체는 실험이 아니며 단지 역사를 넘어선 무언가의 실험을 가능케 하는 조건들의 집합일 뿐이다. 질 들뢰즈, 『대담 1972~1990』, 104~105쪽 참조.

22 "근대성의 태도에 있어서 현재의 높은 가치는 그것을 상상하려는, 그것을 지금의 그것과 다르게 상상하려는 필사적인 열망, 그것을 파괴함으로써가 아니라 있는 그대로 포착함으로써 변형시키려는 필사적인 열망과 분리불가능한 것이다. 보들레르적 근대성은 하나의 훈련이며, 이 훈련 속에서 현실적인 것에 대한 극단적인 주의는 이 현실을 존중하는 동시에 위반하는 자유의 실천과 대면한다." 미셸 푸코, 『자유를 향한 참을 수 없는 열망』, 189~190쪽.

라는 의미에서 현재성의 철학이며, 또한 그러한 것으로서 반시대적 철학이다.

푸코의 다른 작업에 비해 좁고 직접적인 의미에서 철학과 관련된 문제이기에 철학을 '전공'으로 하는 이들이 큰 관심을 보이는 현상학과 실존주의 비판 또한 그 핵심은 실험의 관점에서만 이해될 수 있다. 푸코는 주체의 계보, 구성, 생산이라는 문제를 제기하는 자신의 기획이 2차 대전 이후 유럽 철학을 지배했던 현상학 및 그와 연관된 주체 철학들을 비판하고 넘어서기 위한 한 가지 방식이었다고 말한다.[23]

주체 철학에 대한 이 같은 푸코의 비판은 별도의 설명이 필요치 않을 정도로 잘 알려져 있다. 그러나 비판 자체는 철학함의 동기와 이유에 대한 최종적 설명이 아니다. 왜 주체 철학을 비판해야 했을까? 푸코에게 그것은 좁은 의미의 철학적 비판이 아니었다. 푸코는 주체의 구성 혹은 생산이야말로 오늘날 가장 결정적인 통치와 저항의 내기가 걸려 있는 정치적 심급 중 하나라고 생각했다.[24] 다르게 사유하고, 다르게 말하고, 다르게 행하고, 다르게 살 수 있는 가능성, 다시 말해 자유의 실천을 통해 우리 자신을 지금의 우리와 다른 주체로 구성할 수 있는 역사적 가능성의 개방이라는 정치적 목적을 위해 주체 철학은 비판되어야 했다. 푸코 자신이 이를 분명히

---

23   미셸 푸코, 『자기해석학의 기원』, 36~39쪽.
24   "지금 우리의 문제는 아마도, 자기라는 것은 우리의 역사 속에서 구성된 테크
      놀로지의 역사적 상관물에 다름 아니라는 것을 발견하는 것이라 생각됩니다.
      아마도 문제는 이 테크놀로지들을 변화시키는 일일 것입니다. 그리고 그런 경
      우에, 오늘날 정치의 가장 중요한 문제 가운데 하나는 엄밀한 의미에서 우리 자
      신에 대한 정치가 될 것입니다." 미셸 푸코, 『자기해석학의 기원』, 96~97쪽.

한다.

> 나는 주체를 의문에 부치는 작업이 사변적인 것으로 제한된다면 아무 의
> 미가 없을 것이라고 확신할 수 있었습니다. 즉, 주체를 의문에 부치는 작업은,
> 주체의 실질적 파괴와 분해가 될지도 모르는, 즉 근본적으로 '다른 것'으로의
> 주체의 폭발이나 격변이 될지도 모르는 하나의 실험을 의미해야 했습니다.[25]

인간의 죽음, 주체의 소멸에 대한 논의들이 아무리 떠들썩해도 그것
이 단지 담론이나 이론, 사변의 차원에 머문다면 인간과 주체는 실질적으
로는 비판되지 않고 남는다. 그토록 큰 관심과 논란의 대상이 된 주체 철학
혹은 휴머니즘에 대한 푸코의 비판은 "주체의 실질적 파괴와 분해", 즉 역
사-정치적인 변형을 위한 노력과의 연결 속에서, 다시 말해 '실험'을 불가결
한 계기로 동반하는 철학함의 실천이라는 관점에서 이해되어야 한다. 그리
고 푸코의 문제화로서의 철학, 현재성의 철학, 반시대적 철학에서 이 실험이
라는 계기가 철학을 문제화한다면, 이는 그것이 담론적 차원에 국한된 실
험이 아니라 역사적이고 실천적인 실험을 의미하며 나아가 바로 그러한 비
담론성을 그대로 담지한 채로 철학의 일부, 나아가 핵심으로 논의되기 때
문이다. 푸코는 실험을 필수적 요소로 하는 철학, 실험으로서의 철학을 이
론이나 독트린으로서의 철학과 구분하여 철학적 에토스, 에토스로서의 철
학, 철학적 삶, 삶으로서의 철학으로 규정한다. 이 테마를 통해 현재에 대한

---

25   미셸 푸코(이승철 옮김), 『푸코의 맑스』(갈무리, 2004), 50쪽.

문제화로서의 철학이 철학을 문제화하는 행로는 후기 푸코의 고대 철학 연구에서 하나의 극점(極點)에 이르게 된다.

3. 철학의 문제화의 정점:
에토스로서의 철학, 정치적 영성, 철학적 삶

푸코와 철학의 관계가 진정으로 문제적인 순간, 푸코가 철학을 가장 깊이 문제화하는 순간은 그가 철학과 거리를 두는 때가 아니라 자신의 작업이, 그리고 그 작업에서 발굴해낸 어떤 (담론의 형식을 넘어선) 태도나 에토스, 나아가 삶의 형식이 그 자체로 철학이라고 말할 때다. 이 삶으로서의 철학의 의미, 단순히 개념적·담론적 차원의 의미가 아니라—담론의 층위에서 삶으로서의 철학은 소박해 보이며 따라서 오늘날 철학적 아카데미즘의 관점에서는 학적 성숙에 미치지 못하는 것, 아마추어적 투박함의 흔적을 떨치지 못한 것으로 여겨지기 쉬울 것이다— 삶이 그 자체로, 즉 이론, 담론, 독트린이라는 형식의 매개를 거치지 않고 철학으로 규정되는 일이 함축하는 철학적 의미를 얼마나 진지하고 적실하게 음미하느냐에 푸코가 수행한 철학의 문제화에 대한 궁극적인 이해와 평가가 달려 있다.

에토스에 관한 철학이 아닌 에토스로서의 철학은 계몽, 비판, 자기 돌봄, 파레시아(παρρησία) 등 후기 푸코의 주요 개념어들의 망(網) 속에 위치하며 고대 철학과 근대 철학 모두에 대한 재해석을 관통하는 테마다. 가령 푸코에게 계몽이란 역사적 계몽주의의 독트린에 대한 충실함이 아니라 "우리가 속한 역사적 시대에 대한 영구적 비판으로 묘사될 수 있을 철학적 에

토스의 항구적인 재활성화"다.[26]

　계몽과 호환 가능한 개념으로 사용되는 현재성의 철학과 우리 자신의 비판적 존재론을 논할 때도 강조되는 바는 그것이 이론, 독트린, 지식으로 이해되어서는 안 된다는 것, 그러한 것들로 환원되지 않는 실험, 에토스, 삶으로서의 철학이야말로 핵심이라는 것이다.[27] 푸코가 생전에 마지막으로 출판한 책에서, '다르게 사유하기'의 실천 속에서 자신을 변형하기 위해 수행하는 실험 혹은 수련(ascèse, ἄσκησις)이야말로 "철학의 살아 있는 본체"라고 말한 것 역시 같은 맥락을 형성한다.[28]

　에토스로서의 철학은 근대 학문을 정초한 주체-진리 관계와 전혀 다른 주체-진리 관계를 정립하고 강조하는바 이것이 푸코가 영성이라 부르는 것이다. 푸코에 따르면 철학적 근대는 진리/진실이 인식의 배타적 대상이 될 때, 혹은 대상 인식의 문제가 진리/진실에의 접근이라는 문제를 대체할 때 시작된다.[29] 반면 영성의 관점에서 진리/진실은 대상 인식의 문제가 아니라 주체 구성의 문제다. 여기서 진리/진실은 주체가 주체로서 갖는 선한 본

26　미셸 푸코, 『자유를 향한 참을 수 없는 열망』, 191쪽.

27　"우리 자신의 비판적 존재론은 확실히 이론이나 독트린으로 간주되어서는 안 되며, 심지어는 축적되어 가는 영구적인 지식으로 여겨져서도 안 된다. 그것은 하나의 태도, 하나의 에토스, 요컨대 현재의 우리에 대한 비판이 동시에 우리에게 부과되는 한계들의 역사적 분석이기도 하고 또한 그 한계들을 넘어갈 가능성의 실험이기도 한 철학적 삶으로 간주되어야 한다." 미셸 푸코, 『자유를 향한 참을 수 없는 열망』, 200쪽.

28　미셸 푸코(문경자 · 신은영 옮김), 『성의 역사 2: 쾌락의 활용』(나남출판, 2004), 23쪽.

29　미셸 푸코, 『주체의 해석학』, 224쪽.

성과 구조, 능력을 통해 대상을 인식함으로써 획득하는 것이 아니라 주체가 현재 상태에서 벗어나 자신의 존재와 삶을 진리/진실에 값하도록, 혹은 그 자체가 진리/진실의 현현(顯現)이 되도록 만들려는 노력, 수련, 희생 등을 대가로 주어지는 것이다.[30]

그리고 주체-진리가 내적 상호 구성의 관계를 이루는 한에서, 이 같은 주체의 자기 변형은 그 자체로 기존 진리 체제 혹은 진리 게임의 변화를 의미하지 않을 수 없다. 그러므로 영성의 문제계는 근대 이후 철학, 나아가 학문 일반이 전제하는 주체 개념과 진리 개념, 그리고 양자의 관계에 대한 심원한 문제 제기를 함축한다. 현재 학문 체제에서 주체의 에토스는 진리 획득과 무관하며 무관해야 한다. 역으로 진리 역시 주체의 변화에 따라 변화하지 않는 것으로서만 진리일 수 있다. 철학자는 좋은 삶을 살지 않고도 유능한 철학자일 수 있으며 철학적 진리는 철학자가 철학적 삶을 사느냐 그렇지 않느냐에 따라 달라지지 않는다.

요컨대 근대 학문의 제도화를 가능케 한 것은 '자기 실천적이지 않은 인식 주체'의 출현이다.[31] 영성은 이 같은 근대 학문의 전형적 구도와 정확히 반대의 것, 곧 주체와 진리의 상호 변화를 함축하며 요구한다. 푸코가 영

---

30 미셸 푸코, 『주체의 해석학』, 58~63쪽.

31 미셸 푸코, 『비판이란 무엇인가?: 자기 수양』, 219쪽. 그러나 '자기 실천적이지 않은 인식 주체'의 인식 행위가 '자기'와 어떤 관계도 갖지 않는 것은 아니다. 정치와 무관함을 주장하는 사유와 실천이 정확히 그러한 방식으로 정치적이듯, '자기 실천'과 무관함을 주장하는 지적 실천은 바로 그러한 방식으로 일정한 '자기' 혹은 주체를 생산한다. 푸코의 영성 개념은 근대 이전의 진리 실천에 대한 향수가 아니라 바로 지금 비(非)-자기 실천적 방식으로 이루어지고 있는 주체 생산의 성격에 대한 문제화로 이해되어야 한다.

성을 말하는 맥락에서 철학의 문제화는 철학적 주체와 철학적 진리의 문제화이며 또 그럴 수밖에 없는 것이다.

영성은 푸코에게 진리/진실이 인식론이 아니라 존재론, 더 정확히는 주체론의 문제라는 사실을 다시 한번 상기시킨다. 푸코가 고대 철학 연구에서 영성의 테마를 발굴하고 중시한 이유, 그리고 그것이 즉각 '정치적'이라는 술어와 결합하여 정치적 함축을 갖게 된 이유는 이런 맥락에서 이해해야 한다. 진리와 (예속화와 자유의 실천이 중첩되는 운동으로서의) 주체화의 관계, 다시 말해 진리 생산과 주체 생산이 서로의 과정에 개입하는 양상과 그 과정에서 산출되는 효과야말로 푸코가 줄곧 천착했던 주제이며 "가장 일반적인 정치적 문제"로 여겼던 것이다. 영성의 정치적 차원 혹은 정치적 영성은 "자기를 통치하는 다른 방식을 통해 전혀 다른 [참/거짓의] 구분을 발견하고, 그 다른 구분으로부터 전혀 다른 통치를 하려는 의지"에서 존립한다.[32] 주지하듯 자기 자신의 변형, 자유에 입각한 주체화라는 테마를 중심으로 배치되는 계몽, 비판, 진단과 실험, 자기 돌봄 등의 개념들과 나란히 영성이 다루어지는 것은 이런 이유에서다.

특정한 진리 체제 혹은 진리 게임 속에서 참과 거짓을 따지는 것이 아니라 바로 그 특정한 참과 거짓의 분할 방식 자체를 검토하는 것이 철학이고, 주체 자신의 변화를 통해 현존하는 참과 거짓의 분할에 변화를 가져오려는 의지가 정치적 영성이라면, 철학적 삶(βίος φιλοσοφικός)은 양자가 교차하고 포개지는 자리, 철학과 영성이 구분되지 않는 자리에서 정립되는

---

32   미셸 푸코(심성보 외 옮김), 「방법에 관한 질문들」, 『푸코 효과: 통치성에 관한 연구』(난장, 2014), 126쪽.

삶의 양식이자 철학의 형식이다.

철학과 영성의 결합으로서의 철학적 삶이라는 주제는 현재 우리가 철학으로 간주하는 실천 형식이 철학과 영성의 역사적 분리 속에서 정립된 것으로서 역사적 상대성과 우연성으로부터 자유롭지 않다는 사실을 부각하며 이로써 도래할 새로운 철학의 가능성에 대한 사유를 고무한다는 점에서 그 자체로 오늘날의 철학에 대한 문제화를 함축한다. 그리고 이런 맥락에서 푸코 사망 직전 진행된 마지막 콜레주드프랑스 강의 후반부가 견유주의 분석에 집중하고 있다는 사실은 각별한 의미를 갖는다. 푸코가 수행한 철학의 문제화가 도달한 마지막 지점은 서구 철학사에서 이론과 언어가 아닌 삶 자체로 철학하기를 가장 순수하고 '노골적인' 형태로 수행한 견유주의자들에 대한 분석이었다.

푸코에 따르면 철학과 영성의 중첩은 고대 철학의 일반적 경향이며, 후기 푸코를 특징짓는 또 다른 문장(紋章)과 같은 개념인 파레시아는 인식이 아니라 영성의 관점에서 진리/진실의 문제에 접근하는 고대 철학의 특성을 포착하기 위한 열쇠 개념이다. 견유주의가 고대 철학 내에서도 특수한 위치와 가치를 점하는 것은 파레시아의 다른 형식들이 진실을 말하기 위해 혹은 진실 말하기에 의해 자신이 감당해야 할 위험과 관련한 용기의 문제를 제기한다면, 견유주의자들은 말이 아니라 삶, 실존, 비오스 자체를 진리/진실의 현현으로 만들기 때문이다.[33]

견유주의는 진리/진실을 말하기에서 살기의 문제로 이동시킴으로써

---

33   Foucault, *Le Courage de la Vérité*, 159쪽.

파레시아라는 문제계의 극한을 나타내는 동시에 그것을 넘어선다. 견유주의는 숨김없고 자족적인 삶과 같은 '진실된 삶'의 고전적 테마들, 그러므로 사람들이 담론의 차원에서는 받아들이고 당연시하는 것들을 극단으로 밀어붙임으로써, 더 정확히는 그 사유·원칙·말과 어떠한 거리도 용납하지 않는 삶을 제시함으로써—예컨대 광장에서 수음을 하거나(숨김없는 삶) 왕 앞에서 자신이 더 왕다운 삶을 살고 있음을 현시함(자족적인 삶)으로써—'견유주의 스캔들'을 일으킨다.[34]

이러한 견유주의적 삶, 진실의 현현으로서의 삶, 진실 속의 삶, 진실의 삶, 진실된 삶, 그러나 '개와 같은 삶'이라고 비난받고 거부되는 삶은 사람들과 세계가 사유와 말의 층위에서 받아들이고 칭송하는 것을 정작 삶에서는 거부하고 비난한다는 사실을 드러내며, 그런 의미에서 강한 비판의 기능을 수행한다. 견유주의는 진실된 '말'이 이야기하는 삶이 현재의 삶 속에는 존재하지 않음을 보여줌으로써, 즉 '진실된 삶은 다른 삶(la vie autre)'이라는 것을 보여줌으로써 비판으로서의 파레시아의 극점에 위치한다.[35] 삶으로서의 철학, 철학적 삶을 통해 진실된 삶은 '다른 삶'으로 제시되고, 바로 이러한 의미에서 견유주의는 '우리 자신의 비판적 존재론'이라는 계몽의 문제의식을 선명한 방식으로 선취한다.

---

34   Foucault, *Le Courage de la Vérité*, 215~216쪽.
35   "견유주의적 게임은 진실된 삶의 원칙들을 진정으로 적용하는 이 삶이 일반적으로는 사람들, 특수하게는 철학자들이 영위하는 삶과 다르다는 것을 보여준다. 진실된 삶은 다른 삶이라는 이러한 아이디어와 더불어, 우리는 견유주의의 역사, 철학의 역사, 서구 윤리의 역사에서 특히 중요한 지점에 도달한다고 생각한다." Foucault, *Le Courage de la Vérité*, 226쪽.

그러나 푸코가 보기에 2000여 년을 앞서온 이 계몽의 극점으로서의 '철학적 삶'이라는 문제는 서구 사유의 역사에서 지속적이고 체계적으로 지워져왔다. 반복컨대 철학적 삶이라는 문제의 강조가 현재 우리가 철학이라고 생각하는 바에 대한 문제화인 것은 이런 이유에서다.

철학이 근본적으로 단순히 담론의 형식이기만 한 것이 아니라 삶의 양식이기도 하다고 소리높여 선언하면서도 서양 철학은—이것이 그것의 역사이자 아마도 운명이었습니다— 점차 이 철학적 삶의 문제를 제거하거나 혹은 적어도 무시하고 주변화했습니다. 처음에는 철학적 실천과 불가분한 것으로 정립했던 문제를 말이죠. […] 철학적 삶의 문제는 철학과의 관계, 학적(學的) 모델에 맞춰진 철학적 실천과의 관계에서 잉여로 나타났습니다. 철학적 삶의 문제는 지속적으로 철학적 실천의 그림자로 나타났고 점점 더 무의미하게 보였습니다. 이러한 철학적 삶의 무시는, 이제 진리/진실과의 관계는 학적 지식의 형태 이외의 다른 어떤 형태로도 입증되고 분명해질 수 없다는 것을 의미해왔습니다.[36]

담론이 아니라 삶의 양식을 철학으로 간주했던 견유주의가 철학적 교의와 이론의 역사에 유산으로 남겨둔 것이 별로 없음은 당연하다. 오늘날 지배적인 철학 형태에 견유주의의 유산이 거의 남아 있지 않다는 사실, '위대한' 철학자들의 '위대한' 말과 글로 이루어진 철학사에서 협소하고 보잘

---

36   Foucault, *Le Courage de la Vérité*, 217~218쪽.

것없는 자리만이 견유주의에 할당되어 있다는 사실은 역으로 오늘날 우리가 철학이라고 생각하는 것이 무엇이며, 무엇으로 이루어져 있는가를 드러낸다. 다시 말해 견유주의가 철학적 이론과 교의의 역사에서 갖는 보잘것없는 중요성과 "삶의 기예의 역사와 삶의 양식으로서의 철학의 역사에서 갖는 엄청난 중요성" 사이의 간극과 대립 자체가 하나의 철학적 문제이자 지금의 철학에 대한 문제화의 배경인 것이다.[37]

그리고 이 대립과 간극은 앞서 논의한 바 있는 두 개의 전통이라는 테마로 우리를 다시 데려간다. 칸트 철학에서 계몽이라는 주제의 주변화와 비판철학의 '진리의 형식적 분석학'으로의 정립, 플라톤주의에서 자기 돌봄의 자기 인식에의 종속, 그 연장선에서 이루어진 데카르트 이후 근대 철학의 자기 돌봄에 대한 망각 혹은 경시,[38] 마찬가지 맥락과 배경에서 이루어지는 철학적 삶이라는 주제와 견유주의에 대한 무시 — 이 모든 것은 저 두 전통의 대립이 사실 대칭적인 것이 아니라 다수적 계보와 소수적 계보 사이의 대립이라는 점을 가리킨다.

이런 맥락에서 계몽, 비판, 파레시아, 자기 돌봄, 정치적 영성, 철학적 삶 등에 대한 푸코의 연구는 지배적인 철학 전통에 가려져 왔던 소수적인 철학 계보의 발굴 혹은 확인 및 다수적 계보의 문제화라는 의미를 갖게 되는 것이다.[39]

---

37   Foucault, *Le Courage de la Vérité*, 289쪽.

38   "근대 철학은 이처럼 gnôti seauton(자기 인식)을 강조했고, 결과적으로 epimeleia heautou(자기 돌봄)의 문제를 망각하고 어둠에 방치하며 소외시켜 버리게 되었다고 생각합니다." 미셸 푸코, 『주체의 해석학』, 104쪽.

39   이상 견유주의에 대한 논의는 필자의 박사 학위 논문 중 일부를 기반으로 서술

4. 결론

푸코의 사상적 궤적은 종종 모종의 역설을 품고 있는 것으로 여겨진다. 구조의 철학자가 주체를 말하는 역설, 권력의 철학자가 저항과 자유를 말하는 역설. 이제 여기에 철학을 문제화하는 또 하나의 역설을 추가할 수 있는바, 그것은 담론의 철학자가 비담론으로서의 철학을 강조하는 역설이다.

견유주의라는 극적인 역사적 실례를 갖는 에토스 혹은 삶으로서의 철학은 그 담론적 왜소함과 소박함으로 인해 담론으로서의 철학—현재 우리가 철학이라고 생각하는 철학—에서 부차화될 수밖에 없었다. 더 정확히는 철학적 삶과 영성을 주변화함으로써만 우리가 알고 있는 철학이 성립할 수 있었다. 푸코는 저 비담론의 철학을 하나의 문제로서 담론과 이론의 철학에 삽입하고자 했다. 그리고 이 문제와 어떻게 관계하느냐, 이 문제 제기를 어떻게 소화하느냐에 서양 철학사 전체에 관한 내기가 걸려 있다고 생각했다.

물론 특유의 우아한 이론적 섬세함을 고려할 때, 이로부터 푸코가 반(反)이론적 혹은 반담론적 철학을 철학의 미래로 주장하고자 했다는 결론이 나오지는 않을 것이다. 구조와 주체, 권력과 저항의 역설이란 것이 사실 피상적 수준에서만 역설로 관찰되며 결국 양자의 얽힘에 대한 숙고야말로 푸코 사유의 핵심이듯 담론과 에토스, 이론과 삶의 관계 역시 일방적이고

되었다. 『칸트 철학에서 주체 구성의 문제 — 푸코적 칸트주의의 관점에서』, 서울대학교 철학과, 2020, 59~64쪽 참조.

단선적일 것일 수 없다.

현재의 문제화가 오늘의 우리가 우리 자신에 대해 수행하는 '자유의 실천'을 위한 것이었듯, 철학의 문제화는 (담론적 실천의 즉각적이고 일방적인 기각에 대한 주장이 아니라) 담론으로서의 철학과 철학적 삶의 새로운 관계의 창안을 겨냥하는, 철학에서의 '자유의 실천'을 위한 것으로 이해되어야 한다. 그러나 이 실천 혹은 실험을 위해서는 현재 양자의 관계에 존재하는 거의 절대적이라고 할 만한 비대칭성을 직시하는 것이 필수적이다. 갈수록 이론적으로 고도화되는 철학의 아카데미즘 한가운데서, 철학을 말하는 것과 철학을 사는 것이 분리되지 않았던 전통, 더 정확히는 오직 철학을 사는 것을 목적으로 해서만 철학을 생각하고 말했던 전통을 조명하는 것은 현재의 헤게모니적 철학 관념에 대한 문제화를 함축하지 않을 수 없다. 그리고 이 문제화에는 철학의 운명과 관련하여 우리가 '이론적으로' 생각하는 것보다 한층 더 큰 내기가 걸려 있을지도 모른다.

푸코는 이 내기를 '이론적으로' 정식화한 사람일 뿐 아니라 그것의 수행을 위한 참조점을 제공한 사람이기도 하다. 푸코가 비담론적 형식의 철학에 가치를 부여하는 것이 고도로 이론적인 그의 작업 방식 및 내용과 수행적으로 모순된다는 지적은 형식적이고 피상적이다.[40] 푸코에게 철학적 삶

---

40   Beatrice Han, "The Analytic of Finitude and the History of Subjectivity" In *The Cambridge Companion to Foucault*(Cambridge: Cambridge University Press, 2005), 204쪽. 같은 곳에서 Han은 인식론적 요구를 무시하고 진리/진실을 순전히 영성의 관점에서만 이해하는 것은 철학을 비합리성 혹은 예언의 수준으로 전락할 위험에 노출시킨다는 비판 또한 제기하는데, 이 역시 푸코의 문제의식에 대한 다소 일방적이고 부분적인 이해에 근거한다. 푸코가 말하는 영

과 영성은 연구 주제나 대상이기만 했던 것이 아니다. 푸코는 자신의 작업의 영성적 측면, 철학자로서의 자신의 삶과 자신이 수행하는 작업의 관계를 지속적으로 의식하고 '실험'했다.[41] 말하자면 푸코에게서 철학의 문제화는 말과 글을 통해서뿐 아니라 철학함 자체를 통해서도 이루어졌던 것이다. 이런 의미에서 우리는 푸코의 이론과 담론뿐 아니라 다음과 같은 자기 진술에서 나타나는 철학적 에토스 자체를 철학적 삶의 현대적 실례로써 그리고 도래할 철학을 위한 실험의 재료로써 활용할 수 있을 것이다.

나는 이론가라기보다는 실험가입니다. 나는 다양한 연구 분야에 동일하게 적용될 수 있는 연역적인 체계를 발전시키지 않습니다. 나는 무엇보다 나 자신을 바꾸고, 이전과 같이 생각하지 않기 위해서 책을 씁니다.[42]

성의 전통은 인식론적 요구를 무시하는 것이 아니라 현재와 다른 인식론적 요구—가령 자기 인식을 자기 돌봄의 한 계기로 배치하는 것과 같은—를 제기하며, 비합리성이 아니라 지금 우리가 알고 있는 것과 다른 유형의 합리성에 기반한다. 영성의 전통을 비합리성과 예언의 수준으로 '격하'하는 이런 식의 비판은 역설적으로 푸코가 철학적 삶과 영성이라는 주제로 문제화하고자 했던 지금의 철학의 성격을 투명하게 가시화한다.

41   미셸 푸코(정일준 옮김), 「정치와 윤리」, 『자유를 향한 참을 수 없는 열망: 푸코-하버마스 논쟁 재론』(새물결, 1999), 92~93쪽.
42   푸코, 『푸코의 맑스』 31쪽.

윤영광

강원대학교 윤리교육과 교수. 고려대학교 법학과를 졸업하고 서울대학교 철학과에서 석사와 박사학위를 취득했다. 경인교육대학교, 한국공학대학교에서 강의했으며 고려대학교 연구교수, 홍익대학교 초빙교수로 재직했다. 주요 논문으로 「칸트 비판철학에서 주체의 비동일성 문제」, 「칸트와 아렌트 교차해석을 통한 이성의 공적 사용의 의미 해명」, 「푸코적 칸트주의의 궤적: 비판적 존재론의 전화(轉化)」, 「네그리의 공통주의와 공통적인 것」 등이 있으며, 『공통체』(안토니오 네그리·마이클 하트), 『이제 모든 것을 다시 발명해야 한다』(닉 다이어-위데포드 외) 등을 번역했다.

동물을 사랑하는 것과 윤리적으로 대우하는 것[1]

최훈(강원대학교 삼척자유전공학부 교수)

1. 동물에게 보이는 애정과 동정심

동물 윤리학은 응용 윤리학 중 가장 활발하게 연구되는 주제이다. 1970년대 이후 피터 싱어나 톰 레건을 비롯한 여러 윤리학자가 연구를 선도한 이유도 크지만, 일반인들의 동물에 대한 관심이 늘어난 영향도 클 것이다. 이는 우리나라도 마찬가지이다. 동물 윤리학 중 가장 많이 논의되는 주제는 동물의 사육과 도축이고, 이는 실천적으로 채식으로 연결된다. 10여 년 전만 해도 우리나라에서 '비건'은 낯선 말이었다. 그러나 이제 비건은 하나의 트렌드로 자리 잡은 느낌이다. 인터넷 포털에서 '비건 라이프'를 소개하는 기사나 스스로 비건임을 '커밍아웃'하는 글을 심심찮게 볼 수 있다.

---

1   이 글은 계간 《철학과 현실》 134호(2022년 가을호)에 실렸다.

이런 관심의 증가는 일반인들이 동물 윤리학에 관심을 가지게 되었기 때문이 아닐 것이다. 애완동물을 기르는 사람들이 많이 늘어난 것의 부수 효과라고 짐작된다. 농림축산식품부의 2020년 '동물보호에 대한 국민의식 조사'에 따르면 애완동물 양육 가구는 27.7%로 2010년의 17.4%보다 크게 늘었다.[2]

사회 분위기의 변화는 급기야 법령을 바꾸게도 만든다. 현재 우리나라 민법에서 동물은 물건이다. 민법은 법적 권리를 갖는 주체인 사람(정확하게는 '자연인'과 '법인')과 객체인 물건만 인정하는 이분법을 채택하고 있는데, 사람이 아닌 동물은 물건에 속하는 것이다. 이런 법 조항은 동물에 대한 윤리적 관심이 늘어난 현대는 물론이고 과거에도 상식과 맞지 않았다.

물건은 필요 없으면 버리기도 하고 자신의 물건이면 부수기도 하지만, 거기서 어떤 윤리적인 죄책감을 느끼지 않는다. 그러나 동물의 경우에는, 어떤 사람이 남의 동물이 아니라 자신의 동물이라도 또는 주인이 없는 야생의 동물이라도 학대하면 비난하고 자신도 양심의 가책을 느낀다. 동물은 사람은 아니지만, 물건도 분명히 아니라는 상식이 사람들 사이에 자리 잡고 있는 것이다.

그러다가 법무부는 2021년 7월 19일에 민법 제98조의2로 "동물은 물건이 아니다"라는 조항을 신설할 것을 입법 예고하였다.[3]

---

2   통계청의 2020년 '인구주택총조사'에 따르면, 애완동물 양육 가구는 15%로 농림축산식품부의 조사와 차이가 크다. 그러나 '인구주택총조사'는 5년마다 실시하고 애완동물 관련 질문은 2020년에 처음 들어와서 예전과 비교할 수 없다.

3   나는 「동물은 물건이 아니다: 그 철학적 의미」, 《환경법과 정책》 28권, 2022, 151~179쪽에서 이 법 조항이 가져올 철학적·윤리적 의미를 분석하였다.

응용 윤리학은 단순히 학자들의 연구에 그치지 않고 일반인의 윤리적 논쟁을 이끌고, 이는 결국에 정책 결정으로 이어지므로, 일반인의 의식과 정책을 무시할 수 없다. 정책이나 법령의 결정 및 변경은 전문가보다는 일반인의 여론에 따라 이루어지는 경우가 많다. 당국이나 의회도 여론이 움직여야 정책에 관심을 두게 되고, 또 여론의 힘을 빌려야 그 정당성을 주장할 수 있기 때문이다. 이는 민주주의의 기본 원칙에 맞고, 기본적으로 바람직한 방향이다.

그러나 나는 동물에 대한 현재의 관심은 애완동물을 기르거나 거기에 애정을 보이는 사람들에 의해 주도된다는 점에 주목한다. 그들이 동물에게 보이는 관심은 애완동물을 향한 애정과 동정심에서 비롯된다. 그 근원이 애정이나 동정심이므로 문제가 있다는 식의 접근은 이른바 '발생적 오류'에 해당하므로 그것을 지적하는 것은 아니다. 애정이나 동정심과 같은 감정은 윤리적 사고를 촉발하는 것이기도 하므로 그것 자체는 문제가 아니다. 문제는 그 애정이 윤리적 사고에서 내내 계속된다는 것이다. 칸트가 경향성을 도덕의 근거로 삼을 수 없다고 주장한 것은 경향성이 보편적 타당성을 띠지 못하기 때문이다. 애정과 동정심은 대표적인 경향성이다.

이 글에서는 동물을 사랑하는 것과 동물을 윤리적으로 대우하는 것은 별개의 것임을 강조하려고 한다. 그래서 현대인의 동물을 향한 애정과 동정심은 동물 윤리학이 나아가는 방향에 역행할 수도 있다는 것을 강조하려고 한다. 동물을 향한 애정은 주로 애완동물에게 나타난다. 우리나라에서 가장 많이 기르는 애완동물은 개와 고양이이다. 이 글은 개와 고양이를 향한 애정이 동물 전체에 대한 윤리에서 어떤 식으로 왜곡되어 나타날 수 있는지를 사례를 들어 접근하도록 하겠다.

2. 성차별주의와 인종차별주의 그리고 종차별주의

　동물 윤리학의 정신을 가장 잘 보여주는 개념은 '종차별주의'이다. 대표적인 인권 침해의 사례가 '성차별주의'와 '인종차별주의'인 것처럼 동물의 이익 또는 동물의 권리를 침해했을 때 그것은 종차별주의라고 부를 수 있다. 종차별주의는 본디 영국의 작가인 리처드 라이더가 만든 말인데, 피터 싱어의 저술에 의해 널리 퍼졌다. 성차별주의와 인종차별주의가 다른 성별이나 인종의 이익보다 자신의 성별이나 인종의 이익을 우선하는 편견을 가리키는 것처럼, 종차별주의는 다른 종의 이익보다 자기 종의 이익을 우선하는 편견을 가리킨다. 가령 소나 돼지가 인간과 똑같은 이익을 가지고 있다면, 그것이 인간의 이익이 아니라고 해서 무시한다면 그것은 종차별주의적인 행태가 될 것이다.

　종차별주의적 행태를 배격하기 위해서는 동물을 사랑하면 될까? 아니면 동물의 이익 또는 권리[4]를 존중해주면 될까? 동물을 사랑한다는 것은 곧 동물의 이익 또는 권리를 존중하는 것일까? 종차별주의는 성차별주의나 인종차별주의에 빗대어 나온 개념이므로 이 질문에 대답하기 위해서는 성차별주의나 인종차별주의의 경우를 생각해보면 된다.

　특정 성별이나 특정 인종의 권리를 우선하지 않는다는 것이 다른 성

4　동물 윤리학에서 '이익'과 '권리'는 다른 개념으로 쓰인다. 대체로 피터 싱어 (Peter Singer)와 같은 공리주의 계열에서는 동물의 이익을 언급하고, 톰 레건 (Tom Regan)과 같은 칸트주의자 계열에서는 동물의 권리를 언급한다. 두 노선이 사뭇 다르기에 이익과 권리를 구별해서 써야 하기는 하지만, 앞으로 논의 맥락에서 크게 벗어나지 않는 한 '권리'라는 말로 뭉뚱그려 쓰도록 하겠다.

별이나 인종에게 특별한 사랑을 보낸다는 말일까? 전혀 그럴 필요가 없다. 단지 그 성별이나 인종의 권리를 침해하지 않고, 다른 성별이나 인종의 권리와 차별 없이 대우하면 된다. 우리는 인간의 기본적인 권리는 특정 성별이나 인종과 상관없이 누구나 똑같이 가지고 있다는 것을 안다. 예컨대 '이유 없이 맞지 않을 권리'는 백인이라고 해서 흑인보다 더 많이 가지고 있는 것은 아니므로 흑인에게도 그 권리를 똑같이 존중해주어야 하는 것이다.

오히려 특정 성별이나 인종에게 특별한 애정을 보내면 애초의 성차별주의나 인종차별주의가 낳았던 차별과 같은 종류의 차별을 낳게 된다. 역차별이 사회적 약자가 일어설 수 있는 수준에서는 받아들여지기도 하지만, 그것을 넘어선다면 또 다른 차별이기 때문이다.

종차별주의도 이와 마찬가지이다. 동물도 우리와 똑같은 기본적인 권리를 가지고 있다. 물론 동물과 인간은 많이 다르기에 인간이 가지고 있는 권리 중 동물이 가지고 있지 못한 것도 많다. 예컨대 '정치에 참여하고 싶은 권리'는 동물에게는 없기 때문에 그것을 존중해서 선거권이나 참정권을 줄 필요는 없다. 그러나 동물이라고 해도 인간과 마찬가지로 갖는 권리는 존중해주어야 한다. '이유 없이 맞지 않을 권리', '호기심을 충족할 권리', '새끼 때 어미로부터 떨어지지 않을 권리' 따위가 그런 것들이다. 우리는 성별이나 인종과 관련 없이 이유 없이 맞으면 고통스럽다는 것을 누구나 안다. 백인이라고 해서 맞으면 아프고, 흑인이라고 해서 맞아도 아프지 않겠는가?

그러나 나와 다른 성별이나 인종에게는 그런 권리가 있음을 인정하지 않거나 애써 무시한 시대가 있었다. 이제는 그런 권리를 침해하는 것은 차별적 행동임을 누구나 인정한다. 하지만 동물에게는 여전히 그런 권리를 인정하지 않는다.

상식적으로 생각하면 적어도 포유류는 때리면 고통을 느낀다는 것을 누구나 안다. 사람이라고 해서 때리면 아프고 곰이라고 해서 때리면 아프지 않겠는가? 물론 곰을 비롯한 동물은 아프다는 말은 할 수 없다. 그러나 우리는 동물의 행동과 표정을 통해 동물이 고통을 느낀다는 것을 추론한다. 만약 말을 할 수 없기에 아픔을 느낀다고 단정할 수 없다고 한다면, 똑같이 말을 할 수 없는 갓난아이나 식물인간도 아픔을 느끼지 못한다고 결론을 내려야 할 것이다.

그런데도 우리는 곰을 비롯한 동물에게 이유 없이 고통을 주는 행동을 한다. 고기를 위해 좁은 곳에 가두어 길러 고통을 주고, 적절한 마취를 하지 않고 도살하여 고통을 주고, 동물원에서 좁은 곳에 가두어 기르며, 서커스를 위해 때리면서 훈련한다. 동물이 고통을 느끼는데도 "동물의 고통인데 뭐 어때?"라고 무시하는 것이다. 매를 맞으며 고통을 느끼는 흑인을 보고 "흑인의 고통인데 뭐 어때?"라고 생각한 수준에 그대로 머물러 있는 것이다.

지금까지 살펴본 것처럼 종차별주의적 행태를 배격하는 까닭은 동물에게 애정이나 동정심을 보내기 때문이 아니다. 동물의 기본적인 권리를 존중하기 때문이다. 이것은 성차별이나 인종 차별을 하지 않는 이유가 다른 성별이나 인종을 사랑하기 때문이 아니라 그들의 기본적인 권리를 존중하기 때문인 것이나 마찬가지이다.

3. 애완동물과 반려동물

어떤 존재에게 애정을 베푸는 것이 문제는 아니다. 사랑은 사회의 동력이 되는 인간의 기본적인 감정이다. 모든 존재를 똑같이 대우할 것을 강조하는 공리주의자라도 가족의 사랑은 사회를 지탱하고 활성화하는 기본적인 감정으로 인정한다. 문제는 자신은 애정을 베푼다고 생각하지만, 사실은 통제하고 있을 때이다. 그리고 그 애정이 다른 존재를 차별하는 형태로 나타날 때이다. 애정이라고 알고 있는 것이 사실은 통제인 예로 개를, 애정이 다른 존재에 대한 차별로 나타나는 예로 고양이를 들겠다.

나는 이 글 내내 '반려동물'이라는 말 대신 '애완동물'이라는 말을 사용했다. 언어학적으로 말뭉치를 분석해본 것은 아니지만, 최근에는 '반려동물'이라는 말이 훨씬 더 많이 쓰이는 정도가 아니라 거의 굳어진 듯한 느낌이다.[5] 나는 이러저러한 기고문에 '애완동물'이라고 써서 보내면 편집자가 '반려동물'로 수정하는 일을 자주 겪었다. '반려동물'을 이른바 정치적으로 올바른 용어로 생각하는 듯하다. '반려'는 '짝이 되는 동무'라는 뜻이다. 나는 지금 우리가 대하는 애완동물은 그런 의미의 반려가 될 수 없다고 생각한다. '동무' 또는 '반려'는 대등한 관계이다. 대표적으로 부부를 반려자라고 하는 것에서도 그 관계의 본질을 짐작할 수 있다.

그러나 현재 애완동물의 핵심적인 특징은 의존성과 취약성이다. 개는 자연 상태의 늑대가 인간에 의해 길들여진 동물이다. 인간이 길들인 주된

---

5   영어에서는 일상생활은 물론이고 동물 윤리학 관련 문헌에서도 아직도 'pet'이
     'companion animal'보다 더 많이 쓰이는 듯하다.

목적은 귀여움을 평생 곁에 두고 보기 위해서이다. 애완견은 늑대의 어릴 때의 귀여움을 평생토록 가지고 있도록 진화되었는데, 이것을 '유형성숙(幼形成熟)'이라고 부른다. 과거에는 집을 지키거나 사냥을 돕는다는 목적도 있었지만, 적어도 우리나라의 현재 상황에서는 그런 목적은 거의 없고, 대체로 귀여움을 제공하는 수단으로 개를 기른다.

귀여움 추구가 심하다 보니 인간의 목적에 맞게 통제한다. 개는 본인들의 본능에 따라 번식하는 것이 아니라, 이른바 퍼피밀(강아지 공장)에서 견주의 수요에 맞게 번식된다. 퍼피밀의 사육 수준은 공장식 사육과 다를 바 없다.

서구는 순수 혈통의 보존을 중요시하고 이를 견주는 대회도 열리기에 동종 번식을 시켜서 개가 유전 질환에 걸리는 문제가 생기는데, 우리나라는 이런 문제는 덜하다. 반면에 개를 주로 공동 주택에서 사육하다 보니 소형견 위주로 번식을 시키게 되고, 그러다 보니 귀여움을 배가시키는 방향으로 교배를 한다. 그래서 털을 길게 만든 장모종 개는 털이 시야를 가려서 위생에 문제가 생기며, 주둥이가 눌린 단두종 개는 기도가 막히는 증후군이 생기게 된다.

인간은 이렇게 개를 취약하게 태어나게 한다. 인간이든 동물이든 장애가 있더라도 차별을 하는 것은 옳지 못하다. 그러나 애초부터 장애를 가지고 태어나게 하는 것은 별개의 문제이다. 그리고 인간은 개를 인간에게 의존적으로 기른다. 인간에게 의존적이라는 것은 인간이 없으면 아무것도 할 수 없다는 뜻이다. 아파트에서 기르는 개는 주인이 없으면 온종일 혼자 있어야 하며, 주인이 주지 않으면 먹이도 스스로 찾아 먹을 수 없고, 주인이 시켜주지 않으면 산책도 할 수 없다.

물론 인간의 어린이도 부모에게 의존적이기는 하다. 그러나 이 의존성은 성인이 될 때까지이다. 애완견의 의존성은 평생 간다는 데 문제가 있다. 평생 의존적인 대상을 반려라고 할 수 있는가? 공장에서 번식시키고, 일부러 취약하게 만들고, 펫숍에서 사고파는 대상을 반려라고 부를 수 있는가?

앞에서 종차별주의적 행태는 동물의 기본적인 권리를 존중하지 않을 때 저지른다고 말했다. 그리고 동물의 기본적인 권리로 '이유 없이 맞지 않을 권리', '호기심을 충족할 권리', '새끼 때 어미로부터 떨어지지 않을 권리' 등 누구라도 공감할 것을 들었다. 이것들은 각 동물 종의 본성에 맞게 살 때 존중되는 것이다. 이유 없이 맞거나 호기심이 억제되는 것이 본성인 종은 없다. 당연한 말이지만 동물들은 각 종의 본성이 있고, 우리에게는 그것을 침해하지 말아야 하는 의무가 있다.

그러나 개와 같은 길들인 동물은 야생의 본능이 어느 정도 남아 있는지 알기 어렵기에 그 본성이 무엇인지 정확히 파악하기 힘들다. 개를 늑대처럼 야생에 풀어주어야 개 종의 완전한 자연적 본성에 따라 살게 하는 것이라고 단정할 수 없는 것이다. 그러나 개는 야생에 풀어 놓지 않더라도 여전히 무리 지어 생활하고 뛰는 것을 좋아한다. 하지만 현실의 개는 동료 없이 집에 온종일 갇혀 지내고, 가끔 줄에 묶여 산책하는 것이 전부이다. 이행태가 동물 종의 본성을 존중하는 것이라고 말할 수는 없다.

동물보호단체는 시골에서 1미터도 안 되는 줄에 묶여 온종일 지내는 개 주인을 비난한다. 개의 본성에 따른 정상적인 생활을 할 수 없기 때문이다. 그러나 정도의 차이만 있지 온종일 집에 갇혀 있고 줄에 묶여 산책하는 개도 역시 개의 본성에 따른 정상적인 생활을 하는 것은 아니다.

개를 번식시키고 사고파는 관행은 제도에 의해 바뀔 수 있지만, 의존적이고 취약한 것은 애완견의 본성이다. 우리는 평생 의존적이게 하고 의도적으로 취약하게 만든 존재를 반려라고 하지 않는다. 그 존재의 본성을 존중하지 않고 '주인'의 입맛에 맞게 대하는 존재를 반려라고 하지 않는다. 나는 이러한 이유로 반려동물이라는 말은 우리가 애완동물을 다루는 현실 또는 본질과 맞지 않는다고 생각한다.

최근 우리 사회에서 '반려'라는 말은 여기저기에서 쓰인다. '반려식물', '반려장난감', 심지어 성인용품에도 '반려기구'라는 말을 쓴다. 이런 말을 쓰는 사람들은 그 대상이 삶에서 굉장히 중요하고 친밀하다는 정감을 표시하려는 의도이지, 정말로 평생을 함께하는 동무라고 생각하는 것은 아니다. 그런 의미에서 반려동물이라는 말을 쓴다면 이의를 제기할 이유가 전혀 없다. 그렇다면 거꾸로 애완동물이라고 한다고 해서 정치적으로 올바르지 않다고 말할 이유도 없다.

4. 사냥 본성 존중하기와 또 다른 고통 막기

고양이는 같은 애완동물이지만, 개처럼 의존적이고 취약한 동물은 아니다. 그 본성상 혼자서도 잘 생활하고 '주인'의 손길을 크게 필요로 하지 않는다. 야생에서 고양이는 사냥과 영역 관리의 본능이 있다. 개를 길들인 목적이 귀여움 외에 경비와 사냥이었듯이 고양이를 길들인 목적에도 귀여움 외에 쥐 사냥이 있었다. 그러나 개와 마찬가지로 우리나라에서 공동 주택에서 기르는 고양이는 이제 귀여움만을 제공하는 수단이 되었다. 하지만 여전히 사냥의 본능이 있기에 고양이를 기르는 사람들은 사냥놀이를 통해 그 욕구를 만족시켜 준다. 이것은 고양이의 본성을 진정으로 만족시켜주는 것인가? 아니면 허위로 만족시켜주는 것인가?

고양이를 기르는 (스스로를 '집사'라고 부르는) 사람 중 고양이는 외출을 싫어한다고 생각하는 이들이 많다. 과연 길들인 고양이는 사냥과 영역 관리의 본성이 없어진 것인가? 고양이가 집 밖으로 나갈 기회가 있을 때 나가는지를 보고 고양이의 본성을 확인하는 방법도 가능하다. 이는 선호주의 입장인데, 이 입장이 만족되기 위해서는 이른바 '충분한 정보'가 주어져야 한다. 예컨대 고양이가 집 밖은 로드킬의 위험도 있고, 먹을 것을 찾아 헤매는 경우가 허다하다는 것을 알고 있어야 한다. 거꾸로 집 안에 머무는 것을 선택하는 고양이도 있을 수 있겠지만, 자신의 진짜 본성을 개발할 의욕을 잊어버리고 집 안에 있는 것에 익숙해졌을 수도 있다. 이런 사정을 생각하면 어느 쪽이 고양이의 진정한 본성인지 파악하기 어렵다.

고양이의 자연적 본성이 사냥과 영역 관리임을 인정해서 집 밖에 놓아 기른다고 하자. 그래도 문제가 발생하는데, 이는 우리나라에서 길고양이를 둘러싼 '캣맘' 논쟁에서 확인되고 있다.[6] 길고양이가 환경에 끼치는 해악은 여러 가지가 거론된다. 고양이는 싸우거나 발정할 때 소음을 내고, 먹을 것을 찾기 위해 쓰레기 더미를 뒤져 공중위생 문제를 일으킨다. 전염병도 퍼트리고, 자동차나 화단이나 텃밭 등을 훼손하는 피해도 끼친다.

가장 중요하게는 길고양이는 자신의 본성을 발휘해서 다른 동물들을 사냥한다. 쥐는 유해 동물이므로 쥐를 잡는 것은 오히려 환경에 이롭다고

---

6   '길고양이'에 해당하는 표준어는 '도둑고양이'였다. '길고양이'는 2021년에야 '도둑고양이'와 함께 복수 표준어로 등재되었다.

생각할 수 있지만, 문제는 새들을 사냥한다는 사실이다. 고양이는 꼭 배가 고파서가 아니라 놀이를 위해 쥐나 새를 잡고, 바로 죽이지 않고 괴롭히는 일도 많다. 우리나라에는 고양이의 조류 사냥이 많이 알려져 있지 않지만, 오스트레일리아나 미국에서는 고양이가 보호 조류를 해쳐서 멸종 위기에 처하게 하는 사례가 많이 알려져 있다. 급기야 오스트레일리아에서는 독극물이 든 미끼를 이용해 야생 고양이를 박멸하는 사업도 펼쳐진다.

철학자들은 쥐나 길고양이 그리고 비둘기처럼 도시에서 인간 주변에 사는 동물을 '경계 동물'이라고 부른다. 동물 윤리학의 연구 대상이 되는 동물은 대부분 식용으로 삼는 가축이거나 실험 동물이다. 야생 동물은 환경 윤리학의 대상이고, 동물 윤리학에서는 기껏해야 야생 동물들끼리 벌어지는 포식에 인간이 개입할 수 있느냐는 주제가 다루어질 뿐이다. 애완동물은 인간에게 보살핌을 받는다고 생각하기에 윤리적인 문제가 없을 것이라고 생각한다. 그러나 이 글에서 다루듯이 거기에도 여러 윤리적인 문제가 있다. 경계 동물은 아주 최근에 동물 윤리학자의 관심의 대상이 되는데, 그중에는 길고양이 문제도 들어 있다.

야생 동물의 포식 문제도 그렇지만, 길고양이의 포식에 대해서도 인간이 개입해서는 안 된다는 주장이 강하다. 동물 윤리학자들이 가축의 식용을 반대하는 이유가 사육과 도축에서 가축이 당하는 고통 때문이라면, 야생의 포식에서 벌어지는 동물의 고통도 인간이 개입해서 막아야 하지 않느냐는 것이 포식의 문제이다. 이 문제에서 가축의 고통은 인간이 만든 것이지만, 포식에서 오는 고통은 인간이 만든 것이 아니므로 개입해서는 안 된다는 반론이 대세를 이룬다.

그렇다면 길고양이의 포식에도 개입해서는 안 되는 것 아닌가? 야생의 고양이가 쥐나 새를 잡아먹는 것에 개입해서는 안 된다. 그렇다고 한다면 마찬가지로 길고양이가 새를 잡아먹도록 도와주어서도 안 된다는 결론이 나온다. 그것 역시 자연에 개입하는 것이기 때문이다. 하지만 '캣맘'의 활동은 길고양이에게 안정적으로 먹을 것을 제공하여 결국에는 길고양이의 포식을 도와주는 셈이 된다. 인간이 새를 직접 해치는 것은 아니지만, 새를 해치도록 부추기는 것이다.

먹을 것을 찾지 못해 굶는 길고양이와 길고양이로부터 죽임을 당하는 새는 모두 고통을 당한다. 그러나 '캣맘'은 그중 길고양이의 편을 든다. 이유는 고양이에게는 새에게 없는 귀여움이 있기 때문이다.

앞에서 보았듯이 똑같은 고통인데, 어떤 종에 속하느냐에 따라 다르게 대우하는 것이 종차별주의의 핵심 내용이었다. 이와 마찬가지로 똑같은 고통인데 귀여운 동물의 고통인가 아닌가에 따라 다르게 대우하는 것 역시 종차별주의이다. 인간종과 동물종의 차별은 아니지만, 동물종끼리의 차별인 것이다. 특히나 인간의 경우 외모에 따른 차별은 도덕적으로나 법적으로 비난받는 부분인데, 이것은 동물이라고 해도 마찬가지이다. '캣맘'은 가여운 길고양이를 돕는 마음에서 먹을 것을 줄 것이다. 그런 마음이라면 입양을 통해 해결해야지 다른 동물을 잡아먹는 데 일조를 해서는 안 된다. 그러나 입양은 위에서 말한 사냥 본성을 억누르게 된다. 고양이를 기르는 데는 이런 딜레마를 고민해야 한다.

5. 또 다른 종차별주의를 넘어서

이 글에서 강조하려고 했던 것은 애정과 동정심을 윤리와 헷갈리지 말아야 한다는 것이었다. 윤리적 사고의 기본적인 특성 중 하나는 보편화 가능성이다. 나의 윤리적 판단이 모든 사람에게 두루 적용 가능해야 한다. 애정과 동정심은 그런 특성이 없다. 나에게는 사랑스럽고 불쌍하지만, 다른 사람에게도 그렇다는 보장이 없다. 애정과 동정심이 윤리적 판단으로 둔갑하고 윤리적 판단의 근거가 되어서는 안 된다. 동물에 대한 윤리적 반성과 토론에서는 특히 이 점을 주의해야 한다.

현대 사회에 들어서 인간이 동물을 접할 일은 대체로 마트에 포장된 고기로서였다. 야생 동물과 실험 동물은 물론이고 농장 동물도 일반인이 접근할 수 있는 곳 밖에 있다. 아마도 농장 동물의 사육 환경은 혐오스럽기 때문에 일반인의 접근을 막기도 한다. 악취는 덤이다. 경계 동물은 위에서 말했듯이 우리 주변에 존재하지만, 그 존재가 무시당한다. 최근 들어 가장 많이 접할 수 있는 동물은 애완동물이다. 그러다 보니 애완동물이 동물을 둘러싼 담론이나 정책의 중심이 되는 것 같다. 그러나 이 글에서 말했듯이 애완동물은 여러 동물 중 하나이다. 애완동물이 더 특별한 대우를 받는다면 종차별주의가 배격하려고 했던 그 종차별주의를 다시 끌어들이는 것이다.

최훈

강원대학교 삼척자유전공학부 교수. 서울대학교 철학박사 저서로『동물을 위한 윤리학』,『동물 윤리 대논쟁』,『논리는 나의 힘』,『라플라스의 악마, 철학을 묻다』등이 있다.

1부   현대 문명 비판

2부

정의 실천의 모색

한국 및 독일 사회의 '현실'과 하버마스의 사회'철학'[1]

선우현(청주교육대학교 윤리교육과 교수)

1. 현 한국 사회의 현실: 왜 지금 다시 하버마스인가?

일제의 식민 통치에서 벗어난 이후, 한국 사회는 급속한 근대적 산업화 과정을 거치면서 경제적 차원에서 그야말로 비약적인 발전을 이룩해왔다. 동시에 반민주적 독재 정권 및 권위주의 정부에 맞서 오랜 기간 민주화 투쟁을 벌여왔으며 그 결과 형식적 차원에서 민주화를 실현했으며 실질적 민주화를 이루어나가는 도정에 있다. 이렇듯 전 세계적으로 유례를 찾기 힘들 만큼, 한국 사회는 2차 세계대전 이후 산업화와 민주화 양자를 성공적으로 이룩한 거의 유일무이한 정치적 공동체로 평가받고 있다.

하지만 이러한 성과의 이면에는 수다한 문제 또한 산재해 있다. 산업화의 측면에서 압축적 근대화는, 서구 사회가 수 세기에 걸쳐 진행한 근대화

---

1   이 글은 《학생생활연구》 제30집(청주교육대학교 교육연구원, 2023)에 게재된 논문을 책의 기획 취지에 맞추어 수정·보완한 것이다.

작업이 초래한 다양한 병리 현상들을 답습해 확산시켜 나가는 경로이기도 했다. 이로써 우리 사회는 다양한 어려움을 겪고 있다. 가령 비약적인 경제 발전의 부정적 산물로서, 불공정한 부의 분배에 따른 계급(층) 간 대립 및 갈등이라는 자본주의의 고전적 문제를 안고 있다. 다른 한편, 서구 선진 사회들이 여전히 겪고 있는 새로운 유형의 병리적 사태들, 가령 최근의 '후쿠시마 원전 오염수 배출'과 같은 생태계 파괴나 '러시아-우크라이나 전쟁'에서 불거진 핵전쟁의 가공할 위험성 증대의 문제에도 한국 사회는 전면적으로 노출되어 있다.

사실 꽤 오랫동안 한국 사회는 경제적 불평등에 기인한 계급(층) 간 대립적 충돌이 사회적 현안의 중심적 지위를 차지하고 있었다. 그로 인해 마르크스(주의) 사회철학이 이러한 실태의 본질을 비판적으로 규명하고 그 해결책을 제시해줄 유력한 이론 체계로 한때 각광받았다.

하지만 이는 오래 가지 못했다. 현실 사회주의의 몰락과 이른바 '정통 마르크스주의'에 대한 근본적 차원의 비판적 성찰이 이루어지면서, 마르크스(주의) 사회철학의 영향력은 급속히 쇠퇴해버렸기 때문이다. 물론 그렇게 된 데에는, 한국 사회가 빠르게 민주화되어 나가면서 분배의 불공성이 나름 일정 정도 해소되면서 계급(층) 간 갈등 구도가 완화·순치된 점도 한 몫 거들었다.

이처럼 시대적·사회적 상황이 바뀐 만큼, 자본주의 체제를 조망함에 있어 가장 유망한 비판적 분석 틀로 간주되었던 마르크스(주의) 철학 역시 그것이 본래 내장하고 있던 이론적·실천적 제약성과 한계를 드러내었다. 그에 따라 한국적 자본주의 체제에 대해 마르크스(주의) 사회철학은 더이상 설득력 있는 해명과 문제 해결 방안을 제시해주기에는 역부족이라는 공감대가 형성되기에 이르렀다.

　이와 같이 현저히 달라진 오늘의 한국적 현실을 감안할 때, 최근 우리 사회에 '다시금' 일고 있는 하버마스의 사회철학에 대한 관심의 증대를 제대로 이해할 수 있다. 물론 그의 철학 체계는 독일을 위시한 유럽의 시대적·사회적 상황을 주된 탐구 대상으로 삼아 구축된 것이라 할 수 있다. 하지만 그럼에도 하버마스의 사회철학은 한국 사회의 구조적 모순이나 병폐들을 비판적으로 조망해보는 데 나름 유용한 이론 체계로 기능할 수 있다고 보인다. 적어도 현재의 한국 사회 역시 유럽 내 정치적 공동체들이 밟아온, 동시에 전개해나가고 있는 사회 진화론적 행로를 적지 않게 답습하고 있다고 판단되기 때문이다.

　그렇지만 현시점에서 하버마스 사회철학의 유용성과 효용성은, 명색이 민주화된 한국적 현실에서 최근 들어 '민주주의의 퇴행 내지 붕괴' 징후가 도처에서 드러나고 있다는 점에 비추어, 한층 더 그 의미와 의의를 지닌다. 무엇보다 근자의 한국 사회는 '진영 논리'가 정치적 무대는 말할 것도 없고 일상적 삶의 영역까지 미세하게 전일적으로 파고들어 구성원들의 가치 판단의 준거로서 기능하기에 이르렀다. 그에 따라 주요 정치적 현안들을 위시하여 다양한 삶의 문제들에 관한 윤리적 정당성의 여부는 전적으로 진영 논리에 입각해 판별되는 실정이다.

　요컨대 자신이 속하거나 지지하는 진영의 입장은 절대적으로 옳은 반면, 경쟁적 대립 관계에 있는 진영의 주장은 들어보려고도 하지 않으며 무조건 부당한 것으로 간주한다. 이렇듯 진영 논리는 시민 구성원들로 하여금 자신이 옹호하는 진영과 반대편 대립 진영을 '적과 동지'의 구도로 양분토록 유인하여, 상대방을 끊임없이 적대시하고 악마화하는 배척과 왕따, 증오 및 혐오의 논리로 기능하고 있다.

사실 민주주의의 원리가 확고히 자리 잡은 사회에서는 공적 현안을 놓고 이해관계가 맞물려 갈등적 사태를 유발하는 경우, 구성원들 간의 자유롭고 개방적인 토론을 통해 '어느 입장이 규범적으로 정당한 것인가?'의 여부가 합리적으로 가려진다. 그러나 지금처럼 진영 논리가 사회 전반에 걸쳐 판치는 비민주적인 사회에서는 '어느 입장이 보다 더 막강한 영향력과 지배 권력을 지니고 있는가?'의 여부에 따라 참과 거짓, 옳고 그름이 결정된다. 이런 연유로 진영 논리는 그야말로 '반민주적인 힘의 논리'에 다름 아니라 할 수 있다.

이처럼 진영 논리가 시민 구성원들의 사유 구조마저 지배하여 뒤틀린 현실 인식과 왜곡된 가치 판단이 온통 삶의 세계 곳곳에 난무하는 한국 사회의 현실은 "왜 지금 다시 하버마스인가?"라는 물음이 제기될 수밖에 없는지를 고스란히 보여준다. 더불어 "합리적 담론을 통한 윤리적 정당성의 판별 및 문제적 사태의 해결 방안이 왜 시급히 수용되어야만 하는가?"에 대한 '현실적 필요성'과 '규범적 당위성'을 다시 한번 절감케 한다.

이처럼 '원칙상' 이성적 토론과 논쟁을 통해 특정 사안을 둘러싼 갈등과 대립을 해소할 수 있다는, 담론 이론에 기초한 하버마스의 사회철학적 전망은 그의 철학에 한층 더 관심을 기울이게 만드는 매력적인 요인으로 다가온다. 무엇보다 진영 논리의 무차별적 확산으로 인해 그 어느 때보다 증폭된 이념적·정치적 충돌 상황을 극복하고 넘어설 당면 과제와 관련해, 그의 사회철학은 적극적인 검토의 대상이 되기에 충분하다고 판단된다.

물론 이 경우에도 각별히 유념해야 할 사항이 하나 있다. 곧 하버마스의 사회철학을 전적으로 우리 사회의 현실 및 문제 상황에 맞추어 '일방적으로' 읽어내려는 시도는 다분히 그의 철학 체계 전반에 관한 자의적이며 곡해된 해석을 낳을 수 있다는 점이다. 그런 만큼, 하버마스 사회철학의 이론(구성)적 진의와 기획 의도, 핵심 논지를 온전히 파악하기 위해서는, 우리 사회의 현실 못지않게 그의 철학을 배태·형성시킨 일차적 지반으로서 독일 사회의 현실과 그 실상에 관한 제대로 된 분석과 이해가 선행되어야만 한다. 그럴 경우에라야, 하버마스의 사회철학에 담긴 실체적 핵심을 제대로 파악하고 그 이론적·실천적 함의를 온전히 간취할 수 있다. 나아가 그의 철학 체계에 대한 공정하면서도 정당한 평가 또한 내려질 수 있다.

2. 전후 독일 사회의 현실:
   이성의 총체적 위기와 새로운 이성에 대한 요구

1)

하버마스는 1929년 독일 중서부 지역의 뒤셀도르프에서 태어나 쾰른 부근 굼버스바흐에서 어린 시절을 보냈다. 윗입술이 갈라진 '구순구개열(口脣口蓋裂)' 장애를 선천적으로 안고 살았던 하버마스는, 그로 인해 동네 혹은 학교 친구들로부터 자주 놀림을 받았다. 성인이 되어서도 발음이 명료치 않아 의사 전달에 적지 않은 어려움을 겪기도 했다.

그럼에도 어릴 적부터 받아온 차별과 무시로 인한 개인적 아픔을 사회적 약자에 대한 배려와 존중으로 승화시켰다. 하여 이후 유럽 최고의 사회철학자로 자리 잡았음에도, 늘 겸손함과 포용력, 배려심을 잃지 않았으며, 소수자를 비롯한 약자에 대한 차별 혹은 폭력 사태를 방지하기 위해, 구성원들 간의 '이성적 소통'을 통해 갈등 및 충돌을 해소하고 상호 존중하는 민주 사회를 구현하기 위한 이론 구상에 매진하였다.

한데 하버마스가 청소년기를 거쳐 성인이 되어가던 무렵의 독일은 2차 세계대전의 패망으로 나치(Nazi) 치하의 '전체주의 국가 체제'가 속절없이 무너져 내리며 정치적·규범적 무정부 상태로 곤두박질쳤던 '대혼란의 카오스' 시기였다. 그에 따라 대다수 독일인은 여러모로 혼미한 '정신적 아노미' 상황에 빠져 허우적대고 있었다. 이렇게 된 데에는 무엇보다, 히틀러 정권에 대해 독일 국민이 보여준 맹목적이며 광신적인 지지와 열광의 분위기가 오랜 기간에 걸쳐 독일 사회를 전일적으로 장악하며 구조적으로 고착화된 것이 크게 작용하였다. 왜냐하면, 나치에 오랫동안 길들어져 살아온 독일인들의 의식 구조 내에, 그 같은 사회 구조적 요소들이 내재화·체화됨으로써, 독일의 패망에 따른 나치의 몰락은 '나치와 자신을 동일시하던 적지 않은 독일인들'에게 절망적인 혼란스러움을 안겨주었기 때문이다.

하지만 유감스럽게도 그러한 절망적인 혼돈 상황 속에서도 '나치의 만행과 역사적 과오에 대한 독일인들의 치열한 내적 성찰이나 역사적 반성'은 좀처럼 찾아보기 어려웠다. 600만의 유대인 학살이나 전(全) 유럽을 아수라장으로 만든 반인륜적 전쟁의 광포성과 관련하여 상당수 독일 국민은 직·간접적으로 나치 전범 집단과 공범자 관계에 있었음에도, 뼈저린 자기반성과 자기비판은 온전히 이루어지지 않고 있었다. 마치 '자신들은 아무것도 몰랐고 아무 잘못도 없으며, 오히려 자신들 역시 나치의 피해자'라는 식의 태도를 드러내고 있었다.[2]

그 무렵의 하버마스 역시 여타 독일인들과 별반 다르지 않았다. 물론 그렇게 된 데에는 나치 친화적인 독일 사회의 무반성적 시대 흐름에 더해, 비판적 인식이나 도덕적 판단 능력이 온전히 갖추어지지 못한 미성년자의 상태에서 나치와 2차 대전을 겪은 탓이 결정적인 이유였다. 그랬던 하버마스가 당시의 독일적 상황에 대한 첨예한 문제의식과 본격적인 비판적 통찰을 감행하게 된 것은, 1949년 괴팅겐대학에 입학한 직후 '유대인 전멸 수용소'의 참상과 '뉘른베르크 전범 재판'을 기록 영화로 처음 접한 후 엄청난 충격과 공포에 휩싸인 직후였다.[3]

다만 그런 상황에서도 하버마스는 별다른 내적 동요 없이 자기비판적 삶으로의 급속한 전환을 실행해나갈 수 있었다. 그렇게 될 수 있었던 요인으로, 하버마스는 구순열로 인해 '히틀러 유겐트'의 정규반에 들지 못하고 응급 처치 요원으로 활동한 덕에, 나치즘을 전폭적으로 수용하여 맹목적 국가주의나 게르만 민족주의에 빠져들지 않았던 점을 들고 있다. 그 덕분에, 여타 독일인들과 달리 나치의 몰락에 따른 절망적 공황에 빠지지 않았으며, 오히려 당시의 독일적 현실과 독일 국민의 행태에 관해 '객관적 거리 두기'를 유지한 채 비판적으로 통찰할 수 있는 계기가 마련될 수 있었다.

그에 더해 하버마스가 현실 사회에 관한 '철학적 탐구 작업'에 관심을

2   이 점을 '대중 독재'의 개념을 사용해 상세히 규명하는 비판적 논의로는 임지현·김용우 엮음, 『대중독재: 강제와 동의 사이에서』(책세상, 2004), 177~264쪽 참조.

3   마치 1970년대 박정희 유신 체제가 극성기에 다다른 시절, 맹목적 애국주의로 세뇌되어 있던 청소년들이 대학에 들어간 직후 당시 금서였던 리영희의 『전환 시대의 논리』를 접하곤 이제껏 자신이 믿고 있었던 '한국적 민주주의' 체제가 실상은 '박정희 1인 독재 체제'에 다름 아니라는 사실을 깨닫고 충격에 사로잡히게 된 상황과 흡사한 것이었다.

기울이게 된 데에는 전후 대학가에서 여전히 그 위세를 떨치고 있던 하이데거(Heidegger) 철학의 학문적 위상에 대한 커다란 실망과 지적 좌절이 크게 한 몫 거들었다. 나치에 동조하고 지지했던 하이데거와 그의 철학은 나치의 패망 이후에도 그 전과 전혀 달라지지 않은 태도와 철학적 내용 체계를 고수하고 있었다. 곧 나치에 대한 치열한 사후적 평가나 철학적 비판은 차치하고, 하이데거 본인의 정치적 처신에 대해서도 무반성적 태도로 일관하고 있었다. 그뿐만 아니라 나치 시절 출간한 저서를 종전 후에도 부분 수정조차 없이 재출간할 만큼 시대착오적인 존재론적 철학 체계를 여전히 답습하고 있었다. 이는 하버마스에게 커다란 충격으로 다가왔다. 그가 보기에, 하이데거 철학은 현실과 아무런 관련도 없는, '공허한 뜬구름 잡는 얘기나 해대는 공리공담'의 학문에 다름 아니었기 때문이다.[4]

하버마스는 나치의 종말과 함께 빚어진 독일 사회의 총체적인 도덕적 파탄과 가치론적 혼돈에도 불구하고, 외견상 그 어떤 동요도 없이 평온함을 유지하던 '독일적 현실'을 비판적 성찰의 대상 차원을 넘어, 하나의 철학적 공포로 인식하였다. 이는 하버마스로 하여금 그러한 독일적 상황을 결과한 본질적 요인과 그것의 극복 방안 및 방지책을 모색하는 데, 평생에 걸

---

4   박사과정 수료생이던 20대 초반의 하버마스는, 1935년 하이데거가 나치즘에로의 전향을 선언한 저서『형이상학 입문』이 최소한의 변명이나 반성조차 이루어지지 않은 채 아무런 수정이 없이 1953년 재발간된 시점에 하이데거 철학에 대해 신랄한 공격을 가했다. 곧 하버마스는 1953년 7월 25일 독일의 대표 일간지《프랑크푸르터 알게마이네 차이퉁(Frankfurter Allgemeine Zeitung)》에 실은 「하이데거와 함께 하이데거에 대해 비판적으로 사유하기」라는 기고문을 통해 하이데거의 철학적 문제의식의 한계와 난점을 통렬히 꼬집었다.

처 '사회철학적 탐구 작업'을 수행하게끔 이끌었다.

한데 당시의 절망적인 상황 속에서도 하버마스에게 한 줄기 희망의 빛으로 다가온 것이 있었다. 다름 아닌, 일부 비판적 지식인들을 중심으로 나치즘에 대한 치열한 반성적 통찰과 수평적 인간관계에 바탕한 이성적 민주주의 체제로 독일 사회를 새롭게 재편하려는 움직임이었다.

그러한 흐름을 주도한 주체는 '비판이론 1세대'로 통칭되는 호르크하이머(Horkheimer)와 아도르노(Adorno), 마르쿠제(Marcuse)가 주축이 된 '프랑크푸르트학파'였다. 그들이 제시한 '비판이론'은 당시의 독일적 현상을 '도구적 이성의 총체화'로 진단 내리고 있었다.

도구적 이성이란, 설정된 특정 목표의 달성에 기여하는 최적의 효율적 수단만을 발굴하는 데 온통 혈안이 된 '탈규범적인' 계산적 이성을 가리킨다. 당연히 설정된 목표가 지닌 도덕적 정당성 및 타당성은 일절 고려의 대상이 되지 않는다. 오직 그것을 완수하는 데 기여할 최적화된 수단의 선택만이 중시될 뿐이다. 우리는 이를, 유대인 학살의 주요 책임자였던 아이히만(Eichmann)이 예루살렘에서 재판받던 중 행한 "자신은 독일의 한 공무원으로서 정부로부터 부여받은 업무를 최선을 다해 충실히 수행했을 뿐이다"라는 진술에서 확인해볼 수 있다.

여기서 주목할 점은, 단기간 내에 효율적으로 유대인을 제거할 방안을 강구·집행하라는, 국가로부터 하달된 공무가 과연 '윤리적으로 정당한 것인가?'의 여부를 성찰해보는 이성의 기능이 철저히 마비되어 있었다는 점이다. 대신, 지시받은 과업을 완수하는 데 적합한 수단을 모색하는 일에만 몰두하는 무반성적인 도구적 이성만이 탁월하게 발휘되었던 인물이 바로 아이히만이었다. 사정이 이런 만큼, 당시의 적지 않은 독일인들의 의식을 지배한 도구적 이성은, 인간을 단지 목적/수단의 관점에서, 목적 달성을 위한 한갓 도구로 간주해버렸던 것이다.

비판이론에 따르면, 본래 인간의 이성은 참과 거짓, 옳고 그름의 여부를 그 자체로 온전히 판단하였다. 한데 그랬던 이성이 어느 순간 '사적 이익의 관철 여부'에 전적으로 의거해 진리성과 도덕성을 판단하는 계산적·도구적 이성으로 변질되어 버린 사태, 그것도 전 사회적 차원에서 전일적으로 왜곡되어 버린 상황이 바로 이성의 총체적 도구화 사태이다. 그에 따라 그 어떤 도덕적 판단의 대상이든, 그것이 자신에게 이익을 주면 '선'이요 손실을 끼치면 '악'인 것으로 판별된다. 요컨대 도구적 이성이 온통 만연한 세상에서, 이성은 더이상 진리와 허위, 도덕적 선악을 따지고 가를 수 없는 처지에 놓이게 된 것이다.

하버마스는 이 같은 비판이론의 시대 진단 및 철학적 성과에 자극받아 괴팅겐대학에 들어간 이후에도 줄곧 비판이론의 철학적 여정을 따라 자신의 철학적 작업을 수행하기에 이른다. 그럼에도 도구적 이성의 전일적 지배라는 비판이론의 '비관적' 시대 진단을 그대로 추종한 것이 아니라, 이를 비판적으로 수용하여 긍정적·낙관적 진단으로 전면 탈바꿈해버렸다. 이어 이것의 타당성을 확증해 보이기 위해 기존의 이성을 '의사소통적 이성'으로 새롭게 재정립하고, 이에 의거해 '계몽적 해방 사회 기획'의 구현이 여전히 가능한 것임을 논증해 보이는 데 심혈을 기울였다.

2)

이처럼 하버마스 사회철학의 주된 철학적 테마는 단연 '이성'이었다.

이는 그가 실존적으로 부딪혔던 전후 독일적 상황과 밀접히 관련되어 있었다. 하지만 이 주제는 비단 독일 사회에만 국한된 것이 아니었다. 곧 나치와 2차 대전의 폐해를 고스란히 감당했던 이웃 프랑스를 비롯한 유럽 전역에 걸친 유럽인들 자신의 '실존적인' 문제였다. 그럼에도 이는 단지 구체적인 삶의 현장에서 다루어지는 '실존 철학적 삶의 문제' 수준에만 머물지 않았다. 곧 실존적 삶의 차원을 넘어 철학사 및 사상사의 지평에서 그 어떤 학술적·이론적 주제보다도 치열한 논쟁거리이자 철학적 화두로 본격 부상하기에 이르렀다.

요컨대 주된 철학적 논의의 대상으로 다루어지면서, 이성에 대한 '근본주의적' 비판의 영역 내에 구축된 다양한 유형의 반(反)이성주의 입론들이 한데 어우러져 최첨단의 '시대 사조'로 등극하기에 이른 것이다. '탈근대론'의 등장이 바로 그것이다.

잘 알려진 것처럼, 이성은 근대 시민사회의 출현과 함께 '신화(비이성)에서 철학(이성)으로의 전환'이 이루어진 이래, 참과 거짓, 옳고 그름을 판별하는 보편적 척도로서 그 역할을 수행해왔다. 그와 함께 이성에 의거한 판단과 결정, 행위가 보다 나은 상태로 인류를 이끌 '사회적 진보의 원동력'이라는 믿음이 확산되어 나갔다. 요컨대 이성과 그에 터한 이성주의는 자율적 해방 사회의 실현이라는 장밋빛 미래를 인류에게 약속했던 것이다. 동시에 그러한 약속은 '계몽의 기획'에 부합하여 진행된 '근대적 합리화'를 통해 이루어질 것이란 확신을 재차 심어주었다. 실제로 이성의 대표적 산물인 근대 과학기술의 눈부신 발전 및 성과는 인간을 자연의 속박에서 벗어나 물질적으로 풍요로운 삶을 누릴 수 있도록 해주었을 뿐 아니라, 자연 그 자체를 정복·지배해버리는 결과까지 안겨주었다.

그러나 그처럼 풍족하고 안락한 삶의 이면에서 벌어지는 수많은 병리적 사태들은 점차 이성의 역할과 기능에 대해 회의와 의심의 시선을 드리우게 만들었다. 이는 이성의 본래적 특성인 '성찰'과 '비판'을 통해 구속과 억압에서 자유로운 해방 사회를 구현하고자 추진된 '근대의 기획'이 애초의 취지와 달리 한순간 인류를 전멸적인 상황으로 내몰 위기적 사태를 연출하고 있다는 점과 관련되어 있다.

한데 그처럼 결정적으로 이성에 대한 전면적인 불신을 초래한 사건은 다름 아닌 600만 유대인의 대학살이었다. 그것도 칸트(Kant)로 대변되는 '이성적 철학의 왕국'이자, 모차르트(Mozart)로 상징되는 '심미적 이성에 바탕한 예술의 왕국'인 독일과 독일인들에 의해 그러한 반인륜적 폭거가 저질러졌다는 점에서, 가히 충격적인 것이었다. 특히 오랫동안 이성의 극단적인 '반대 항'으로 이해되었던 '광기'에 의해 그러한 홀로코스트가 자행된 것이 아니라, '이성 그 자체'에 의해 벌어졌다는 사실을 직면하고선 더더욱 그러했다. '이성이 곧 광기'라는 진실 앞에서 모든 인간은 전율할 수밖에 없었던 것이다. 이를 두고 유대인으로서 비판이론 1세대의 핵심 일원이었던 아도르노는 "아우슈비츠 이후 시를 쓰는 것은 야만"[5]이라고 일갈하였다.

이성이라는 이름 하에 자행된 이 같은 비합리적이며 비인간적인 만행은 이성에 대한 전폭적인 믿음과 신뢰를 일거에 앗아가 버렸다. 그뿐만 아니라 인류가 그간 힘들게 이룩해온 창조적인 업적과 성과, 문화의 '가치와 의미'마저 단번에 허물어뜨리는 결과를 초래했다. 그 결과 이성은 이제 더

---

5   Adorno, T., *Kulturkritik und Gesellschaft 1*(Suhrkamp, 1977), 30쪽.

이상 다양한 현상들의 실체를 규명하고 드러난 문제를 극복할 지침을 제시하는 원천으로서 그 역할과 기능을 더는 수행할 수 없는 지경에 이르렀다.

이처럼 이성에 대한 부정적·회의적 시각이 빠르게 번져나가는 상황에서, 이론적으로 정교하게 구축된 여러 반이성주의 입론들이 등장하여 차츰 그 영향력을 넓혀나갔다. 그리고 마침내 하나의 거스를 수 없는 '철학적 시대정신'으로 자리하기에 이르렀다. 탈근대론의 이름 하에 작용하는 그러한 시대 흐름의 전위로는 '후기 구조주의'와 '해체론'을 들 수 있다.

이성에 대한 본격적인 철학적 비판은 2차 대전 말엽에 비판이론 1세대에 의해 제기되었다. '이성의 전일적 도구화'라는 비판이론적 전망은 전후 급속히 이성에 대한 근본주의적 비판으로 이어져, 급기야 '이성 자체의 해체'까지 주창하는 단계에 이르렀다. 해체론적 논변에 의하면, 이성은 본성적으로 모든 대상을 '이성(적인 것)'과 '비이성(적인 것)'으로 구분하여 후자는 열등하고 비정상적인 것으로 규정한다. 이어 비이성을 이성 내로 포섭하거나 그것이 여의치 않을 경우 배제·추방해버린다. 이것이 바로 이성의 '폭력적 속성'이다. 그에 따라 이성에 의해 입증될 수 없는 '유령'과 같은 존재는 그 자체 '무가치하거나 비합리적인 것'으로 간주되어 이성적 논증의 영역에서 제외되어버린다.

그러나 '과연 유령이 존재하는가?'의 여부는 사실상 이성이 증명해 보일 수 없는 문제다. 그런 만큼 실제로 유령이 존재하지 않는다거나 무가치한 것이라고 단정할 수는 없다. 오히려 이성은 그것의 존재성을 입증하지 못하는 자신의 한계를 인정해야만 한다. 하지만 이성은 그러한 선택 대신, 배제나 무시와 같은 폭력을 행사하고 있는 것이다. 이 점에서, 이성을 그 자체 중립적이며 공정한 것으로 바라보는 것은 순전한 착각이며 '비이성'으로 통칭되는 소수자나 약자를 탄압하는 폭력적 주체라는 점을 통찰할 것이 요청된다. 요컨대 이성은 인간을 자유로운 해방 사회로 이끌기보다, 차별과 배제, 폭력으로 점철된 억압적 상태로 내몬다는 점에서 최우선적인 해체의 대상이 되어야 한다고 주창된다.

이것이 실상(實像)이라면, 이성의 계몽적·성찰적 기능에 입각하여 일체의 억압과 구속에서 자유로운 해방적 자율 사회를 구현하려던 '근대의 프로젝트'는 더이상 추구되기 어려운 한갓 공허한 이상으로 치부되어야 하는가? 더불어 전후 독일 사회를 비롯한 현대 사회에 관한 객관적 본질 인식과 규범적 차원의 비판이 가능한, 이성에 기초한 '비판적 사회철학' 유형의 정립은 더이상 가능하지 않은 헛된 바람에 지나지 않는가?

이러한 물음들은, 철학적 탐구의 여정을 밟아 나가던 하버마스가 '철학함의 현실'에서 맞닥뜨린 '이성의 위기적 상황'이 철학자로서 자신의 실존적 운명이 걸린 만큼 실로 엄중한 것이라는 점을 말해주는 것이었다. 이미 알고 있듯이 하버마스는 나치의 패망에 따른 독일 사회의 가치론적 혼란과 도덕적 무정부 상태를 치유하기 위한 실천적 지침을 강구하고자 철학함의 길에 과감히 뛰어들었다. 특히 그 과정에서 하버마스가 설정한 철학적 당면 과제는, 도구화된 계산적 이성이 이성적 판단 능력의 본래적 특성인 '비판적 성찰'의 기능을 회복할 수 있는 방안의 모색이었다.

그런 만큼 하버마스가 직면한 학술적 차원에서의 현실, 즉 '이성의 전면적 위기 상황'은 비판적·계몽적 이성에 입각하여 자신의 고유한 비판적 사회철학을 정립해내는 과제가 아예 불가능하거나 실패가 예정된 것일 수 있음을 암묵적으로 내비치는 것이었다.

하지만 이러한 비관적 상황에서도 하버마스는 좌절하여 포기하거나 물러서는 길 대신, 필생에 걸쳐 수행할 자신의 철학적 과업을, 이성이 처한 위기적 사태를 벗어날 실천적 지침과 방안을 이론적으로 모색하는 데 두고자 했다. 그것은 보다 구체적으로 '이성의 비판적 재구성 기획'의 과제로 설정되었다.

3. '이성의 비판적 재구성 기획'으로서
하버마스의 사회철학

오랜 기간 참된 진리의 인식 틀이자 윤리적 판단의 보편적 잣대로서 자리해온 이성이 근자에 이르러 그 역할을 온전히 수행치 못하게 된 사태에 관한 해명에서 시작된 하버마스의 철학적 탐구 작업은 이성을 비판적으로 재구성하여 정초하는 과업으로 이어져 오늘에 이르고 있다. 곧 기존에 통용되던 이성의 한계에 관한 비판적 고찰을 통해 도출한 '잠정' 결론을 바탕으로 삼아 새롭게 이성을 '재(再)주조'하는 과업을 시도해왔다.

하버마스가 보기에 이성 혹은 '합리성' 개념은 특정 사회철학 체계의 '이론 구성적' 근본 요소이자 토대로서 작용하는 것이다. 따라서 하버마스는 자신의 사회철학을 '이성(합리성)의 비판적 재구성 기획'의 형태로 새롭게 정립하는 과업에 착수하여 이제껏 이를 수행해 왔다.

그런데 이때 이루어지는 이성(합리성) 개념에 대한 재구성적·비판적 고찰의 과업은, 단순히 다양한 이성 개념에 대한 의미론적 분석이나 언어철학적 고찰이 중심이 된 '메타 이론'의 수준에 머물지 않는다. 여기서는 무엇보다 이성에 대한 근본주의적 비판이나 해체론적 입론에 맞서, 이성 개넘의 비판적 재구성을 통한 '이성의 수호(守護)' 프로젝트가 가동하고 있다.

또한, 사회 비판의 규범적 척도로서의 자격 조건을 온전히 갖춘 이성을 정립하고 그것이 '이성의 본원적 유형'임을 논증해 보이려는 시도가 수행되고 있다. 아울러 '재구성된 이성'에 입각하여 계몽적 이성의 역설적 사태를 규명하고 그로부터 벗어날 실천 방안을 강구하려는 과업도 포함되어 있다. 나아가 새롭게 주조된 합리성(이성)을 '사회 진화론'의 지평에 적용하여 '사회 혁신과 변혁'을 추구하는 본격적인 '비판적 사회이론'의 체계로서 사회철학을 구축하려는 기획도 추진되고 있다.

그렇다면 이 지점에서 한 가지 물음이 제기될 수 있다. 곧 "하버마스는 다른 형태의 사회철학 체계를 고려할 수 있었음에도 불구하고, 왜 이성(합리성)의 재구성적 기획의 형태로 자신의 사회철학을 정립하고자 시도하고 있는가?"이다. 이에 대해서는 여러 이유와 근거를 대면서 답할 수 있다. 다만, 여기서는 하버마스의 사회철학에 앞서 등장했던 주요 '선구적 사회이론'이나 동시대의 '경쟁적·대항적 사회이론'에 대한 검토를 통해 답해보고자 한다.

이때 검토해 볼 선구적 사회이론에는 베버(Weber)의 '합리화론', 호르크하이머와 아도르노의 '비판이론', 마르크스의 '역사 유물론'이 포함된다. 아울러 동시대의 경쟁적 사회이론은 푸코(Foucault)의 '권력/지식론'과 루만(Luhmann)의 '자기 준거적 체계이론'이다. 한데 이러한 이론 체계들을 비판적 검토의 우선적 대상으로 삼은 배경에는, 그것들은 '하나 같이' 이론 구성의 핵심 토대를 이성에 두고 있으며, 동시에 그러한 이성 유형들은 '하나 같이' 결정적인 한계와 결함을 내장하고 있다는 점이 자리해 있다.

먼저, 실천철학의 역사에서 하버마스에 앞서 이성(합리성)이라는 테마에 관심을 기울이며 치열한 논구 작업을 펼쳤던 사회이론가가 베버와 그의 사상적 계승자인 호르크하이머와 아도르노이다. 그들은 서구의 근대화 도정에서 초래된 '합리화의 비합리적 귀결'이라는 '계몽의 역설[6]'을 핵심적인 테제로 설정해 이론적 탐구 작업을 벌여나갔다. 그 결과, 그들은 합리화의 역설과 그로부터 초래된 다양한 사회 병리적 사태를 '불가피한 것'으로 수용하는, 다분히 '체념적·비관적 이성주의'의 입론을 제시했다.

다음으로, 마르크스는 자신의 역사 유물론에서, 비록 계몽의 역설이 초래되었지만 '도구적 이성'의 구현체인 노동과 '과학적 이성'의 현현체인 과학기술을 통한 생산력의 비약적인 발전과 물질적 풍요에 기대어 그 같은 퇴행적·역설적 사태를 능히 극복해냄으로써 여전히 '인간 해방 사회'에 이를 수 있다는 '강한 낙관적 이성주의' 입론을 주창했다.

셋째, 푸코와 데리다(Derrida)로 대변되는 '탈근대론'자들은 이성에 대한 회의적·부정적 시각을 뛰어넘어 이성 그 자체의 해체를 주창하기에 이른 '근본주의적·해체론적 반이성주의' 입론을 개진하였다.

끝으로, 루만의 경우는, 사회가 전개되어나가는 도정을 규범적 속성이 배제된 가치 중립적이며 몰가치적인 '체계 이성'에 기반한 사회 진화론의 관점에서 엄밀히 기술(記述)하는 것을 사회이론의 주된 역할로 규정한 '몰(沒)가치론적 이성주의' 입론을 내놓았다.

이러한 선구적 또는 경쟁적 사회철학 유형들의 주된 철학적 논지와 특

---

6   이는 '계몽의 자기파괴'라고도 불린다. M. 호르크하이머·아도르노, 『계몽의 변증법』(1995). 17쪽.

히 그것의 토대를 이루는 이성 개념에 대한 비판적 해명을 통해 하버마스
는 그것들의 치명적 난점과 한계를 지적한다. 하버마스에 의하면, 선구적
그리고 동시대의 사회이론들은, 사회에 대한 비판적 분석과 진단의 토대를
'이성'에서 확보하고 있으나, 그들이 내건 이성은 모두 일면적으로 협소화
된 합리성 유형이다.

한데 합리성의 '본원적' 유형을 그것에서 파생된 세 가지 하위 형태의
합리성들로 구성된 '포괄적 합리성'으로 규정하는 하버마스의 관점에서,
선구적 혹은 경쟁적 사회철학들이 내세운 합리성 유형들은, 포괄적 형태로
서의 합리성의 '실체적 전모(全貌)'를 전혀 고려치 못한 일면적인 것들이다.
그러한 합리성 유형에는 형식적 합리성과 도구적 합리성, 기술적 합리성과
과학적 합리성, 몰가치론적 체계 합리성, 나아가 이성에 대한 전면적 비판
을 넘어 해체를 주장하는 논변의 준거로 내세운 '정체불명의 규범주의'를
내장한 '탈근대론적 합리성'이 모두 해당된다.

그러한 합리성들은 한 측면으로 과도하게 협애화된, 그런 한에서 본원
적 형태에서 일그러진 왜곡된 합리성 형태들이다. 그런 탓에, 분화된 가치
영역 전반을 아우를 수 없는, 요컨대 각각의 가치 연관적 합리성 차원들을
온전히 함유하지 못한 '일면적 합리성'에 의거해 이루어진 분석 및 진단은
제대로 된 규명이나 규범적 평가로 이어지지 못한다는 것이다.

이러한 비판적 결론을 통해, 하버마스는 사회이론의 전개사(展開史)에
서 유력한 이론적 흐름을 대변해온 사회철학 유형들의 한계와 난점을 드러
내 보인다. 동시에 그것들을 넘어서, 제대로 된 사회 분석 및 규범적 진단을
수행하고 실천적 극복책을 제안할 뿐 아니라, 실질적인 사회 혁신적 추진력
을 실행해 보이는, 보다 '완결적 형태'의 사회철학 유형을 정초하고자 시도

한다. 이를 위해 하버마스는 자신의 사회철학 체계를 '이성(합리성)의 재구성적 기획' 이론의 형태로 구상·정립하고자 했던 것이다.

4. 의사소통 합리성의 정초: 사회 현실의 비판적 분석과 진단을 위한 규범적 척도의 확보

1)

'합리성의 비판적 재구성 기획'의 형태로 사회철학을 구축하려는 하버마스의 이론 구성 기획은 크게 두 단계로 나뉘어 이루어지고 있다. 첫째는 현대 사회를 경험적·분석적으로 규명해내고 그 결과를 비판적으로 평가하기 위한 보편적인 '규범적 척도'를 확보해내는 단계이다. 이어 다음 단계에서는, 비판적 진단을 통해 도출된 이론적 지침을 현실의 사회 영역에 적용하여 다양한 사회 구조적 병폐들은 해결하고 사회 체제를 보다 나은 방향으로 혁신해나갈 '문제 해결 역량'과 '사회 변혁적 실천력'을 담보해내는 과업이 진행된다.

첫 번째 단계에서 이성(합리성)을 현실 비판의 규범적 척도로 새롭게 수립하려는 하버마스의 이론(구성)적 의도는 특정 계급(층)의 특수한 이해관계가 배제된, 구성원 누구에게나 보편적으로 통용될 비판의 준거점은 오직 합리성에서만 확보될 수 있다는 통찰에서 비롯된다. 더불어 기존의 분석 방식에 의거해서는 더이상 규명되기 어려운, 변화된 현대 사회의 고유한 병리적 사태의 실상을 적확히 밝혀내기 위해서도, 비판과 성찰을 핵심으로 한 합리성 개념이 중시될 수밖에 없다는 점을 개진한다.

이 같은 의도에 따라 하버마스는 세 가지 '하위 형태'의 합리성 양상 (유형)들, 즉 '인지적·도구적 합리성'과 '도덕적·실천적 합리성', '심미적·표현적 합리성'들 간의 상호 조화와 균형을 통해 형성된 '포괄적 합리성'의 형태로서의 '의사소통 합리성'을 새롭게 정초한다. 그리고 이것에 의거해 기존의 유력한 사회이론 체계들의 한계를 비판적으로 해명한다.

가령 비판이론 1세대가 진단한 '이성의 총체적 도구화'와 관련해, 이는 사회 비판의 규범적 척도가 상실되는 '자기 모순적 사태'에 처하고 있음을 의사소통 이성을 통해 규명한다. 즉 하버마스에 따르면, 도구적 이성의 만연이라는 시대 진단이 가치론적 타당성을 견지하려면, 비판적 평가를 내린 규범적 준거점이 먼저 전제되어야만 한다. 하지만 모든 이성이 총체적으로 도구화된 상황에서는, 그들이 내건 비판의 척도인 이성 또한 도구적 이성에 다름 아닌 셈이다. 당연히 그러한 도구화된 이성에서는, 그 어떤 윤리적 비판이나 가치 판단도 이루어질 수 없다.

이런 연유로, 비판이론은 비판의 규범적 척도가 부재한 상태에서 '규범적 비판'을 개진하는 '수행적(遂行的) 모순'을 자행하고 있다. 그런 만큼, 호르크하이머와 아도르노의 시대 진단은 그것이 이론적·규범적으로 타당한 것임을 입증할 수 있는 '설득력 있는 근거'를 제시할 수 없게 된다. 동시에 그러한 비관적 사태를 해결할 실천 방안 또한 제시할 수 없는 상황에 직면한다.

이 지점에서 하버마스는 세 차원의 합리성 양상들로 구축된 포괄적 합리성인 의사소통 합리성에 입각해, 그 같은 수행적 모순에서 벗어날 통로를 제공한다. 곧 하버마스에 의하면, '진·선·미'로 분화된 근대적 가치 영역을 각각 관할하는, 인지적 합리성, 도덕적 합리성, 미학적 합리성들 간의 내적 결합을 통해 형성된 포괄적 합리성이 도구적 이성으로 협소화되어, 인간 삶의 전 영역을 전면적으로 장악하는 사태가 다름 아닌 도구적 이성의 총체화이다. 그에 따라 특정 사안에 관한 도덕적 판단은, 세 합리성 유형 중 도덕적 합리성에 의해 이루어져야 하는 것임에도 불구하고, 일면적으로 축소된 인지적·도구적 합리성이 자신의 관할 영역을 넘어 도덕적 판단까지 감행하는 월권을 범했다는 해석이다.

그러므로 하버마스에 따르면, 일면화된 도구적 합리성을 본래 세 합리성 간의 균형적 조화와 결합으로 구축된 포괄적 합리성의 행태로 되돌릴 경우, 그러한 부정적·역설적 사태에서 벗어날 수 있다.

그렇지만 비판이론 1세대 이르러 상실되었던 사회 비판의 규범적 척도가 의사소통 합리성의 포괄적 특성에'만' 기대어 확보되는 것은 아니다. 다시 말해 사회 현실에 대한 비판적 평가가 정당한 것으로 인준받아 누구나 '필연적으로' 수용하지 않을 수 없는 보편적 타당성을 갖추기 위해서는, '설득력 있는 근거'를 또한 의사소통 합리성은 제시할 수 있어야'만' 한다. 만약 비판의 근거나 논거가 그 자체 입증될 수 없는 '선험적'으로 주어진 것이거나 입증 불가능한 독단적인 것일 경우, 그러한 비판은 보편적인 이론적·규범적 정당성을 확보할 수 없기 때문이다.

한데 '합리성의 재구성적 기획' 입론에 의하면, 비판의 정당성을 보증해줄 근거는 자유롭고 개방적인 조건하에, 오직 '보다 나은 논증의 힘'을 통해 담론 참여자들 간의 상호 이해 및 합의에 도달하게 되는 일련의 '합의 형성적 담론 절차'에서 확보될 수 있다. 이때 상호 이해에 기초한 동의 및 합의를 지향하는 담론의 절차적 과정은 일상의 소소한 대화로부터 전문화된 논쟁적 담론뿐 아니라 공적인 사안을 논하는 '공론장(Öffentlichkeit)'에 이르기까지 다양한 '의사소통' 유형들의 근본적 토대를 이루고 있다.

이때 주관적 견해나 믿음을 넘어 '이성적으로 동기 지어진 확신'에 따라 자발적으로 상호 동의와 합의에 다다르게 되는 담론 과정의 기저에 자리하고 있는 것이 바로 '절차적 합리성'으로서의 의사소통 합리성이다. 이로부터 하버마스는 비판의 규범적 준거점인 의사소통 합리성은 2인 이상이 서로 대화하거나 논쟁하는 과정에서 발현되는 '의사소통적 절차'라는 사실을 또한 개진하고 있다. 이로써 의사소통 합리성은 포괄적 합리성일 뿐 아니라 '절차적 합리성'의 형식을 취하고 있다는 사실이 밝혀진다. 동시에 사회 비판의 보편적 타당성을 보증하는 근거는 이러한 절차적 합리성을 통해 확보된다.

결국 하버마스는 사회 비판의 새로운 규범적 토대인 의사소통 합리성의 '포괄적 특성'에 비추어 도구적으로 일면화된 합리성의 본질적 한계를 드러내 보여주고 있다. 다른 한편, 도구적으로 축소된 합리성의 한계와 난점에 대한 규범적·도덕적 비판의 보편적 타당성과 정당성은 의사소통 합리성의 '절차적 특성'을 통해 확보되고 있음을 또한 확인시켜주고 있다.

2)

합리성의 재구성적 기획으로서 하버마스의 사회철학은 의사소통 합리성 개념의 정초와 그에 의거한 사회 비판의 규범적 정당성 확보에 주력하는 '정태적 차원'의 논구 작업에만 머물고 있지 않다. 여기서 한 걸음 더 나아가 '목적 합리성'과 '의사소통 합리성' 간의 범주적 구분을 사회 진화론의 지평에 적용하여 '동태적' 차원에서 사회 현실의 다양한 병폐와 병리 실태를 조망하는 사회철학의 분석 틀, 즉 '체계/생활 세계의 2단계 사회이론'을 정립하여 제시하고 있다.

이때 체계와 생활 세계는 '동일한 하나의' 사회를 고찰하는 '방법론적 조망 틀'로 제안된 것이다. 곧 행위자의 시각에 볼 때 사회는 '생활 세계'로 나타나며, 객관적 관찰자의 시점으로 접근할 경우 자율적인 '기능적 체계'로 드러난다. 그렇다면 하버마스가 이처럼 하나의 사회를 두 가지 상이한 방법론적 분석 틀로 구분하여 고찰하고자 하는 이유 내지 의도는 무엇인가?

이에 대해, 하버마스는 이러한 이층위적 사회 구조 틀에 입각해 사회를 조망할 경우, 가령 '합리화의 비합리적 귀결'로서 '계몽의 기획이 일시 좌초된 사태' 등의 진상을 사회 진화론의 수준에서 온전히 규명해낼 수 있으며, 그로부터 벗어날 탈출구 또한 개진할 수 있다고 답한다. 그리고 이에 대한 잠정적 탐구 성과로서 '체계의 의한 생활 세계의 내적 식민화' 테제를 제시한다.

한데 이러한 2단계 사회이론에 따르면, 인류 사회는 '상징적 재생산'과 '물질적 재생산'이 차질 없이 진행되어 나갈 경우 안정적으로 존립하면서 발전해나간다. 이때 상징적 재생산이 이루어지는 '이념형적' 영역이 생활 세계이며, 물질적 재생산이 이루어지는 영역이 체계이다.

상징적 재생산 과정에서는 문화적 전승이나 규범의 산출, 성원의 (재)교육 등에 주로 역점이 주어지며, 물질적 재생산 과정에서는 사회와 그 구성원들의 삶의 유지와 존속을 위한 물질적 재화의 안정적 생산이 주된 과업으로 추진된다. 사정이 이런 만큼, 체계에서는 효율성을 추구하는 '탈

(脫)가치론적' 기능적 논리가 전일적으로 작동한다. 이를 관할하는 합리성 또한 규범적 속성이 일절 제거된 계산적·도구적 합리성이다. 이는 기능적 체계 내에서 작동하는 까닭에, '기능적 합리성' 또는 '체계 합리성'이라고도 불린다.

그에 비해 생활 세계를 관장하는 합리성은 포괄적 합리성이자 절차적 합리성 형태로서의 '의사소통 합리성'이다. 그에 따라 의사소통 합리성을 형성하는 세 가지 합리성의 하위 유형들, 즉 인지적 합리성과 도덕적 합리성, 미학적 합리성이 생활 세계 내의 각각의 고유한 가치 영역에서 독자적인 판단의 척도로서 기능한다. 그런데 어느 시점에, 체계 내의 기능적 논리가 자신의 관할 영역을 벗어나 의사소통적 절차들로 구조 지어진 생활 세계 내로 침투해 들어와 의사소통의 논리를 체계의 논리로 대체·지배하는 사태가 벌어지는 경우, 이를 하버마스는 '생활 세계의 식민화'라고 명명한다.

이러한 현상은 가령 '교실 내에서의 교사와 학생 간 관계'를 통해서 보다 쉽게 설명될 수 있다. 곧 시장을 비롯한 경제 체계에서 작동하는 체계의 논리는 '상품의 논리'나 '돈의 논리', '효율성의 논리'에 다름 아니다. 한데 이러한 논리가 생활 세계 내에서 '의사소통의 논리' 혹은 '민주성의 논리'에 기초한 학교를 비롯한 교육 영역에 침투해 들어오게 되면, 교사와 학생의 관계는 상호 존중과 존경, 자애를 매개로 한 '스승과 제자'의 관계로 더 이상 유지되지 못한 채 허물어진다. 대신 그것은 돈이나 상품을 매개로 한 '지식 판매자와 지식 구매자'의 관계로 변질·왜곡되기 십상이다. 이러한 사태가, 상품의 논리와 같은 체계의 논리가 생활 세계의 의사소통 논리를 파괴·대체함으로써 초래되는 생활 세계의 식민화에 해당하는 구체적인 양상이다.

하버마스는 이러한 '식민화 테제'를 통해 기존의 물화나 소외와 같은, 근대화 도정에서 야기된 병리적 사태들을 비판적으로 해명하고자 한다. 동시에 이를 통해 병리 현상을 넘어설 '극복 방안'을 개진할 뿐 아니라 '예방책'까지도 제시한다. 곧 하버마스에 따르면, 생활 세계에 침범한 체계의 논리를 본래 그것이 속해 있던 체계로 되돌려 자리하도록 조치할 경우, 식민화에서 벗어날 수 있는 통로가 마련될 수 있다. 아울러 생활 세계의 논리와 체계의 논리가 서로 상대방의 영역을 침범하지 않고 자신의 관할 영역에 머물면서 상호 균형을 유지해 나가도록 조정할 경우, 사회적 병리 현상은 초래되지 않게 된다.

이렇듯 합리성의 비판적 재구성 기획의 형태로 새롭게 정립된 하버마스의 사회철학은 적지 않은 철학적·이론적 성과를 거두고 있다. 하지만 그럼에도, 완결적 형태의 철학 체계로 자리매김하기에는 여전히 미진한 점이 잔존한다. 가령 의사소통 합리성은 특정 사회 체제의 구조적 난점 등을 분석·평가할 수 있는 규범적 척도로서 그 역할은 제대로 수행할 수 있으나, 그로부터 도출된 문제들을 해결함에 있어서 실질적인 역할을 수행하지 못한다는 지적이 제기되곤 한다.

요컨대 하버마스의 사회철학은 실질적인 문제 해결을 위한 자체 내의 사회 혁신적인 실천적 힘을 충분히 지니고 있지 못하다는 것이다. 그에 따라 사회의 변혁을 온전히 수행할 '완결적 형태'의 사회철학으로서의 자격 조건은 아직은 만족스럽지 못한 상태이며, '대화 및 토론을 통한 현실 문제의 해결'원칙 또한 아직은 다분히 선언적·이상적 수준에 머문다는 지적이 제기되곤 한다.

이런 연유로, 하버마스는 '합리성의 비판적 재구성적 이론 체계'로서 자신의 사회철학을 구축해나가는 도정의 '중간 단계'에서 새로이 그 방향을 재설정한다. 즉 사회 내 병리적 현상들을 극복하고 민주주의의 재활성화를 통해 보다 진전된 민주 사회를 구현해나가기 위한 실천적 역량과 사회 혁신적 추진력을 함유한 '담론 이론적 비판적 사회이론'의 틀로서 자신의 사회철학을 새롭게 재구축하고자 한다. 말할 것도 없이 이러한 철학적 기획은 '의사소통 합리성' 개념에 대한 보다 치열한 비판적 논구와 천착을 중심으로 추진된다.

5. 의사소통 합리성에 기초한 '절차적·담론 민주주의' 이론의 구축: 민주주의의 위기 극복을 위한 사회 혁신적 실천력의 확보

합리성(이성)의 비판적 재구성 기획의 형태로 사회철학의 체계를 새롭게 수립하려는 하버마스의 철학적 시도는, 사회 현실의 실상을 온전히 분석하기 위한 '이론적·경험(론)적 규명 틀'의 제시, 아울러 그러한 규명을 통해 드러난 실상에 관한 비판적 진단을 위한 '규범적 척도'의 정초 등에서 주목할 만한 성과를 거두었다. 이는 특히 1981년 출간된 그의 철학적 역저인 『의사소통 행위 이론』을 통해 확인해볼 수 있다.

하지만 그러한 분석 작업을 통해 드러난 다양한 사회 구조적 병폐나 병리적 현상들을 실제로 해결 극복할 '실천 방안'과 그것을 뒷받침할 '실천적 문제 해결력'의 확보는 여전히 불충분한 상태에 머물러 있었다. 이런 연유에서, 하버마스는 의사소통 합리성에 내재된 '사회 변혁적 힘'을 이끌어

내어 비민주적 병리 현상의 해결과 민주주의의 재활성화를 위한 사회 구조적 혁신의 '실천적 동력원'으로 구동시킬 수 있는 '담론 이론적, 정치 이론적' 사회철학 체계의 정립에로 '재구성적 이론 기획'의 방향을 전환하였다.

이는 의사소통 합리성이야말로 민주주의의 '재활성화'를 위한 주된 '동학'으로 기능할 수 있다는, 하버마스 본인의 실천철학적 통찰에 따른 것이었다. 그에 따라 담론 이론적, 정치 이론적 철학 체계 내의 내용적 중심인 '담론 민주주의 모델'을 구축함에 있어서 핵심적인 '이론 구성적 요소'가 의사소통 합리성이라는 사실, 아울러 그에 기초해 구성된 '민주주의의 규범적 모델'은 사실상 의사소통 합리성의 '현실적 구현체'라는 사실을 논증해 보이는 데로 재구성적 기획의 지향점을 다시 설정했던 것이다.

그 결과 하버마스는 합리성의 비판적 재구성 기획을 정치적 실천의 지평 위에서 담론 이론에 기반한 새로운 민주주의 모델의 정초 기획으로 변환하여 그 가시적 성과를 내놓기에 이르렀다. 이는 법철학적 정치이론의 형태로 재구축한 '심의 정치에 기초한 담론적·절차적 민주주의 이론'의 수립·제시로 구체화되었다.

그런데 담론 이론을 이론 구성 '틀'로 삼아 구축된 새로운 민주주의 모델의 키워드는 단연 '심의 정치(deliberative Politik)[7] 개념이라 할 수 있다. 심의 정치란 사회 구성원의 자격을 지닌 자는 누구나 정치 사회적 현안에 관한 공적 담론 및 공론장에 자유롭게 참여해, 합리적 토론의 과정을 거쳐 상호 동의 및 합의에 이르고 그로부터 도출된 공론이 의회 내 입법화 과정

---

7   한국의 다양한 학술장에서 심의 정치 개념은 토의 정치, 숙의 정치, 논의 정치 등 통일되지 못한 채 다양한 명칭으로 불리고 있다.

등을 통해 법제화·제도화되게끔 강력한 공적인 정치적 힘을 발휘함으로써, 실제 현실 정치에 반영되게끔 작동하는[8] '담론적·절차적 민주주의'의 양식을 가리킨다.

말할 것도 없이 이러한 심의 정치와 그에 기초한 담론 민주주의를 실제 삶의 세계에서 현실화·제도화하는 근본 토대 역시 새롭게 재구성된 의사소통 합리성이다. 그에 따라 하버마스는 의사소통 합리성이 '사회 변혁적·실천적 동력원'임을 논증해 보이기 위해, 의사소통 합리성의 '절차적 특성'에 관한 본격적인 논구에 착수한다. 심의 정치와 그에 터한 '담론 민주주의' 혹은 '심의 민주주의'에서 가장 근본적이며 핵심적인 '이론(구성)적 요소'는 단연 절차적 합리성으로서의 의사소통 합리성이기 때문이다. 요컨대 특정 사안을 둘러싸고 이루어지는 합리적인 토론과 논쟁을 통해 상호 동의 및 합의에 이르는 일련의 '담론적 절차 과정'을 구동(驅動)시키는 핵심적 동력원이 다름 아닌 절차적 합리성으로서의 의사소통 합리성인 것이다.

이미 살펴본 것처럼 의사소통 합리성은 기본적으로 세 가지 '합리성 복합체(양상)'들이 상호 맞물려 형성된 포괄적 합리성의 형식을 취하고 있다. 더불어 포괄적 합리성으로서의 의사소통 합리성은 일차적으로 사회 현실의 실태에 관한 경험적 분석 틀이자 더불어 분석 결과에 대한 규범적 가치 판단의 준거 틀로서 기능한다.

---

8   물론 의회가 아닌, '촛불 집회'와 같이 광장에 시민들이 모여 형성된 '응축된 공중의 힘'이 집권 세력의 특정 정치적 행태에 영향력을 발휘하는 경우도 여기에 포함된다.

그에 비해 의사소통의 절차적 과정을 구동시키는 절차적 합리성으로서의 의사소통 합리성은 일상에서의 대화를 비롯하여 다양한 토론과 논쟁, 공론장에 이르는 담론적 절차 과정을 작동시키는 중심적인 '동력원'으로서 그 역할을 수행한다. 동시에 그러한 다양한 수준과 층위의 '의사소통 양식'들은 사실상 절차적 합리성으로서의 의사소통 합리성이 발현되어 현시된 '절차적 합리성의 구현체'라고 할 수 있다.

　한데 하버마스는 담론적 절차 과정이 순조롭게 작동해나가게끔 기능하는 동력원이 절차적 합리성으로서의 의사소통 합리성이라는 점에 국한하여, 의사소통적 이성이 '실천적 문제 해결력'을 담보하고 있다는 식으로 논변을 마무리 짓고 있지 않다. 오히려 보다 본질적인 '사회 변혁적인 힘과 역량'을, '공식적 및 비공식적 공론장'에 관한 세부적 논변을 통해 보다 상세히 드러내 보인다.

　곧 공론장을 통해 형성된 '공적인 견해'가 정치적 영향력을 발휘하고 그것의 대변자가 선거 등을 통해 의회에 진출함으로써 '의사소통적 권력(kommunikative Macht)'으로 변환되고, 이어 입법화 과정을 거쳐 정책적 추진 등을 결행하는 '행정 권력'으로 전환하여 실제 사회문제를 해결해나가는 일련의 담론적 과정에 대한 고찰을 통해 그러한 변혁적 힘을 드러내 보인다.

　이때 등장하는 담론적 권력이 '의사소통적으로 산출된 권력(die kommunikativ erzeugte Macht)', 즉 의사소통적 권력이다. 동시에 이러한 권력은 절차적 합리성으로서의 의사소통 합리성의 '현실적 구현체'라고 할 수 있다. 이로부터 우리는 절차적 합리성이야말로 민주화 시대에 '민주적 사회 혁신과 변혁'을 가능케 하는 '실천적 동력원'이라는 점을 적확히 간취하게 된다.

이처럼 '합리성의 재구성적 기획'을 정치 이론적 지평에서 다시금 '재편'하는 단계에서 이루어진 '사회 혁신적 실천 역량'의 확보에 관한 사회철학적 모색은 심의 정치와 그에 터한 '담론적·절차적 민주주의 이론'의 형태로 일단락된다. 그러한 이론 체계를 통해 하버마스는 현대 민주주의 사회의 다양한 정치적 제도와 구조, 구동적 장치와 매체 등은 하나 같이 절차적 합리성으로서의 의사소통 합리성에 근거 지어져 있으며, 그것의 현실적 구현체라는 사실을 논증해 보이고 있다.

나아가 자신의 사회철학은 단지 이론적 분석과 평가에 한정된 정태적 차원의 사상 체계의 경계를 넘어, 사회적 현안에 관한 실질적 해결 지침과 방안을 제공할 뿐 아니라 구체적인 정치적 실천 프로그램 또한 제시하고 있음을 강력히 설파한다. 이로써 우리는 '합리성의 비판적 재구성 기획'의 형태로 구상·정립된 '하버마스의 사회철학'은 의사소통 합리성을 궁극적인 '이론적 재구성'의 거점으로 삼아 '이론'과 '실천'이 상호 변증법적으로 통합된, 그야말로 '실천적 이론 체계'라는 사실을 다시금 확인해보게 된다.

6. 나가는 말

이제껏 살펴본 바와 같이, 기존의 '합리성(이성) 개념에 대한 비판적 검토 및 재구성 기획'의 형태로 새로이 사회철학 체계를 건립하기 위한 하버마스의 '이론 정립 전략'은 현시점에서 적지 않은 철학적 성과를 거둔 것처럼 보인다. 가령 현실 비판을 위한 규범적 준거점의 확보나 근대화의 역설에 관한 본질적 해명, 이성적 대화를 통한 계급(층) 간 대립의 해소 방안 제시, 나아가 사회 혁신적 문제 해결 능력을 갖춘 실천적 사회철학 체계의 마련 등이 그에 해당된다.

아울러 실천철학사의 지평에서도, 합리성의 재구성적 이론 체계로서 그의 사회철학은 주요 사회철학 유형들, 곧 비관적 이성주의나 낙관적 이성주의, 반이성주의나 몰가치적·경험론적 이성주의 등과 비교하여 이론 및 실천의 차원에서 보다 우위에 있음을 나름 설득력 있게 보여주고 있다.

가령 반이성주의 입론의 대표 주자라 할 해체론이 제기하는 '로고스 중심주의'[9]에 대한 비판적 지적에 적극 공감하면서도, 보편적 이성의 부정이나 해체에 관한 논변에 맞서 여전히 이성이 옹호될 수 있음을 탄탄한 근거의 제시와 함께 입증해 보이고 있다. 그 과정에서 이성은 여러 한계에도 불구하고, 자신을 성찰의 대상으로 삼아 치열한 자기비판을 개진하고 있을 뿐 아니라 자체 내에 해방적 잠재력을 지니고 있음을 또한 논증해 보이고 있다.

물론 그러한 잠정적인 성과에도 불구하고, 하버마스의 새로운 사회철학의 정립 기획은 몇몇 제한성과 난점들을 또한 노정하고 있기도 하다. 그런 한에서 현재의 하버마스의 사회철학은 보다 '완결된' 비판적 사회철학으로 확립되어 나가는 '도정'에 있다고 볼 수 있겠다.

이러한 현시점에서의 평가적 실태와 맞물려, 최근 한국 사회에서도 하

9 　 '로고스 중심주의'란 보편적 이성과 같은 궁극적인 원천 및 근본적인 본질을 전제하고, 그것에 의거하여 모든 현상과 사태를 파악하고 해명하고자 시도한 서구 철학 일반을 가리킨다.

버마스의 사회철학에 대해 '다시금' 이목이 쏠리면서 관심이 고조되고 있다. 여기에는 대화의 단절과 타인에 대한 존중과 배려가 사라지고, 대신 그 자리를 '적과 동지'라는 이분법적 적대 구도가 꿰차면서 자신이 속한 진영만이 무조건 옳다는 소위 '진영 논리'가 한국 사회 전반에 빠르게 퍼져 나가는 '민주주의의 퇴행적 사태'가 그 주된 계기로 작용하고 있다.

한데 이와 대비되어, 합리적 대화와 토론을 통해 사회적 현안을 둘러싼 갈등과 마찰을 해소하고 상호 이해를 통해 합의적 대안을 도출해 내고자 시도하는 실천적 이론 체계가 바로 하버마스의 사회철학이다. 그런 만큼 그의 철학은 현 한국 사회의 실태에 비추어, 상당 정도의 이론적·실천적 설득력을 지니고 있는 것처럼 보인다. 더불어 그의 사회철학을 비판적으로 차용하여 한국적 현실에 적용·운용할 경우, 나름 적지 않은 성과가 있을 것이라 예견된다.

물론 그럼에도, 하버마스의 철학적 입장과 논지를 무비판적으로 동조하여 수용하는 태도는 지양되어야만 한다. 더불어 그의 철학 체계를 진지하게 검토해보지도 않은 채 일방적으로 곡해하거나 폄훼하는 자세 또한 버려야만 할 것이다.

현재 우리에게 요구되는 것은, 그의 사회철학을 보다 객관적이며 합리적인 관점에서 비판적으로 고찰하여 필요한 요소와 내용을 선별하여 수용하는 것이다. 그럴 경우에, 그의 이론 체계가 지닌 유용한 측면들과 한국 사회에로의 적용 및 활용 가능성 여부를 비로소 온전히 파악할 수 있다. 동시에 그 철학에 내재한 제한성과 한계점 또한 제대로 간취할 수 있을 것이다. 당연히 여기에는 '한국적 현실'에 대한 비판적 고찰뿐 아니라, 하버마스의 '실천적 철학함'이 이루어진 일차적 무대이자 비판적 성찰의 주 대상이었던

'독일적 현실'에 관한 세밀한 이해와 철저한 분석 또한 필수적으로 포함된다.

한데 하버마스의 사회철학은 '대화(담론)의 철학'이라는 별칭에 맞게, 그간 자신에게 제기된 '타당한 근거가 수반된 비판'에 제대로 논박하지 못하거나 해명하지 못할 시, 지체없이 자신의 이론적 한계를 인정하여 수정·보완하는 '개방적 이론 체계'의 면모를 유감없이 보여줘왔다. 이는 하버마스의 철학 체계 내에서, 이론과 실천이 제각기 따로 노는 것이 아니라 상호 합치하고 있음을 말해준다. 더불어 이런 점이 우리 사회로 하여금 그의 사회철학에 대해 상당한 호감과 우호적 시선을 갖도록 만들고 있다.

특히 '신체적 결함'으로 인해 개인적 아픔을 직접 겪었을 뿐 아니라, 나치의 만행에 일조한 독일적 사회 현실로 인한 고통과 가책을 뼈저리게 느꼈던 비판적 지식인이 또한 하버마스라는 사실이 그의 사회철학 체계에 대한 신뢰와 믿음을 한층 더 두텁게 만들어주고 있다.

이런 연유로, '시대의 아들'로서 그의 철학이 갖는 강점과 한계에 대해 나름 고민해보고, 다른 한편 한국 사회의 현실과 관련하여 '시대를 선도할 아들'로서 그의 철학이 갖는 가능성과 역량에 대해 깊이 성찰해보는 것은, 보다 나은 한국 사회의 구현 기획과 관련하여, 적지 않은 의미와 의의를 가질 것이라고 판단된다.

선우현

청주교육대학교 윤리교육과 교수. 연세대 철학과와 서울대 철학과 대학원을 졸업하고, 서울대에서 「합리성이론으로서 하버마스의 비판적 사회이론」으로 박사학위를 받았다. 주된 관심 분야는 한국 사회의 현실을 제대로 읽어낼 '자생적 실천 철학 모델'을 구축하는 과제이다. 주요 저서로는 『사회비판과 정치적 실천』, 『우리시대의 북한철학』, 『위기시대의 사회철학』, 『한국사회의 현실과 사회철학』, 『자생적 철학체계로서 인간중심철학』, 『평등』, 『도덕 판단의 보편적 잣대는 존재하는가』, 『철학은 현실과 무관한 공리공담의 학문인가』, 『홉스의 리바이어던: 국가의 힘은 개인들의 힘에서 나온다』, 『한반도시민론(공동 편저)』, 『한반도의 분단, 평화, 통일 그리고 민족(기획·편집)』, 『왜 지금 다시 마르크스인가(기획·편집)』, 『한국사회의 현실과 하버마스의 사회철학(기획·편집)』 등이 있다.

현실의 역설과 다차원적 구성에 관한 루만의 체계이론

정성훈(인천대학교 인천학연구원 학술연구교수)

1. 들어가며

니클라스 루만(Luhmann)은 사회적 체계들의 일반 이론을 정립한 책의 1장을 다음과 같은 세 가지 문장들로 시작한다.

> 다음의 고찰들은 '체계들이 있다(es Systeme gibt)'는 것으로부터 출발한다. 따라서 인식론적 의심을 품지 않고 시작한다. 또한 이 고찰들은 체계이론이 '분석에만 관련된 것일 뿐'이라는 퇴행적 입장과도 무관하다.[1]

이 글은 이 세 가지 문장들에 대한 해설을 통해 그의 현실 개념에 대한 이해도를 높이고 이를 통해 사회적 체계이론에 대한 관심을 유발하고자

---

[1] Luhmann, N., *Soziale Systeme - Grundriß einer allgemeinen Theorie*, 1984, 30쪽.

한다. 그런데 루만 특유의 개념들을 사용하는 본격적인 해설부터 시작하면 독자 중 일부는 책을 덮어버릴지도 모르기 때문에 도입부에서는 내가 구성한 가상 사례를 통해 루만의 커뮤니케이션 스타일을 맛볼 수 있도록 하겠다.

어느 날 아침 철수는 방송에서 기자가 "오늘은 해가 반짝 떴네요"라고 말하는 걸 듣는다. 며칠 동안 계속 비가 왔기 때문에 철수는 기자의 발언이 정보 가치를 갖는다고 여기며 아내에게 "여보 해가 떴대요"라고 알린다. 그런데 창문을 열고 하늘을 본 아내는 "헛것을 봤어요? 먹구름이 잔뜩 끼어 있어요"라고 답한다. 화가 난 철수는 컴퓨터를 켜서 방송사 홈페이지에 접속해 "왜 아침 방송 기자는 해가 떴다고 거짓말을 했느냐?"는 게시글을 올린다. 잠시 후 그 게시글 밑에는 "어디 사시는데요? 서울 상암동에는 오전 7시에 해가 떴고 경기 남부 이남 지역은 아직도 잔뜩 흐립니다"라는 답변이 달린다. 철수는 자신이 방송국에서 꽤 멀리 떨어진 곳에 살고 있음을 깨닫게 된다.

이 가상의 사례는 지각(Wahrnehmung, perception)의 현실(reality)이 지각하는 개인들(심리적 체계들)마다 다르다는 것, 그리고 그 차이가 모순이 되어 갈등에 이를 수 있다는 것을 보여준다. 그런데 또한 이 사례는 이런 갈등들이 시좌들(perspectives)의 차이를 받아들일 경우 해소될 수 있다는 것, 다양한 지각 현실들에 대한 인정이 가능하다는 것을 보여준다. 더 나아가 서로 다른 지각 현실 간의 갈등과 그 해소는 지각 자체에서 일어나는 것이 아니라 커뮤니케이션을 통해 일어난다는 것을 알 수 있다.

기자의 말, 아내의 말, 철수의 게시글, 그에 대한 답글에는 하늘을 볼 때 생기는 시각 데이터가 전혀 들어 있지 않다. 고막을 울리는 청각 데이터와 컴퓨터 화면을 통해 들어오는 시각 데이터로부터 의미를 추출하는 언어적 커뮤니케이션들이 순차적으로 이루어졌을 뿐이다. 즉 발신자의 정보(Information) 선택과 통지(Mitteilung) 선택에 이어 수신자가 통지 기호로부터 정보를 구별하는 일[2]이 계속 이어진 것이다. 여기서 기자의 지각과 아내의 지각은 직접 충돌한 것이 아니며, 기자의 지각에 관한 음성 커뮤니케이션(기자의 지각 정보에 관한 통지 기호와 그 통지 기호로부터 정보를 뽑아낸 철수의 이해)과 아내의 지각에 관한 음성 커뮤니케이션이 서로 모순되었다가 철수의 게시글과 그에 대한 답글이라는 전자 매체를 이용한 문자 커뮤니케이션을 통해 그 모순이 해소된 것이다.

그런데 대중매체를 통해 통지되는 수많은 기호를 제대로 듣지 않고 흘려보냈던 철수가 "오늘은 해가 반짝 떴네요"라는 기자의 진술에 대해 귀를 기울인 이유는 무엇일까? 며칠 전부터 매일 해가 떴다면 그렇지 않았을 것이다. 그 진술이 놀라운 것, 즉 정보 가치가 있는 것이었기 때문이다. 그런데 만약 철수가 방송의 맥락이 아닌 과학의 맥락에서 그 진술을 들었다면 어떻게 반응했을까? "해가 뜬다는 표현은 지구를 중심에 놓는 천동설에 따른 것이므로 틀린 진술입니다"라는 글을 썼을지도 모른다. 대중매체의 정보/비정보 구별에 따라서는 해가 뜬다는 진술에 현실성을 부여한 반면, 과학의 진리/비진리 구별에 따라서는 현실성 여부를 따지지 않고 비진리 값을 부여할 것이다.

---

2   루만은 이를 '이해(Verstehen, understanding)'로 규정하며, 정보, 통지, 이해의
     세 가지 선택으로 하나의 커뮤니케이션이 성립한다고 말한다.

그런데 지구가 돈다는 글을 쓴 철수가 지구가 도는 걸 실제로 지각했다고 보기는 어렵다. 지각의 현실과는 무관한 커뮤니케이션 시도일 가능성이 크다. 철수는 수많은 천문학자가 직접 혹은 간접 지각을 토대로 만든 데이터를 종합할 때 지구가 돌아서 태양 쪽을 향하게 된다는 설명이 타당하다는 걸 과학적 진리라고 배웠을 뿐이다. 근대 이후 대부분의 과학자가 그렇게 썼고 그걸 학교에서 가르쳤다. 그리고 해가 뜬다는 표현을 쓰는 대중매체에서도 과학적으로는 지구가 도는 것이 참이라고 말하기에 철수를 비롯한 수많은 사람이 그걸 진리로 받아들이는 것이다.

그런데 지구를 중심으로 태양과 행성들이 돈다고 주장하면서 여러 가지 지각 가능한 증거들을 제시하는 이론이 없는 것은 아니다. 하지만 그들의 주장은 커뮤니케이션들을 통해 잘 연결되지 않는다. 천동설 커뮤니케이션들은 지동설 커뮤니케이션들의 저항에 막혀 확산되지 못한다. 천동설을 믿는 과학자는 인터넷에 익명으로는 그런 주장을 하는 글을 쓰기는 쉽겠지만 학술지에 투고하면 거절될 가능성이 매우 크기에 출판되지 않을 것이다. 강의실에서 그렇게 가르치다가는 교수직에서 쫓겨날 가능성이 매우 크다. 이때 과학적 진리를 주장하는 커뮤니케이션 간의 충돌은 대부분 커뮤니케이션의 연쇄 자체에서 해결되지 갑자기 새롭게 지각들을 동원하는 관찰과 실험을 통해 해결되는 것은 아니다.

그런데 지동설의 경우에 직접 지각은 어렵지만, 우주선에서 찍은 사진들을 통한 간접 지각을 통해 비전문가도 그 진리값을 확신하기 쉽다. 그래서 과학적 진리는 결국 다수의 지각 가능성을 통한 검증, 다수의 합의 등에 의해 결정된다고 말하는 과학철학적 견해가 나온다.

하지만 양자역학을 비롯한 현대 과학의 여러 분야에서는 대부분 해당

전공의 과학자들만, 그것도 전자 장치가 연결되어 왜곡을 초래할 수 있는 관측 도구와 확률, 즉 불확실성에 의존하는 통계 작업을 통해 진리값이 관철된다. 학술 논문들을 통해 이어지는 커뮤니케이션적 현실이 진리값을 부여받는 것이다.

그리고 이 커뮤니케이션 과정은 다수의 인간에 의해 지각 가능한 현실과는 무관하게 이루어진다. 커뮤니케이션들의 진화——생명체의 진화와 무관하다——가 진리/비진리 코드를 이용하는 기능 체계인 과학을 뚜렷이 분화시켰으며, 새로운 과학적 진리로 간주되는 이론은 과학이라는 기능 체계의 진화 과정에서 변이, 선택, 재안정화를 통해 연결 능력을 획득한 것이라는 관점으로 이해하는 것이 더 적절하다.

인문·사회과학의 경우에 애초에 대부분의 연구 대상이 지각의 현실과 무관하거나 그것과 매우 간접적으로 연결되어 있다. 그러다 보니 '사회', '경제', '시장', '화폐', '정치', '여론' 등과 같은 기본 개념들조차 그것들의 실재성 여부에 대한 논쟁이 벌어지기도 한다. 하지만 눈에 보이지 않는 시장에서 금과의 태환 가능성도 없는 화폐의 양이 달라지는 것이 경제 성장에 어떤 영향을 미치는지, 그리고 그것이 여론의 변화와 선거의 결과와 어떤 상관관계를 지니는지에 대한 학술 논문들이 게재되며, 그런 지식을 기초로 한 대중매체의 보도가 현실적인 것으로 커뮤니케이션되는 일은 매우 흔히 일어난다.

그리고 이런 현실을 실제로 부인하면서 살아가는 것이 거의 불가능한 데서 알 수 있듯이, 커뮤니케이션의 작동(operation)들로 성립하는 사회적 대상들은 엄연히 현실적이며 그에 대한 진술들이 진리냐 비진리냐를 갖고 논쟁하는 커뮤니케이션들 또한 과학으로 간주될 수 있다.

앞의 이야기는 지각의 현실, 커뮤니케이션의 현실, 커뮤니케이션에 대한 커뮤니케이션의 저항, 정보/비정보 코드를 통해 재생산되는 대중매체 체계와 진리/비진리 코드를 통해 재생산되는 과학 체계 등에 관한 루만의 견해를 반영한 것이다. 현실의 객관적 토대나 진리의 정초 가능성을 부정하기에 어떻게 보면 상대주의처럼 보이기도 하지만 사회적 체계들의 진화가 임의적 상대주의를 용납하지는 않음을 드러내는 이런 식의 서술이 그럴듯하다고 생각하는 독자들은 이제부터 루만의 체계이론이 구성주의적 인식론에 따라 어떻게 자신이 다루는 대상들의 현실성을 주장하는지 함께 살펴보도록 하자.

2. 다음의 고찰들은 '체계들이 있다(es Systeme gibt)'는 것으로부터 출발한다

첫 문장에서 루만은 체계들의 실재성 혹은 현실성을 주장한다.[3] 이때 독자들이 유의해야 할 것은 이 진술이 어떤 관점 혹은 시좌를 선택해 관찰한다 하더라도 체계들이 존재한다고 주장하는 체계 존재론 혹은 실체론에 기초한 것이 아니라는 것이다. 루만은 존재/비존재 도식에 따라 세계를 관

---

3   루만은 'Realität'에 대해서는 개념 규정을 하면서 사용하지만, 'Wirklichkeit'
     에 대해 별도의 개념 규정을 한 서술을 나는 아직 찾아보지 못했다. 그리고 대
     체로 'real'과 'wirklich'는 비슷한 의미로 사용된다. 그래서 이 글에서는 '실
     재', '실재성', '현실', '현실성' 등의 표현은 문맥에 따라 달리 쓰는 것일 뿐 같은
     단어의 번역이다.

찰하는 존재론적 사유를 거부하며, 언어의 특성으로 인해 자신도 불가피하게 sein(영어의 be) 동사를 써야 하는 걸 안타깝게 여긴다. 그래서 루만이 첫 문장으로 택한 문장 안에 있는 'es gibt'에는 영어 'there are'와 달리 존재를 함축하는 동사가 포함되어 있지 않다는 점도 주목할 필요가 있다. 많은 철학자들이 존재와 현실을 연결시키거나 심지어 등치시키는 반면 루만은 존재 표현들을 삼가고 작동상의(operational) 현실에 관해서만 이야기한다.

첫 문장에 대해 더욱 유의해서 보아야 할 것은 이 진술이 "다음의 고찰들"에서, 즉 '사회적 체계들'이라는 제목을 단 이론에서 유의미한 진술이라는 점이다. 그 뒤에 이어질 진술들과 인식론에 관한 그의 다른 저술들을 끌어들여서 설명하자면, 체계는 체계와 환경의 구별을 사용하는 관찰자의 관점에서 등장하는 현실적 대상이다. 주체와 객체의 구별, 인간과 비인간의 구별 등 다른 구별들을 이론을 이끄는 차이(Leitdifferenz, guiding difference)로 사용할 경우 체계들은 떠오르지 않는다.

루만은 "인지적으로 모든 현실은 구별들을 통해 구성되며 그렇게 구성에 머무른다"[4]고 말한다. 그는 인식을 관찰자의 관찰이라는 작동에 의해 구성되는 것으로 간주하는 작동적 구성주의자(operational constructivist)이다. 관찰은 '구별(Unterscheidung, distinction)과 지칭(Bezeichnung, indication)'이 동시에 이루어지는 작동, 즉 '체계/환경'처럼 두 면을 구별하되 그 두 면

---

4   Luhmann, N., "Das Erkenntnisprogramm des Konstruktivismus und die unbekannt bleibende Realität", *Soziologische Aufklärung* Band 5(제3판, 초판은 1990), 2005, 47쪽.

중 하나만 가리키는 작동이다.

　작동적 구성주의자에게 현실은 언제나 작동에 의해 구성된 현실이기에 체계와 환경의 구별을 택하여 체계를 지칭하는 관찰에서는 당연하게도 체계들이 실재한다. 1절을 다시 떠올려보면 지동설이 현실성을 갖는 것은 지구와 지구가 아닌 것들의 구별, '돈다'와 '멈춘다'의 구별 등 두 가지 이상의 구별들을 통해서이다. 그렇다면 어떤 구별을 사용하건 그 구별을 통해 지칭되는 대상은 현실이 된다는 말인가? 작동적 구성주의자는 그렇다고 답한다. 커뮤니케이션의 작동적 현실은 지각의 작동적 현실과 전혀 대응 관계를 갖지 않으며, 커뮤니케이션으로부터 블랙박스인 의식 작용을 추론하는 일은 불가능하다.

　따라서 커뮤니케이션의 작동적 현실에 대한 부정은 오직 커뮤니케이션으로만 가능하다. 루만이 자주 이야기하듯이 지각의 현실에는 '부정(negation)'도 없고 '무(無)'도 없다. 무를 보거나 듣는 것은 불가능하기 때문이다. 부정과 무는 기호적 현실이다.

　그래서 모든 커뮤니케이션의 현실은 나름대로 현실적이며, 다른 커뮤니케이션들의 저항으로 인해 연결되지 못하면 현실성이 잠재되어 버린다고 말할 수 있을 뿐 비현실이 되는 것은 아니다. 즉 현실은 현행적(actual)인 것과 가능적(possible)인 것—'잠재적(virtual)인 것'이라는 표현도 씀— 사이를 왔다 갔다 하는 것이다.[5]

　그렇다면 잘 연결되어서 계속 떠오르는 현실과 잠재화되어 떠오르지

5　그래서 루만은 모든 심리적 체계들과 사회적 체계들의 공진화 매체인 의미(Sinn)를 "현행성과 가능성의 차이의 통일"로 규정한다.

못하는 현실의 차이는 어떻게 생기는가? 관찰자에 대한 관찰, 즉 이차 관찰(second-order obsevation)을 통해서이다. 특히 현대 사회에서는 진리/비진리의 코드로 이차 관찰을 하는 기능 체계인 과학, 정보/비정보를 코드로 이차 관찰을 하는 기능 체계인 대중매체 등이 주로 현실성과 관련된 이차 관찰을 맡는다.

루만[6]은 사회학이라는 분과 학문 영역에서 관찰하는 과학적 관찰자이므로 체계들의 현실성으로부터 출발하는 이론이 진리값을 획득하여 성공적으로 커뮤니케이션되기를 바라면서 이 책을 썼을 것이다. 그는 집에 TV가 없었고 대중매체에 출현한 적이 거의 없고 그리 인기 있는 저술가도 아니었다. 따라서 그는 자신이 진리로 커뮤니케이션되기를 바라는 체계이론적 현실이 대중매체의 현실이 되는 것이 그리 쉽지 않다고 판단했을 것이다. 그럼에도 "대중매체의 현실"이라는 제목을 단 책에서 루만은 오늘날 현실은 대중매체의 현실임을 강조하며, 그 현실을 바꾸려면 대중매체를 통해서만 가능하다고 말한다. 과학도 진리값을 부여받은 이론의 현실성을 확산시키려면 대중매체를 이용해야 하기 때문이다.

체계이론도 대중매체의 현실에 어느 정도 영향을 미쳤다. 루만이 죽은 후에 체계이론을 공부한 수많은 저널리스트가 루만을 소개하는 글을 쓰거나 루만의 신뢰 개념, 리스크 개념 등을 활용해 대중성 높은 글들을 생산해왔고 그중 일부는 정보 가치가 높은 것으로 받아들여져 확산되었기 때

6   여기서 루만은 심리적 체계나 유기체를 뜻하는 것이 아니라 독자의 읽기(이해)라는 커뮤니케이션의 완성을 통해 책의 저자로 귀속되는 동일화 지점인 인격(person)이 갖는 이름이다.

문이다. 그런데 정보 가치에 따른 확산은 루만의 체계이론을 진리로 간주하는 과학적 커뮤니케이션의 맥락과는 다소 무관하다. 루만 자신의 '사회의 기능적 분화' 이론에 따르면, 현대 사회의 주요 기능 체계들인 경제, 정치, 법, 과학, 예술, 교육, 종교, 대중매체 등은 각각 작동상 폐쇄된, 뚜렷이 분화된(ausdifferenziert), 자기 생산적 체계들이기 때문이다.

3. 따라서 인식론적 의심을 품지 않고 시작한다

어쨌거나 다시 『사회적 체계들』 1장의 첫 부분으로, 즉 과학 체계의 맥락으로 돌아가자. 루만은 과학 체계에서 커뮤니케이션을 시도하는 관찰자이니까. 둘째 문장에서 루만은 체계들의 실재성 주장에 대해 당연히 일어날 수 있는 독자들의 인식론적 의심을 일단 미루어두자고 제안한다. 그가 학자로서의 인생을 시작하기 전 법원의 공무원으로 근무할 때 데카르트와 후설의 책들을 많이 읽었다고 말한 걸 염두에 두면, 여기서 "인식론적 의심"의 대표적 사례는 데카르트의 방법적 회의일 것이다.

루만은 데카르트를 비롯한 인식론 중심 철학의 서술 방식과는 반대로 인식론과 관련해 이 책의 맨 마지막 장인 12장에서 다룬다. 그 제목은 "인식론을 위한 귀결들"이다. 그 사이에 루만은 600페이지에 걸쳐 사회적 체계들의 요소들인 커뮤니케이션과 행위의 관계, 사회적 체계들과 심리적 체계들의 공진화를 가능하게 한 의미와 두 종류의 체계들 사이의 상호 침투, 상호작용들과 사회의 차이, 커뮤니케이션의 기대 구조, 모순과 갈등 등등에 관해 설명하는데, 인식론적 의심을 유보하고 읽기 시작한 독자들은 자신이 생각해온 혹은 다른 데서 읽었던 여러 사회적 현실들을 떠올리면서 루만이 기술하는 내용을 받아들이기도 하고 저항하기도 할 것이다. 거부감이 심하면 책을 닫게 될 것이다. 모두가 독서를 중단했다면 루만의 사회적 체계이론은 잠재되어버렸을 것이다. 그런데 나처럼 인식론을 위한 귀결들까지 다 읽은 독자들이 제법 있고, 그런 관찰자들에 의해 이 이론은 작동적 현실로 끊임없이 현행화되고 있다. 내가 쓰는 이 글도 그런 커뮤니케이션 시도 중 하나이다.

인식론을 위한 귀결들을 다룬 장에서, 그리고 이후의 저술들에서 루만은 자신의 인식론을 칸트, 후설, 포퍼, 콰인 등과 비교하면서 설명하는데, 이 글에서는 칸트 및 후설과의 공통점 및 차이점을 중심으로 살펴보겠다.

칸트와의 공통점은 인식이 가능하기 위해서는 서로 상관관계에 있는 두 가지 맹점이 필요하다는 것, 그리고 차이점은 초월적 주체를 거부하고 그 대신 여러 사회적 체계들이라는 경험적 관찰자들을 설정한다는 것이다. 루만은 '구별-그리고-지칭'으로서의 하나의 관찰 작동에서 '구별' 그 자체는 관찰자가 지칭할 수 없는 맹점이 된다고 말한다. 관찰자는 구별의 두 면 중 한 면만 지칭할 수 있기 때문이다. 물론 그다음 관찰에서 다른 면을 지칭할 수 있지만 하나의 작동으로 두 면을 지칭할 수는 없다. 그래서 일차 관찰자가 관찰을 위해 사용하는 맹점인 구별은 자기 자신일 수도 있는 이차 관찰자에 의해 관찰된다.

그런데 이차 관찰자 또한 고유한 구별을 맹점으로 이용해야만 관찰할 수 있다. 체계/환경 구별을 이용하는 이차 관찰자인 체계이론 또한 이 구별을 맹점으로 이용하기 때문에 다른 구별들을 이용하는 삼차, 사차 관찰자에 의해 체계/환경 구별로는 무엇을 보지 못하는지 지적당할 수 있다. 루만은 프랑크푸르트학파를 겨냥해 "나는 네가 보지 못하는 것을 본다"[7]고 쓴 적이 있는데, 이 말은 주체/상호 주관성, 체계/생활 세계 등을 주도적 차이로 사용하는 관찰자인 하버마스가 체계/환경, 요소/관계 등을 주도적 차이로 사용하는 관찰자인 루만에게도 가할 수 있는 비판이다.

루만은 주체/객체를 비롯한 다른 주도적 차이를 이용하는 것보다는 사회적 현실을 다룰 때 체계/환경 구별을 맹점으로 이용하는 것이 더 일반적인 설명력을 가질 수 있다고 보기에 이 구별을 택한다. 주체/객체 구별을 사용할 경우 의식을 가진 경험적 주체가 인식할 수 있는 범위로 지식이 제한될 뿐 아니라 의식을 가진 것으로 보이는 다른 인간들을 주체로 규정할 것인지 객체로 규정할 것인지를 밝히지 못한다.

칸트는 이 문제를 해결하기 위해 모든 인간에게 공통된 인식의 가능 조건이자 경험적인 것을 넘어서 있다는 뜻을 갖는 '초월적(transzendental)'이라는 용어를 도입하고, 초월적 주체를 경험적 주체로부터 구별한다. 더 철저하게 구성주의적으로 접근했던 후설은 상호 주관성을 추가로 설정했다. 하지만 상호주관성 개념이 정당화되려면 타인도 초월적 주체, 즉 세계를 구성하는 주체임을 밝혀야 한다. 그런데 후설은 타아(Alter Ego)의 신체가 나의 신체와 유사하다는 경험을 제시하는 데 머문다.[8]

루만은 심리적 체계들이 각각 다른 심리적 체계들의 의식 작용에 결코 접근할 수 없는 개체라고 본다. 사이버네틱스 용어로 말하자면 블랙박

---

7   Luhmann, N., "Ich sehe was, was Du nicht siehst", *Soziologische Aufklärung* Band 5(제3판, 초판은 1990), 2005.

8   후설, 에드문트(이종훈 옮김), 『데카르트적 성찰』(한길사, 2002), 155~177쪽.

스로 간주한다. 따라서 상호 주관성은 성립 불가능하다. 정보, 통지, 이해의 세 가지 선택에 의해 성립되는 커뮤니케이션은 상호 주관성 없이 이루어진다. 그리고 커뮤니케이션들의 자기 생산으로 이루어지는 체계들을 사회적 체계들로 규정한다.

루만은 수많은 심리적 체계들을, 그리고 수많은 사회적 체계들을 각각의 관찰자로 간주하며, 우리가 '인식'이라고 부르는 것의 관찰자는 심리적 체계들이 아니라 사회적 체계들, 특히 과학 체계라고 본다. 그래서 과학 체계의 관찰자는 '사회적 체계이론'과 같은 하나의 사회적 체계이다. 심리적 체계로서의 개인의 인식 범위는 제한되어 있지만 커뮤니케이션 체계인 체계이론은 수많은 책, 전자 문서 등을 통해 관찰하면서 지식을 넓힌다. 이 과정은 주체들 사이의 충분한 상호 이해나 합의를 필요로 하는 것이 아니라 커뮤니케이션들이 계속 이어지면 보장된다.

그리고 이런 관찰자는 자신의 인식 작동 자체, 즉 작동적 현실 혹은 일차 현실을 관찰할 수는 없지만 초월적인 것이 아니다. 다른 구별을 이용하는 다른 관찰자들에 의해 관찰될 수 있고, 다른 구별을 이용한 자기 관찰(이차 관찰)도 가능하기 때문이다. 따라서 관찰자는 초월적 관찰자가 아니라 경험적 관찰자이다.

이렇게 루만은 사회적 체계들을 관찰자로 설정함으로써 주체/객체 구별, 초월적/경험적 구별을 거부한다. 하지만 이 관찰자는 칸트적 인식 주체가 초월적 주체 자신과 외부 세계의 '물 자체(Ding an sich)'를 인식할 수 없는 것과 마찬가지로 두 가지 맹점을 갖는다.

『사회의 사회』에서 루만은 "사회의 모든 자기 기술에는 서로 상관성을 갖는 두 가지 맹점이 있다. 모든 구별을 초월하는 세계의 통일성과 관찰을 행하는 각각의 관찰자가 그것[9]이라고 말한다. 앞서 설명했듯이 관찰자는 자기 자신의 구별을 관찰할 수 없기 때문에 칸트의 초월적 주체처럼 자기 자신의 작동적 현실을 볼 수 없다. 그리고 매번의 관찰에서 이루어지는 '자기 지시(Selbstreferenz) / 타자 지시(Fremdreferenz)'의 차이를 통해 외부 세계를 지칭할 수 있지만 그 지칭은 체계 안에서 이루어지는 타자 지시일 뿐 외부 세계에 직접 접근하는 것이 아니다.

후설을 따라 세계를 관찰자의 관점에 따라 다르게 열리는 무한한 지평(Horizont)으로 규정하는 루만은 '체계와 환경의 차이의 통일'로서의 세계는 알 수 없게 머물러 있다고 말한다. 칸트의 물 자체처럼 말이다.

루만의 세계 개념에서 등장하는 '차이의 통일(die Einheit der Differenz)'은 역설(paradox)을 함축한다. 불가능한 통일을 향해 끊임없이 차이를 이용한 관찰이 시도될 수 있다는 것, 그런데 그 시도는 체계 안에 체계/환경(자기 지시 / 타자 지시) 차이를 재진입(re-entry)시키는 관찰을 통해 이루어지지만 그렇게 해서 열리는 통일은 언제나 구별에 의존한 체계 안의 통일에 머무르고 구별들을 초월하는 세계의 통일성에는 도달할 수 없다는 것이다.

루만은 자신의 이론 안에서 사용되는 개념 중 세계, 의미, 현실, 이 세 가지 개념을 '차이의 통일'을 상징하는 개념, 즉 무차이적(differenzlos)[10] 개념으로 설정한다. 세계는 체계/환경 차이의 통일, 의미는 현행성/가능성 차

---

9   루만, 니클라스(장춘익 옮김), 『사회의 사회』(새물결, 2014), 1268쪽.
10   세계와 구별되는 비세계, 의미와 구별되는 무의미, 현실과 구별되는 비현실을 허용하지 않는 개념을 뜻한다. 즉 다른 것과의 차이를 허용하지 않는 개념이다.

이의 통일, 현실은 인식/대상 차이의 통일이다.[11] 세 가지 무차이적 개념은 그의 체계이론에서 역설과 우연성(contingency)의 산출자이자 새로운 관찰 시도를 위한 자극제이다.

외부 세계에 접근할 수 없기에 관찰자의 인식은 결코 대상과 통일될 수 없다. 인식과 대상은 언제나 차이로 머무른다. 그럼에도 인식은 재진입을 통해 차이의 통일을 시도하면서 현실성을 주장한다. 그런데 시간 흐름, 커뮤니케이션을 통해 제공되는 다른 관점 등에 의해 곧 이 통일의 불가능성이 드러난다. 그래서 인식하는 체계는 자신이 인식한 대상을 현실적이라고 해야 할지 아니면 비현실적이라고 해야 할지 역설에 빠진다. 자신의 인식의 우연성을, 즉 다르게도 가능하다는 것을 감당해야 한다.

이런 역설과 우연성 속에서 이론가는 두 가지 개념 전략 사이에서 고민할 수밖에 없다. 이차 사이버네틱스 이론가 폰 푀르스터처럼 "진리는 거짓말쟁이들의 발명품"이라고 말하면서 현실성 주장을 포기하는 전략을 택할 수도 있지만, 루만은 현실의 역설을 감당하는 전략을 택한다. 루만은 작동을 초월한 현실이 별도로 있는 게 아니라면 매번의 작동적 현실을 현실로 규정한다. 현실 자체가 역설이고 우연적임을 받아들이는 것이다.

그리고 이런 작동적 현실 중에는 계속 이어지는 이차 관찰 속에서 반복되어 사용되는 명제, 공식 등이 있고, 이렇게 커뮤니케이션의 진화 과정에서 연결 능력을 획득한 명제들과 공식들의 집합이 과학 체계의 이론 프로그램으로 응축되면, 개별 작동에서 쉽게 부정되기 어려운 진리로서 안정

---

11   Luhmann, N., "Erkenntnis als Konstruktion", *Aufsätze und Reden*, 2001, 234쪽.

화된다. 물론 과학의 긴 역사를 돌이켜보면 이 또한 우연적임이 드러난다.

4. 또한 이 고찰들은 체계이론이 '분석에만 관련된 것일 뿐'이라는 퇴행적 입장과도 무관하다

세 번째 문장에서 루만이 "퇴행적 입장"으로 간주하는 체계이론들은 체계들의 현실성과 보편성을 주장하는 데 부담을 느끼고 체계를 하나의 분석 모델로 간주하는 것들이다. 탈코트 파슨스의 일반 행위 체계이론, 소련의 계획경제를 위해 채택된 체계이론 등이 대표적이며 오늘날 '복잡계'라는 명칭으로 논의되는 체계이론들도 대부분 자신들이 쓰는 체계 개념을 하나의 모델로 간주한다.

반면에 인식과 대상의 차이의 통일이라는 역설적 현실 개념을 갖고 있는 루만은 체계이론의 대상으로서의 체계들이 그 자체로 현실적인 것이라고 주장한다. 물론 그의 연구 대상은 사회적 체계들로 제한되어 있기 때문에 그가 여러 저서와 논문들을 통해 다루는 경제, 정치, 과학, 교육, 연애, 가족, 저항 운동 등이 모두 하나의 모델을 제시하는 것이 아니라 그 자체로 사회적 현실이라고 주장한다.

당연히 이런 주장은 비판에 노출될 수밖에 없다. 그의 커뮤니케이션 시도에 대해 다른 관찰자들의 커뮤니케이션이 저항할 것이다. 루만은 오히려 이런 비판 혹은 저항을 유발하기 위해, 그리고 이를 통해 체계이론적 사회이론의 '다시 쓰기'를 촉구하기 위해 현실성을 주장한다. 포퍼식으로 말하자면 한번 반증해보시라고, 다만 더 잘해야 한다고 촉구한다.

그리고 루만은 모든 종류의 사회적 체계들을 다룰 수 있는 일반 이론이란 자기 포함 논리(Autologie)에 따를 수밖에 없다고 본다. 사회적 체계이론 또한 하나의 사회적 체계이기 때문이다. 그리고 이론이 이론의 대상들 가운데서 떠오르는 것은 보편주의적 요청에 부응하는 것일 뿐 아니라 "이론이 자기 자신을 비교에 노출"시키게 된다.[12] 사회의 경제, 사회의 법, 사회의 정치 등을 기술했던 주요 개념들로 과학을, 그리고 과학의 분과 학문으로서의 사회학과 사회적 체계이론에 대해서 기술하면서 비교해보게 된다.

그가 이항 코드화, 프로그램, 고유값, 역할, 인격, 가치 등의 기능적 개념으로 현대 사회의 여러 기능 체계들을 비교하고 기술하는 작업을 할 수 있었던 것은 바로 이러한 자기 포함 논리를 철저하게 밀어붙였기 때문이다.

1984년 사회적 체계들의 일반 이론을 정립한 후, 1990년대 중반까지 사회의 경제, 사회의 과학, 사회의 법, 사회의 예술 등의 사회이론 시리즈를 차례로 출간하던 루만은 혈액암으로 인해 정치, 종교, 교육 등 남아 있는 시리즈를 완성할 수 없다는 걸 깨달은 후 1997년에 『사회의 사회(Die Gesellschaft der Gesellschaft)』 두 권을 출간하고 이듬해 사망한다.

마지막 저작의 제목이 바로 자기 포함 논리를 함축하고 있으며, 이 책의 1장의 두 번째 절인 '방법론에 관해'와 5장 '자기기술들'의 앞부분에는 이런 동어반복적 제목이 갖는 함의를 더욱 자세히 서술하고 있다. 이 글은 『사회적 체계들』의 첫 세 문장 해설만을 목표로 하며, 『사회의 사회』에 대

---

12   Luhmann, N., *Soziale Systeme – Grundriß einer allgemeinen Theorie*, 1984, 652쪽.

해서는 한국어판 출간 당시에 쓴 서평[13]이 있으므로 여기서 마무리하겠다.

정성훈

서울대 철학과 학부, 석사, 박사를 졸업했다. 「루만의 다차원적 체계이론과 현대 사회 진단에 관한 연구」로 철학박사학위를 받은 후, 고려대 법학연구원, 서울시립대 도시인문학연구소 등에서 연구교수를 지냈고 현재 인천대 인천학연구원 학술연구교수로 근무하고 있다. 『도시 인간 인권』(2013), 『괴물과 함께 살기 — 아리스토텔레스에서 루만까지 한 권으로 읽는 사회철학』(2015), 『가족과 국가 이후의 공동체』(2022) 등의 단독 저서와 여러 권의 공저에 참여했다. 한국포스트휴먼학회 연구이사를 맡으며 참여한 『인공지능의 편향과 챗봇의 일탈』(2022)이 대표적이다.

---

13   정성훈, 「'사회의 사회'라는 역설과 새로운 사회이론의 촉구」, 《개념과 소통》 제11호, 2013.

부뤼노 라투르의 새로운 사회학과 행위자 개념

손화철(한동대학교 교양학부 교수)

부뤼노 라투르는 프랑스의 사회학자, 인류학자, 철학자로 다양한 분야에서 활발하게 목소리를 내온 독창적인 사상가이다. 우리나라에서는 2000년대 초부터 과학기술학 분야를 중심으로 여러 학자가 라투르 사상을 연구하고 소개해왔고, 라투르가 한국을 직접 방문하기도 했다. 코로나 기간 중 사망했으나, 그의 사상에 대한 열기는 오히려 커지고 있는 듯하다. 그의 저서들이 계속해서 번역, 출간되고 있으며 과학기술학이나 사회학 이외의 다양한 학문 분야에서도 라투르의 이름과 사상이 자주 인용된다.

라투르 사상은 이른바 '행위자-네트워크 이론(Actor Network Theory, ANT)'을 그 핵심으로 한다. 이 글에서는 이 이론의 배경과 핵심 내용, 몇 가지 쟁점을 소개, 정리하고 이 이론의 함의와 영향, 그리고 몇 가지 의문점을 제기하도록 한다.

라투르의 저작은 현란하면서도 함축적이고 불친절하다. 또 그의 사상은 시기에 따라 약간의 변화도 노정하고 있어 이 짧은 글에 모두 담아내기 어렵다. 따라서 이 글에서는 라투르가 제기한 사회와 사회학에 대한 문제의식에서 출발하여 '행위자', '네트워크', '이론' 등의 개념과 그 기본적인 내용을 살펴보도록 한다. 글의 말미에서는 라투르 사상의 철학적 의의와 몇 가지 난점을 제시할 것이다.

1. 사회학의 문제

라투르는 신학 분야에서 박사학위를 취득했지만, 정작 그를 유명하게 만든 학문적 업적은 캘리포니아의 소크생물학연구소 신경내분비학 실험실에서의 과학적 작업에 대한 인류학적 관찰 연구이다. 이는 『실험실 생활』이라는 책으로 출판되었는데,[1] 이 연구가 자신의 통찰을 구체화하고 발전시키는 결정적인 계기가 되었다. 이렇듯 라투르의 연구는 일차적으로는 넓은 의미의 사회학 분야에 속해 있다. 그러나 이 연구의 결과와 제안점은 서양 철학 일반, 혹은 서양 근대 사상 전반에 문제 제기로 곧바로 이어진다.

기독교 중심의 중세 시대에서 벗어난 서양 근대의 철학자들은 인간의 이성을 절대 신뢰하면서 인간과 자연에 대한 합리적이고 정합적인 이해를 추구하였다. 특히 이성을 통해 자연의 질서와 그 운행의 인과관계에 대한 지식을 확립해가면서 세상의 모든 사태를 예측 가능한 방식으로 설명할 수 있다는 자신감을 얻었다. 자연은 엄청난 비밀을 숨겨두고 있지만, 인간의 이성은 마침내 그 비밀을 발견하고 자연을 정복할 수 있으리라 믿게 된

---

1   라투르 & 울거(이상원 옮김), 『실험실 생활: 과학적 사실의 구성』(한울엠플러스, 2018/1986/1979).

것이다. 이런 믿음에 기반하여 오늘날 우리가 알고 있는 과학의 기초가 되는 여러 이론이 17세기와 18세기에 일어난 소위 '과학 혁명'을 통해 확립되었다.

자연과학이 자연에 대한 탐구라면, 철학의 여러 분야, 의학이나 심리학 같은 학문은 인간 자신에 대한 탐구였다. 근대 사상가들은 인간의 몸과 마음, 사고의 체계와 구조도 자연과 마찬가지로 결국 합리적 설명의 대상이 될 수 있다고 믿었다. 사회학은 여기서 한 걸음 더 나아가 인간에 대한 이해를 개별자가 아닌 집단의 차원에서도 설명하려 하였다. 즉 자살과 같이 지극히 개인적인 행동도 그가 속한 사회의 일정한 영향 아래 있다는 점을 밝히고, 이러한 발견을 기반으로 해서 인간 행동의 경향과 방향을 분석하고 예측하거나 정책을 결정하는 데 사용할 수 있다고 보았다.

근대의 믿음에 대한 라투르의 도전을 여러 가지 방식으로 설명할 수 있지만, 그중 하나는 전통적인 사회학의 접근에 반대하는 그의 논변에서 시작해보는 것이다. 그가 기존 사회학을 비판하는 이유 중 가장 중요한 두 가지는 다음과 같다.

하나는 기존의 사회학 이론이 현실을 고도로 추상화하기 때문에 복잡한 현실을 있는 그대로 파악하지 못한다. 사회학은 '사회'라는 것이 실체적으로 존재한다고 보고, 어떤 현상에서도 '사회적 측면'이 있다고 전제한다. 그리하여 예를 들어 코로나19 팬데믹 상황에서 바이러스가 퍼지는 것과는 별개로 작동하는 '사회적 측면'을 구별해내서 그것을 설명하려 애쓴다. 예를 들어 각국 정부의 서로 다른 코로나 대책이나 전염병에 대한 시민들의 반응 등을 분석, 비교, 해석, 평가하는 것이다. 라투르는 이를 '사회적인 것의 사회학(sociology of the social)'[2]이라 부르는데, 이는 사회학이 이미 전제된 '사회적인 것'을 연구하는 일종의 순환에 빠져 있다는 것을 보이는 표현이다.

이에 더하여 기존의 사회학은 어떤 현실 이면에 있는 인과관계를 파악해내려고 애쓴다. 코로나19에 대한 반응이 지역, 인종, 성별, 직업과 계급 등의 조건과 어떻게 연결되는지를 탐구하는 것이다. 이는 자연과학에서 이런저런 방식으로 인과관계를 설명하는 것과 비슷한데, 라투르에 따르면 그러한 시도는 성공적이지도, 현실적이지도 않다.

라투르가 지적하는 기존 사회학의 또 다른 한계는 인간과 비인간의 구분이다. 이는 라투르의 핵심적인 주장으로 가장 많은 주목과 비판을 받는 주장이다. 라투르에 따르면, 근대의 사유는 인간과 비인간을 철저하게 나누어 인간은 언제나 판단과 행위의 주체로, 비인간은 그 판단과 행위의 대상이나 배경으로 취급한다. 이에 따라 사회학의 탐구에서 '사회적인 것'은 배타적으로 인간의 일에 한정된다. 사회학은 인간의 판단과 행위의 추이를 관찰, 분석, 해명, 예측하고, 비인간에 대한 탐구는 자연과학에 맡겨진다. 다시 말해 사회학은 인간 및 인간 집단을 판단력을 가진 주체로서 파악하고 주체로서의 인간이 사회로서 어떤 원리와 구조에 따라 그 판단력과 주체성을 발휘하는지를 밝히는 것이다.

그런데 라투르는 이런 구분에 근거가 없으며, 이 구분이 현실에 대한 정확한 설명을 하는 데 방해가 된다고 주장한다. 이 부분에서 그의 유명한 '행위자(actor)'와 '네트워크' 개념이 제시된다.

---

2   Latour, Reassembling the Social(London: Oxford U. P., 2005), 9쪽.

2. 인간 행위자와 비인간 행위자

라투르 사상의 핵심은 그의 '행위자(actor)' 개념이다. 일반적으로 행위자는 의식과 의도를 가진 사람을 가리킨다. 동물이나 사물이 어떤 일을 했다는 표현을 쓰는 경우도 있지만, 방금 살펴본 것처럼 사회 현상을 학문적으로 설명할 때 행위의 주체는 인간으로 한정된다. 비인간 존재자들은 애당초 사회에 속하지 않기 때문이다.

그러나 라투르는 기존의 설명 방식에 뚜렷한 한계가 있다고 주장한다. 어떤 사건이 일어날 때 사람의 의도나 행위가 결정적인 역할을 하기도 하지만, 주변의 여러 가지 상황이 그 의도와 행위에 영향을 미친다. 예를 들어 매일 자전거를 타고 오가던 길에 도로 공사를 위한 차량이 세워져 있으면 그날은 경로를 바꾸어 가게 된다. 이것을 "누군가 길에 공사 차량을 세워서 내가 경로를 바꾸었다"고 표현할 수도 있고, "길에 서 있던 공사 차량이 나로 하여금 경로를 바꾸게 했다"고 표현할 수도 있다. 라투르는 인간의 주체성을 강조하는 전자의 표현보다 후자가 더 바람직하고 주장한다. 이렇게 함으로써 사태를 좀 더 자세하고 사실적으로 이해할 수 있을 뿐 아니라, 사태를 구성하는 모든 요소를 빠짐없이 찾아낼 수 있게 된다는 것이다.

이처럼 라투르는 사회의 구성 요소를 비인간으로 확대한다. 그에 따르면 사회는 인간뿐 아니라 비인간 행위자를 포함한다. 그는 이를 '행위자(actor)'라는 개념으로 정식화하는데, 이는 새롭게 이해한 '사회'의 일원으로 인간과 비인간을 모두 포함하는 개념이다. 이에 따르면 의사와 감염자, 일반 시민뿐 아니라 코로나 바이러스와 최초 숙주로 알려진 박쥐, 백신 등이 모두 행위자가 된다. 그러니까 라투어에게 행위자는 그것이 인간인지 비인간인지, 의식이 있는지 없는지 같은 추상적인 기준에 따르는 것이 아니라, 문제가 되는 구체적인 사태가 일어나는 데 영향을 미친 요소인 것이다.[3] 예를 들어 한 사람은 과속을 하다가 멀리 경찰이 서 있는 것을 보고 속도를 줄이고 다른 사람은 과속 방지턱을 보고 속도를 줄였다고 할 때, 과속 방지턱도 경찰과 똑같이 행위자요 사회를 구성하는 요소로 취급해야 한다.

인간과 비인간의 구분을 극복한 라투르의 사회학은 서양 근대 사상에 대한 정면 도전이라 볼 수 있다. 근대의 사유는 인간(사회)과 비인간(자연), 주체와 객체, 사실과 가치, 이성과 감성, 남성과 여성 등 이항 대립을 그 특징으로 한다. 라투르는 이런 이분법이 극단적인 추상을 통해서만 가능하다고 본다. 이런 추상을 통해 사태 이면에 인과관계나 권력 관계가 있다는 식의 설명을 제시하는데, 이는 현실을 그대로 묘사하는 것이 아니라 일종의 해석이다. 이런 해석을 위해 인간과 비인간 행위자 사이에도 일종의 위계가 있음을 상정하는 것이 기존 사회학과 서양 근대 사상의 문제이다.

다시 말해서, 근대의 이원론적 사고는 추상을 통해 현실을 파악하려 하다가 오히려 현실을 왜곡하는 악순환에 빠진다. 근대에 들어서면서 자연과 사회를 엄격하게 둘로 나누어 현실을 파악하려는 노력이 본격적으로 시작되었지만, 정작 과학 혁명과 산업혁명으로 인간-비인간 네트워크가 훨씬 더 활발하게 작동하고 있다는 사실이 더 명시적으로 드러났다. 과학적 발견은 과학자 혼자의 독창성만으로 이루어지는 것이 아니라 그가 사용한

---

3   '행위자'라는 말이 언제나 인간을 연상시키기 때문에 인간 행위자와 비인간 행위자를 모두 포함하는 의미로 '행위소(actant)'라는 말을 제안하기도 하지만, 라투르 자신은 여전히 행위자라는 용어를 더 선호한다.

다양한 도구와 환경에 상당 부분 의존해서 일어난다. 라투르의 저작 중 가장 유명한 『우리는 결코 근대인이었던 적이 없다』[4]는 바로 이 점을 다양한 사례를 통해 지적하고 있다.

3. 네트워크로 파악되는 현실

주어진 사태를 설명하기 위해서는 그와 관련된 행위자를 파악해야 하는데, 그 행위자들은 단독자로 서 있는 것이 아니라 서로 연결된 상태로 드러난다. 라투르는 인간 행위자와 비인간 행위자가 특정한 사태와 관련하여 모두 네트워크로 연결되어 있다고 주장한다. 특정 사태가 아니더라도 우리가 흔히 '사회'라고 부르는 것은 고정된 실체가 아니고 인간과 비인간 행위자의 네트워크로 파악되는 무엇이다. 인간은 비인간의 이런저런 결합은 이어지기도 하고 끊어지기도 하며, 커지기도 하고 작아지기도 한다. 이를 서로 다른 배경과 환경에서 살아오던 두 사람이 어떤 계기로 만나 부부가 되고, 그럼으로써 '누구의 남편' 혹은 '누구의 아내'라는 새로운 정체성을 갖게 되는 것에 비유할 수 있다. 요컨대 인간, 비인간 행위자와 사회 모두 서로 다른 크기의 네트워크라 할 수 있고, 그 네트워크의 유동에 따라 끊임없이 정체성이 바뀐다. 여러 네트워크가 서로 연결되거나 해소되는 일도 당연히 일어난다. 이런 네트워크의 움직임을 파악함으로써 주어진 사태가 설명

---

4   라투르(홍철기 옮김), 『우리는 결코 근대인이었던 적이 없다』(갈무리, 2009/1991).

된다.

기존의 사회학에 대한 라투르의 핵심 비판도 네트워크 개념과 연결된다. 사회를 이런저런 방식으로 규정하고 그 작동 원리를 제시함으로써, 기존의 사회학은 사회를 고정된 실체, 명사로 파악하려 한다. 그러나 이런 접근은 비현실적이고 반사실적이다. 사회뿐 아니라 그 사회를 이루는 행위자도 계속해서 움직이는 동사로 파악할 때 더 정확한 이해가 가능하기 때문이다.

네트워크는 연결점 사이에 선을 이어 구성되기 때문에 면이 아닌 구멍 뚫린 망의 형태로 구성된다. 따라서 네트워크 이론으로 사회를 설명한다는 것은 사회를 사진처럼 그대로 보여주는 것이 아니라 사회를 연결점들의 관계로 설명한다. 그래서 이 설명은 설명의 대상을 완벽하게 파악한 것이라기보다 핵심 연결고리들을 밝혀 보인다는 의미로 이해해야 한다. 어떤 이론이 제시되고 정설로 굳어지는 과정은 관련된 행위자들이 다양한 과정을 통해 네트워크에 잘 연결되는 것을 의미한다.

라투르가 수행한 프랑스의 과학자 파스퇴르에 대한 유명한 연구는 네트워크를 통한 설명의 좋은 사례이다. 파스퇴르는 미생물이 어떻게 질병을 일으키는지를 규명하고 백신을 개발하여 프랑스의 공공 보건에 크게 기여했다. 이 업적에 대한 일반적인 설명은 자연의 비밀을 발견해 낸 파스퇴르의 천재성과 그의 꾸준한 헌신에 공을 돌리는 것이었다. 그러나 라투르는 이 과정을 파스퇴르가 연구를 수행했던 실험실을 중심으로 하여 서로 다른 이론을 가지고 있었던 수많은 이해 당사자, 미생물, 과학적 도구 등을 포함한 인간, 비인간 행위자들의 네트워크로 설명해낸다. 파스퇴르가 해낸 일은 이들 인간, 비인간 행위자들의 연결을 강화하여 이 네트워크가 깨어지지 않고 계속해서 확장되고 안정화되도록 한 것이다. 그 결과 이른바 '프랑스의 파스퇴르화'가 가능했다는 것이 라투르의 주장이다.[5]

4. 번역과 기입

행위자 개념과 네트워크 개념을 합쳐서 생각하면 매우 역동적인 현실 파악의 구도가 만들어진다. 행위자를 일종의 네트워크인 동시에 자기와 연결된 다른 행위자에 변화를 일으키는 존재로 본다면, 행위자는 네트워크로 연결되는 과정에서 변화한다. 요컨대 행위자 자체도 불변의 모나드가 아니라 네트워크와 마찬가지로 관계 속에서 계속 유동하는 '잡종(hybrid)'이다.

라투르는 잡종이 만들어지는 과정을 여러 가지 개념을 통해 설명한다. 그중 '기입(inscription)'은 사실이 만들어지는 과정이다. 한 예로 열대 토양을 연구하는 학자는 연구 대상 지역의 토양을 채취하여 규격화된 색깔 표를 가지고 각 지역의 토양 샘플에 색깔 번호를 매긴다. 이 색깔 표는 모든 토양 학자들이 공통으로 사용하기 때문에 이런 기입이 수행되고 나면 이 특정한 토양 색깔은 세계 모든 곳의 토양 색깔과 비교할 수 있는 보편성을 획득하게 된다. 요컨대 과학자가 색깔 표와 토양 샘플을 비교하여 종이에 적음으로써 전달 가능한 사실로 만들어진 것이다.[6]

5   Latour, *The Pasteurization of France*(Cambridge: Harvard U. P., 1988/1984).
6   라투르(장하원·홍성욱 옮김), 『판도라의 희망』(휴머니스트, 2018/1999),

'번역(translation)'은 행위자의 네트워크가 만들어지는 과정에서 필연적으로 일어나는 현상이다. 즉, 행위자마다 같은 현상이나 말을 다른 방식으로 해석하지만 그러면서도 소통이 이루어진다. 예를 들어 어떤 과학자가 핵폭탄의 기초가 되는 핵 연쇄 반응 연구를 추진하는 경우에, 우라늄을 유통하는 회사에게는 이 일이 수익을 내는 사업이 되고, 정부 입장에서는 적으로부터 보안을 유지해야 할 사안이 된다. 라투르에 따르면 그 과학자는 한편으로는 회사와 협상을 하고 정부를 설득해야 하고 실험실에서는 중성자와 우라늄 원자가 적정한 속도로 충돌하게 하도록 해야 한다. 이렇게 각각의 행위자의 입장에서 해당 사안을 이해하기 위한 번역이 이루어지는데, 우리가 알고 있는 과학 연구의 과정을 이런 번역의 연속으로 설명할 수 있다.[7]

라투르가 본인의 새로운 사회학을 '사회적인 것들의 사회학(Sociology of the social)'과 구별하여 '결합의 사회학(sociology of associations)'이라 이름 짓는 이유가 여기에 있다.[8] 결합의 사회학은 다양한 인간과 비인간 행위자들의 네트워크가 번역과 기입 같은 과정을 통해 서로 연결되고 확장되는 것을 보임으로써 실재를 설명한다. 이는 실재를 설명하기 위해 실재를 둘러싼 인간들이 만드는 맥락을 분석하고 그 맥락과 실재의 인과관계를 밝히려 하는 사회적인 것들의 사회학과 명확하게 구별된다.

108~113쪽.

7   라투르, 『판도라의 희망』, 145~156쪽.

8   Latour, *Reassembling the Social*, 9쪽.

5. 이론의 역할

그렇다면 이론은 무엇이고 학문 활동은 무엇인가? 라투르가 오랫동안 연구한 과학의 발견과 기술의 진보는 어떻게 이해할 수 있으며, 그것은 사회학과 또 무슨 상관인가? 이 물음들은 여러 차원에서 풀어가야 하는데, 먼저는 방금 언급한 네트워크와 관련해서, 다음으로는 이론의 형성적 기능에 대해서, 그리고 마지막으로 사회학의 역할과 관련해서 차례로 살펴본다.

라투르에게 이론은 네트워크를 파악하고 그것을 확장해가는 과정이라 할 수 있다. 사태를 파악하는 것은 행위자들의 네트워크가 어떻게 구성되어 있는지를 알아보는 것이다. 이론에 대한 기존의 이해는 우리가 이해하지 못하거나 숨겨져 있는 사실을 밝혀내는 것이다. 이 둘은 비슷해 보이지만, 기존의 이론은 일반화할 수 있는 구조를 전제한다는 점에서 개별적인 사태에만 집중하는 라투르의 접근과 다르다. 라투르는 주어진 사태를 이해할 때 '근시안적인' 태도를 처음부터 끝까지 견지해야 한다고 주장한다. 눈앞에 있는 행위자와 그 관계에 집중해야지, 그것을 일반화하려는 욕심을 가지면 안 된다는 것이다.

이렇게 말하고 나면 라투르에게 있어 이론은 우리가 알고 있던 것과는 다른 역할을 한다는 것이 드러난다. 라투르는 이론이 구성적 기능을 가진다고 본다. 다시 말해 우리는 모르지만 이미 존재하던 현실을 파악하는 것이 이론이 아니라, 현실을 관련 행위자들의 결합으로 구성해가면서 파악하는 것이 이론이다. 이때 일어나는 구성은 자의적인 것이 아니라, 행위자들을 발견하고 여러 가지 방식으로 연결하여 가장 설득력 있는 설명을 찾는 조심스러운 작업이다.

특히 새로운 개념이나 존재자의 발견에 대해 논할 때 이 부분이 두드러지게 나타난다. 라투르는 파스퇴르가 발견한 발효균이 1858년 이전에는 존재하지 않았다고 주장한다.[9] 이는 매우 과격하게 들리지만, 자세히 생각해보면 묘하게 말이 된다. 물론 1858년 파스퇴르가 발효균을 발견하기 전에도 그에 해당하는 물질이 있었다고 말할 수 있다. 그러나 그 말조차도 1858년 이전까지는 할 수가 없었다. 만약 파스퇴르가 1858년 발효균을 발견하지 못했다면, 그 이전에 발효균 때문에 일어난 현상을 설명할 수 없었을 것이고 그 존재도 아무도 몰랐을 것이다. 따라서 파스퇴르의 발견은 발효균 존재의 시작이라 해도 크게 틀리지 않다.

이론에 대한 새로운 이해가 앞서 언급한 사회학의 문제를 어떻게 해소하는가? 앞서 지적한 문제에 대한 라투르의 대답도 두 가지로 나누어 살펴보아야 한다. 하나는 사회학이 예측의 학문이기보다 일차적으로는 사태를 기술(記述)하는 학문이라는 것이다. 추상적인 일반 규칙이 있다는 것을 거부하고 주어진 현실의 네트워크를 충실하게 관찰하는 방법론은 예측 가능성을 높이거나 대안 제출을 기대하는 접근과는 거리가 멀다. 라투르는 정확한 진단이 좋은 처방을 가능하게 한다는 원론적인 주장에 기대어 사태를 설명하는 섣부른 일반론보다 그 개별성에 더 초점을 맞춘다.

행위자를 비인간으로까지 확장하고 이론화 작업을 행위자들 간의 네트워크를 파악해가는 것으로 본다면, 사회학과 여타 학문 분야와의 관계도 재정립되어야 한다. 여기에는 두 가지 대안이 있겠는데, 하나는 자연과

---

9   라투르, 『판도라의 희망』, 235쪽.

학을 비롯한 모든 학문을 모두 일종의 사회학으로 보는 것이다. 과학도 결국 인간과 비인간 행위자가 상호소통하고 반응하는 과정이니 말이다. 그러나 다른 한편으로 사회학을 다른 학문 분야까지 관찰의 대상으로 삼는 메타적인 이론 작업이라 볼 수도 있다. 인간 행위자의 행동을 관찰하고 분석하던 기존 사회학의 대상을 인간과 비인간 행위자의 상호작용으로 확장시키면 학문 활동 일반도 자연스럽게 그 대상에 편입되게 되기 때문이다.

6. 라투르 이론의 매력과 의의

라투르의 이론은 그 급진성 때문에 많은 비판을 받았지만, 이제는 상당한 설득력을 가진 사상으로 널리 인정을 받고 있다. 라투르의 매력은 무엇보다 그가 강조한 비인간 행위자의 존재를 부인하기 어렵다는 데에서 비롯된다. 사태를 자세히 관찰하면 의식이 있는 인간만을 행위의 주체로 보는 것의 한계를 인정하게 된다. 특정한 의도를 가지고 있다 하더라도 주변에 있는 사물이나 그가 처한 물리적 상황 때문에 의도와는 다른 행동을 하기 십상이다. 비인간 행위자 개념을 받아들이면 이러한 현실을 좀 더 구체적이고 빈틈없이 파악할 수 있게 된다.

여기서 기억해야 할 것은, 라투르 자신이 누누이 강조하는 것처럼 그의 사상은 보는 사람에 따라 실재를 달리 파악한다는 상대주의도, 사회가 실재를 파악하는 방식을 결정한다는 사회적 구성주의도 아니라는 점이다. 사태를 설명하기 위해서는 관련된 행위자를 특정하고 그 관계를 정교하게 표현해야 하는데, 이는 임의적인 것이 아니고 어디까지나 사실에 기반한다.

단 그 사실은 인간의 기술적 상징적 활동에서 독립해서 존재하는 것이 아니기 때문에 라투르의 이론을 구성주의라고 한다.[10]

이렇듯 비인간 행위자와 인간 행위자의 상호작용 및 네트워킹을 강조하는 사회학은 인식론과 존재론적인 함의를 가질 수밖에 없다. 인식의 주체와 객체가 서로에게 영향을 미칠 뿐 아니라 서로가 없이는 그 존재를 설명할 수 없기 때문이다. 이는 근대의 인간 중심적, 이항 대립적, 객관주의적 세계관과 대립하지만, 자세히 살펴보면 매우 전복적인 것도 아니다. 인간 중심의 사고로부터 벗어난 것이 가장 큰 요소이지만, 그렇다고 해서 인간의 특별한 자리를 부정하지 않는다. 예를 들어 사물 민주주의를 논하면서 인간이 비인간 존재를 대변해야 한다고 주장한다. 사물의 존재에 그에 대한 인식이 불가분의 관계로 연결되어 있다고 보는 것은 일면 과격해 보이지만 현실적이며, 그러면서도 과학적 발견과 설명력의 힘을 인정한다는 점에서 패러다임적 접근보다 오히려 안정적이다. 라투르의 사유는 처음에는 매우 파격적으로 들리는데, 알아갈수록 첫인상보다는 보수적이라는 평가를 하게 된다.

라투르의 사상은 생태계 위기에 대한 경각심이 커지는 상황에서 더욱 빛을 발한다. 오늘날의 환경 파괴는 인간이 자연과 불가분의 관계로 맺어져 있으면서도 자연을 대상화하는 방식으로 사고하고 행동한 결과로 일어난 것이다. 인간과 비인간 행위자가 존재적으로 얽혀 있다는 사실을 강조

---

10   블록 & 옌센(황장진 옮김), 『처음 읽는 브뤼노 라투르』(사월의 책, 2017/2011), 326쪽. 라투르는 그의 『실험실 생활』의 부제를 1979년 "과학적 사실의 사회적 구성"이라고 했다가 1986년 2판에서는 "과학적 사실의 구성"으로 바꾸었다.

하는 라투르의 이론은 이러한 상황을 복기하고 반성하는 데 큰 도움이 된다. 실제로 라투르는 말년에 지구 환경 문제에 대처하기 위한 이론적 노력을 적극적으로 시도했다.

7. 남은 의문들

라투르의 구성주의는 상당한 설득력과 매력을 가지지만, 여전히 의문을 남기는 부분이 있다. 그중 하나는 우리가 주어진 사태를 납득할 만한 방식으로 설명하고 이해할 때 그 완결점을 특정하기 어렵다는 점이다. 독립적으로 존재하는 세상을 기준으로 전제하면, 이론의 목표는 실재가 작동하는 원리를 정확하게 파악하는 것이 되고, 그 원리와 가까워질수록 더 좋은 이론이자 설명이라는 평가도 할 수 있다. 예를 들어 칼 포퍼의 반증주의는 반증을 통해 과학 이론이 점점 더 진리에 가까워진다고 본다. 그런데 주체와 객체의 구분이 없어지고 네트워크로 사태를 설명하는 경우에는 한편으로는 더 나은 설명과 그렇지 않은 설명을 판단할 수 있음에도 불구하고, 그 설명의 완성 기준은 불분명하다. 사태를 있는 그대로 잘 기술(記述)하느냐를 기준으로 이론을 판단하기 때문이다.

이는 아르헨티나의 소설가 호르헤 보르헤스의 소설에는 나오는 '지도 이야기'를 연상하게 한다. 소설 속의 지도 제작자들은 자세한 지도를 만들려 노력하다 결국 제국의 영토만큼 크고 현실과 일치하는 지도를 만든다. 하지만 땅을 덮을 수 있는 그 지도는 쓸모가 없어 결국 버려진다. 지도는 특정 지역을 있는 그대로 보여주기도 해야 하지만, 동시에 그것을 추상화해야 한다. 지도의 가치는 드러나야 할 것이 드러나고 중요하지 않은 것은 생략되는 과정에서 생겨난다.

라투르가 기존 사회학을 비판한 것은 일차적으로 방법론에 대한 부분이다. 그러나 행위자를 인간에서 비인간으로 확대하는 것으로 모든 문제가 해결되지는 않는다. 이론이란 세상에서 일어나는 일을 모두 자세하게 기술하는 것을 넘어 그 사태와 다른 사태를 연결지어 설명할 수 있는 일반론을 제시하는 것이기 때문이다. 라투르의 행위자 네트워크 이론에는 어떤 행위자까지를 특정하고 어떤 연결선까지 그려야 할지에 대한 지침이 없다. 문제는 네트워크가 촘촘해져 실재를 덮는다면 보르헤스의 지도처럼 쓸모가 없어지는 결과로 이어질 수 있다는 점이다. 이런 상황을 라투르가 원하는 것은 아닐 텐지만, 그에 대한 명확한 대안을 제출하고 있지도 않은 듯하다.

다른 하나는 라투르 이론에서 규범성의 자리다. 라투르가 실재 앞에 겸손하고, 그런 차원에서 이론의 역할을 철저히 사태의 기술(記述)에 제한하려 하는 것은 인상적이다. 그러나 그런 태도는 행위자-네트워크 이론에서 규범성의 자리를 모호하게 만드는 문제가 있다. 옳고 그름을 판단할 기준을 실재와 독립적으로 상정할 수 없기 때문에 결과적으로는 주어진 현실을 그대로 받아들여야 하는 상황이 된다.

2023년 10월 팔레스타인의 무장 단체 하마스가 이스라엘을 수천 발의 로켓포로 공격하고 다시 이스라엘이 보복함으로써 엄청난 유혈 사태가 생겼다. 혹자는 이를 하마스와 이스라엘의 지도자들이 내린 판단으로 설명할 것이고, 다른 사람은 이 사건이 어떤 역사적 맥락에서 비롯되었는지 분석할 것이다. 사회 구성주의자들은 양측의 공격과 보복 결정이 어떤 관련

사회 집단의 상호작용으로 일어났는지를 보고할 수 있다. 행위자-네트워크 이론은 이 일에 대해 무기, 주민, 정치인 등 다양한 행위자와 그 네트워크를 통해 설명할 수 있다. 그런데 이들 중 누가 언제 어느 지점에서 윤리적으로 잘못을 저질렀는지 판단하는 것은 라투르의 접근으로는 불가능해 보인다. '누가'에 비인간 행위자를 포함시키는 경우 문제는 훨씬 더 복잡해지는 것은 당연하다.

이와 관련해서 책임 소재를 따지는 것이 라투르의 일차적 목표가 아닐 뿐 아니라, 책임 소재의 확인은 다른 윤리 이론에서도 쉽지 않다는 점도 기억할 필요가 있다. 라투르의 관심은 기존의 윤리적 논쟁에서 반영조차 되지 않았던 비인간 존재들을 포함시키는 방안을 마련하는 데 있다. 이와 관련하여 라투르는 비인간 존재자들을 대변하는 시스템의 필요를 논하기도 하는데, 여전히 논쟁의 여지는 남아 있다.[11]

라투르는 말년에 지구 온난화 문제를 심각하게 받아들여 이를 극복하려는 전 지구적 노력의 필요성을 강하게 주장하였다. 이는 부분적으로는 이 글에서 다루지 않은 사물 민주주의의 연장선상에 있다고 할 수 있으나, 그의 이론은 왜 지구 환경이 보존되어야 하는지, 특별히 왜 인간이 그 문제에 책임을 져야 하는지에 대한 설명이 들어설 자리가 없다. 인간의 모든 행위는 비인간 행위자와의 연계 속에서만 일어나기 때문에 인간의 의식적인 결정이 행위의 결과로 곧바로 연결되지 않는다. 그렇다면 인간이 지구 환경을 회복하기 위해 기울이는 노력이 어떤 결과로 이어질지에 대해서 알 수

---

11   이는 본 원고에 대한 원광대학교의 박일준 교수의 개인적인 코멘트에서 옮긴 내용이다.

없고, 특정한 노력을 해야 한다는 규범적인 주장에서 힘이 실리기 어렵다.

8. 나가며

라투르의 관심은 과학과 사회학뿐 아니라 신학, 예술, 정치 등 다방면에 걸쳐 있어 한눈에 개괄하기 힘들다. 이 글에서 살펴본 내용 역시 그의 사상 중 극히 일부에 지나지 않는다. 그러나 그가 주창한 여러 내용이 결국 행위자 네트워크 이론의 중심 생각과 닿아 있기 때문에 라투르에 접근하기 위해서는 여기서 살펴본 몇몇 핵심 개념들과 아이디어가 탐구의 시작점이 될 수 있다. 이 글에서 인용된 몇몇 문헌들도 그러한 목적으로 살펴본다면 좋을 것이다.

손화철

한동대학교 교양학부 교수(철학). 서울대학교 철학과를 거쳐 벨기에 루벤대학교 철학부에서 「현대 기술과 민주주의」라는 주제로 박사학위를 취득했다. 세부 전공은 기술철학이고, 주요 연구 분야는 기술철학의 고전이론, 기술과 민주주의, 포스트휴머니즘, 빅데이터와 인공지능의 철학, 미디어 이론, 공학윤리, 연구윤리 등이다. 『미래와 만날 준비』(책숲, 2021), 『호모 파베르의 미래』(아카넷 2020) 등을 썼고, 공저로 『과학과 가치』(이음, 2023), 『포스트휴먼 시대의 휴먼』(아카넷, 2016) 등이 있으며, 닐 포스트먼의 『불평할 의무: 우리 시대의 언어와 기술, 그리고 교육에 대한 도발』(씨아이알, 2016)과 랭던 위너의 『길을 묻는 테크놀로지』(씨아이알, 2010)를 번역했다.

롤즈:
평화의 정치철학

정원섭(경남대학교 자유전공학부 교수)

한반도가 전쟁의 포화에 휩싸이기 시작한 1950년 6월 존 롤즈(Rawls)는 프린스턴대학에서 철학 박사학위를 마친다. 2년 동안 프린스턴대학에서 강사 생활을 한 후 그는 풀브라이트 장학금을 받고 영국 옥스퍼드대학으로 1년간 유학을 간다. 한반도에서 총성이 멎을 무렵인 1953년 미국으로 돌아온 그는 코넬대학 철학과에 조교수로 임용된 후 4·19 민주혁명의 함성이 가득할 즈음 MIT로 자리를 옮겼다가 2년 후 하버드대학으로 옮겨 1995년 완전히 은퇴할 때까지 최고 영예인 대학 석좌교수 자리에 오르며 줄곧 도덕철학과 정치철학을 담당하였다.

얼핏 보면 롤즈의 삶의 여정은 베트남 전쟁과 히피 문화 등 20세기 후반 격동의 시기를 보낸 미국 사회와는 대조적으로 평온해 보인다. 하지만 그는 1943년 프린스턴대학에서 학부를 마치자마자 바로 보병으로 입대하며 2차 대전을 체험하였다. 뉴기니에서 복무하던 그는 필리핀의 레이테 전투와 루손 전투에서 실제로 전투에 투입되었다. 그리고 1945년 일본이 패망한 후에는 약 4개월간 점령군으로 일본에 주둔하였다. 이와 같은 참전 경험은 신앙심 깊었던 청년 롤즈가 신학을 포기하고 정의와 평화를 모색하고자 정치철학으로 돌아서도록 하는 데 결정적 계기를 제공한 것으로 간주된다.

롤즈는 자신의 철학을 스스로 "공정으로서 정의(justice as fairness)"라고 불렀다. 그의 철학을 담고 있는 3대 저술은 다음과 같다. 첫째 저술은 1971년 출판된 『정의론(A Theory of Justice)』이다. 이 책에서 롤즈는 '공정으로서 정의'라는 자신의 정의관을 명시적으로 제시한다.

둘째 저술은 『정치적 자유주의(Political Liberalism)』이다. 『정의론』을 출간한 후 20여 년 만에 출판된 이 책에서 롤즈는 중첩적 합의와 공적 이성과 같은 개념을 도입하여 계약의 안정성 및 민주적 정당성과 같은 정치철학적 주제를 본격적으로 다루고 있다. 1996년 롤즈는 본문에 대한 수정 없이 서문과 하버마스의 비판에 대한 자신의 답변을 추가하여 개정판을 발간하였다.

셋째 저술은 『만민법(The Law of Peoples)』이다. 이 책은 롤즈가 자신의 정의관을 국제 관계에까지 적용한 것이다. 이 책에서 롤즈는 민주적 평화론을 강력하게 개진한다. 민주적 평화론이란 칸트의 영구 평화론에서 시작한 것인데, 민주주의 국가들 사이에서는 전쟁이 거의 발생하지 않는다는 입장이다.

이 세 권의 핵심 저술에서 그의 일관된 관심은 '민주 사회를 위한 가장 적합한 도덕적 기초'를 제공하는 것이었다. 특히 자신의 학문적 이력의 대미를 장식하는 마지막 저술인 『만민법』에서 그는 민주적 평화론을 강력히 주장한다. 그래서 나는 롤즈의 철학을 '평화를 위한 정의의 철학'이라고 말하고 싶다.

이 글에서는 우선 현대 정치철학에서 롤즈의 위상을 보여주기 위해 최근 영미 정치철학계의 주요 논쟁들이 롤즈의 정의관과 어떻게 연관되어 있는지를 소개하고자 한다. 그다음 롤즈의 정의관의 핵심을 간략히 소개한 후 '정치적 자유주의'로 불리는 롤즈 정치철학의 전체적 내용을 소개할 것이다. 그리고 이 주제들을 다루는 과정에서 입헌 민주주의를 가장 체계적으로 정당화하고 있는 롤즈의 민주주의관을 살피고자 한다. 특별히 그의 입헌 민주주의관을 살펴보고자 하는 것은 다음과 같은 이유 때문이다.

우리 사회에서는 '자유민주주의'라는 표현에서 볼 수 있듯이 자유주의와 민주주의라는 용어는 보통 유사 개념 내지 보완적 개념처럼 이해되고 있다. 그러나 우리 사회 일각에서 자유주의를 참칭하는 집단들의 비합리적 행태와 신자유주의 경제 정책에 대한 기층 민중들의 격렬한 반대 운동에서 볼 수 있듯이 자유주의가 반민주적 보수주의로 곡해될 위험은 언제나 존재하고 있다. 마찬가지로 민주주의에 기반을 둔 다양한 요구들 역시 공적 이성을 통해 적절히 제한되지 않을 경우 대중 추수주의로 전락하여 민주주의 자체를 타락시킬 위험에 언제나 노출되어 있는 것 또한 부정할 수 없는 사실이다. 이런 상황에서 롤즈의 입헌 민주주의관은 우리에게 유용한 정치철학적 지침을 제공해줄 수 있을 것이다.

1. 『정의론』과 현대 정치철학의 주요 쟁점들

1970년대까지 분석철학 일색이던 영미 정치철학계에서는 『정의론』의 출간과 더불어 규범적 전환(normative turn)이라고 일컬어질 정도로 규범적 논쟁들이 봇물을 터뜨리게 된다. 이 논쟁들은 다음과 같이 크게 네 가지 논쟁으로 구별해볼 수 있다. 규범 윤리학 방법론 논쟁, 자유주의 내부의 복지국가 논쟁, 국가의 중립성 논쟁 그리고 민주적 정당성 논쟁. 물론 이 논쟁들 모두 롤즈의 정의론과 직간접적으로 연결되어 있다.

1) 규범 윤리학 방법론 논쟁 — 공리주의자들과의 논쟁

우선 규범 윤리학 방법론 논쟁이란 윤리학의 가장 기본적인 개념인 '옳음(the right)'과 '좋음(the good)'에 대한 규정 및 그 상관관계에 대한 논쟁을 말한다. 대체로 아리스토텔레스와 같은 목적론자들이나 벤담과 같은 결과론자들의 경우 궁극적인 목적을 설정한 후 이 목적에 비추어 우선 '좋음'을 규정한다. 그리고 '좋은 것을 하는 행동'이 '옳은 행동'이 된다. 반면 칸트와 같은 의무론자들은 사람으로서 마땅히 해야 할 일 혹은 인권과 같은 불가침의 권리에 주목하면서 '좋음'과 상관없이 '옳음'을 규정하고자 한다. 그리고 이 '옳음'의 범위 안에서 '좋은 것'을 추구해야 한다. 현대의 대표적인 의무론자인 롤즈는 '좋음에 대한 옳음의 우선성'을 강조한다. 이 논쟁은 롤즈를 거치면서 결과론을 대표하는 공리주의와 의무론적 전통에 충실한 권리 중심 자유주의 간의 대립 형태로 등장한다.

롤즈는 "모든 사람은 사회 전체의 복지라는 명분으로도 유린될 수 없는 정의에 바탕을 둔 불가침성을 갖는다"고 함으로써 의무론의 전통에서 권리 중심 자유주의를 옹호한다. 이를 위해 그는 로크, 루소, 칸트 등 전통적인 사회계약론을 일반화시켜 공리주의에 대한 대안적 정의관을 제시하고자 한다. 그 결과 롤즈와 결과론자들, 즉 공리주의자들과의 논쟁은 불가피한 것이었다. 이 과정에서 센(Sen), 하사니(Harsanyi), 애로(Arrow) 등 공리주의 경제학자들뿐 아니라 그 외 관련 분야의 다양한 학자들까지 참여하여 롤즈의 정의관의 핵심이 되는 정의의 두 원칙에 대한 정당화 및 그 내적 정합성 문제뿐 아니라 합리적 선택 이론과의 비교 연구 등 다양한 논쟁들이 전개되었다.

2) 권리 중심 자유주의 내부 논쟁 — 자유 지상주의와의 논쟁

두 번째 논쟁은 크게 보아 의무론으로 분류될 수 있는 권리 중심 자유주의 내부의 논쟁이라 할 수 있다. 간단히 말하면 이 논쟁은 자유주의 국가의 복지 정책에 대한 논쟁이다. 논쟁의 한 축은 당연히 롤즈의 정의론, 즉 롤즈의 평등주의적 자유주의이다. 논쟁의 다른 한 축은 소유권을 강조하는 노직(Nozick)의 자유 지상주의(libertarianism)이다. 이 논쟁은 1980년대 이후 미국의 신보수주의적 흐름을 대변하는 신자유주의 논쟁으로 발전한다.

노직에 따르면 정의에서 본질적인 것은 '경제적 평등'이 아니라 '소유할 수 있는 자유'이다. 왜냐하면, 합리적 개인에게 자유로운 거래가 허용될 경우 설령 최초에 평등한 분배 상황에서 시작하더라도 일정 기간 거래가 진행되면 불균등한 상태에 이르게 되기 때문이다. 만일 거래 과정에서 폭력이나 기만 등 부정의가 개입되지 않았다면 이것은 정상적인 결과일 뿐 비난의 대상이 될 수는 없다. 그런데 만일 이러한 불균등한 상태를 최초의 평등한 상태로 되돌리고자 할 경우 개인의 자유는 부정될 수밖에 없다. 즉 자유는 평등을 원칙적으로 거부한다는 것이다.

그러나 롤즈의 정의론과 연관하여 권리 중심 자유주의의 내부 논쟁에서 더욱 주목할 점은 하트(Hart)의 비판과 그에 대한 답변을 중심으로 진행된 자유의 제도화 문제이다. 롤즈는 공리주의를 입헌 민주주의 제도의 도덕적 기초로서 적절하지 않다고 생각했다. 가장 큰 이유는 공리주의가 자유롭고 평등한 인격체인 시민들의 기본적 권리와 자유에 대하여 만족스러운 해명을 제시하지 못하며, 오히려 전체 사회복지를 극대화한다는 미명 아래 노예제조차 허용할 수 있다고 보았기 때문이다. 그래서 롤즈는 기본적 권리와 자유 그리고 이들 간의 우선성에 대한 설득력 있는 해명을 제시한 후 이를 평등에 대한 민주주의적 이해와 결부하고자 하였다.

그러나 공리주의가 자유의 가치를 제대로 설명하지 못한다는 롤즈의 비판은 하트에 의해 바로 롤즈 자신에게 되돌아왔다. 1975년 『정의론』 수정판에서 롤즈는 자유 및 자유의 공정한 가치에 대해 부분적으로 수정하여 자유의 가치를 공고히 하면서도 차등 원칙에 근거하여 강력한 평등주의를 정당화함으로써 하트에 답하고자 하였지만, 1982년 다시 한번 대폭 수정을 가하게 된다.

나아가 기본적 자유, 평등한 자유의 공정한 가치, 입헌 민주주의 체제에서 자유의 제도화에 대한 이러한 일련의 논쟁에는 이미 말한 하트뿐 아니라 드워킨(Dworkin), 파인버그(Feinberg), 벌린(Berlin)을 비롯한 다수의 법학자도 참여한다. 그 덕분에 롤즈의 정의론에 대한 논쟁은 평등한 정치적 자유의 공정한 가치에 대한 논쟁으로 발전하였으며, 또한 이를 바탕으로 사회 제도에 대한 논쟁으로 확장되면서 그 폭과 깊이 모두 비약적으로 팽창한다.

3) 국가의 중립성 논쟁 — 공동체주의와의 논쟁

세 번째 논쟁은 소위 자유주의 국가의 중립성 문제(neutrality problem)에 대한 것이다. 이 문제는 멀리는 "정의란 강자의 이익에 불과하다"는 트라시마코스의 주장에서부터 가까이는 마르크스 이후 "국가란 부르주아지의 이익을 대변하는 도구"일 뿐이라는 급진 좌파 사회주의자들의 계급이론에 이르기까지 자유주의 정치철학에서 피할 수 없는 문제이다. 그런데 롤즈는 이 문제를 시종일관 '좋음에 대한 옳음의 우선성(priority of the right to the good)'이라는 관점에서 접근하고 있다. 이것은 다음과 같이 두 가지 의미로 해석될 수 있다. 첫째, 개인의 권리가 공동체의 이익에 우선한다는 의미이다. 둘째, 정의의 원칙이 특정 가치관에 의존하지 않는다는 의미이다.

『정의론』에서 롤즈는 '옳음의 우선성'을 칸트주의적 인간관과 결부하여 설명한다. 롤즈는 인간을 단순히 욕망의 총체로 간주하지 않는다는 점에서 공리주의와의 차이를 다시 한번 부각시키면서도, 실현해야 할 특정한 목적을 지닌 존재로도 간주하지 않는다는 점에서 아리스토텔레스식의 완전설(perfectionism)과도 결별한다. 반면 롤즈에게 '합리적·도덕적 인격체로서 자유롭고 평등한 인간'이란 우리의 목적을 우리 스스로 선택하는 자유롭고 독립적인 자아이며, 자신의 목적을 스스로 선택한다는 점에서 어떤 선행하는 도덕적 의무나 유대에 의해 구속되지 않는 자율적 존재이다.

롤즈에 대한 공동체주의적 비판은 처음에는 샌델을 중심으로 이런 칸트적 인간관에 집중되었다. 그러나 매킨타이어(MacIntyre), 테일러(Taylor), 왈저(Walzer), 웅거(Unger), 바버(Barber), 벨라(Bella), 에치오니(Etzioni) 등 무수한 공동체주의자가 비판에 합류하면서 그 쟁점 역시 자유주의 전반으로 확대되며 매우 다양한 모습으로 등장하였다.

이들의 비판을 다음과 같이 정리해볼 수 있을 것이다. 즉 자유주의자들은 인간의 규범 내지 윤리적 삶에서 공동체의 가치를 적절히 평가하지 않으면서 공동체적 관계를 계약적 관계로 이해하여 수단적 가치만을 부여함으로써 부모-자식 간의 의무처럼 계약에 선행하는 자연적 의무를 제대로 설명하지 못하며, 잠정적이고 이차적인 교정 덕목(remedial virtue)이라 할 수 있는 정의를 최고의 덕목으로 상정함으로써 인생의 궁극적 목적에 대한 관심을 약화시켜 결국 인간을 도덕적 빈곤 상태로 몰고 간다는 것이다.

4) 민주적 정당성 논쟁 — 정치적 자유주의의 등장

롤즈의 '정치적 자유주의'는 공동체주의자들의 다양하고 격렬한 비판의 와중에서 등장한 것은 사실이다. 그런데 롤즈는 자신의 정의관에 대한 공동체주의자들의 비판에 답하는 대신 자신의 과제가 "민주 사회를 위한 가장 적합한 도덕적 기초"를 마련하기 위한 것이었다는 점을 다시 한번 확인하면서, 『정의론』에서는 도덕철학과 정치철학의 구분이 이루어지지 않았다는 점을 가장 먼저 지적한다.

이런 구분이 필요한 이유는 현대 민주주의 사회의 불가피한 현실, 즉 다원주의 문제 때문이다. 롤즈는 이러한 현실을 진지하게 수용하면서 이를 두고 '합당한 다원주의(reasonable pluralism)'라고 말한다. 합당한 다원주의란 한 사회 내에 다양한 '포괄적 교설(comprehensive doctrine)'들이 공존하면서 서로 경쟁하며 갈등하는 상황이다. 그런데 그 각각의 교설들이 나름대로 일리가 있다는 것이다. 이것은 인간의 이성이 자유롭게 발휘된 불가피한 귀결이다.

이런 상황에서 한 사회 전체를 운영하는 기본적 원칙들, 즉 정의관에 대한 합의를 모색하고자 할 때 그 정의관은 포괄적 교설들처럼 궁극적이거나 보편적인 진리를 모색하는 것이 아니라 공동체 생활의 핵심이 되는 매우 제한된 내용, 즉 정치적인 것들이어야만 한다. 그런데『정의론』에서 '질서정연한 사회(well-ordered society)'라는 개념은 이러한 다원주의라는 상황을 제대로 반영하지 못하고 있었기 때문에 비현실적이며, 따라서 그에 기반을 둔 합의는 안정성(stability)을 얻을 수 없다는 것이 바로 롤즈 자신의 불만이었다.

2. '공정으로서 정의'와 정의의 두 원칙

'공정으로서 정의'라는 롤즈의 정의관 전체를 아우르는 핵심 발상은 사회를 자유롭고 평등한 시민들 간의 협력의 틀(society as a cooperative venture)로 이해한다는 점이다. 이러한 사회가 운영되기 위해서는 우선 협력의 공정한 조건에 대한 합의가 이루어져야 한다. 따라서 정의의 1차적 주제는 사회의 기본 구조, 즉 사회의 주요 제도가 권리와 의무를 배분하고 사회협동체로부터 발생하는 이익을 분배하는 방식이 된다.

여기서 사회의 주요 제도란 정치의 기본법이나 기본적인 경제적·사회적 체제를 말하며, 그 주요한 예를 들어보자면 사상의 자유, 양심의 자유, 경쟁 시장, 생산수단의 사유에 대한 법적 보호와 일부일처제 등과 같은 것이다. 따라서 최초의 합의, 즉 원초적 합의(original contract)의 대상은 특정 형태의 사회 구조나 정부 형태가 아니라 사회의 기본 구조에 대한 정의의 원칙들이다. 물론 공동체주의자인 왈저는 분배적 정의를 논의하는 과정에서 분배 원칙에 대한 합의보다 누구와 분배할 것인가의 문제, 즉 성원권(membership)에 대한 논의가 선행되어야 한다고 주장한다.

최초의 계약을 할 때 가장 중요하게 다루어야 하는 것은 무엇일까? 롤즈는 계약 상황 자체가 공정한지 먼저 살펴보고자 한다. 최초의 상황을 공정하도록 구현하기 위해 롤즈는 근대 사회계약론에서 흔히 볼 수 있는 '자연 상태(the state of nature)' 개념을 원용한다. 우리 모두가 최초의 계약 상황에 있다고 상상해보자는 것이다.

롤즈는 '무지의 베일(veil of ignorance)'이라는 일종의 사고 실험을 제안한다. 계약을 할 때 각자가 처한 특수한 사정에 따라 유리할 수도 있고 불리할 수도 있다. 아주 절박한 상황이라면 불리한 조건을 어쩔 수 없이 받아들이게 되고 여유 있는 상황이라면 유리한 조건을 고집하게 될 것이다. 그래서 롤즈는 계약에 영향을 줄 수 있는 특수한 사정을 아예 모른다고 가정하자고 한다. 이것이 바로 무지의 베일이라는 가정을 도입하는 이유이다. 즉 계약 당사자들에게 일반적인 지식은 허용하지만 그들의 특수한 여건에 대한 정보는 차단하는 제약 조건을 둠으로써 그들이 처음부터 개별적인 특수한 이익을 증진할 수 없는 공정한 상황에서 정의의 원칙들에 합의하도록 유도하는 것이다.

이렇게 볼 때 롤즈가 홉스처럼 최초의 계약 상황에서 모든 사람이 사소한 차이는 있지만 근본적으로는 평등하다고 가정하고서 출발하는 것은 아니다. 롤즈는 자신이 근대 계약론을 원용한다고 할 때 로크, 루소, 칸트를 언급하지만, 홉스에 대해서는 일체 언급하지 않는다. 홉스와 달리 롤즈는 최초의 계약 상황에서 계약 당사자들이 가능한 한 평등한 입장에 있을 수 있도록 배경적 상황을 조정하고자 한다는 점에서 칸트주의적 계약론 전통에 충실하다고 할 수 있다.

이러한 가설적 상황인 원초적 입장(original position)에서 당사자들은 차등의 원칙이나 평균 공리의 원칙 등 다양한 여러 대안적 정의관에 대한 비교 및 심의 과정을 거쳐 다음과 같은 정의의 두 원칙에 합의하게 된다.

제1 원칙: 평등한 자유의 원칙

각자는 평등한 기본권과 자유의 충분히 적절한 체계에 대해 동등한 권리 주장을 갖는바, 이 체계는 모두를 위한 동일한 체계와 양립 가능하며, 또한 이 체계에서는 평등한 정치적 자유들, 그리고 오로지 바로 그 자유들만이 그 공정한 가치를 보장받는다.

제2 원칙: 차등의 원칙

사회경제적 불평등들은 다음 두 가지 조건을 만족시켜야 한다.

첫째, 기회 균등의 원칙. 이러한 제반 불평등은 기회의 공정한 평등의 조건 하에서 모두에게 개방되어 있는 직위와 직책에 결부되어 있어야 한다.

둘째, 최소 수혜자 우선성의 원칙. 이러한 불평등들은 사회의 최소 수혜 성원들의 최대 이익이 되어야만 한다.

당연히 제1 원칙이 제2 원칙에 우선한다. 즉 평등한 자유의 원칙이 차등의 원칙에 우선한다. 이를 두고 자유 우선성의 원칙이라고 한다. 제2 원칙 내부에서도 첫 번째 기회 균등의 원칙이 두 번째 최소 수혜자 우선성 원칙에 우선한다.

3. 복지 국가 자본주의는 정의로운가?

롤즈가 제시하고 있는 정의의 두 원칙은 어떤 경제 체제와 잘 부합할수 있을까? 이 문제는 철학자들뿐 아니라 정치학자들, 사회학자들, 나아가경제학자들까지 가세하면서 현재까지도 격렬한 논쟁의 대상이 되고 있다.많은 학자는 롤즈의 정의론을 "평등주의라는 상표를 단 복지 국가 자본주의에 대한 철학적 옹호론(a philosophical apologia for an egalitarian brand of welfare state capitalism)"으로 이해했다. 그러나 다른 일군의 학자들은 롤즈의정의론과 부합할 수 있는 정치경제 체제는 고전적인 마르크스주의에서 말하는 자본주의와는 전혀 다른 체제라는 주장을 펴고 있다.

롤즈 역시 자신의 정의론과 부합할 수 있는 체제들의 목록에서 복지국가 자본주의를 분명히 배척한 후, 정의론과 양립 가능한 체제로 재산 소유 민주주의와 자유주의적(민주주의적) 사회주의를 제시하고, 전자를 구체적으로 예시하였다.

그렇다면 롤즈가 자본주의에 대한 대안으로 제시하고 있는 재산 소유민주주의는 어떤 체제일까? 이 문제를 다루면서 왜 복지 국가 자본주의가롤즈의 정의론과 양립할 수 없는지에 대해서도 자연스럽게 논의하게 될 것이다.

1) 재산 소유 민주주의

재산 소유 민주주의라는 개념은 원래 경제학자 미드(Meade)로부터 롤즈가 빌려온 개념이다. 미드는 자본주의에 대한 대안이 될 수 있는 체제를 다음 네 가지로 제시한다.

① 노동조합 국가(A Trade Union State)
② 복지 국가(A Welfare State)
③ 재산 소유 국가(A Property-Owning Democracy)
④ 사회주의 국가(A Socialist State)

그런데 미드는 재산 소유 국가와 사회주의 국가만이 자본주의에 대한 대안이 될 수 있다고 주장하였다. 롤즈의 '재산 소유 민주주의'는 미드의 것과 대동소이하다. 다만 한 가지 주목할 만한 차이점이라면, 미드가 사회적 평등을 이루기 위해 유전공학적인 사회 정책까지 옹호하는 데 비하여 롤즈는 이런 정책에 대해 개인의 기본적 자유를 침해할 수 있다는 점을 들어 명백히 거부한다는 점이다.

롤즈는 자본주의의 대안으로 재산 소유 민주주의를 제시하면서 그 기본적인 사회적 제도들에 대해 다음과 같이 윤곽을 제시한다.

① 정치적 자유들의 공정한 가치를 보장하는 장치들
② 교육 및 훈련에서 기회의 공정한 평등을 실현하기 위한 장치들
③ 모든 이들을 위한 기본적 수준의 보건의료

나아가 롤즈는 다음 두 가지 조건을 더 추가한다. 첫째, 경쟁적 시장 체제, 둘째, 시장의 불완전성을 시정하고 나아가 분배적 정의의 관건이 되는 배경적 제도들을 보존하기 위한 적정 수준의 국가 개입. 요컨대 재산 소유 민주주의의 기본적 제도들은 위에서 지적한 ①, ②, ③ 그리고 경쟁적 시장 체제 및 적정 수준의 국가 개입으로 이루어져 있다고 할 수 있을 것이다.

롤즈는 재산 소유를 평등하게 하는 핵심적인 제도적 방안으로 첫째, 증여 및 상속에 대한 누진 과세, 둘째, 다양한 종류의 교육 및 훈련 기회의 평등을 진작시키는 공공 정책을 제시한다. 일반적으로 교육 기회의 평등을 실현하고자 하는 공공 정책은 시민들이 소득 획득 능력을 갖추도록 하는 적극적인 정책이라 할 수 있다. 그러나 가정의 자율성이 존중되는 한, 그리고 개인의 소득 획득 능력에 결정적인 영향을 미치는 고등교육의 경우 그 비용이 엄청나다는 점을 고려한다면, 교육 기회의 실질적 평등을 실현하는 것은 항상 불완전할 수밖에 없다. 이에 비해 증여 및 상속의 경우, 누가 어느 정도를 받게 되는가는 대부분 우연에 의해 결정되며 도덕적 관점에서 볼 때 임의적인 것(arbitrary)이다. 그렇기 때문에 배경적 정의를 훼손할 정도의 불평등을 야기할 수 있는 증여 및 상속에 대해서는 누진 과세를 할 필요가 있다. 바로 이 누진 과세와 관련하여 롤즈의 정의론은 복지 국가 자본주의와 완전히 결별한다.

2) 재산 소유 민주주의와 복지 국가 자본주의

사실 현대의 어떤 산업 국가도 자연적 우연들이나 사회적 우연들이 그 사회 성원들의 인생 전망을 전적으로 결정하도록 허용하지는 않는다는 점에서 모두 복지 국가라고 할 수 있다. 복지 국가를 이처럼 넓게 해석한다면, 롤즈의 재산 소유 민주주의 역시 복지 국가라고 할 수 있을 것이다. 그러나 복지 국가는 복지 국가 자본주의와는 매우 다르다. 복지 국가 자본주의는 공리주의를 근거로 한 경제 체제를 말한다. 물론 롤즈의 재산 소유 민주주의 체제 역시 복지 국가 자본주의와 마찬가지로 생산수단에 대한 사적인 소유를 허용하고 있다는 점에서 상당히 비슷한 점도 있다.

그런데 복지 국가 자본주의는 소수가 생산수단을 거의 독점하는 것을 처음부터 배제하지 않는다. 복지 국가 자본주의는 최종 상태에 이르러 각자의 총소득(불로소득과 근로소득 모두)을 산정하고, 이 소득에 대한 누진 과세를 통해 빈자들을 지원하는 복지 기금을 마련하고자 하는 재분배 정책을 사후에(ex post) 선택한다.

그러나 재산 소유 민주주의에서 취하는 누진 세제는 빈자들을 위한 보조금을 마련하기 위한 것이 아니다. 이것은 제반 정치적 자유의 공정한 가치와 기회의 공정한 평등에 역행할 수도 있는 부의 과도한 축적을 막고자 하는 것이다. 따라서 재산 소유 민주주의 국가에서 누진세는, 그 성원들 간의 협동의 초기 조건을 공정하도록 하고자 하는 것이기 때문에, 증여 및 상속 등 협동의 공정한 조건을 위협할 수 있는 불로소득으로 엄격히 한정된다.

결국 재산 소유 민주주의에서는 협동의 최초의 상황을 공정히 하고자 상속, 증여 등의 불로소득에 대한 사전(ex ante) 누진 과세가 있을 뿐, 근로소득에 대해 사후에(ex post) 과세를 하는 것은 전혀 없다. 즉 재산 소유 민주주의는 그 배경적 제도들을 통해 처음부터 재산과 자본의 소유를 분산시키는 방향으로, 다시 말해 사회의 소수 집단이 경제 및 정치를 장악하는 것을 처음부터 막는 방식으로 작동하는 것이다. 나아가 이렇게 함으로써 재산 소유 민주주의 체제에서는 복지 국가 자본주의에서와는 달리 누진 세제가 노동 유인(incentive)에 미치는 부정적 영향을 최소화하고자 한다. 그 결과 롤즈가 생각하고 있는 재산 소유 민주주의 사회에서 최소 수혜자들은 복지 국가 자본주의에서처럼 시혜나 연민의 대상이 아니라, 호혜성(reciprocity)의 원칙에 따라 다른 시민들과 상호 이익을 공유하는 자유롭고 평등한 시민으로 간주되면서 사회적 자존을 훼손당하지 않을 수 있게 되는 것이다.

3) 민주적 사회주의

롤즈의 재산 소유 민주주의와 민주적 사회주의 간의 가장 큰 공통점은 양자 모두 경쟁 시장 체제를 수용한다는 점이다. 즉 두 체제에서 기업들은 시장 가격을 두고 서로 경쟁한다. 그러나 민주적 사회주의에서는 자본주의적 기업이 금지되며, 오직 노동자가 통제하는 '협동조합들(cooperatives)'만이 서로 경쟁하게 된다. 이러한 협동조합들에 속해 있는 노동자들은 생산수단과 관련해 이용권과 수익권을 갖지만, 생산수단에 대한 완전한 소유권(full ownership)을 갖지는 못한다.

즉 노동자들은 생산수단에 대해 이용권이나 수익권을 가질 수는 있지만 이러한 권리들을 외부인들에게 팔 수는 없다. 만일 노동자들이 이러한 권리들을 외부인들에게 팔 수 있게 된다면, 자본주의적 기업들이 출현할 것이며, 이러한 기업들이 출현할 경우, 정치적 자유들의 공정한 가치를 보장하기 위해 그 배경적 제도들에서 불평등을 제거하고자 한 사회주의적 노력들이 수포로 돌아갈 수밖에 없기 때문이다.

롤즈의 정의론이 재산 소유 민주주의보다 오히려 민주적 사회주의를 더욱 지지한다는 논변 역시 적지 않았다. 이러한 주장들은 주로 다음과 같은 두 가지 사실에 근거하고 있다. 첫째, 롤즈가 기회 있을 때마다 '자존 (self-respect)'이라는 가치를 매우 강조하였다는 점이다. 둘째, 롤즈가 강조하는 자존이라는 가치는 자본주의 사회에서 제대로 실현되기 어렵다는 점이다. 왜냐하면, 대부분의 자본주의 체제에서 허용되고 있는 심각한 수준의 경제적 불평등은 자존의 사회적 기초를 훼손할 수밖에 없기 때문이다.

그렇다. 롤즈는 자유롭고 평등한 인격체인 시민들이 그들의 도덕적 능력들을 계발하고 발휘하는 데 있어서 자존이 무엇보다도 가장 중요한 사회적 기본 가치라는 점을 기회가 있을 때마다 강조하였다. 롤즈가 중요하게 생각한 사회적 기본 가치들은, 자유롭고 평등한 시민들이 도덕적 능력들을 계발하고 발휘하기 위해 필요한 제도적 조건들로서 다음과 같은 다섯 가지이다. ① 기본권, ② 거주 이전의 자유와 직업 선택의 자유, ③ 공직 선출권 및 피선거권, ④ 소득과 부, ⑤ 자존의 사회적 기초.

누구나 목격하고 있듯이 자본주의적 경제 체제에서 노동자와 자본가 간의 현저한 불평등은 결국 자존의 사회적 기초를 붕괴시키는 결과를 초래할 수밖에 없다. 따라서 자존의 사회적 기초들을 평등하도록 하는 해결책은, 자본가와 노동자 간의 본질적인 불평등을 없애는 것, 즉 생산수단에 대한 사유재산권을 권리의 목록에서 배제하는 민주적 사회주의를 지지할 수밖에 없다는 것이다.

그러나 롤즈의 정의론이 생산수단에 대한 사적인 소유권을 부정할 수밖에 없다는 주장은 무엇보다도 롤즈 자신의 입장을 과도하게 해석한 것이라 할 수 있다. 롤즈는 다음과 같이 조심스럽게 말한다.

(재산권에 대해) 더 이상으로 진전된 어떤 입장도 두 가지 도덕적 능력들의 계발과 실현에 필요한 기본적 가치로 간주될 수 없다.

이 점은 마르크스주의적 정의론과 비교해 롤즈의 정의론이 갖는 한 가지 주요한 특징이다. 롤즈는 개인적 재산에 대한 권리(the right to personal property)와 생산수단에 대한 사유재산권(private ownership over means of production)을 구분한 후, 전자를 인격의 자유와 통합성(integrity)에 속하는 기본권으로 상정하지만 후자의 권리를 정의의 원칙에 의해 요구되는 기본권으로 간주하지는 않는다.

롤즈가 정의의 두 원칙의 내용을 예시하기 위해 재산 소유 민주주의와 민주적 사회주의 사이에서 결정해야 할 필요는 없다. 그는 어느 체제에서건 정의의 두 원칙이 실현될 수 있다고 주장하고 있기 때문이다. 즉 롤즈는 두 체제 간의 선택의 문제를 정의론 자체의 귀결에 의해서가 아니라 해당 사회의 역사적·정치적 전통, 곧 정치사회학에 의해 결정될 문제로 간주한다. 이 점은 경제 체제의 선택 문제가 기본권들에 의해 결정되지 않는다는 주장으로, 체제 중립성을 표방하는 현대 철학적 자유주의의 핵심적인 주장이라고 할 수 있다.

둘째, 자존의 사회적 기초를 평등하게 하는 일과 생산수단에 대한 사적인 소유를 금지하는 것은 상호 필요조건도 충분조건도 아니라는 점이다. 물론 생산수단에 대한 사유재산권은 이를 소유하지 못한 자들을 생산수단으로부터 배제하며 따라서 경제적인 불평등으로 나타난다. 그러나 생산수단에 대한 사유재산권을 부정한다고 해서 곧장 자존의 사회적 기초들에서 평등이 보장되는 것은 아니다. 또한, 어떤 형태의 재산이건 그것이 생산수단이건 아니건 과도한 재산의 집중은 자존의 사회적 평등을 훼손하고 말 것이다.

따라서 롤즈의 정의론이 재산 소유 민주주의보다 민주적 사회주의를 더욱 지지해야만 한다는 논변은 생산수단에 대한 모든 시민의 평등한 접근권(access rights)이 자존의 사회적 기초를 실질적으로 평등하게 하는 결과를 낳을 수 있다는 점을 보여주어야만 하는 입증의 부담을 안고 있다. 이것은 체제를 선택하는 과정은 정치철학적인 논의뿐 아니라 해당 사회의 역사적 전통이나 경험 과학적 자료들에도 상당한 정도로 의존할 수밖에 없다는 점을 보여주는 것이라 할 수 있다.

4. 왜 정치적 자유주의인가? ― 민주적 정당성과 공적 이성

『정의론』에서 정의의 두 원칙에 대한 합의를 모색하면서 롤즈는 두 가지 중요한 가정 위에서 출발하였다. 그 하나는 정의의 여건(circumstances of justice)이라는 발상이며 다른 하나는 '질서정연한 사회'라는 관념이다. 정의의 여건이란 흄으로부터 원용한 것인데 어떤 사회에서 정의를 논하기 위해서는 다음과 같은 두 가지 조건이 충족되어야 한다는 것을 의미한다.

첫째 여건은 그 사회의 경제적 상황이 적절히 부족한 상황이어야 한다는 객관적인 물질적 조건이다. 즉 그 사회가 지나치게 빈곤하지도 과도하게 부유하지도 않아야 한다는 것이다. 만일 사람들이 당장 끼니조차 구하기 힘들 정도로 사회가 지나치게 빈곤할 경우 그 사회에서 정의를 논하는 것은 사치가 되고 말 것이다. 이와는 달리 모든 사람이 온갖 요구를 모두 충족할 수 있을 정도로 풍요로운 사회라면 굳이 정의를 말할 필요도 없을 것이다. 이 가정 때문에 롤즈의 정의론은 미국이나 서유럽처럼 유복한 사회에서나 통용될 수 있는 이론이라는 비난을 받았다.

둘째 여건은 제한된 이기심이라는 주관적 조건이다. 만일 그 사회의 구성원들이 욕심이 끝이 없을 정도로 과도하게 이기적이라면 정의를 논하는 것 자체가 불가능할 것이다. 이와 달리 그 사회 사람들이 어떤 어려운 상황에서도 자신보다 남을 먼저 고려하고자 한다면, 정의를 말할 필요조차 없을 것이다. 사실 이러한 두 가지 여건을 롤즈가 가정하고 있다고 해서 이상론을 펴고 있는 롤즈에게 결정적 타격이 될 수는 없다.

롤즈 스스로 심각한 문제라고 여긴 것은 따로 있다. 그것은 정의의 원칙에 대한 합의의 가능성 그리고 그 합의를 준수할 가능성을 매우 낙관적으로 생각했다는 점이다. 이것을 롤즈의 어법을 빌려 말한다면, 『정의론』에서 제시한 '질서정연한 사회'라는 발상이 비현실적이며 따라서 안정성에 문제가 있다는 것이다.

질서정연한 사회란 어떤 원칙이나 이론에 따라 일관성 있게 운용되는 사회를 말한다. 만일 한 사회가 공리주의에 따라 다스려지고 있다면 그 역시 질서정연한 사회라 할 수 있다. 그런데 바로 이런 발상이 지극히 비현실적이었다는 것을 롤즈 스스로 인정한 것이다. 왜냐하면, 인간의 이성이 자유롭게 발휘된 어떤 사회이건 다원주의라는 것을 피해갈 수는 없기 때문이다. 즉 문제는 한 사회 내에서 서로 다를 뿐 아니라 경쟁하기도 하고 갈등하기조차 하는 다양한 입장들이 있다는 점이다.

우리 사회 안에 있는 여러 종교를 생각해보면 쉽게 이해할 수 있을 것이다. 우리 사회 안에는 유교, 불교, 기독교와 같은 기성 종교뿐 아니라 여러 신생 종교들이 공존하고 있다. 대부분의 종교는 인생의 궁극적 목적이나 진리에 대해 주장하고자 한다. 그리고 그 나름대로 일리도 있지만 종교마다 서로 다른 가르침을 주고자 한다. 롤즈는 이와 같이 개인의 일상적인 행동에서부터 인생의 궁극적인 목적까지 포괄하며 어느 정도 일관적인 체계를 가지고 있는 입장을 포괄적 교설이라고 하였다.

그런데 문제는 한 사회 내에 다양한 포괄적 교설들이 존재한다는 점이다. 그리고 우리는 정치 공동체에 자발적으로 온 것도 아니고 임의로 떠날 수도 없다. 그렇기 때문에 국가의 권력은 모든 시민에게 동의를 받아야 하는 것이다. 이 점 때문에 그는 『정치적 자유주의』에서 민주주의 사회에서 정치적 정의의 가장 기본적인 문제를 다음과 같이 재정식화한다.

합당한 종교적·철학적·도덕적 교설들로 심각하게 분열되어 있는 자유롭고 평등한 시민들로 구성된 정의롭고 안정적인 사회가 상당 기간 존재하는 것이 어떻게 가능한가?

다원주의를 진지하게 수용하면 수용할수록 자유롭고 평등한 시민들 사이에서 정의의 원칙들, 곧 공동선(a common good)을 모색하는 일은 훨씬 더 어려워질 수밖에 없다. 서로 상반되는 다양한 철학적·종교적·윤리적 교설들을 가진 시민들은 정의관뿐 아니라 입헌적 원칙 그 자체에 대하여 당연히 매우 상이한 입장을 취할 것이고 그 결과 그에 대한 정치적 합의는 복잡하게 될 수밖에 없을 것이다.

그뿐만 아니라 설령 입헌 원칙에 대한 합의가 이루어졌다 해도 그에 대한 해석 및 적용 과정에서 다양한 견해 차이가 발생할 수 있다. 현대 다원주의 사회의 내재적인 규범적 불일치는, 철학적으로 혹은 종교적으로 다른 견해를 가지고 있는 이들이 하나의 정치 체제에 쉽게 동의하지는 않을 것이라는 점에서, 사회 성원들 간의 정치적 합의를 형성하는 데 방해물임에 분명하다. 그렇기 때문에 롤즈는 『정치적 자유주의』에서 내재적인 규범적 불일치를 '합당한 다원주의의 사실(the fact of reasonable pluralism)'로 간주하여 현대 자유민주주의 사회의 영구적인 특징으로 가정하는 것이다.

『정치적 자유주의』에서 현대 자유민주주의를 위한 정치적 합의를 모색하는 롤즈의 작업은 이처럼 다원주의 사회에서의 정치적 합의와 관련된 난점들에 대처하는 과정이라 할 수 있다. 이를 위해 롤즈는 『정치적 자유주의』에서 중첩적 합의와 공적 이성이라는 두 가지 핵심적 관념을 도입한다. 간단히 말해 중첩적 합의란 사회를 정초하는 정치적 합의의 원칙들이 그 사회 내에 존재하는 모든 합당한 포괄적 교설들로부터 중첩되는 동의를 받도록 해야 한다는 생각이다.

이에 비해 공적 이성이란 정치적 정의관에 대한 중첩적 합의는 그 사회의 자유롭고 평등한 시민들이 공유하고 있는 이성에 기초하여 정당화되어야 한다는 점, 그리하여 이성적인 시민이라면 누구나 합의할 수 있으며, 따라서 중첩적 합의가 그 사회에서 서로 경쟁하는 포괄적 교설들과는 독립적으로 존립한다는 생각이다. 롤즈는 공정으로서 정의가 중첩적 합의의 초점이 되고 공적 이성에 의해 정당화될 때 다원주의 사회의 시민들이 공정으로서 정의라는 자신의 정의관을 받아들일 것이라고 생각한다.

그렇다면 어떤 종류의 민주주의관이 롤즈의 이런 정의관의 특성을 잘 반영하는가? 『정의론』에서 롤즈는 민주주의를 평등, 즉 정치적 자유들의 공정한 가치를 평등하게 받는 것과 거의 동일하게 생각한다. 그러나 『정치적 자유주의』에서 롤즈는 정의가 심의 민주주의 개념(the deliberative conception of democracy)까지 포함한다고 주장한다. 대체로 말하자면, 공적 이성을 매개로 하는 롤즈의 정의관은 사회의 구성원들이 정치적 합의에 적극 참여할 때 국민 주권(popular sovereignty)이 내실화될 수 있다는 것을 함축한다는 점에서 정치 과정에 적극 참여하고자 하는 국민의 공적 의지를 필수적으로 요청한다고 할 수 있다.

그렇다면 다음과 같은 질문이 당연히 제기된다. 공적 이성을 매개로 하는 롤즈의 정치적 자유주의는 정치 공동체를 만들고 정치에 지속적으로 참여하고자 하는 국민의 민주적 의지를 형성하기에 충분한가? 롤즈가 제시하고 있는 이와 같은 유형의 정치적 자유주의 사회를 왜 그리고 어떤 의미에서 민주주의 사회라 할 수 있는가?

롤즈는 민주주의에 대해 다음과 같이 말하고 있다.

민주 사회를 특징짓는 것은 사람들이 자유롭고 평등한 시민으로서 협력한다는 점이며, (이상적인 경우) 시민들이 협력을 통해 성취하는 바는 정의의 원칙들을 실현하고 또한 시민들에게 시민으로서 그들의 필요를 충족시켜주는 전(全) 목적적 수단을 제공하는 배경적 제도들을 구비한 정의로운 기본 구조이다.

우선 민주주의에 대한 롤즈의 입장의 뿌리에는 자유롭고 평등한 시민들 간의 협력이라는 생각이 자리 잡고 있다. 이런 의미에서 민주주의란 일차적으로는 자치를 의미한다고 할 수 있다. 롤즈는 자치란 관념을 사회의 정치 조직 내에 있는 자유롭고 평등한 인격체들 간의 협력을 의미하는 것으로 해석한다. 다시 말해 롤즈에 있어서 '정치 권력이란 집합적 단위로서 자유롭고 평등한 시민들의 권력'인 것이다. 이렇게 볼 때 시민 집단의 민주적 권력은 결국 정치 권력의 행사와 연관된다.

언제 이 권력은 적절히 행사되는가? 다시 말해, 만일 이 권력의 행사가 다른 시민들에게 정당화되어야 하며 또한 그 과정에서 시민들의 합당성과 합리성을 존중해야만 한다면, 자유롭고 평등한 시민들인 우리가 어떤 원칙과 어떤 이념에 비추어 우리의 권력 행사를 바라보아야만 하는가?

롤즈의 답은 이렇다. 즉 정치 권력의 민주주의적 행사는 첫째 사람들의 자유와 평등을 존중하며 둘째 시민들의 합의를 얻을 수 있는 원칙들에 의하여 제한되어야 한다는 것이다. 롤즈의 설명에 따르자면, "정치 권력의 행사는 정치 권력이 자유롭고 평등한 모든 시민이 그들의 공통된 인간 이성에 대해 수락 가능한 제반 원칙 및 이념에 비추어 승인할 것으로 합당하게 기대될 수 있는 헌법의 핵심 사항과 일치하여 행사될 때 정당하다."

이렇게 볼 때 롤즈가 생각하는 이상적으로 질서정연한 사회는 첫째 다원적이며, 둘째 정의롭고, 셋째 민주주의적인 사회라고 할 수 있을 것이다. 첫째, 질서정연한 사회가 다원적인 이유는 이 사회가 다양한 철학적·종교적·윤리적 교설들을 아우르고 있기 때문이다. 둘째, 이런 사회가 정의로운 이유는 이 사회가 시민들을 그 사회의 자유롭고 평등하며 협력하는 구성원으로서 대우하는 공정으로서 정의 혹은 기타 정의관을 제도화하고 있기 때문이다. 셋째, 이 사회가 민주주의적인 이유는 이 사회의 정치적 헌장이 공적 이성에 의해 정당화되기 때문이다.

정원섭

경남대학교 자유전공학부 교수. 서울대학교 철학과에서 학사·석사를 마친 후 윤리학 및 사회철학으로 철학박사 학위를 받았다. 한국윤리학회 회장을 역임하였으며, 현재는 한국포스트휴먼학회 회장 그리고 한국철학회와 한국동양철학회 부회장으로 활동하고 있다. 정의와 인권 그리고 민주주의의 시각에서 인공지능 등 첨단 과학기술이 현대 사회에 초래하는 다양한 변화에 대해 연구하고 있다. 주요 저서로는 『롤즈의 공적 이성과 입헌민주주의』(2008), 『좋은 삶의 정치 사상』(2014), 『현대정치철학의 테제들』(2014), 『인공지능과 새로운 규범』(2018) 등이 있다. 주요 논문으로는 "Property-owning Democracy or Democratic Socialism?"(1998), 「인권의 현대적 역설」(2012), 「인공지능 시대 기본소득」(2018), 「인공지능 알고리즘의 편향성과 공정성」(2020), "AI ethics on the road to responsible AI plant science and societal welfare"(2024) 등이 있다.

아마티아 센의 역량 접근법과 비교적 정의론: 철학과 현실의 관계를 중심으로

목광수(서울시립대학교 철학과 교수)

1. 철학과 현실, 현실과 철학에 대한 개인적 경험

추상적이고 어렵게만 보였던 철학을 공부하면서 재미를 느끼게 된 계기 중 하나는 철학이 현실과 깊이 관련되어 있다는 것을 알게 되면서이다. 지적 향연으로만 보였던 난해한 철학 논의마다 해당 시대와 사회가 고심하던 현실 문제에 대한 철학자의 고민과 해결 방안이 담겨 있음을 깨닫게 된 것이다.

예를 들어, 『국가』(기원전 380년경)에서 꼬리를 물고 지루하게 전개되는 정의(正義) 논쟁에는 사회 변동 과정에서 등장한 세력들이 옹호하는 새로운 정의 담론과 전통적인 정의 담론이 충돌하는 현실의 해결책을 제시하려는 고대 철학자 플라톤의 고민이 담겨 있다.

『인간 본성에 관한 논고 3권: 도덕에 관하여』(1740)에서 전개되는 이성과 감정 가운데 도덕의 원천이 무엇인가에 대한 정치(精緻)한 논의는 이성만을 강조하여 도덕이 무기력하고 혼란해진 현실을 바로 잡으려는 근대 철학자 흄(David Hume)의 문제의식을 반영한 것이었다.

철학 저서나 논문을 읽으면서 현실과 무관하게 보였던 철학 논의에서 철학자의 '현실'에 대한 고민의 흔적과 목소리를 찾아가는 재미가 상당했다. 그리고 이런 '현실' 이해를 통해 철학자의 논의를 조명하면 그 이론을 더 생생하게 잘 이해할 수 있었다.

정의로운 사회를 꿈꾸는 정치철학과 윤리학 영역에서도 이런 관점이 적용된다. 현대 정의론의 시조라 볼 수 있는 롤즈(Rawls)의 정의론과 이를 비판하고 대안을 제시한 아마티아 센(Amartya Sen)의 논의가 그렇다. 롤즈와 센은 서로 다른 정의론을 제시하고 있는데, 이러한 차이가 각 철학자가 당면한 현실 문제의식과 배경의 차이 때문이라는 것이다.

이 글은 롤즈의 정의론을 비판하고 비교적 정의관(comparative perspective of justice)을 대안으로 제시한 센의 논의를 현실과 철학의 관계라는 관점에서 조명하고자 한다. 이런 논의는 한국 사회의 현실에 적합한 정의론을 모색하는 데 기여할 것이다.

2. 인도 출신의 경제학자이자 도덕 철학자 센

센은 누구인가? 센에 대한 일반적인 정보를 소개하는 것보다, 먼저 경제학자이자 도덕 철학자인 센을 필자가 어떻게 알게 되었는지를 소개하는 사적인 이야기로 시작하면 좀 더 친숙할 것 같다. 전 지구적 윤리와 정의에 관심을 갖고 공부하던 필자가 센이라는 철학자를 알게 된 것은 우연이자 필연이었다. 필자가 미국에서 유학 생활을 시작한 지 얼마 되지 않아 학교에서 열린 학회에 우연히 참석하여 그의 역량 접근법(capability approach)에 대해 듣게 되었는데, 그의 역량 접근법은 필자의 관심사인 전 지구적 정의와 윤리 영역에서 주목받는 최신 논의여서 반드시 검토해야 할 논의였기 때문이었다.

센에 대해 전무하던 필자에게 그의 논의는 생소했지만, 이후 대학원 세미나에서 공부하면서 그의 논의가 그의 삶인 현실과 밀접함을 알게 되었다. 이런 관련성으로 인해 센의 논의에 더 깊이 매료되었다. 이후 필자는 박사 논문뿐만 아니라 이후의 학문 여정에서 동반자 중의 하나로 센의 논의와 함께하고 있다.

센은 인도 출신의 경제학자이자 도덕 철학자이다. 그는 경제학자로 자신의 학문 여정을 시작하였다. 센의 '사회적 선택 이론'(social choice theory)은 애로우(Arrow)의 불확정성 원리에 대한 중요한 기여로 평가되며, 불평등과 빈곤을 중심으로 하는 그의 후생 경제학(welfare economy)은 그를 아시아인으로서 최초로 1988년 노벨 경제학상을 받게 한다.

센의 불평등과 빈곤에 대한 관심은 그를 경제학으로부터 도덕 철학으로 학문적 지평을 확장하게 한다. 이러한 확장은 18세기의 근대 철학자이자 경제학자인 스미스(Smith)를 따라 윤리학과 경제학이 분리되지 않았을뿐만 아니라 분리되지 말아야 하다는 그의 신념과 관련된다.

예를 들어, 센은 자신의 논문 "Rational Fools: A Critique of the Behavioral Foundations of Economic Theory"(1977)에서 경제학을 윤리학으로부터 구분하고 자기 이익의 극대화라는 좁은 의미의 합리성만을 추구하려는 기존의 경제학 논의는 '합리적 바보(rational fool)'에 입각한 논의라고 비판하면서, 오히려 다양한 가치들을 포괄하는 넓은 의미의 합리성이 더 효과적임을 입증하고 경제학과 윤리학이 다른 차원의 학문이 아닌 깊은 내적 관계로 연결되어 있다고 주장한다. 하버드대학의 경제학과와 철학과 교수인 센은, 이처럼 학문이 분화되고 전문화된 현대 사회에서 보기 드물게 통합적 지평을 보여주는 학자이다.

경제학으로부터 도덕 철학으로 나아가는 센의 학문적 여정에 중요한 계기가 된 것은 그의 고향인 인도와 관련된 것으로 보인다. 그는 1953년 캘커타대학을 졸업한 후 영국으로 건너가 케임브리지대학에서 박사학위를 받았지만, 그의 정신세계뿐만 아니라 실제의 삶 가운데 인도는 계속되는 삶의 터전이었다. 센은 태어나기만 인도에서 한 것이 아니라, 그가 영국이나 미국에서 공부하고 가르치는 일을 하면서도 자신의 고향인 인도와의 관계를 계속 유지했다.

그의 The Argumentative Indian: Writings on Indian History, Culture and Identity(2005), India: Development and Participation(2002) 등의 몇몇 저작들은 인도를 배경으로 하고 있고, 그의 학문을 집대성한 저서로 볼 수 있는 『정의의 아이디어(The Idea of Justice)』(2009)는 매 장이 인도와 관련된 일화나 역사로 시작한다. 센의 학문적 논의도 이런 인도에서의 경험과 문화에 많은 부분에서 빚지고 있다. 예를 들어, 인도의 기아와 빈곤, 인도에서의 종교적 갈등 등의 직간접적인 경험은 아래에서 소개할 역량 접근법(capability approach)으로 이론화되고, 이를 토대로 빈곤을 계량화할 수 있는 센 지수(Sen Index)와 인간 개발 지수(Human Development Index)로 현실화된다.

3. 센의 역량 접근법[1]

센은 자신의 고향인 인도의 기아와 빈곤을 타파하려는 문제의식에서 시작하여 전 지구적인 인간 개발(human development)을 도모하기 위한 철학 논의를 시작한다. 경제학과 윤리학이 하나라는 신념을 가진 센이 철학계에서 주목받게 된 계기는 그가 1979년 태너 강좌에서 발표한 논문 "Equality of What?" 덕분이다. 센은 논문에서 당시 학계에 지배적이던 롤즈와 공리주의의 평등 논의가 인간의 다양성(human diversity)을 반영하지 않는다고 비판하면서, 대안으로 역량(capability)의 평등을 제시한다.

왜냐하면, 롤즈나 공리주의의 평등은 인간의 다양성을 포착하지 못한 채 획일적인 분배를 주장하는데, 이러한 분배는 사람들 사이의 차이로 인해 실질적인 평등을 실현하지 못하기 때문이다. 예를 들어, 동일한 재화 또는 사회적 기본 재화(primary goods)가 평등하게 분배된다고 하더라도, 개인의 차이를 포착하지 못하는 공리주의나 롤즈의 논의에서는 더 많은 영양분을 필요로 하는 임산부와 보통 여성 사이의 실질적 평등을 실현하지 못한다. 오히려 임산부에게 더 많은 재화를 분배하는 것이 둘 사이의 동일한 역량을 실현하는 방식이 될 것이다.

역량은 행위자가 선택할 수 있는 실현 가능한 상태(being)와 행위(doing)의 다양한 대안적 조합들을 대변하는 기능들(functionings)의 집합

---

1 센의 역량 접근법에 대한 소개는 다음 논문의 일부를 수정하고 보완한 것임을 밝힌다. 목광수 (2012), 「역량 중심 접근법의 윤리적 함의: 아마티아 센의 논의를 중심으로」, 《윤리학》 제1권 제1호.

을 의미한다. 이러한 정의는 역량이 기능에 파생적이며, 따라서 역량은 기능 조합에 대한 정보를 모두 포함하고 있음을 보여준다. 역량은 '건강할 역량'(capability to be healthy)처럼 개별 역량에 대해 언급하는 것이 이해를 위해서는 편리하지만, 오해의 소지가 있기 때문에 가치 있는 기능들의 조합(combination)을 성취한 능력으로 이해하는 것이 바람직하다. 왜냐하면, 이러한 조합 내에서는 필요에 따라 교환(trade-off)을 하는 것이 가능하기 때문이다. 예를 들어 어떤 사회적 맥락에서는 영양 섭취를 잘할 역량과 안전한 거주지를 가질 역량 사이의 교환이 필요해 전자를 유보할 수 있기 때문이다.

역량은 '가치 있는 상태들과 행위들'인 기능을 성취할 수 있는 실질적 자유(substantive freedom)를 의미한다. 역량이 갖는 실질적 자유의 성격은 영양을 공급받지 못해 기능이 저하된 굶주림(starvation)과 금식(fasting)이 다르다는 논의에서 잘 드러난다. 금식은 충분히 영양을 공급받을 수 있는 상황이지만 다른 가치, 예를 들어 종교적 신념을 위해 기능 저하를 행위 주체가 스스로 선택한다는 점에서 동일한 기능 저하이지만 자의에 반(反)하는 굶주림과는 구별된다. 따라서 역량 접근법에 따르면 굶주림은 개입의 대상이지만 선택에 근거한 금식은 허용된다.

실질적 자유인 역량에 초점을 둔 역량 접근법의 핵심 특징 중 하나는 인간의 다양성에 주목한다는 점이다. 아리스토텔레스의 인간관에 따르면 인간은 모두 다양한 이유로 상처받기 쉬운 존재(human vulnerability)라는 점에서 의존적인 동시에 독립적인 상호 의존적(interdependent)이며 획일화될 수 없는 존재이다. 기존의 분배나 정의 이론들은 모든 사람이 동일하다는 전제에서 논의를 전개했는데, 센은 이러한 동일성 전제가 오히려 부정의를 초래할 수 있음을 비판하며 인간의 다양성에 주목해야 가치 있는 실질적 목표를 달성할 수 있다고 주장한다.

주류의 시선에서는 항상 자신들이 보통이고 모두 자신과 같을 것이라고 생각하지만, 비주류에게 그런 주류의 시선은 부담스럽고 심지어 폭력으로 다가오기도 한다. 나중에 그가 자신의 정의론을 전개하면서 다양성을 담지하지 못하는 공평성을 닫힌 공평성(closed impartiality)이라고 비판하면서 다양한 위치에서의 관점을 모두 수용하는 열린 공평성(open impartiality)을 주장하는 것도 다양성을 반영하려는 시도의 하나이다.

센은 인간의 다양성에 영향을 미치는 다섯 가지 요소들인 개인적 차이, 환경적 다양성, 사회적 환경에서의 다양성, 관계적 관점에서의 차이, 가족 내에서의 분배를 제시하여 자신의 역량 접근법을 구체화한다. 이러한 다섯 가지 요소들은 개인 측면(개인적 차이), 제도 측면(사회적 환경에서의 다양성), 비제도 측면(관계적 관점에서의 차이와 가족 내에서의 분배), 그리고 자연환경 측면(환경적 다양성)으로 구분될 수 있다. 이런 측면들은 개인이 재화를 역량으로 변환시키는 차이를 구체화할 뿐만 아니라, 역량을 평가하고 강화하는 토대를 마련한다.

예를 들면, 신체 능력과 조건의 차이, 성별 차이, 지적 능력의 차이 등의 자연적 우연성은 각 개인이 재화를 역량으로 전환하는 과정에서의 차이를 설명해준다. 앞에서 예를 들었던 임산부의 영양 능력에 대한 언급은 개인적 측면에 입각한 인간의 다양성을 보여준다. 도로 시설이 구축되어 있지 못한 사회에서는 이동에 대해서 다른 사회보다 더 많은 재화를 필요로 한다는 사례는, 제도 측면과 관련된 인간의 다양성을 보여준다. 가부장제 사회에서 여성들이 동일한 재화를 가지고도 사회 진출을 하는 데 심각한 제약을 받는다는 사례는, 재화가 역량으로 전환되는 과정에 비제도 측면이 영향력을 행사함을 보여준다. 지진의 가능성이 큰 지역은 집 건축을 위해 더 많은 재화를 필요로 한다는 사례에서 알 수 있는 것처럼, 자연환경 측면은 인간의 다양성에 영향을 끼친다. 이러한 논의는 역량 실현을 위해 어떻게 대응해야 하는지에 대한 논의 토대를 마련해준다. 즉 인간의 다양성으로 인해 사람들 사이의 가치 있는 삶에 대한 다양한 선택이 있을 수 있기 때문에 제도, 비제도, 개인 측면의 통합적 접근을 통해 인간의 실질적 자유를 도모해야 한다는 것이다.

인간의 실질적 자유인 역량과 인간의 다양성을 강조하는 역량 접근법은 자연스럽게 학제적(interdisciplinary) 연구로 귀결된다. 실질적 자유를 증진하기 위해서는 다양한 영역의 협력이 필수적이기 때문이다. 이런 학제적 성격은 역량 접근법이 경제학 영역, 특히 후생 경제학과 개발 경제학(development economy)에서 중요한 규범적 이론으로 자리 잡고 있다는 사실에서 잘 드러난다.

센은 경제 성장이 기껏해야 개발의 목표를 위한 수단에 불과하며, 종종 효율적인 수단이 되지도 못함을 지적한다. 그리고 개발 경제학의 궁극적인 관심은 인간의 실질적인 자유인 역량, 예를 들어 오래 살 수 있는지 여부, 피할 수 있는 죽음인지의 여부, 좋은 영양 섭취를 하고 있는지 여부, 읽고 쓸 수 있는지 여부 등이 되어야 함을 주장한다.

이러한 학제적 성격은 역량 접근법을 토대로 센과 파키스탄 출신의 경제학자인 하크(Haq)가 함께 만든 인간 개발 지수에서 잘 나타난다. 인간 개발 지수는 전 세계 국가들의 개발 상황과 삶의 수준을 측정하는 중요한 수단으로 1990년 이후로 유엔 개발 프로그램(the United Nations Development

Programme)에 의해 사용되고 있으며 개발 경제학의 중요한 이론적 논의를 제공하고 있다.

역량 접근법은 '접근법(approach)'이라는 명칭에서 나타나는 것처럼, 어떤 특정 이론(theory)을 제시한 것이 아니라 수많은 이론을 포괄할 수 있는 규범적 이론 체계(framework) 또는 토대(foundation)를 의미하기 때문에 윤리학적 논의를 중심으로 다양한 학문 분야, 특히 경제학, 사회복지학, 교육학, 장애학 등의 분야의 학제 간 연구가 가능하고 실제 진행 중이다. 2000년부터 "인간 중심적 개발을 위한 다양한 학문적 논의를 담은 학술지(A Multi-Disciplinary Journal for People-Centered Development)"라는 부제를 가진 *Journal of Human Development and Capabilities*라는 학술지가 발행되었고 2004년엔 이러한 다양한 영역의 학자들의 연합체인 Human Development and Capability Association이 설립된 데서 이러한 실천을 볼 수 있다.

4. 센의 비교적 정의론
(comparative perspective of justice)[2]

역량 접근법의 윤리적 토대가 정의론에 적용된 것이 센의 정의론이다. 센에 따르면, 사회적으로 가치를 두고 있는 역량이 박탈되고 상실된 것이 부정의이고 이를 제거하여 역량을 충족하는 것이 정의이기 때문이다. 센의 정의론은 "What Do We Want from a Theory of Justice?"(2006)에 처음으로 제시되며, 이를 발전시킨 단행본 『정의의 아이디어(The Idea of Justice)』(2009) 에서 구체화된다. 센의 『정의의 아이디어』는 2002년에 타계한 롤즈에 대한 헌정 저서로 경제학과 윤리학을 넘나들면서 왕성한 연구 활동을 해온 센의 평생에 걸친 연구 성과물들이 집대성된 작품이다. 센은 평생, 사회적 선택 이론을 중심으로 하는 경제학과 역량 접근법에 입각한 윤리학을 연구해 왔는데, 이 책에는 이러한 두 영역의 연구가 정의 실현이라는 목적 아래 통합되어 집대성되어 있다. 역량 접근법이 정의론의 이론적 토대라면 사회적 선택 이론은 정의 실현의 방법에 기여한다. 더욱이 센은 동서양의 문학과 역사, 특히 자신의 고향인 인도의 철학과 역사를 활용하여 논의를 풍성하게 하여 설득력을 높이고 있다.

센은 롤즈의 정의론을 초월적 제도주의(transcendental institutionism)

---

2   센의 비교적 정의관에 대한 소개는 부분적으로 다음 논문들에 토대를 두고 있음을 밝힌다. 목광수, 「아마티아 센의 정의론에 대한 비판적 고찰: 민주주의 논의를 중심으로」, 《철학연구》 Vol. 93, 2011; 목광수, 「이상론과 비이상론의 관계에 대한 고찰: 존 롤즈의 정의론을 중심으로」, 《철학논총》 Vol. 65(3), 2011.

의 이상론(ideal theory)으로 규정한다. 롤즈는 정의를 실현하기 위해서는 먼저 원초적 입장(original position)에서 무지의 베일(veil of ignorance)을 쓴 합의 당사자들이 합의를 통해 정의의 원칙을 제시하여 이상론으로 완벽한 정의론을 제시해야 한다고 생각한다. 그런데 센이 보기에 원초적 입장이라는 가상 상황에서의 합의 방식이 현실과 무관한 초월적 논의이며, 합의된 정의의 원칙이 사회 기본 구조라는 제도에만 적용된다는 점에서 제도주의라고 분석한다. 제도주의 정의론은 비제도 영역에서 나타나는 차별, 무시 등의 부정의를 외면한다. 센은 이런 정의론은 현실에 무기력하고 공허한 이상론에 불과하다고 폄하한다. 센은 롤즈 정의론이 부정의를 발견하고 제거하는 데 실질적인 역할을 하지 않을 뿐만 아니라, 롤즈의 정의론 같은 이상론 없이도 부정의를 제거하는 것이 가능하다고 주장한다. 그리고 대안으로 역량 접근법에 토대를 둔 비교적 정의관(comparative perspective of justice)을 제시한다.

센은 스페인 화가인 달리(Dalí)의 그림과 피카소(Picasso)의 그림 가운데 상대적 장점을 판단하기 위해 모나리자 그림이 기준으로 필요하지 않고 우리는 단지 두 개의 그림을 보편적 관점에서 비교하는 것만으로 충분히 평가하고 서열화할 수 있는 것처럼, 초월적 정의관 없이도 충분히 부정의를 발견하고 제거할 수 있다고 주장한다. 센에 따르면 우리는 가상의 장치에서 무지의 베일을 쓴 합의 당사자들이 사회 기본 구조라는 제도에 적용되는 정의의 원칙에 합의할 필요 없이, 우리가 가진 도덕 감각과 이성적 검토만으로도 노예제와 같은 명백한 부정의를 발견할 수 있기 때문이다.

센은 또한 이상론 없이도 민주주의, 즉 공적 추론 또는 공적 토론(public reasoning)을 통해 충분히 부정의를 분별할 수 있다고 주장한다. 센에 의하면, 비록 노예제와 같은 분명한 부정의에 대해서 우리는 어떤 직관적 판단을 내릴 수 있지만, 이러한 직관이나 느낌이 추론 과정을 통해 검토되어야 한다는 점에서 그러한 추론이 객관성을 확보할 필요가 있다. 따라서 공적 추론, 즉 민주주의가 센의 비교적 정의관에서 필수적이다. 이런 이유로 인해, 센은 정의를 추구하는 것과 토론에 의한 통치로 간주되는 민주주의를 추구하는 것 사이에 밀접한 관련성이 있다고 주장하기도 한다. 센은 자신의 민주주의 개념인 공적 추론이 모든 문화에서 발견된다는 사실을 규명하기 위해, 아프리카, 중동, 동양권 등 다양한 문화와 역사 속에서 공적 추론의 사례들을 찾아 제시한다. 센이 제시하는 공적 추론에 주목한다면, 민주주의는 투표나 선거로 대표되는 서구 사회의 전유물이 아닌 전지구적 가치에 해당한다.

센은 자신의 비교적 정의론의 학문적 기원을, 롤즈 정의론의 철학적 뿌리라고 할 수 있는 홉스, 칸트(Kant), 로크(Locke) 등의 주류 계몽주의 전통과 대비되고 정의론 영역에서 지금까지 주목받지 못했던 스미스, 콩드르세(Condorcet) 등의 비주류 계몽주의 전통에서 찾고 있다. 이런 철학사적인 계보 분류는 롤즈의 논의와 센의 논의가 정의론에 대한 입장에서 분명히 구별됨을 보여준다. 롤즈 정의론에서 잘 드러나는 것처럼 주류 계몽주의 전통을 따르는 정의론은 특정 정의 원칙에 합의하기 위해 특정 가치에 우선성을 부여하고 다양한 목소리를 임의적으로 배제한다. 이러한 방식은 이론의 완결성과 정당성 측면에서는 탁월하지만, 현대 사회가 갖는 다원성의 가치를 부정하고 인간이 갖는 다양한 동기를 외면하는 닫힌 공평성이라는 점에서 비현실적이다.

이와 달리 비주류 계몽주의 전통을 계승한 센의 비교적 정의론은 비록 이론적으로 주목받을 만한 기교가 없어 투박하지만, 현실의 다양한 목소리가 자유롭게 제시되는 열린 공평성을 지향하며 다양한 가치와 동기를 가진 구성원들이 발견한 부정의를 제거하면서 점진적으로 정의를 실현하려는 현실적 논의이다. 센은 이런 구분을 자신의 고향인 인도 전통에서도 찾아 설명한다. 센에 따르면, 인도의 고대 산스크리트어에는 정의를 가리키는 단어가 '니티(niti)'와 '니야야(nyaya)'로 두 개다. 전자는 주류 계몽주의처럼 완벽한 정의론을 추구하는 반면에 후자는 비주류 계몽주의처럼 인간의 행동이나 상황에 적용 가능한 현실적 정의에 해당한다. 센의 비교적 정의론은 '니야야'처럼 실현 가능한 현실적 정의론이다.

센의 비교적 정의론은 정의 실현을 위해 제도 측면, 비제도 측면, 개인 측면의 통합적이며 체계적인 협력을 중시한다. 주류 계몽주의 전통의 정의론이 제도 측면에서의 정의 실현만 중시한 나머지 비제도 측면인 인식과 문화 속에서의 부정의에는 침묵하는 경향이 있었다. 이런 경향은 롤즈가 그랬던 것처럼 제도 측면의 정의 실현이 자연스럽게 비제도 측면의 정의를 도모할 것이라는 낙관적 전망이거나 제도 측면의 정의 실현부터 시작하여 비제도 측면으로 나아가야 한다는 순차적 접근으로 볼 수 있다. 어떤 경우든 기존의 주류 계몽주의 전통의 계약론적 정의론 자체에는 비제도 측면의 논의가 부재하다는 것을 부인하기 어렵다.

그런데 2000년대의 호네트(Honneth)와 프레이저(Fraser)를 중심으로 전개된 인정-재분배 논쟁이 보여주었던 것처럼, 현대 다원주의 사회에서 제도 차원의 재분배뿐만 아니라 비제도 측면의 무시나 차별, 정체성 훼손 등의 논의도 중요한 정의의 주제이다. 경제적으로 넉넉하다고 하더라도 인종 차별이나 성차별로 인한 모욕이나 자존감 훼손, 낙인찍기나 혐오 등은 심각한 부정의이기 때문이다. 이런 이유로 센은 제도 중심의 정의론은 정의 실현을 위해 충분하지 않다고 비판한다. 센의 비교적 정의론은 역량 접근법에서 봤던 것처럼 인간의 다양성을 포섭할 수 있는 요인들의 협력을 통해 부정의를 제거하고자 한다. 비교적 정의론은 제도 측면, 비제도 측면, 개인 측면의 통합적 구조를 통해 부정의를 점진적으로 제거하면서 정의 실현을 도모한다.

5. 롤즈와 센의 정의론의 차이: 현실 문제의식과 배경 차이

롤즈와 센의 정의론이 지적 전통에서뿐만 아니라 내용에서도 현저하게 차이가 나는 이유는 무엇일까? 이에 대해 다양한 답변이 있을 수 있겠지만, 이 글의 문제의식인 철학과 현실의 관계에서 본다면 롤즈와 센의 현실 인식과 배경 차이에서 비롯된 것으로 볼 수 있다. 롤즈 『정의론』에 대한 기존 독해, 즉 1부의 앞부분(제1장의 1~4절)이나 1부만으로 정의론을 이해하려는 방식에서 볼 때, 사회 구성원들, 특히 사회적·경제적으로 유리한 처지에 있는 사람들이 무지의 베일을 쓰고 자신의 위치를 모르는 상황에서 합의하는 원초적 입장에 참여한다는 서술이 억지스러워 보인다. 사회의 기본 재화에 대한 새로운 분배 원리를 제시하는 것이 적어도 현재 사회적으로 유리한 처지에 있는 사람들에게는 손해처럼 보이고, 이런 의미에서 이들이 참여할 만한 동기가 없어 보이기 때문이다. 1부 논의로만 보면, 왜 모든 사회 구성원들이 원초적 입장에 참여하는지를 설명하기 어렵다. 이런 이론적 어려움은 롤즈가 『정의론』 서문에서 "정의론의 기본 사상에 관한 대체적인 윤곽이 제1장의 1~4절에 나타나 있다. […] 그런데 제3부의 논의를 고려하지 않는다면 정의론을 오해할 위험이 있다"고 경고한 것을 귀담아듣지 않아서 생긴 것으로 보인다.

롤즈의 경고에 주의를 기울이는 독해 방식, 즉 『정의론』의 1부, 2부, 3부를 통합하여 읽어가는 '입체적 독해'에 따르면, 앞에서 제기한 의구심이 적어도 이론적으로 해소될 수 있다. 『정의론』 1부에서 무지의 베일을 쓰고 원초적 입장에 참여하는 사람들은 『정의론』 3부에서 제시하는 인간관과 사회관을 전제하고 있기 때문이다.[3] 『정의론』에서의 인간은 합리적이고 합당한 존재로서 두 가지 도덕적 능력인 가치관에 대한 능력과 정의감의 능력을 갖추고 있다. 가치관에 대한 능력은 어떤 것이 자신의 삶에 더 부합하는지를 숙고하고 판단하는 능력으로 사회에서 더 많은 정보를 습득하고 더 많은 경험을 쌓아감에 따라 증진된다. 정의감의 능력은 자신뿐만 아니라 자신의 동료 구성원들의 이익이 되는 정의로운 체제를 수용하게 한다.

이런 정의감은 어린 사회 구성원들이 자라나면서 습득하는 것으로, 먼저 가정에서 권위에 의한 도덕을 습득하고 이후에 공동체의 의한 도덕을 그리고 원리에 의한 도덕을 습득해나간다. 이들은 자연적 우연성과 사회적 우연성이 도덕적으로 정당화될 수 없는 자의적인 것이기에 우연성의 분포는 공동 자산(common asset)으로 간주되어 사회 전체의 유익을 위해 사용

---

3   이 단락에서 논의된 롤즈 『정의론』의 인간관과 사회관에 대한 설명을 다음 글의 내용을 토대로 하고 있다. 목광수, 『정의론과 대화하기』(텍스트CUBE, 2021), 328~336쪽.

되는 정의로운 사회가 필요함을 이해하고 있다. 이러한 인간들의 사회관은 사회 협력 체계로서의 사회다. 롤즈에 따르면, 사회 협력 체계에서 모든 사회 구성원은 기꺼이 일하려고 하며 사회적 삶의 부담을 기꺼이 공유하려고 한다.

이런 사회관은 상호성(reciprocity)을 전제한다. 상호성은 인간이 갖는 심층적인 심리적 사실로서 사회 구성원들이 서로를 목적으로 대우하며 상보적인 존재로 이해하게 한다. 상호성을 전제하는 사회 협력 체계의 사회에서 사회 구성원들은 타인들과의 적극적인 협동 속에서만 자신의 능력을 완전히 발휘하여 완성하는 것이 가능함을 알고 있다. 따라서 롤즈의 인간관과 사회관을 갖는 사회 구성원들은 자신이 사회의 유리한 처지에 있든, 불우한 처지에 있든 다른 사회 구성원들과의 협력이 필수적이라는 것을 알고 있으며, 이러한 협력을 위한 조건인 정의의 원칙에 합의할 동기가 있다.『정의론』3부에서 이렇게 전제된 인간관과 사회관을 갖는 사회 구성원들은 따라서 1부의 정의의 원칙을 합의하는 과정인 원초적 입장에 자연스럽게 참여하게 된다.

『정의론』1부에서의 합의가 어떻게 가능한지에 대한 이론적 배경이 『정의론』3부에 설명되어 있어서 이론적 정합성은 확보할 수 있다고 하더라도, 어떻게 이런『정의론』3부의 사회관과 인간관이 현실성을 가질 수 있을지 의문스럽다. 이런 의구심은『정의론』의 저술 배경이 되는 미국의 시대적 분위기를 이해할 때 어느 정도 해소될 수 있다.

롤즈의 인터뷰에 따르면, 롤즈는 1950년 가을부터 자료를 수집하기 시작하여 1958년에『정의론』의 모태가 되는 논문인 "Justice as Fairness"를 발표하였다. 이런 자료에서 볼 때, 롤즈의『정의론』은 1950년대 초부터

1960년대 말까지의 20년 정도의 미국 사회를 배경으로 하고 있음을 추측해볼 수 있다. 미국 역사에서 1950년대와 1960년대는 경제 대공황과 두 개의 세계 대전이 모두 끝나고 미국이 세계 패권을 차지하면서 경제적으로 풍요로운 시기였다. 또한, 다양한 문화와 시민권 확산 등의 점진적이지만 진보적인 분위기가 팽배했다. 미국 사회가 안정적으로 진보한다는 믿음이 사회적으로 공유되었으며, 경제가 발전하는 가운데 평등과 자유가 증진되는 사회 협력체로서의 면모 또한 널리 인정되었다. 미국 동부의 저명한 변호사 가정에서 태어나 명문대를 졸업한 롤즈의 환경은 이러한 번영과 진보의 분위기를 그대로 반영했을 것으로 보인다.

롤즈는 이런 사회 현실 인식과 배경 아래 『정의론』을 집필한 것이다. 즉, 사회가 지속적으로 성장하고 있을 뿐만 아니라 사회적 분배와 가치도 어느 정도 바람직한 방향으로 모색된 낙관적 상황에서 어떻게 하면 우리 사회를 좀 더 정의로운 사회로 만들 수 있을까라는 현실 문제의식에서 저술된 작품이 롤즈의 『정의론』인 것이다.

만약 『정의론』 3부에서 제시된 인간관과 사회관과 다른 사회라면, 다시 말해 롤즈가 구상하고 집필하던 1950년대와 1960년대처럼 발전과 진보가 안정적으로 이뤄지던 미국 사회가 아니라면, 『정의론』 1부에서의 논의가 가능할까? 쉽지 않을 것이다. 그렇다면, 『정의론』의 인간관과 사회관과 달리 사회 발전이 비관적이고 불안정할 뿐만 아니라 부정의가 난무하여 사회 협력을 기대하기 어려운 사회에서는 어떤 정의론이 가능할까? 앞에서 보았던 것처럼 원초적 합의 과정과 같은 초월적이며 이상론적 논의 없이 당면한 부정의 제거를 통해 점진적으로 정의에 접근하려는 센의 비교적 정의론이 이런 사회에서는 가능하고 적합해 보인다. 약육강식(弱肉强食)과 각자도생(各自圖生)의 사회에서도 명백한 부정의를 포착하고 제거하려는 도덕감은 약할지라도 여전히 있을 것이기 때문이다.

이런 비교적 정의관이 전제하는 인간관과 사회관은 롤즈와는 다른 것으로 보인다. 앞에서도 언급한 것처럼 센은 자신의 고향인 인도처럼 경제적으로 풍요롭지 않고 사회적으로 불안정하며 부정의가 빈번한 사회들에 관심이 많았다. 소위 개발도상국(developing countries)으로 불리는 저개발 국가들은 기아와 빈곤으로 고통받고 있으며, 전 지구적 불평등은 심화되고 있다. 센과 비슷한 시기에 전 지구 사회의 불평등과 빈곤 등의 문제를 논한 싱어(Singer)의 『세계화의 윤리(One World)』(2002)에 따르면, 60억 이상의 세계 인구 중 5분의 1에 해당하는 약 12억 명이 하루에 구매력 1달러 미만의 돈으로 비참한 삶을 살고 있다. 또한, 구매력 1달러 미만의 12억 인구 중에 약 8억 2,600만 명이 적절한 영양 공급을 받지 못하고 있으며 8억 5,000만 명이 문맹 상태에 있다. 1999년 『인간 개발 보고서』에 따르면, 개발도상국들의 1인당 국내총생산이 1990년에서 1997년 사이에 277달러에서 245달러로 매년 10%씩 줄고 있으며, 이들 대부분이 아프리카 사하라 사막 이남 지역에 있다. 2001년 유니세프 보고서에 따르면, 매년 1,000만 명 이상의 5세 미만의 어린이가 영양실조, 비위생적인 식수, 기본적인 의료 혜택 부족처럼 막을 수 있는 원인으로 죽어간다.

이런 사회들은 롤즈가 『만민법(The Law of Peoples)』(1999)에서 공적인 정의관을 갖지 못했거나 부정의가 만연한 사회로 묘사한 고통 받는 사회(burdened society)에 해당할 것이다. 더 나아가 비록 공적인 정의관이 형식적으로 있을지라도 실질적으로는 무기력하여 부정의가 만연한 사회도 센의 논의 배경이 되는 사회에 포함될 수 있을 것이다. 이런 사회에서 인간은 서로에 대한 불신이 강하며 사회 협력이나 안정적인 발전의 전망을 갖기 어려울 것이기 때문이다. 고통받는 사회나 부정의가 만연한 사회에서는 이상적인 초월적 정의관을 합의할 여력이 없을 뿐만 아니라, 시급하게 닥친 부정의를 제거하는 데에 관심을 쏟는 것이 현실적으로 보인다. 센이 말하는 비교적 정의관이 바로 이런 사회를 배경으로 한다.

절대 빈곤으로 인해 5세 미만의 어린이가 막을 수 있었던 원인으로 죽는 것은, 이것이 정의로운지 그렇지 않은지를 숙고하고 따지지 않아도 우리가 가진 도덕 감각에 의해 부정의로 파악할 수 있다. 그리고 이런 부정의를 완벽하게 제거하지 못할지라도 비위생적인 식수 문제를 해결하기 위해 우물을 파든지 자연식 정수 시설을 제공하여 조금의 부정의라도 막거나 개선할 수 있다면 해야 할 것이다. 센의 비교적 정의론은 이처럼 부정의를 제거하거나 약화시키면서 조금씩 정의로 접근해나가는 방식을 의미한다.

이상의 논의에서 볼 수 있는 것처럼, 롤즈의 정의론과 센의 정의론의 차이는 해당 정의론이 토대가 되는 현실 인식과 배경, 즉 사회관과 인간관의 차이로 인한 것임을 알 수 있다. 각 철학자는 자신이 경험하고 인식한 사회 배경인 현실 인식에 따라 다른 문제의식과 해결책을 제시한 것이다. 1950년대와 1960년대의 미국 사회는 지속적이고 안정적인 사회 발전과 진보가 이루어지는 현실에서 좀 더 나은 재화 분배를 위한 원칙을 설정할 필요가 있었다. 이미 사회 구성원들이 정의 원칙을 준수할 자세와 태도를 갖추고 있었고, 사회는 협력 체계로서 연대와 상호성이 전제되어 있었기 때문이다. 그러나 제국주의 수탈을 경험한 개발도상국이나 신자유주의로 인해 불평등이 심화된 사회는 불안하고 불안정하여 각자도생의 분위기가 팽배하다. 이런 사회에서는 사회 협력을 기대하기 어렵고 정의 원칙을 합의할 여건도 마련되지 않았다. 따라서 이런 사회에서는 합의된 원칙을 모색하기보다는 사회의 도덕 감각에 의해 포착되는 명백한 부정의를 제거하거나 약화시키는 비교적 정의관이 더 적합해 보인다.

6. 한국 사회에서의 정의 실현 전략

앞에서 살펴본 것처럼, 롤즈와 센의 정의론이 다른 것은 각 철학자가 논의의 배경으로 삼고 있는 현실의 차이와 관련된다. 그렇다면 한국 사회 현실에서는 어떤 정의론이 적절할까? 먼저 몇 개의 통계를 통해 한국 사회 현실을 살펴보자. 한국은행 통계에 따르면 2022년 한국의 명목 국내총생산 (GDP)은 전년 대비 7.9% 감소한 1조 6,733억 달러(2,161조 8,000억 원)로 세계 13위의 풍요로운 사회다. 그렇지만 2022년 출산율이 0.78명으로 경제협력개발기구(OECD) 국가 중 가장 낮고, 2021년 기준으로 자살률은 10만 명당 OECD 평균 11.1명보다 훨씬 많은 23.6명으로 가장 높다. 통계청이 발간한 「국민 삶의 질 2022 보고서」에 따르면 삶의 만족도는 2021년 6.3점(0~10점 척도)이며, 유엔 산하 자문 기구인 지속가능발전해법네트워크(SDSN)의 〈세계행복보고서 2022〉에 따르면 한국인의 삶 만족도는 OECD 회원국 평균 (6.7점)보다 크게 낮은 5.9점(2019~2021년 평균)에 불과하다. 더욱이 세계불평등연구소(World Inequality Lab)가 최근 발간한 「세계 불평등 보고서 2022」에 따르면, 한국 사회는 하위 50% 대비 상위 10%의 소득 배율은 14배이고, 하위 50% 대비 상위 10%의 자산 배율은 52배로 불평등이 심각한 수준이다. 또한, 국제투명성기구가 발표한 2022년 국가별 부패 인식 지수에 따르면 한국 사회는 OECD 38개국 중에서 22위로 경제 수준에 비해 낮다.

경제적으로 풍요롭지만 높은 자살률은 현재 삶의 고달픔을 반영하고, 낮은 출산율은 미래의 희망을 가질 수 없는 불안감을 보여준다. 또한, 한국 사회의 불평등 심화는 상호 협력이 저하되고 각자도생으로 치닫게 되는 여건이 조성되고 있음을 보여준다. 이런 배경에서 높은 부패 인식 지수는 사회의 부정의가 적지 않음을 반영한다.

앞에서 살펴본 대략적인 통계와 분석은 적어도 한국 사회가 롤즈 정의론의 배경이 되었던 1950년대와 1960년대의 미국 사회처럼 발전과 진보의 안정성을 가진 사회와는 거리가 멂을 보여준다. 롤즈는『정의론』17절에서 차등 원칙(difference principle)을 설명하면서 사회 협력의 상호성과 동료애(fraternity)로 인해 자신의 이익 증진을 위해 다른 사회 구성원들의 비참함을 허용하지는 않을 것이라는 단호하게 말한다. 사회적 우연성과 자연적 우연성의 분포가 공동 자산이라고 간주하기에 능력주의 또는 실력주의(meritocracy) 사회를 지향하지 않을 것이라는 말이다. 그런데 21세기 신자유주의의 자본주의가 팽배한 사회, 예를 들어 약육강식(弱肉強食)의 무한 경쟁과 각자도생(各自圖生)의 실력주의 공정 논의가 몇 년째 사회 논란이 되고 있는 한국 사회에서『정의론』1부에서처럼 사회 구성원들이 공정한 정의의 원칙에 합의하기 위해 무지의 베일을 쓰고 원초적 입장에 참여할지 의문스럽다.

오히려 한국의 현실은 센이 자기 고향 인도와 개발도상국의 개발을 염두에 두었던 비교적 정의관의 현실과 더 적합해 보인다. 한국 사회가 정의로운 사회로 나아가길 바란다면, 센의 비교적 정의관에 따라 한국 사회 구성원들의 도덕 감정에서 명백한 부정의로 보이는 것들부터 제거하는 실천의 경험을 축적해나갈 필요가 있다. 이런 과정을 통해 정의로운 사회로 점진적으로 접근해나갈 수 있을 것이다. 그리고 사회 협력의 경험이 어느 정도 축적되어 인간관과 사회관이 진보하면 이에 걸맞은 새로운 정의론을 모색할 수 있을 것이다.

목광수

서울시립대학교 철학과 교수. 서울대학교 철학과를 졸업하고, 동 대학원에서 석사학위를, 미시간주립대학교에서 박사학위를 받았다. 한국윤리학회와 한국생명윤리학회의 부회장으로 활동하고 있다. 윤리학과 정치철학 관련 연구를 해오고 있으며, 최근에는 인공지능과 빅데이터의 윤리와 생명의료윤리를 연구하고 있다. 주요 저서로는 『정의론과 대화하기』(2021), 『루치아노 플로리디, 정보 윤리학』(2023), 『인공지능 시대의 인간학』(공저, 2021), 『인공지능의 윤리학』(공저, 2019), 『인공지능의 존재론』(공저, 2018) 등이 있다. 주요 논문으로는 「롤즈 정의론에 대한 토마시의 시장민주주의적 해석 검토」(2023), 「생명의료 영역에서의 넛지 전략과 관계적 자율성」(2022), 「롤즈의 넓은 반성적 평형과 자존감」(2021), 「인공지능 개발자 윤리」(2020), 「도덕의 구조」(2019), 「인공지능 시대에 적합한 인격 개념」(2017), 「역량 중심 접근법에 입각한 의료 정의론 연구」(2014), 「장애(인)와 정의의 철학적 기초」(2012) 등이 있다.

오킨, 여성주의적 정의론의 가능성을 탐색하다

김은희(경인교육대학교 윤리교육과 교수)

들어가며

수전 몰러 오킨(Okin)은 국내 독자에게 생소할 것이다. 아직 그녀의 저명한 저술 중 한 권도 국내에 번역·소개되어 있지 않기 때문이다. 하지만 그녀는 롤즈, 왈저, 샌델 등이 부흥시킨 1970~1980년대 현대 미국 도덕·정치철학과 1970~1980년대 맹렬히 부활한 미국의 페미니즘 문헌을 접한 이들에게는 자유주의적 여성주의자로 알려져 있는 저명 정치철학자다.

국내에서 유명하지 않은 이 정치철학자를 이 지면을 통해 뒤늦게나마 알리고자 했던 것은, 우선은 70편 이상의 원고가 모인 방대한 이 시리즈에 왠지 페미니스트에 대한 글은 전무할 것 같다는 나의 예감 때문이었고 그것은 빗나가지 않은 듯하다. 나는, 오킨도 그러했겠지만, 철학의 다양한 관점 중 페미니스트 시각이 전혀 고려되지 않는 것은 불행이라고 생각했고 이 기회에 국내 교양층 독자들에게 그녀가 20세기 후반과 21세기 초반까지 그녀의 사회와 국제 사회의 현실에 대해 고민했던 생각을 공유하고 싶었다.

둘째, 그녀의 사상은 복잡한 언어를 구사하는 다른 철학적 페미니스트와 달리 자유, 평등, 정의 등과 같은 익숙한 어법으로 제시되면서도 전통적인 정의론에서 놓친 문제의식을 날카롭게 깨워주는 데 큰 장점이 있어서다. 그간 학문 분야에서의 페미니즘은 고유의 현실 분석에 따른 특유한 개념과 언어를 발달시켜왔고 이는 고유의 인식론과 방법론을 확보하는 성취를 이뤄냈지만 동시에 일상인들의 사고와 토론에 오르내리기 어려워졌다는 대가를 치렀다. 그에 반해 오킨의 사상은 이젠 우리 사회의 웬만한 청소년들도 다 배우게 된 롤즈와 왈저의 정의론에 상당 부분 영향을 받고 그들의 정의론에 대해 논하면서 그들 사상의 페미니스트적 개작을 제안하기 때문에 우리 사회 교양층 독자로 하여금 편안히 사회 정의에 대해 다시 생각하도록 이끌어줄 것으로 보인다.

셋째, 그녀의 사상은 1980년대 미국 사회와 당시의 정치철학에 대한 비판과 대안 제시라고 규정될 수도 있지만, 사회 정의 문제에 있어 가족 영역의 문제를 해결해야 한다는 그녀의 주장은 인구 절멸 위기 국가 1순위로 거론되는 우리나라가 가족과 젠더를 사회 구조의 중심 문제로 고려하지 않으면 어떻게 되는지에 대한 문제의식을 우리와 나눌 수 있다. 오킨의 철학과 현실을 독자들에게 소개할 여러 이유가 더 떠오르지만, 이 정도로 충분할 듯하다.

나는 먼저 그녀의 삶과 주요 저술의 테마를 시간적 순서로 따라가면서 그녀가 겪었을 현실 인식을 드러내고자 한다. 이 글은 1절에서 그녀의 성장, 학업을 둘러싼 사회적 배경에 대해 전하고 2절에서는 그녀의 첫 저작인 『서구 정치사상에서의 여성(Women in Western Political Thought)』(1979) 및 그녀의 관련 논문들에서 제시된 서구 정치 사상 전통 전반에 대한 그녀의 페미니스트적 비판을 알리고자 한다. 3절에서는 그녀를 스타 정치철학자의 반열에 오르게 한 『정의, 젠더 그리고 가족(Justice, Gender and the Family)』 (1989)에서 정점을 찍은, 사회 정의 영역으로서의 가족 영역에 대한 그녀의 문제의식과 대안적 사회를 그려낼 것이다. 이 책에서 그녀는 당대의 가장 유명한 정의론자인 롤즈, 노직, 왈저, 샌델, 매킨타이어의 사상을 하나하나 대적하면서 이들이 놓친 중요 사회 정의 문제로서 가족 내 젠더 문제를 제시한다. 마지막 4절에서 나는 젠더와 가족 문제의 정의론 이후 그녀가 참여한 여러 논쟁 주제들을 간략히 소개하고, 그녀가 고민했던 시대적 현실이 우리와 크게 다르지 않으며 그렇기 때문에 우리가 이제라도 오킨의 치열한 고민을 다시 들여다보아야 함을 강조하며 마칠 것이다.

1. 오킨의 성장과 공부

오킨은 1946년에 뉴질랜드의 오클랜드 교외의 유복한 집에서 세 딸 중 막내딸로 태어났다. 회계사였던 아버지는 덴마크인 이주민이었고 어머니는 전업주부였다. 오킨은 당시에도 지금도 전형적으로 보이는 가정의 부모 역할을 보고 자라난 셈이다. 오클랜드의 8학군이라 불리는 리뮤에라에서 어린 시절 학업을 '빛나는' 성적으로 마친 오킨은 오클랜드대학에서 역사학 전공으로 학사를 마치고 1966년에 영국으로 건너가 옥스퍼드대학에 장학금을 받고 입학하였고 1970년에 정치학 석사학위를 받고 졸업하였다.[1]

이때 나는 독자들이 1966년에서 1970년까지 유럽에서 정치학을 공부하며 20대 초반을 보낸 한 여성 지식인을 상상해보았으면 한다. 1968년 프랑스에서는 역사에 남을, 대학생들의 68혁명이 발생하였다. 전체주의와의 세계 전쟁에서 유럽 서구권은 자유민주주의의 승리를 확인하였지만, 사회 내적으로는 전시 상황에서나 판치던 권위주의, 서구 남성 중심주의가 문화 속에 강하게 남아 있었고 이는 새로운 세상을 꿈꾸는 세대에게 함께 갈 수 없는 문화였다. 프랑스 대학생 중심의 문화적 혁명으로서의 68혁명은 결국 정치적으로는 정권을 바꾸지 못했지만, 당대 유럽의 시대정신의 흐름에 지대한 영향을 주었다.

서구에서 가장 전통 있고 권위 있는 대학에서 서구 정치학을 68혁명 이란 격동기 한가운데서 연구하면서 한 젊은 여성 지식인이 가졌을 지적 혼란과 충격이 어떠했을지는 충분히 예상할 수 있다. 68혁명은 경제 계급 중심의 갈등에서 나온 것이라기보다 정치·경제 문제로는 다 환원되지 않는 성적·인종적 계급 구조에 대한 새로운 문제의식을 불러일으킨 사건이었고 이는 오킨에게서 서구 남성 중심적인 정치 사상에 대한 비판적 성찰을 충분히 자극할 만한 것으로 보인다.

옥스퍼드에서 정치학 석사를 마친 후 그녀는 미국으로 건너가 하버드대학에서 공부하고 1975년에 정치학으로 박사학위를 받는데 그녀의 지도 교수가 바로 현대 공동체주의자 내지 사회민주주의자로 유명한 마이클 왈저(Walzer)였다. 그녀가 하버드에서 공부했던 시기인 미국의 1970년대는 미국 사회 나름의 거대한 사회적 격변기를 겪는 때였다. 1960년대부터 시작한 인종차별 철폐 운동, 반전 평화 운동, 성 해방 운동, 페미니즘 운동이

---

1   Judith Galtry, "Susan Moller Okin: A New Zealand tribute ten years on", *Women's Studies Journal*, Vol. 28., N. 2, December 2014: 93-102.

1970년대에 맹렬히 발전하고 있었다.

그리고 1970년대 당시 하버드대학에는 정치학과에 왈저 교수가, 철학과에 롤즈 교수와 노직 교수가 있었다. 학계 스타였던 롤즈와 왈저는 각기 다른 방법론을 통해 자유와 평등을 조화롭게 구현하는 사회 정의론을 제시하며 그 시대의 맹렬한 문제의식에 응답하였다. 롤즈는 경제 계급적 차원에서 대표되는 최소 수혜자 집단에 대한 최우선적인 고려를 정의론 안에 포함시키는 일을 시도함으로써, 그리고 시민 불복종의 정당화 조건에 대한 논의를 시도함으로써 미국 격동기의 시대적 물음에 응하였다. 왈저는 전쟁에 대한 이분법적인 가치 평가(평화주의 vs. 현실주의)가 세계의 파국적 상황에 적절히 대처하지 못한다는 문제의식하에 전쟁에 적용될 도덕적 기준에 대해 논함으로써, 그리고 다양한 영역 내부의 공유된 이해 방식을 반영한 다원적인 가치의 평등 사회를 제안하여 사회 정의 영역의 수를 확대함으로써 당대 미국 사회의 다양한 요구에 응하였다.

하지만 두 사람 모두 막상 미국에서 맹렬히 일어난 여성주의적 문제의식을 사회 정의의 중심 문제로 놓지는 않았다. 롤즈보다는 왈저가 좀 더 명시적으로 가족과 젠더 문제를 고려하긴 했지만 그것은 단지 여러 사회 정의 문제 중 작은 한 부분에 지나지 않았다. 하지만 당대 미국은 여성에게 참정권과 교육 기회의 확대가 주어졌음에도 사회 전반과 가족 내에서의 전통적인 성 역할과 여성 섹슈얼리티에 대한 폭력적이거나 가부장주의적인 통제가 팽배해 있었고 이로 인해 고통받는 여성들의 뜨거운 페미니즘 운동이 발생하던 때였다. 정치철학계 거물인 롤즈와 왈저는 이러한 시대적 열병과 같은 상황에 대해 거의 응답하지 않은 한편, 미국의 페미니즘 운동은 나름의 이론적 기반과 논쟁 흐름을 갖고 발전하였고, 그래서 이 두 세계는 별도로 진행되는 양상으로 보였다.

2004년 논문에서 오킨이 20세기 후반 영미 정치철학의 부활과 제2 물결 페미니즘의 부활을 나란히 기술한 데에서도 보이듯이, 존 롤즈의 『정의론』이 1971년에 등장하고 베티 프리단의 『여성성의 신화』가 1963년, 케이트 밀렛의 『성정치학』이 1970년에 등장하는 등 시기적으로는 서로 잘 겹친다. 하지만 오킨이 회고하듯이 "이 두 부활이 동시적이었다는 사실에도 불구하고 그것들 각각의 참여자들 간에는 거의 대화가 없었다."[2]

이에 오킨은 1970년대 미국 학계 중심부에서 활약한 정의론자들 즉 자신의 스승들이 가족과 젠더 문제를 기본적인 사회 정의 문제로 놓지 않은 것에 대해 비판하고 대안적 사회 즉 성 역할 없는 사회를 정의로운 사회로 제시하게 되었고, 이는 이후 미국 페미니즘에서도 자유주의 정치철학의 어법을 무조건 배척하기보다 그 기조로부터 확장해나가는 시도가 이뤄지는 계기가 된다.

2. 서구 정치 사상 전통에 대한 오킨의 비판

1) 서구 정치 사상에 깃든 기능주의적 여성관

오킨은 1979년 첫 단행본 『서양 정치 사상에서의 여성』과 1982년 논

---

2   Susan Moller Okin, "Gender, Justice and Gender: An Unfinished Debate", *Fordham Law Review*, vol. 72, Issue 5, 2004, 1537쪽.

문 「여성과 정서적 가족 만들기(Women and the Making of the Sentimental Family)」(1982)에서 우리가 교과서에서 늘 대표적인 철학자로 배우는 이들의 사상을 오킨 특유의 문제의식하에 다룬다.[3] 전자에서는 플라톤, 아리스토텔레스, 루소, 밀이 논의되고 후자에서는 홉스, 로크, 루소, 칸트, 헤겔, 밀이 논의된다.

오킨에 따르면 이들은 정도의 차이와 내용상의 차이가 있기는 하지만 모두 자신의 정치철학의 기조를 제시함에 있어 여성을 가족 내 역할에 한정시키는 점에 대해 문제를 전혀 느끼지 않는다. 그들은 여성을 남성과 똑같이 인간 일반으로 보기보다 가족 내 역할에 최적화된 본성을 가진, 남성과는 다른 본성의 존재로서 보기 때문이다.

오킨은 그들이 지닌 이런 여성 본성론의 기저에서 '기능주의적' 관점이 깃들어 있다는 것을 드러내었다. 자연적으로 주어진 여성의 모습은 당연히 자연적으로 주어진 남성의 모습과 다른 점들이 있을 것이다. 즉 남과 여의 신체는 해부학적으로 생리학적으로 일부 다르다. 이것 자체는 어떤 자연적 사실로서 존재할 뿐이겠지만 문제는 오킨이 보기에 이런 자연적 특징에서 시작하여 가족 내의 특정 성 역할까지 '자연'으로 놓고 여성 존재의 기능으로 삼는 데에 연결된다는 것에 있다. 그리고 이 기능은 남성들의 적합한 활동 영역인 공적 생활의 영위를 위한 것으로 규정된다는 데에 문제

---

3   Susan Moller Okin, *Women in Western Political Thought*, Princeton University Press, 1979; Susan Moller Okin, "Women and the Making of the Sentiment Family", *Philosophy & Public Affairs*, Winter, 1982, Vol. 11, No. 1(Winter, 1982), 65~88쪽.

가 있다.

오킨에 따르면 그러한 철학자들에게 가족 영역은 공적 문제, 사회 정의가 적용될 영역이 아니었고 공적인 사회 정의 영역이 잘 영위되기 위한 드러나지 않은 배경적 지원 영역일 뿐이다. 그래서 공적 영역의 주요 활동 주체인 성인 남성 외의 가족 구성원(여성과 자녀들)은 근대 자유주의적 개인주의의 등장 시기에도 별도의 개인으로서 인정되지 않고 가족 구성원에게 '이타적인' 존재로 추정된 남성 가장의 이해관계에 통합되어 있다.

예전의 철학 사상이 인간을 성별뿐 아니라 혈통이나 재산으로 계급을 나눠 공식적으로 차별하고 억압했고 이에 대한 정당화 논리까지 제공한 역사가 있었다는 것에 대해 민주적 평등 사회를 적어도 공식적으로 지향하는 현대인들은 뼈아프게 인정할 수 있을 것이다. 현대의 의미 있는 어떤 철학자도 가령 아리스토텔레스의 노예 본성론이나 노예제 옹호론을 그의 사상에서 누락시키는 것이 아리스토텔레스 철학의 근간을 흔든다고 여기지 않는다. 그래서 가령 아리스토텔레스의 정치 사상을 현대에도 재해석하고 발전적으로 계승하는 시도들은 여전히 존중되고 전파된다. 그리고 우리는 흔히 전통적인 철학자들에게서 보이는 여성 혐오는 당시 가부장적인 통념의 사회가 흔히 갖고 있었던 영향을 받은 것이며 그들의 사상 핵심이 아닌 주변적인 것이므로 현대 사회에 맞지 않을 경우 누락시키면서도 그들의 사상은 유지될 수 있는 문제라고 여겨 시대상을 고려한 면죄부를 주기도 한다.

하지만 오킨은 여성의 본성을 가족 내 역할과 기능에 한정시키는 이 통념은 결코 사회 정의를 논할 때 손쉽게 눈감아 줄 만한 주변적 문제가 아니라고 주장한다. 우리가 그 사상가들이 남녀평등 사상을 받아들여 여성을 남성과 똑같은 인간 일반에 의미 있게 포함시킨다고 상상해보자. 그들의 정의론은 여전히 지탱할 수 있을까? 오킨은 그들의 정의론들이 지탱하려면 가족 영역에서 보이는 불평등한 성 역할 구조를 정의 문제의 영역으로서 고려하는 굉장히 근본적인 변화가 일어나야 한다고 본다. 가족 영역을 정의의 영역에서 누락시키는 한에서 어떤 정의론도 여성에 대한 기능주의적 본성론을 깔끔하게 버린 것이라 할 수 없다.

오킨이 경험한 현대 미국의 법정이나 정책, 일터에서도 여성은 가족생활(자녀 양육과 가사)의 주된 역할 책임자로서 암암리에 지목되는데 이런 지목의 정당화 근거로 여성의 본성, 그리고 그것에 바탕한 가족생활의 성격 부여가 제시되었기 때문이다. 이것은 인류의 절반인 여성의 삶의 전망을 상당히 좁힘에도 불구하고 여전히 본격적인 정의 문제로 여겨지지 않고 현대 정의론들도 상당수 여기에 머물고 있다는 것이 오킨의 진단이다.

2) 20세기 미국 사법 판단에도 이어진 기능주의적인 여성관

오킨이 보기에 20세기 미국의 법정에서도 여전히 여성에 대한 두 관점이 이어졌다. 하나는 남성 가장이 이끄는 가족의 통일성이다. 가족의 통일성하에 가족 구성원인 여성의 이해관계나 가족 밖 삶의 전망은 축소된다. 또 다른 하나는 가족 내 역할로 규정된 여성 본성론이 여전히 가정된다는 점이다.[4] 오킨은 이런 가정이 20세기 미국에도 유지되었다는 것을 드러내

---

4   Susan Moller Okin, *Women in Western Political Thought*, Princeton University Press, 1979, 252~253쪽.

며 든 예는 1908년 뮬러 대 오리건주 소송이었다. 오리건주는 여성에게 긴 노동 시간을 금지하는 주법에 대한 도전을 받았는데 오리건주 법에 손을 들어준 최종 판결의 논거로 여성의 신체적 특성과 모성적 기능, 자녀 양육, 가정 관리 역할의 이유가 등장하였다. 남성 우월주의적인 시각에서 여성을 공공연하게 차별하는 차원이 아니라 여성을 보호하고자 하는 논거에 여성의 본성에 대한 호소가 유지되었던 것이다.

오킨은 이 사건의 결과 자체는 노동 운동 역사에 있어 긍정적이었다는 점을 인정한다. 이 판결 이후 여성 노동자뿐 아니라 남성 노동자의 노동 시간도 축소되었기 때문이었다. 하지만 오킨은 그 판결에 여전히 도입된 여성 본성론적 시각은 이후 가족생활과 여성의 문제에 관련한 법정에서 잘못된 전례로 작용하게 되었음에 주목하였다.[5] 오킨은 여성에게만 한정된 보호법은 여성과 남성을 동등한 노동자의 위상을 갖게 하지 못하게 한다고 보았다. 그녀는 그 예로 여성에게 바텐더 일을 금지시킨 미시간주 법의 합헌성에 대한 1948년의 소송도 거론한다. 이 주 법은 업주의 가족 구성원인 여성들은 제외되는데 왜냐하면 그 여성은 남편이나 아버지의 보호를 받고 있기 때문이다.[6]

오킨은 노동 영역에서의 여성 배제뿐 아니라 시민적 책무에 있어서의 여성 배제에 대해서도 여성 본성론의 전제가 깃들어 있다고 보았다. 19세

---

5   Susan Moller Okin, *Women in Western Political Thought*, Princeton University Press, 1979, 255~257쪽.

6   Susan Moller Okin, *Women in Western Political Thought*, Princeton University Press, 1979, 260쪽.

기에 미국 최고법원은 피부색을 이유로 배심원 복무에서 누군가를 배제하는 것은 그의 열등성에 대한 낙인이고 차별이라고 밝혔는데 여성에 대한 배심원 복무 인정은 20세기에 들어서였다. 미시시피주는 1968년에야 비로소 여성의 배심원 복무 배제를 성문법에서 폐기했다. 이제 우리는 여성이 동등한 존재로서 법적으로 인정되었다고 여길 것이다.

하지만 오킨은 1970년대까지도 미국 최고법원이 집안일로 바쁜 여성에게 배심원 복무를 면제함을 지지했다는 점을 지적한다. 배심원 복무 호출은 시민이 개인의 일상 업무를 잠시 뒤로 하고 공공적 시민으로서의 책무를 다하도록 명한다. 하지만 여성에게는 공공적 시민의 책무를 다하는 것보다 집안일을 하는 것이 더 우선시되는 것으로 가정된 것이다.[7] 오킨이 인용한 당시 법원의 주장을 이 글에서도 재인용하겠다.

어떤 여성들은 사업 경력을 추구한다지만 많은 대다수 여성은 가정의 중심을 이룬다. 거기서 그들은 자녀를 낳고 기르는 24시간 일과에 바쁘게 참여한다. 모든 가족 구성원에게 가정을 선사하고 모든 힘을 다해 일상적인 가사일을 수행하면서 말이다. 이때 어떤 여성이 이 제도를 문제시할지라도 주의 입법부는 이 기본적인 가족 단위의 붕괴 위험을 겪지 않기 위해 면제를 허용했다. 그 조항은 자의적인 것과 거리가 멀다.[8]

7   Susan Moller Okin, *Women in Western Political Thought*, Princeton University Press, 1979, 261~263쪽.
8   Susan Moller Okin, *Women in Western Political Thought*, Princeton University Press, 1979, 263쪽.

여기 인용된 생각은 가정생활과 여성을 보호하는 것처럼 보인다. 하지만 가족생활을 보호하는 것의 중요성 평가와는 별도로 이 생각에 있어서 문제점은 성별에 기반하여 가족생활 보호의 책임을 전제하고 이를 면제했다는 점이다. 배심원 복무 책임이 긴급한 가정일을 허용하지 않을 정도로 중요한가의 쟁점은 여기서 오킨이 논하고자 한 것이 아니다. 오킨은 가정일을 이유로 여성이란 성별에 기반하여 책무 면제를 했다는 점에 집중한 것이다. 이는 여성이 집안일을 더 많이 하는 현실에 비추어 볼 때 당장 여성을 배려한 결정으로 보이나 오킨이 보기에 이는 여성을 가족 안 역할에 점점 더 묶어두는 통념과 구조를 강화할 뿐이다. 그리고 드디어 1975년 미국 최고법원은 이 결정을 폐기한다.[9]

오킨은 평등한 노동자로서의 여성 위상에 대해 미국 법정과 정책이 기능주의적 여성 본성론을 점차 버리고 있음에도 불구하고 1974년과 1976년에 여전히 그에 입각한 판결을 하였던 예시로 게둘딕 대 아이엘로(Geduldig vs. Aiello) 소송을 제시한다.[10] 이는 피고용인 장애 보험 프로그램의 보장 범위에서 임신을 제외한 것에 대한 소송이었다. 법원은 임신은 여성에게 자연스러운 것이어서 장애 범위에 들지 않으며 이는 성별 기반의 차별이 아니라고 결정하였다. 하지만 오킨은 이것이 노동자의 정상 업무를 하기 어려운 특별한 신체 상태라는 점에서는 장애와 다른 바 없다고 본다.

---

9   Susan Moller Okin, Women in Western Political Thought, Princeton University Press, 1979, 264쪽.

10   Susan Moller Okin, Women in Western Political Thought, Princeton University Press, 1979, 269~273쪽.

이 대목에서 어떤 페미니스트 독자는 오킨이 임신이라는 여성 특유의 사건을 중성화하고 남성의 신체에 맞춰진 피상적 남녀평등관을 지닌 자유주의적 페미니스트의 나쁜 전형을 보여준다고 생각할 수도 있다. 오킨의 이 생각은 실제로 논쟁 대상이 될 수도 있다. 하지만 여기서 우리는 여성 신체만이 겪는 임신에 대한 가치 평가와 여성 경험의 독특성을 오킨이 부정한다고 결론 내려서는 안 된다. 남성 신체와 똑같아져야 평등 대우를 받을 수 있다는 잘못된 평등 기준을 제시하려는 것도 오킨의 의도가 아니다. 오킨은 노동자가 통상적인 노동을 하기 어려운 상태에 대한 보상을 받기 위한 차원에서 '장애'를 규정할 때 임신 상태는 그 측면에 있어서만큼은 그것과 다른 바 없다는 점을 말하고자 하는 것이다.

혹자는 그렇다면 임신을 '장애' 범위에 굳이 끼워 넣어서 보장을 요구하기보다 임신 상태로 인한 노동 단절에 대해 임신 고유의 타이틀로 보장 프로그램을 추가적으로 만들면 되지 않을까라고 생각할 수도 있다. 하지만 업주의 측면에서 노동자가 통상적인 업무를 못하는 상황이라는 점에 있어 그것은 별도의 범주를 형성하지 않으며 위의 방식은 오히려 성별에 기반하여 여성을 기피하려는 유인을 제공할 수도 있다.

오킨이 직접 말한 바는 아니지만 오킨의 취지를 살려 말하자면, 인간 사회의 노동 제도에 있어 임신, 출산을 장애와 다른 각별한 범주로 놓고 보호하고 싶다면, 그 보호를 남녀 모두에게 제공하는 것이 맞을 것이다. 남성은 임신과 출산을 직접 하지 않지만 가족 내 임신 여성을 지원할 시간과 자원을 보장받아야 할 존재이며 임신과 출산 책임에 무관한 존재로 떼어놓을 수 없다. 21세기 현대 사회에서 남성에게도 육아휴직을 적어도 법적으로 제공하게 되었다는 것을 볼 때 이는 별나라의 낯선 생각이 아니다. 나는 십

년 전 어느 수업 시간에 학생들에게 수유를 제외하고 남성은 육아를 함께할 수 있다고 무심코 말했다가 어떤 남학생으로부터 "수유는 왜 제외하죠? 남자도 수유할 수 있어요. 미리 유축해서 보관된 모유를 먹이면 되니까요"라는 대답을 듣고 순간 '아차' 싶었던 것이 떠오른다.

하지만 우리는 여전히 어떤 인간 집단 부류가 가정일을 주로 담당하는 것 자체가 왜 잘못일까 궁금할 수 있다. 그래서 우리는 오킨이 가정일 자체에 대한 부정적인 가치관을 갖고서 그것을 입증 없이 전제한 채 그다음 논리부터 전개하는 것은 아닐까 의심할 수 있다. 친밀 영역에 대한 헌신은 가치 절하되어왔고 그런 일을 멸시한 남성 중심적인 가치 평가를 고칠 일인데 오킨은 그러기보다 남성 중심적 가치 평가에 맞춰 여성을 가정일 영역에서 빼낼 생각만 한다고 여겨질 수도 있다.

게다가 적어도 지금은 가족 내에서 공공연히 법이나 정책이 여성에 대해 강제로 가정일의 주 책임자 역할을 할당하지 않으며 법적으로 볼 때 서로 자유롭고 평등한 지위를 가진 남녀가 가정일을 서로 의논해서 역할 분담하는 추세로 보인다. 즉 적어도 기능주의적 여성 본성론에 입각하여 가정 내에 여성 가두기 전통은 이제 낡은 이야기일 수 있다는 것이다. 그렇다면 이제는 특정 젠더가 가정일의 주 책임자가 된다는 것이 왜 사회 정의론에 있어 의미심장한 문제가 되는지에 대해 오킨의 견해를 들어볼 차례다.

3. 현대 정의론에서 가족과 젠더 문제

1) 롤즈와 왈저의 정의론에 대한 오킨의 계승과 비판

1989년에 오킨은 『정의, 젠더 그리고 가족』을 출간하며 당시 미국 정치철학계를 휩쓴 정의론 논쟁에 가담한다. 통상적으로 이 논쟁에서 형성된 이슈는 자유주의와 공동체주의 대결 구도였다. 그리고 그녀는 자유주의의 대표자인 롤즈, 공동체주의의 대표자인 왈저에게 직접 지도받으며 박사학위 논문을 썼다. 하지만 그녀는 자유주의와 공동체주의 대결 이슈에서 중심적이었던 인간관, 사회관, 방법론이 아닌 젠더 문제로 정의론 논쟁에 뛰어들었다. 오킨은 자유주의나 공동체주의 모두 정의 문제에 있어 가족과 젠더 쟁점을 부차적으로 생각했다는 점에서 근본적인 한계가 있다고 보았기 때문이다. 현대 정의론에 대해 오킨이 요구한 바는 아주 간단하다. 여성을 남성과 동등한 인간 일반으로 놓고 정의론을 구상하라는 것이었다. 그러면 지금처럼 정의론들이 원리적으로 가족 내부의 정의 문제를 회피하는 틀은 유지할 수 없을 거라는 것이 그녀의 지적이다.

오킨은 매킨타이어와 샌델, 노직의 사상을 가차 없이 비판하지만 롤즈와 왈저의 정의론에는 페미니스트 이론적 무기로 활용할 수 있는 자원이 있다고 평가한다. 먼저 롤즈의 정의론에 대해서 그녀는 롤즈가 사회의 기본 구조에 가족 제도를 포함시킨 것, 원초적 입장에서 성별을 포함한 개인적 특징을 추상하는 방식으로 공정성을 확보하려 한 것, 가족을 도덕감 발달의 장으로 본 것에 대해, 현대 정의론이 드디어 가족 문제를 정의 적용의 대상으로 보기 시작한 좋은 출발, 이론적 잠재성으로 본다. 하지만 오킨은 롤즈의 정의론에서 보이는 이런저런 문제를 고쳐야 페미니스트 이론적 무기로 활용할 수 있다고 보았다. 롤즈의 정의론이 반드시 페미니스트 이론적 자원으로 활용될 필요는 없지 않은가 물을 수도 있지만 오킨은 롤즈의 정의론이 지닌 문제점들은 그 이론 자체의 일관성을 어그러뜨린다고 지적한다.

오킨에 따르면 첫째, 롤즈의 정의론은 처음부터 가족 제도를 정의론의 주제에 해당하는 사회의 기본 구조에 포함시키면서도 가족 내 사안에 대해서는 정의 원칙을 적용하지 않는 비일관성을 보인다. 둘째, 원초적 입장 당사자들은 개인으로서라기보다 가족의 수장으로 설정되는데 이는 자유주의적 정의관이 개인주의적 방법론을 기본으로 주창하면서도 (남성 가장이 이끄는) 가족의 이해관계의 통일성을 당연히 전제하는 비일관성을 답습함을 보여준다. 셋째, 어린 자녀들이 성별 불평등으로 구조화될 성 역할 분담을 가족 안에서 보고 자라날 때 도덕감, 정의감 발달이 어려움에도 불구하고, 롤즈는 가족이 도덕감 발달의 장이라고 말할 뿐 가족 내 역할에 대해서는 정의 원칙이 적용되지 않는다고 하는 비일관성을 저지른다.[11]

이에 대해 롤즈 및 롤즈 옹호자들은 오킨이 그의 정의론을 오해했다고 대응할 수도 있다. 나 역시 오킨이 롤즈의 정의론에서 비일관성을 본 것은 오해라는 평가를 내리기도 하였다. 하지만 그것에 관한 논의는 차지하고 분명해 보이는 것은 롤즈가 오킨이 요구하는 수준의 개작을 받아들일 수 없는 정의론을 유지하고 싶어 했다는 점이다.

11   Susan Moller Okin, *Justice, Gender and the Family*, 1989, 89~109쪽.

그렇다면 롤즈의 정의론은 꼭 그 개작의 방향으로 가야 정의론으로서 의미 있는 것일까? 우리는 오킨이 요구하는 가족과 가족 내부의 젠더 문제가 반드시 정의론에 포함되어야 정의론이 명실상부한 평등 이론으로 자리 잡을 수 있는지를 따져봐야 한다. 이에 우리가 설득되지 않으면 그녀의 요구는 롤즈의 정의론이 만능열쇠처럼 모든 문제를 다 해결하지 않아서 불만이라는 과도한 비판이라고 생각할 수도 있을 테니까. 이를 따져보기 위해서는 오킨이 여성이 가족과 연결된 삶의 구조를 분석한 작업을 볼 필요가 있다. 아래에서 보겠지만 오킨의 분석은 꽤 통렬하다.

다른 한편 오킨은 왈저의 정의론에 대해서도 긍정적 평가와 비판을 모두 제시한다. 그녀는 왈저가 다양한 영역들의 분배 논리가 서로 분리되어야 하고 서로를 침범하는 것은 정의롭지 못하다고 하는 영역 분리 테제를 페미니스트 이론적 무기로서 환영한다. 왜냐하면, 오킨은 가족 밖의 여러 영역의 논리가 가족 내 성별 분업 논리에 영향을 미치고 상호 강화하는 효과를 주면서 가족 내 젠더 불평등이 단순히 사적인 선택의 문제가 아니라 사회적 부정의를 성립시킨다고 보았기 때문이다. 하지만 동시에 그녀는 왈저의 또 다른 주요 테제인 공유 이해 테제를 비판한다. 왈저의 이 테제에 따르면 각 영역의 정의는 그 영역 나름의 역사적 과정을 통해 구성원들이 공유하게 된 고유한 이해 방식을 반영해야 한다. 오킨이 보기에 이는 전통적인 가부장주의적 문화를 그 영역의 공유 이해라고 정당화할 가능성이 있는 생각이다.[12] 이러한 지적을 받은 뒤 왈저는 사회 비판에 대한 자신의 이

12   Susan Moller Okin, *Justice, Gender and the Family*, 1989, 62~73쪽.

론을 구체화하는 경로로 나아갔다고 술회할 정도로 오킨의 비평은 꽤 강력했다.[13]

하지만 여전히 우리는 의문이 들 수 있다. 가족 내 역할 분담의 문제가 왜 사회 정의의 문제가 되어야 하는가? 이를 사회 정의 문제로 고려하는 순간 우리는 집 안방과 부엌에 공공적 감시의 시선이 개입하는 사회를 맞이하게 되는 건 아닌지 두려울 수도 있다. 이런 사회를 자유주의 기반에서 주장한다는 것이 말이 될까? 자유주의를 기반으로 한다는 오킨이 오히려 자가당착적인 것은 아닐까? 이 두려움이 맞을지는 좀 더 오킨의 견해를 듣고 판단해야 한다.

2) 정의 문제로서의 가족과 젠더

오킨은 당대 미국 사회의 상황에 대한 사회과학적 연구 결과들을 중심으로, 사회 정의 문제로서의 가족과 젠더 문제를 논의한다. 1950~1980년대 미국은 지금의 미국보다는 가부장주의적 문화가 더 남아 있었겠지만 그래도 지금 우리 한국 사회와는 크게 다르지 않은 모습일 수도 있다. 법적·정치적 측면, 교육과 취업의 형식적 기회 균등의 측면 등 기본적 제도에서 볼 때 당시 미국 여성은 더이상 공식적 차별을 받지 않았다고 할 수 있다. 각 여성은 자유롭고 평등한 행위자로서 의사결정의 독립된 주체로 인정된다. 그런데 오킨이 눈여겨본 것은 미국의 이혼 여성과 그 여성의 자녀인 아

---

13   Michael Walzer, "Feminism and Me", *Dissent*, Winter 2013.

동의 높은 빈곤율이었다. 이혼은 여성에게 이혼한 남성보다 평균적으로 악화된 경제 수준을 초래하게 되는데 이는 대체로 이혼 후 자녀를 맡는 선택을 하는 비율이 남성보다 많은 여성의 경제 수준을 더욱 악화시킨 결과이기도 하고 결혼 시기 동안 단절된 경력 후 얻을 수 있는 일자리의 수준이 악화되었기 때문이다.

오킨은 여성의 생애 주기별로 여성의 가족 내 성 역할이 어떤 식으로 인류 절반을 차지하는 여성의 삶과 전망을 심각하게 제약하는지 해부한다.[14] 그녀는 여성의 삶을 결혼 전, 결혼 상태, 결혼 종결 후(이혼)의 구간으로 나누어 그 시기 동안 가정일의 주 책임자 역할이 어떤 의미를 갖는지 살핀다. 결혼 전 어린 여성들은 자신의 미래 진로와 그에 맞는 학업을 계획할 때 일·가정 양립 가능한 일자리(교사, 약사, 보조원, 돌봄 서비스직 등)를 가진 삶을 기대하고 기대받는다. 가정일에 남편도 참여하겠지만 어쨌든 여성은 자신이 암암리에 자녀 양육과 가사일의 일차적 책임자라고 예측하고 기대받기 때문이다(내가 보기에 이는 우리가 학교에서 아이에게 문제가 생겼을 때 그 아이의 학부모 중 누구에게 먼저 전화하게 될지 생각해보기만 해도 고개를 끄덕일 수 있을 만한 사실이다). 그리고 여성은 자신의 적은 소득을 보완할 정도의 주 소득을 제공할 수 있는 남성을 결혼 상대자로 선호한다.

오킨은 이번에는 결혼 상태 중인 여성의 삶의 구조를 분석하기 위해

---

14   2)의 내용 전반은 다음 문헌의 '7. 결혼에 의한 취약성'에 대한 요약이다. Susan Moller Okin, *Justice, Gender and the Family*, 1989, 134~169쪽. 이와 비슷한 요약은 다음에도 있다. 김은희, 「사회정의 영역으로서 가족과 젠더 문제」, 《가톨릭철학》 Vol. 39, 2022, 20~21쪽; 김은희, 「오킨의 "휴머니스트 정의"를 위한 변론」, 《철학》 Vol. 158, 2024, 180~182쪽.

이를 다시 전업주부의 경우, 풀타임 임금 노동자의 경우, 파트타임 임금 노동자의 경우로 나누어본다. 전업주부의 경우, 여성은 이러한 결정을 남편과 잘 상의해서 했을 수도 있다. 당시 미국 사회를 포함해서 지금의 우리 사회도 그러한데 대체로 남성의 소득이 더 많은 산업 구조하에서 그것이 가계 운영상 효율적이기 때문이다. 그래서 남편과 아내는 '합리적 선택'으로서 역할을 분담한다. 그래서 우리는 이러한 사적인 결정에 정의가 개입될 수 없다고 여기게 되는 것이다. 그들 간의 자유로운 합리적 선택이었으니까.

하지만 이 선택의 효과는 그들과 가족 영역을 더이상 자유롭고 평등하게 만들어주지 못한다는 것이 오킨의 분석이다. 전업주부를 선택한 측에서는 교육과 경력이 단절되고 결혼 상태를 떠날 경우 자신의 상황이 악화된다는 것을 예측할 수 있다. 오킨은 이런 위치에 있는 사람은 탈출 위협 협상력이 떨어진다는 점을 사회과학적 연구를 통해 제시한다. 이런 상태에 놓인 이는 불평등하거나 폭력적 잠재성이 있는 결혼 상태를 감내할 가능성이 더 크다는 것이다. 이제 우리는 전업주부의 경우에만 그렇다고 한정할 수도 있을 것이다.

하지만 오킨은 이번엔 풀타임 임금 노동자이면서 결혼 생활 중인 여성의 삶을 분석한다. 오킨이 제시한 당시 미국 사회의 통계에 따르면 풀타임 임금 노동자 기혼 여성의 주당 임금 노동 시간은 남성의 노동 시간보다 적지만, 주당 총 노동 시간(임금 노동 시간과 무임금인 집안일 노동 시간을 합한 것)은 남성의 총노동 시간보다 많다. 즉 여성은 무임금으로 처리되는 노동 시간을 남성보다 더 많이 쓰면서 공식적인 임금의 노동은 남성보다 적게 일하니 덜 받게 되는 것이다. 게다가 여성은 일자리를 구할 때도 남편 소득이 가계의 주 소득원이라는 점을 가정한 채 그것의 보완으로서 일자리를 구하는 경향이 있다는 것이다. 집에 무슨 일이 생기면 일차적으로 응하는 존재로서 기대되면서 여성은 완전한 노동자로서 자리 잡기 어렵다.

그 밖에도 오킨은 고소득 직종, 전문직도 여성의 임신, 출산, 육아의 시기를 고려하지 않은 경력 발전 요건과 단계를 갖고 있기 때문에 여성이 그 자리에서 완전한 전문인으로 자리 잡기 어려운 구조라고 덧붙인다.

파트타임 임금 노동자 여성의 경우는 위의 풀타임 임금 노동자가 처한 구조를 보건대, 더 말할 나위도 없을 것이다. 파트타임 일자리는 대부분 임시직이거나 저소득 일자리 위주이고 이는 이후 더 나은 소득을 줄 일자리로의 상승으로 이어지는 경력이 되지 못하는 것이 대부분이다. 이런 일자리의 여성은 여전히 결혼 상태에서 탈출 위협 협상력에 있어 약한 지위를 가진다.

오킨은 이제 결혼 종결 후 즉 이혼 상태에 들어간 경우의 여성의 삶을 검토한다. 결혼 종결 상태가 여성에게 매력적인 대안이 된다면 여성은 결혼에 있어 탈출 위협 협상력을 가질 것이다. 하지만 오킨의 분석에 따르면 불행하게도 그렇지 않다. 당대 미국 사회에서 대체로 여성은 오랜 자녀 양육 일차 책임자로서 형성한 강한 유대감으로 인해 자녀를 맡기를 선택하고 남편에게 유책 사유가 있는 경우가 많아서 당대 미국의 법원은 대체로 그런 결정을 지지하였다. 자녀를 맡지 않는 쪽에서 자녀를 맡은 쪽에게 주는 생계 부담비는 명령되지만 잘 걷히지 않으며 오랜 결혼 상태였던 여성은 결혼 종결 후 자녀를 맡은 상태로 완전한 임금 노동자로도 자리 잡아야 하는데 좋은 일자리를 얻기 어렵다. 왜냐하면, 사회의 노동 여건은 노동자를 자녀 양육과 집안일의 일차적 책임자이기도 한 존재로 보지 않기 때문이다.

회사는 노동자의 집에는 누군가 자녀 양육과 집안일을 돌볼 사람이 있다는 가정을 한 채 노동자를 바라본다. 이런 노동 구조에서 충분한 노동자로 자리 잡지 못하는 유자녀 이혼 여성은 자녀와 함께 빈곤 상태에 빠진다. 당대 미국에서 이혼율이 급격히 증가하면서 더불어 여성과 아동 빈곤율도 함께 상승한 점을 오킨은 눈여겨본 것이다. 이 상황에 대한 두려움은 이번에는 결혼 상태 여성의 의사결정과 인생 전망에도 영향을 미친다.

　　가족 내 성 역할 구조와 사회의 노동 구조가 이렇게 상호 맞물려 발생한 여성 삶에 대한 오킨의 기술이 소설에나 등장하는 답답하고 불우한 이야기로 들릴 수도 있겠지만 오킨은 당시의 사회과학적 연구 결과와 통계를 제시함으로써, 현대 사회에도 유지된 가족의 성 역할 구조가 사회 구조에 어떻게 맞물려 있고 그것이 인류 절반을 차지하는 성별 집단의 인생 전망에 어떤 영향을 주는지 통렬하게 보여준다. 우리는 오킨이 보여준 구조에 맞지 않는 행복한 사례를 개인적으로 알기도 하며 오킨의 기술이 지나치다고 생각할 수도 있다. 하지만 오킨은 평균적인 통계 수치로 구조적인 차원의 문제를 말하고 있기 때문에 그런 반례의 존재는 그녀의 주장을 훼손하지 못할 것이다.

3) 오킨의 대안, 젠더리스 사회

　　이렇게 악순환 구조의 맞물림에 대한 설명을 들으면 독자는 마음이 답답해지고 마침내 무력감이 들 수도 있다. 혹은 이 설명이 과도하고 무익하다고 여길 수도 있다. 하지만 오킨은 우리에게 분명히 대안적 사회상을 제시하고 심지어 매우 구체적인 정책까지도 제시한다. 오킨이 정치 이론에 요구하는 것은 아주 단순하다. 여성도 인간 일반에 포함시켜서 정의론을 구상하라는 것이다. 그리고 기존 정의론이 그 요구를 받아들일 경우에는 정의론에 상당한 개작이 일어날 것인데 그 개작된 내용은 가족 내 성별 노동 분업 구조에 관한 논의를 포함해야 한다는 것이다.

이러한 개작된 정의론이 그려내는 사회는 어떤 모습일까? 오킨은 '젠더리스(genderless)' 사회를 우리에게 제시한다.[15] 그리고 남녀 모두 기존의 성 역할로 양분되었던 것을 동시에 공유하고 분담하는 사회를 그려낸다. 우리는 이때 오킨의 정의로운 사회에서는 공권력이 우리 집의 안방과 부엌에까지 감시하고 개입하는 것이 아닐지 염려할 수도 있다. 하지만 오킨이 제시한 방안을 살펴보면 우리는 이것이 매우 소박하고 원초적인 우려라는 것을 알 수 있다. 오킨은 이상적인 대책과 차선적 대책으로 양분해서 대안을 제시한다. 오킨이 말하는 이상적인 대책은 노동 구조의 측면과 교육 제도의 측면을 포함한다.

모든 직장은 노동자가 동시에 양육자임을 전제로 노동 여건을 만들어야 한다. 그리고 어린이의 교육 과정에 젠더 정치학 교육을 포함시켜야 한다. 결혼에서의 성별 노동 분업에 대한 선택이 어떤 효과를 가져오는지에 대해 미리 안 상태에서 자신의 진로와 미래 학업을 꿈꿀 수 있어야 하기 때문이다. 그리고 고품질의 방과 후 학교 프로그램을 실시해야 한다. 이렇게 노동 여건과 교육 내용을 바꾸는 방식의 정책적 개입은 가정 내부에 침입

---

15   3)의 내용은 다음 문헌의 '8. 결론: 휴머니스트 정의를 향하여'의 요약이다. Susan Moller Okin, *Justice, Gender and the Family*, 1989, 170~186쪽. 이의 비슷한 요약은 다음에도 있다. 김은희, 「사회정의 영역으로서 가족과 젠더 문제」, 《가톨릭철학》 Vol. 39, 2022, 22~23쪽; 김은희, 「오킨의 "휴머니스트 정의"를 위한 변론」, 《철학》 Vol. 158, 2024, 183~184쪽.

하지 않는다. 다만 전통적인 가족 내 성별 노동 분업 구조를 선택하는 것이 구조적으로 '합리적 선택'이 될 리 없는 사회 인프라를 갖추어 기존의 가족 내 성별 노동 분업 구조가 점차 변화하는 유인을 제공하는 것이다. 불평등한 결과를 만들어내는 선택이 쉬운 선택이 되는 사회에서 평등한 결과를 만들어내는 선택이 쉬운 사회로 만드는 것이다.

그다음은 현실적인 차선책으로 오킨이 제시하는 것이다. 이는 자유주의 사회에서 여전히 전통적인 가족 내 성별 노동 분업을 택하는 남녀가 있을 것인데 자유주의 사회가 그들의 선택을 존중하면서 제안될 수 있는 방안이다.

첫 번째는 일명 '월급 쪼개기'로 알려진 오킨의 유명한 제안이다. 회사는 노동자에게 봉급을 줄 때 회사에서 근무한 노동자에게 봉급의 반을 주고 나머지 반은 가정일 노동을 주로 맡은 배우자에게 지급해야 한다는 것이다. 오킨에 따르면 이렇게 월급을 반으로 쪼개서 주는 것은 연말 정산 시스템의 한 부분만 고치는 것에 비견되기 때문에 비용이 거의 들지 않는다. 물론 너무나 피상적인 분배 방식이라고 여겨질 수도 있다. 어차피 가정 내 권력이 큰 사람의 의사결정의 영향하에서 돈을 합쳐서 쓸 것이기 때문이다. 오킨도 이 점을 충분히 예상하고 있으나 그것은 노동자에게는 집에서 무임금으로 일하는 또 다른 노동자가 있다는 것을 노동자 자신에게, 회사에게 상기시키는 상징적 효과가 있다고 말한다.

그리고 둘째, 이혼 후 양쪽 가정이 똑같은 경제 수준을 누리도록 임금 노동 경력을 쌓았던 측이 무임금 가정일을 주로 하고 자녀까지 맡은 측에 부양금을 지불하게 강제해야 한다는 제안이다. 이혼 후 자녀 부양비 지급은 기존 정책에도 있기에 오킨의 제안이 특별하지 않아도 여길 수도 있다.

하지만 여기서 중점은 양쪽 가정의 경제 수준이 똑같아지는 정도로 지급되어야 한다는 점이다. 그래야만 이혼은 결혼 내 탈출 위협 협상력이 약한 측에서 생각해도 될 만한 탈출 대안이 될 수 있고 그렇게 된다면 양측은 결혼 상태 중일 때 전통적인 성별 노동 분업을 수행해도 동등한 지위를 가질 수 있게 될 것이다. 그리고 이혼 증가율과 함께 이혼한 여성과 아동의 빈곤율도 증가하는 현상을 완화할 수 있을 것이다.

이렇게 볼 때 오킨의 대안적 사회는 우리 집 안방과 부엌에 공권력이 침투하는 그림으로 생각할 필요가 없다. 사실 어찌 보면 전통적인 결혼관, 성 역할관을 유지하는 사회에서도 결혼과 가족 제도에는 이미 공적 개입이 장착되어 있다. 가족 내 상황에 따른 각종 과세나 세제 혜택을 통해 암암리에 우리는 '순수하지 않은' 가족 영역에서 살기 때문이다. 그리고 기존 교육을 통해서도 우리는 이미 가족 구성원의 맡은 바 책임과 역할에 대해 사회화되고 있기 때문이다. 오킨은 사적 영역과 공적 영역의 경계를 허물자는 제안을 하는 것이 아니라 기존에 사적인 것으로 여겨진 성별 노동 문제를 이제는 정의의 문제, 공적 문제로 보자는 것일 뿐이다. 예전엔 어느 한 가문의 집안일 문제였던 노동자 문제, 노동 구조의 문제가 대중 산업 사회에 들어서면서 자유주의 사회에서도 시민적 권리의 문제, 공공적 문제가 되었듯이 말이다. 그녀는 여전히 자유주의자인 것이다.

4. 다문화주의와 페미니즘, 글로벌 경제

1) 다문화주의와 페미니즘

1990년대에 이르러 자유주의 정치철학과 다양성 포용의 페미니즘은 집단 내 구성원을 동등하게 대우하지 않는 소수 집단에 대해서도 관용적인 입장을 제시하게 되었고 오킨에 대해 큰 문제의식을 갖게 되었다. 1999년 오킨은 「다문화주의는 여성에게 나쁜가?」라는 논문으로 논쟁의 포문을 열고 그에 대한 여러 대응 논문들과 자신의 대답 논문을 실은 동명의 단행본을 출간한다.[16]

이때 그녀가 본 자유주의의 중심 목적은 "모든 인간이 좋은 삶이 무엇인가에 관한 자신의 전개된 견해에 따라 좋은 삶을 영위할 합당하게 동등한 기회를 갖도록 보장하는 것이어야 한다. 이 점은 오늘날 세계에 존재하는 것보다 더 많은 사회경제적 평등을 요구한다."[17] 그리고 그녀가 생각하는 페미니즘은 "여성이 자신의 성별 때문에 불이익을 받지 않아야 한다는 생각, 그리고 여성은 남성과 동등한 인간 존엄성을 갖는 존재로 인정되어야 한다는 생각, 그리고 여성은 남성이 그럴 수 있듯이, 충족적인 그리고 자유

---

16   Susan Moller Okin, *"Is Muliticulturalism Bad for Women?"*, Susan Moller Okin, *Is Muliticulturalism Bad for Women?*, edited by Joshua Cohen et. al., New Jersey: Princeton University Press, 1999.

17   Susan Moller Okin, *"Reply"*, Susan Moller Okin, *Is Muliticulturalism Bad for Women?*, edited by Joshua Cohen et. al., New Jersey: Princeton University Press, 1999, 119쪽.

롭게 선택된 삶의 기회를 가져야 한다는 생각"이다.[18]

하지만 그녀가 페미니즘의 이론적 무기로 받아들이고 발전시키고자
했던 롤즈의 자유주의도 롤즈의 『정치적 자유주의』의 출간 이후 다양한
종교, 인종, 문화 집단 내부의 불평등한 교리에 대해 묻지 않은 채 포용하는
자유주의의 형태로 변모하였고, 페미니즘 진영에서도 여성들 내부의 다양
한 정체성 집단이 존재하며 그들의 공동체와 전통 나름의 생활 방식을 존
중해야 한다는 차이성 페미니즘, 관계적 페미니즘이 번성하게 되었다.

오킨이 보기에 이러한 종교적·인종적·문화적 소수 집단에는 내부 구
성원들, 특히 여성에 대한 위계적 권력 구조가 유지되어 있었고 이들은 소
수 집단이 속해 있는 더 큰 사회(대체로 자유주의 사회)가 인권 침해로 혐의
하는 관습들(강제 결혼, 여아 결혼, 일부다처제, 음핵 절제술, 복식 강요 등)을 '집
단 권리'를 명분으로 유지하고자 했다. 오킨에게 있어 자유주의는 개인의
좋은 삶에 대한 영위를 지지하는 사회 경제적 평등 추구를 목표로 해야 한
다. 이때 개인이 좋은 삶을 영위하려면 그가 속한 집단의 유지와 존중이 필
요하다는 것을 오킨은 인정한다. 하지만 이는 그 집단이 그 구성원인 개인
들을 불평등한 구조에 놓이게 하지 않을 경우에 한해야 한다는 것이다.

오킨은 가부장적인 문화를 유지하는 종교 집단 기반의 논적들뿐 아니
라 자유주의와 페미니즘 내부의 동료들에게도 공격당하였고 이러한 논쟁
국면에서 그녀는 많은 에너지를 소모한 것으로 보인다. 왈저는 그녀를 "계

18   Susan Moller Okin, "Is Muliticulturalism Bad for Women?", Susan
     Moller Okin, Is Muliticulturalism Bad for Women?, edited by Joshua
     Cohen et. al., New Jersey: Princeton University Press, 1999, 10쪽.

몽주의 여성"이었다고 술회하며 자신과 같은 다원주의자뿐 아니라 급진 여성주의, 차이의 정치와 다문화주의를 옹호하는 여성주의와도 얽혀 논쟁하게 되었다고 말하였다. 물론 월저는 반대편보다는 그녀의 편에 가까운 입장이라고 말했지만 그의 말에는 오킨이 논쟁에서 점한 성격에 대한 안타까움이 묻어난다.[19]

오킨은 「다문화주의는 여성에게 나쁜가?」라는 논문이 불러일으킨 논쟁 속에서 오만하고 전투적이고 감수성도 부족한 페미니스트로 오해받게 된 것을 스스로 애석해했으며 그 논문 제목을 그렇게 도발적으로 제시한 《보스턴 리뷰》 편집자에게 동의한 것을 후회했다. 원래 그녀가 제시한 것은 「페미니즘과 다문화주의: 몇몇 긴장들」이었다는 것이다.[20] 이 제목으로 된 논문은 1998년에 《윤리학(Ethics)》에 따로 실렸다.[21] 그녀는 질문 형식으로 된 논문 제목에 자신의 입장을 단답형으로 생각하게 한 것이 많은 오해를 불러일으켰다고 본 것이다.

19   Michael Walzer, "Feminism and Me", *Dissent*, Winter 2013.
20   Susan Moller Okin, "Multiculturalism and Feminism: No Simple Questions, No Simple Answers", A. Eisenberg and J. Spinner-Halev (ed.), Minorities within Minorities: Equality, Rights, and Diversity, Cambridge University Press, 2005, 67~89쪽.
21   Susan Moller Okin, "Feminism and Multiculturalism: Some Tensions", *Ethics*, Vol. 108, No. 4 (July 1998), 661~684쪽.

2) 글로벌 경제와 빈곤 그리고 여성

오킨은 다문화주의 논쟁에서 많은 에너지를 소모했지만 2000년대에 들어서서 글로벌 경제에서 젠더적 시각을 도입해야 한다는 건설적인 연구 기획에 착수했다. 그녀는 2003년 「빈곤, 웰빙, 그리고 젠더: 무엇이 중요한 가, 누가 경청되어야 하는가」[22]라는 논문을 통해 세계은행과 국제통화기금 이 개발도상국에 주문한 경제 구조 변화가 얼마나 많은 빈민, 그리고 그 빈 민의 대부분을 차지하는 여성의 삶에 어떤 영향을 주었는지를 살피며 개 발 정책에 대한 새로운 시각, 즉 빈민 계층의 시각과 젠더적 시각이 도입될 필요성을 알려준다.

아마티아 센과 누스바움, 애컬리에 많이 빚지고 있다고 밝힌 이 연구 에서 그녀는 기존의 국제 개발 기관들이 1인당 GDP 척도에만 의존하여 성 장 위주로 개발 성과를 측정한 점을 비판한다. 그 척도에는 여성의 가사 노 동이 잡히지 않는다. 그래서 남성 노동자 위주의 제조업 산업을 구조 조정 하여 남성 노동자는 실직하게 하고 여성 노동자 위주의 서비스 산업에 여 성 노동자들이 유입되도록 전환하게 되었을 때 GDP 측면에서는 감소의 변 화가 없이 유지되었지만 여성의 삶은 더 가혹해졌다는 것을 놓친다. 남편은 실직하였고 여성은 직장에 나가게 되었지만 여성은 여전히 집안 노동을 맡

---

22 2절의 내용은 다음 문헌 내용의 요지를 요약한 것이다. Susan Moller Okin, "Poverty, Well-Being, and Gender: What Counts, Who's Heard?", *Philosophy & Public Affairs*, Summer, 2003, Vol. 31, No. 3 (Summer, 2003), 280~316쪽.

앉으며 상실감에 따른 남성의 분노는 커졌기 때문이다. 선진국 은행의 파산을 막기 위해 그 은행에 채무가 있는 개발 도상 국가에 국제통화기금에서 주문한 교육, 보건, 돌봄 등 공공 인프라와 복지의 축소 정책은 해당 서비스가 결국 가정 내 여성이 감당할 역할을 통해 이어지게 만들었지만 이는 경제 지표에 잡히지 않는 희생이었다.

하지만 오킨은 여성과 빈민과 같은 집단의 목소리를 경청하는 변화가 국제기구에 등장했다는 점을 희망적으로 기술하였다. 하나는 1995년 '여성 행동 플랫폼에 관한 4차 베이징 세계 대회'에서 이뤄진 선언이고 다른 하나는 2000년에 발간된 세계은행의 연구서인 『가난한 이들의 목소리』 중 첫 두 권 『누가 우리 이야기를 들을 수 있나요?』와 『변화를 위한 울부짖음』이 그 변화를 말해준다.[23] 이 선언과 연구서에는 많은 여성과 빈민이 스스로 규정한 가난함과 여성의 삶이 생생하게 담겨 있고 이들의 관점을 바탕으로 웰빙에 대해 생각해야 한다는 것이 오킨의 생각이다. 집단 구성원 내부의 생생한 목소리를 담아내는 것에 대한 오킨의 희망찬 글은 경제 성장 위주의 글로벌 경제 개발 전문가들에 대한 일침일 수도 있겠지만 다문화주의 옹호자들이 놓칠 수도 있었던 소수 문화 집단 내부의 침묵한 목소리에 대한 강조일 수 있을 것이다.

오킨은 세계은행과 국제통화기금의 성장 위주 개발론의 무자비한 적

---

23   Deepa Narayan, with Raj Patel, Kai Schafft, Anne Rademacher, and Sarah Koch-Schulte, *Voices of the Poor: Can Anyone Hear Us?*(New York: Oxford University Press, 2000); Deepa Narayan, Robert Chambers, Meera Kaul Shah, and Patti Petesch, *Voices of the Poor: Crying Out for Change*(New York: Oxford University Press, 2000).

용으로 경제적 지표상으로도 소기의 목적을 달성하지 못한 저개발 혹은 개발도상국의 경험을 주로 소개하지만 우리나라도 국제통화기금이 제왕적으로 군림하여 사회를 재편했던 경험을 뼈아프게 갖고 있기에 오킨의 문제의식을 통해 우리 또한 그 경험에 대해 성찰해볼 수 있을 듯하다.

나가며

오킨은 1960년대에서 2000년대 초반까지 미국과 국제 사회가 겪은 성차별, 다문화주의, 빈곤 등을 둘러싼 문제 상황에서 자유주의와 페미니즘이라는 양쪽 기반을 꿋꿋이 유지하며 목소리를 내었다. 그리고 그 목소리는 난해하거나 애매하거나 타협적이거나 슬쩍 빠져나가는 기술을 부리지 않고 직접적이고 또렷했다. 그래서인지 그녀의 글들은 문화적으로 이질적으로 느껴지지 않고 가부장주의적 통념에 대한 문제의식과 인권 감수성을 가진 세계 모든 이에게 보편적으로 호소력 있게 들릴 수 있는 장점이 있다.

가족 내 성별 노동 분업 구조는 남녀의 자유로운 선택이라서 정의 문제가 아니라는 오랜 믿음에 대해서도 오킨은 사회 구조의 여러 부분이 어떻게 구조적으로 맞물려 있는지 보여줌으로써 왜 21세기 한국 사회의 여성들이 결혼 상태에 진입하기를 기피하는지에 대해 한 가지 대답을 준다. 일·가정 양립 가능한 노동 구조와 성 역할 통념 깨기를 포함한 성 평등 교육의 도입이 지금 우리 사회 공적 담론에서 제안되기 시작한 것을 보면 오만한 계몽주의 페미니스트로 공격받던 오킨의 생각이 그렇게 과도한 것이 아니었음을 알 수 있다.

그녀는 더 자신의 사상을 완성시켜 나아갈 수 있었던 50대 후반에 때 이른 죽음을 맞이했다. 공교롭게도 그녀와 다른 기반에서 쌍벽을 이룬, 때론 대립적 관점에서 페미니스트적 정의론인 차이의 정치를 제시한 동년배 정치철학자 아이리스 매리언 영(Young)도 2년 후 때 이른 죽음을 맞이했다. 미국정치학협회는 오킨과 영을 기리며 오킨-영 어워드(Okin-Young Award)를 설립하여 그녀들의 취지를 계승할 후학들에게 격려를 보내고 있다.

김은희

현재 경인교육대학교 윤리교육과 교수이다. 서울대학교 철학과에서 학사·석사·박사학위를 받았다. 롤즈와 왈저의 정치철학을 비교하는 박사 논문을 썼고, 이후 롤즈, 왈저, 샌델, 로크, 흄의 정치철학에 대한 논문을 발표했다. 서울대에서 강사로서 성윤리와 성의 철학을 가르치며 정치철학적 접근으로 성윤리를 연구하였고 건국대에서 교양대학 교수로서 비판적 사고를 가르쳤다. 논문으로는 「롤즈의 공적 이성 개념의 한계와 중첩적 합의 개념의 재조명」, 「샌델의 시민적 공화주의는 '민주주의 불만'을 해소할 수 있는가?」, 「로크의 자유주의와 무산자 배제」, 「롤즈의 해석은 칸트 윤리학을 왜곡하는가: 롤즈의 『도덕철학사강의』를 중심으로」, 「자유주의 성윤리의 수정: 쾌락 중심에서 자율성 중심으로」, 「정의론으로서의 성윤리」가 있다. 그리고 왈저의 『해석과 사회비판』, 롤즈의 『도덕철학사강의』를 번역하였다.

경험의 한계와 진리에 대한 사색

러셀의 논리 원자론

박정일(숙명여자대학교 기초교양대학 교수)

1. 들어가는 말

영국이 낳은 세계적인 철학자 버트런드 러셀(Russell)은 다른 영미 철학자들보다도 일반 대중에게 더 널리 잘 알려진 철학자이다. 그렇게 된 데에는 무엇보다도 그가 '결혼'이나 '행복', '종교', '교육' 등과 같은 대중적인 주제에 관해 아주 수려하고 명쾌한 문체로 왕성하게 집필한 것이 한몫했을 것이다. 또 다른 이유는 그가 사회 참여 활동에 매우 적극적이었다는 데 있다.

실제로 러셀은 1916년에 반전 운동에 적극적으로 가담했다가 교수직을 박탈당한 적도 있고, 1918년에는 반미 성향의 글을 발표했다가 투옥되기도 하였다. 1955년에는 전쟁의 위험을 알리기 위한 회의 개최를 요구하는 '러셀-아인슈타인 선언'에 서명했으며 이러한 정치 투쟁은 90대의 노령에도 불구하고 일주일간 옥고를 치르는 등 사망할 때까지 계속되었다. 그 외에도 1920년대에는 일종의 대안 학교를 설립하고 운영하였고, 1950년에는 노벨 평화상을 수여 받았다. 전 세계를 여행하며 행한 수많은 강연, 몇 번의 결혼과 로맨스, 그리고 영국 하원의원 출마 등 그의 파란만장한 삶은 일반 대중의 주목을 받기에 충분했다.

그런데 이러한 대중적인 명성 못지않게 러셀은 철학이라는 전문 분야에서도 매우 중요하고 결정적인 기여를 했던 철학자이다. 그는 무어와 더불어 헤겔의 관념론을 지양하고 극복하는 새로운 철학을 모색하였으며, 프레게의 저작의 의의를 최초로 파악했던 몇 안 되는 철학자 중 한 사람이었고, 초기 비트겐슈타인에게 결정적인 영향을 주었다. 화이트헤드와 함께 저술한 그의 기념비적인 저서 『수학 원리(Principia Mathematica)』(1910~1913)는 20세기 논리학의 발전에 결정적인 영향을 주었던 것으로서, 특히 괴델의 불완전성 정리의 출발점이 되었다. 20세기의 새로운 논리학과 새로운 철학의 형성 과정에서 러셀의 기여는 지대하다. 그는 20세기의 새로운 철학, 소위 분석철학의 새로운 주류를 형성하고 주도하였다.

러셀은 1872년 5월 18일에 태어났다. 러셀의 집안은 명문 정치가 집안이었다. 러셀의 할아버지 존 러셀 경은 빅토리아 여왕 아래서 두 번 수상을 역임하였고, 선거법 개정을 도입했다고 알려져 있으며, 외할아버지는 그의 정치적 동지였다. 러셀의 아버지 앰벌리 러셀은 영국 의회의 하원의원이었고, 당시 피임을 지지하는 파격적이고 진보적인 생각을 옹호했다고 알려져 있다.

러셀의 부모는 그가 네 살이 채 되기 전에 사망했기 때문에 러셀은 할머니 슬하에서 성장하였다. 러셀은 할머니의 교육 방침에 따라 스코틀랜드 장로교의 엄격한 분위기에서 가정교사에게 교육을 받았다. 러셀이 훗날 회고하는 바에 따르면, 러셀은 열한 살쯤에 형 프랭크 러셀에게서 최초로 기하학을 배웠고 매우 깊은 인상을 받았다. 한편으로는 수학의 명료성에 매료되면서도 다른 한편으로 철학적 문제를 불러일으켰던 이 경험은 어린 러셀에게 깊은 영향을 끼친 것으로 보인다. 그리하여 러셀은 15세에 종교와 관련된 철학적 문제에 관심을 지니기도 했지만, 결국 18세에 케임브리지대학에 입학하여 수학을 공부하기 시작했다.

나중에 살펴보겠지만, 수학으로부터 자신의 학문의 노정을 시작했다는 것은 러셀의 철학에서 결정적인 요소였다. 물론 우리는 예컨대, 데카르트, 퍼스, 그리고 프레게와 같은 여러 철학자가 수학으로부터 출발하였다는 것을 잘 알고 있다. 그러나 러셀은 그러한 철학자들과는 비교할 수 없는 광범위한 영역에 관심을 지니고 있었다. 여기에는 그의 집안의 정치적 내력이 주요한 요인으로 작용했을 것이다. 그의 삶은 은둔적인 것과는 거리가 멀었다. 그는 철저하게 몰두해야만 하는 추상적인 작업을 수행하면서도 항상 사회 정치적인 문제에 지속적인 관심을 보였고 또 끊임없이 사회적 실천을 행했다.

또한, 그는 완전히 새로운 사상을 시도하면서도 여전히 전통적인 철학적 문제와 접목되어 철학을 하였다. 이 주된 요인은 러셀이 영국의 경험론적 전통을 이어받았다는 것이다. 그는 자신의 새로운 사상을 영국 경험론이라는 토양 위에서 구축해나갔다. 그뿐만 아니라 그는 당시의 자연과학을 깊이 이해하고 있었으며, 자연과학을 모범으로 삼아 매우 광범위한 영역에 걸쳐 사유하였다. 그리하여 그의 방대한 저술은 전통적인 철학적 문제뿐만 아니라, 논리철학, 수학철학, 인식론, 존재론, 심리철학, 윤리학, 정치철학, 과학철학, 교육철학, 종교철학, 철학사 등 거의 모든 분야에 걸쳐 있다.

러셀의 사상은 그가 일생에 걸쳐 저술한 70여 권의 저서와 수많은 논문에 담겨 있다. 그래서 짧은 지면을 통하여 대중적인 저서로부터 전문적인 철학에 이르는 방대하고 광범위한 그의 사상을 상세하게 조망하는 것은 거의 불가능하다. 더구나 어떤 철학자는 "버트런드 러셀은 1년여마다 새로운 철학 체계를 만들어낸다"고 말할 만큼 러셀의 사상은 전 생애에 걸쳐 많은 변화를 보이고 있다. 그럼에도 불구하고 그의 중심적인 사상은 거의 변하지 않았다고 여겨지는데, 이는 그가 '논리 원자론'이라고 불렀던 것이다. 이 글에서는 '논리 원자론'에 초점을 맞추어서 그의 철학을 논의하고자 한다.

2. 관념론과 새로운 논리학

전통적인 철학의 문제 중에서 대표적인 것으로서 존재론과 인식론의 문제를 들 수 있다. 일차적으로 존재론에서는 실제로 존재하는 것이 무엇인지를 문제 삼고 또 입증하려고 한다. 예컨대 플라톤의 철학에서는 현실 세계는 한갓 가상에 불과하며 실제로 존재하는 것은 이데아들이라고 주장한다. 인식론에서는 우리가 외부 세계나 진리를 어떻게 인식하며 알게 되는지, 그리고 이는 어떻게 정당화될 수 있는지를 문제 삼는다. 예컨대 17세기 합리론 진영에서는 우리의 인식은 우리에게 선천적으로 주어진 '본유 관념'으로부터 가능하다고 주장하며, 영국의 경험론 진영에서는 감각 경험으로부터 가능하다고 주장한다.

러셀은 이러한 전통적인 문제와 긴밀하게 접목되어 사유하였고, 또 자신의 새로운 방법으로 접근함으로써 이러한 철학적 탐구에 기여하였다. 그 새로운 방법은 단적으로 말해서 20세기에 접어들면서 성립한 새로운 논리학을 적용하였다는 것인데, 바로 이 점이 러셀의 철학에서 가장 독특한 측면이라고 할 수 있다. 이 절에서는 어떻게 러셀이 그러한 전통적인 문제를 수용했으며 또 어떻게 새로운 방법을 모색하게 되었는지를 논의하고자 한다.

러셀은 1890년 그의 나이 18세에 케임브리지 대학에 입학하여 처음 3년간 수학을 공부하였다. 그다음 해에 러셀은 철학을 본격적으로 공부하기 시작했는데, 당시 케임브리지대학의 교수였던 맥태가트(McTaggart)와 스타우트(Stout)의 직접적인 영향 아래서 헤겔의 관념론에 심취하였다. 특히, 그 당시 옥스퍼드대학의 철학자 브래들리(Bradley)는 그의 주저 『현상과 실재(Appearance and Reality)』를 출판하였고 러셀은 브래들리의 신헤겔주의 사상에 몰입하였다.

그렇다면 헤겔과 브래들리의 관념론의 핵심적인 주장이란 무엇인가? 관념론의 기본적인 주장은 외부 세계나 사물이 존재한다고 주장하는 데에는 어떤 정당성도 없다는 것이다. 또는 실재하는 것은 외부 사물이기보다는 감각 경험의 반복적인 유형, 또는 넓게는 정신적인 것이라고 주장한다. 특히 헤겔의 절대 관념론에 따르면 실재하는 것은 절대정신이며, 오직 절대정신만이 유일하게 존재한다. 우주의 모든 부분은 그러한 정신의 한 측면 또는 한갓 현상에 불과하다. 브래들리의 관념론은, 러셀이 파악하는바, 그러한 헤겔의 절대 관념론의 충실한 한 가지 변형일 뿐이다. 그것은 특히 일원론(monism)이다. 브래들리에 따르면, 실재(Reality)는 모든 것을 포괄하는 단일한 이성적 전체(Whole)로 이루어져 있으며 그 전체의 모든 부분은 그 절대적인 전체의 현상들(appearances)로 간주될 때 궁극적으로 이해될 수 있다.

러셀은 25세가 되는 1897년까지 헤겔과 브래들리의 관념론을 신봉하였다. 그 기간은 그가 철학을 본격적으로 공부한 이후 대략 3~4년에 이른다. 이 당시 헤겔과 브래들리의 관념론이 러셀에게 끼친 영향은 지대한 것이었다. 그는 그러한 영향 아래 베를린으로 이주하여 독일의 정치 제도와 정치 상황을 연구하고 최초의 저서 『독일 사회민주주의(German Social Democracy)』를 출판하였다. 한편, 그의 학문의 출발점인 수학, 특히 기하학에 매료되었던 경험은 여전히 이 기간에도 살아 있었으며, 그래서 그는 「기하학의 기초에 관한 시론(An Essay on the Foundations of Geometry)」이라는 논문을 발표하였다.

말하자면, 두 가지 상반된 경향이 당시 러셀에게 공존하고 있었던 것이다. 헤겔의 철학은 엄밀성과 명료성을 추구하기보다는 세계를 전체적으로 파악하는 데 주력한다. 반면에 수학에서 추구하는 것은 바로 그 엄밀성과 명료성이다. 이렇듯 불안정한 상태는 1898년에 막을 내리게 된다. 러셀이 브래들리의 관념론을 포기한 것이다. 러셀에 따르면,

1898년에 나는 다양한 일들로 해서 칸트와 헤겔을 포기하게 되었다. 나는 헤겔의 『대논리학』을 읽었고, 내가 지금도 그러하듯, 그가 수학에 대해 말한 모든 것이 황당하게 무의미하다고 생각했다. 나는 관계들을 논박하는 브래들리의 논변을 불신하게 되었고, 일원론의 논리적인 기초를 불신하게 되었다. 나는 '초월적 감성론'의 주관성을 좋아하지 않게 되었다. 그러나 이러한 동인들(motives)은 무어의 영향에 비해서는 더 천천히 작용하는 편이었다. 무어도 한동안 헤겔에 심취했지만 나보다는 더 짧았다. 무어는 [헤겔 철학에 대

한] 반란을 주도하였고, 나는 해방의 의미에서 그를 따랐다. 브래들리는 상식이 존재한다고 믿는 모든 것은 한갓 현상일 뿐이라고 주장하였지만, 우리는 그 반대의 극단으로 복귀하였고, 철학이나 신학에 의해 영향받지 않는 상식이 실재한다고 상정하는 모든 것이 실재한다고 생각하였다. 감옥에서 벗어났다는 의미와 더불어 우리는 잔디가 파랗고 해와 별은 아무도 이것들을 의식하지 않아도 존재할 것이며, 또한 플라톤의 이데아들로 이루어진 다원적인 영원한 세계가 존재한다고 생각하게 되었다. 얄팍하고 논리적이었던 세계가 갑자기 풍부하고 다양하고 견고하게 되었다.[1]

이 인용문으로부터 알 수 있는 바와 같이, 러셀이 브래들리의 관념론을 배척하게 된 데에는 무엇보다도 케임브리지대학의 동창이며 후에 러셀과 함께 영국 철학의 양대 산맥을 이루었던 무어(Moore)의 영향이 직접적이다. 무어는 1898년 논문 「판단의 본성(The Nature of Judgment)」을 출발점으로 관념론을 배격하는 데 주도적으로 나선다. 그뿐만 아니라 관념론이 옳지 않다는 것을 러셀에게 끈질기게 설득하려고 시도한다. 무어의 관념론 비판은 그의 고전적인 논문 「관념론 논박(The Refutation of Idealism)」(1903)에서 절정에 이른다. 브래들리에 따르면 개별적 사실들은 그저 절대 전체의 한 측면이거나 한갓 현상에 불과하다. 따라서 상식적으로 명백하게 참이라고 여겨지는 개별적인 사실들과 또 실재한다고 여겨지는 것들은 실제로는 그렇지 않은 것으로 간주된다.

1   Russell, B., "My Mental Development", in The Philosophy of Bertrand Russell, ed. Schilpp, 11~12쪽.

무어는 '상식'의 입장에서, 헤겔의 관념론을 논박하고자 한다. 무어에 따르면, 우리가 결코 부인할 수 없는 수많은 개별적인 진리들이 존재한다. 예컨대 "이 책상은 갈색이다"와 같은 문장은 명백하게 참이다. 설령 그러한 사실에 대한 회의가 가능할지라도 그러한 모든 개별적인 사실들에 대한 회의는 정당하지 않다. 그리하여 많은 것들이 우리의 인식 여부와 독립해서 실제로 존재한다. 무어의 관념론에 대한 반란은 이와 같이 인식론과 깊은 관련이 있는 것이었다.

반면에 관념론에 대한 러셀의 항거는 브래들리의 관념론이 함축하는 존재론, 즉 일원론으로 향해진다. 특히 20세기에 이르러 비로소 성립한 새로운 논리학, 즉 관계 논리학(logic of relation)은 러셀에게는 그러한 항거의 가장 중요한 무기였다. 그렇다면 어떻게 일원론을 논박하기 위한 도구로서 관계 논리학이 주효했을까?

만일 브래들리의 일원론에 따라 오직 절대적인 전체가 유일하게 실재한다면, 실재하는 어떤 것들 간의 '관계'에 대해서 언급하는 것은 무의미하게 될 것이다. 고작해야 '관계'에 대해서 언급하는 것은 그러한 전체의 한 측면에 불과한 것들에 대해서만 가능하게 될 것이다. 러셀은 그러한 일원론적 형이상학에서의 관계들에 대한 견해를 '내적 관계 이설(doctrine of internal relations)'이라고 부른다. 러셀에 따르면 내적 관계 이설은 "두 개의 항 사이의 관계가 일차적으로 그 두 개의 항의 본래적인 속성들을 표현하며, 궁극적으로 분석하면 그 두 개의 항이 구성하는 전체의 어떤 한 속성을 표현한다고 간주한다."[2]

러셀은 내적 관계 이설이 전통적인 아리스토텔레스의 논리학, 즉 '주어-술어 논리학'을 기반으로 삼았기 때문에 가능했다고 진단한다. 만일 우리가 모든 문장을 주어-술어 논리학에 따라 '주어-술어 문장'으로 분석해야 하는 것으로 생각한다면 일원론적 형이상학은 그것의 당연한 귀결이라는 것이다. 가령 우리는

서울은 대전의 북쪽에 있다

라는 문장에서 '서울'을 주어로, 그리고 '…은 대전의 북쪽에 있다'를 술어로 파악할 수 있다. 그러나 그렇게 오직 주어-술어 문장으로만 파악한다면, 러셀에 따르면, 서울과 대전의 관계, 즉 '…은 …의 북쪽에 있다'라는 관계는 서울과 대전이 일부분으로서 구성하는 전체의 한 속성을 표현할 뿐이라고 간주된다. 그렇게 되면 참으로 실재하는 것은 서울이나 대전이라기보다는 서울과 대전이 한 부분으로 구성하는 전체라는 견해로 나아가게 된다는 것이다.

그러나 우리는 위의 문장에서 서울과 대전을 동등한 역할을 하는 개체로 파악하고 그 문장을 그 도시들 간의 관계 문장으로 파악할 수 있다. 그리고 그러한 관계가 실제로 성립하는 것으로 간주된다면, 우리는 서울과 대전이 한 부분으로 구성하는 전체가 아니라 바로 서울과 대전이 실재한다고 볼 수 있다.

이제 '관계-논리학'에 따라 위의 문장을 기호화해보자. 서울을 s로, 대전을 d로 기호화하고 '…은 …의 북쪽에 있다'를 N으로 기호화하자. 그러

---

2   Russell, B., *My Philosophical Development*(George Allen & Unwin LTD, 1959), 54쪽.

면 그 결과는

sNd

이다[또는 N(s, d)이다]. 일반적으로 어떤 두 개의 항 a와 b 사이에 어떤 관계 R이 성립하면 이를 우리는 'aRb'로[또는 R(a, b)로] 기호화할 수 있다. 그런데 이것은 우리에게는 결코 낯선 것이 아니다. 우리는 예컨대, '7 > 5'와 같은 수식에 대단히 익숙하다. 이는 7과 5의 관계 문장인 것이다. 이 때 'N', 'R', 그리고 '>'은 모두 두 자리 술어이다. 반면에, '…는 사람이다'는 한 자리 술어이며(이를 H로 기호화하자), 예컨대 "김구는 사람이다"라는 문장은 김구를 k로 기호화할 때 Hk로 기호화된다[또는 H(k)로 기호화된다]. 또한 '…은 …와 …사이에 있다'는 세 자리 술어이며(이를 B로 기호화하자), "대전은 서울과 전주 사이에 있다"라는 문장은 B(d, s, j)로 기호화된다(여기에서 전주는 j로 기호화되었다). 이때 한 자리 술어가 나타내는 것을 보통 '속성(property)'이라고 부르고 두 자리 이상의 술어가 나타내는 것을 '관계(relation)'라고 부른다.

앞에서 s, d, j 등은 특정한 개체를 지칭하는 것으로서 사용되었다. 이러한 기호들은 개체 상항이라고 불린다. 반면에 우리는 그것들 자리에 변항 x, y, z 등을 대치할 수 있는데, 예컨대 Hx는 'x는 사람이다'를 뜻하고, xNy는 'x는 y의 북쪽에 있다'를 뜻한다. Hx와 xNy와 같은 표현을 러셀은 '명제 함수'라고 불렀다. 명제 함수란 모든 변항에 개체 상항과 같은 상항이 대입되면 명제가 되는 그러한 표현을 말한다. 또한, 명제 함수는 다음과 같이 어떤 표현을 앞에 덧붙일 때도 명제가 된다.

(x)(Hx)

(∃x)(Hx)

여기에서 '(x)'라는 기호는 '임의의 x에 대해서'를 뜻하고, 그래서 전자
는 '임의의 x에 대해서 x는 사람이다'를 뜻한다. 즉 이 명제는 모든 것이 사
람이라고 말하고 있다. 또한 '(∃x)'라는 기호는 '···인 x가 존재한다'를 뜻한
다. 그래서 후자는 'x가 사람인 그러한 x가 존재한다'를 뜻하며, 사람인 어
떤 것이 존재한다, 즉 어떤 것은 사람이라는 것을 뜻한다. (x)와 (∃x)는 '양
화사'라고 불리며, 전자를 보편 양화사, 후자를 존재 양화사라고 부른다.

이와 함께, ~(아니다), &(그리고), ∨(또는), ⊃(만일 ...라면, 그러면)과 같
은 문장 연결사를 첨가해서 우리는 ~Hk, Hk & sNd, (x)(Hx) ⊃ (∃x)(Hx)
등과 같은 복합 명제들을 형성할 수 있다. 20세기에 접어들면서 새롭게 성
립한 논리학은 명제를 개체 상항과 술어나 관계로 분석하고, 또 명제 함수
에 양화사를 첨가하여 명제를 형성하며, 여기에 이와 관련된 공리와 추론
규칙들이 첨가되어 형성된 것이다. 러셀은 이 새로운 논리학을 다음과 같
이 평가하고 있다.

내가 옹호하려는 논리학은 원자론적인 것인데, 이는 다소 헤겔을 따르는
사람들의 일원론적 논리학과는 반대되는 것이다. 나의 논리학이 원자론적이
라고 말할 때, 이는 내가 분리된 많은 사물이 존재한다는 상식적인 믿음을 공
유하고 있다는 것을 의미한다. 나는 세계의 외형적인 다수성이 분리될 수 없
는 어떤 한 단일한 실재의 국면들과 비실제적인 분할에 불과한 것이라고는 생
각하지 않는다.[3]

그렇다면 브래들리의 '내적 관계 이설'은 구체적으로 무엇이 문제인가? 이 물음에 대해 논의하기 위해서는 먼저 관계들의 종류 중 몇 가지를 논의하는 것이 필요하다. 앞에서 우리는 a와 b 사이에 관계 R이 성립하는 경우 이를 aRb로 나타낸다는 것을 보았다. 만일 어떤 R에 대해서 aRb가 성립하면 거꾸로 항상 bRa가 성립할 경우 R을 대칭적 관계(symmetrical relations)라고 한다. 예컨대 a가 b의 친척이라면 거꾸로 b는 a의 친척이므로, 관계 '…는 …의 친척이다'는 대칭적 관계이다. 만일 aRb가 성립한다면 어떤 경우에도 bRa가 성립할 수 없을 때 R을 반대칭적 관계(asymmetrical relations)라고 한다. 예컨대 a가 b의 아버지라면 결코 b는 a의 아버지일 수 없으므로 "…는 …의 아버지다"는 반대칭적 관계이다.

러셀에 따르면, 내적 관계 이설의 심각한 문제는 "내적 관계 이설이 반대칭적 관계의 경우에는 특히 적용 불가능하다"는 것이다. 가령 'A는 B에 선행한다'는 반대칭적 관계이다. 만일 A가 B에 선행한다면 B는 A에 선행할 수 없다. 내적 관계 이설에 따르면 'A는 B에 선행한다'라는 관계는, 궁극적으로 분석되면, A와 B가 한 부분으로 구성하는 전체의 한 속성이다. 그런데 그 전체의 관점에서 보면 A가 B에 선행한다는 것과 B가 A에 선행한다는 것은 구분될 수 없다. 러셀의 말을 직접 들어보자.

나는 내적 관계 이설이 '반대칭적' 관계들—A와 B 사이에는 성립하지만, B와 A 사이에는 성립하지 않는 관계들—의 경우에 특히 적용 불가능하다는

---

3   Russell, B., "Logical Atomism", in *Logic and Knowledge*, 178쪽.

것을 알게 되었다. 선행(先行)이라는 관계를 다시 취해보자. 만일 A가 B에 선행한다면 B는 A에 선행하지 않는다. 만일 B에 대한 A의 관계를 A와 B의 형용사로 표현하고자 한다면, 우리는 날짜로 그러한 시도를 해야만 할 것이다. A의 날짜가 A의 속성이고 B의 날짜가 B의 속성이라고 말할 수도 있지만, 이는 아무런 도움이 되지 않을 것이다. 왜냐하면, 우리는 A의 날짜가 B의 날짜에 선행한다고 계속 말해야 할 것이며, 그리하여 그 관계로부터 벗어나지 못할 것이기 때문이다. 만일 그 관계를 A와 B로 구성된 전체의 어떤 한 속성으로 간주하려는 계획을 받아들인다면, 훨씬 더 어려운 곤경에 빠지게 된다. 왜냐하면, 그 전체 안에서는 A와 B는 어떤 순서도 지니지 않으며, 그리하여 'A는 B에 선행한다'와 'B는 A에 선행한다'는 서로 구분될 수 없기 때문이다. 반대칭적 관계들은 대부분의 수학에서 본질적이므로, 이러한 이설은 중요했다.[4]

그리하여 러셀은 그가 '외적 관계 이설(doctrine of external relations)'이라고 부르는 것을 그 대안으로 제시한다. 이 견해에서는 관계를 궁극적으로 어떤 것의 속성으로 보는 것이 아니라, 어떤 다른 것으로 환원할 수 없는 '실재적'인 것으로 간주된다. 관계들은 어떤 대상들로 이루어진 전체의 내적인 속성이 아니다. 또한, 최종적 분석의 끝에 '관계'가 있다면, 어떤 유일한 전체나 실재를 반드시 상정해야만 하는 것은 아니며, 오히려 그 관계를 이루는 항들이 실재한다고 볼 수 있다.

4   Russell, B., *My Philosophical Development*(George Allen & Unwin LTD, 1959), 55쪽.

3. 논리주의와 유형 이론

1898년에 헤겔과 브래들리의 관념론을 포기한 러셀은 한편으로는 불안정한 상황에서 자신의 철학의 방향을 모색하는 시기로 접어든다. 관념론에서 벗어나면서 주어진 해방감은 곧 그것을 대체할 새로운 사상을 모색할 것을 요구하였다. 2년 후 러셀은 자신의 철학에서 매우 중요하고 결정적인 변화를 겪는다. 러셀의 말을 들어보자.

나의 철학적 작업에는 한 가지 주요한 분기점이 있다. 1899~1900년에 내가 논리 원자론과 수리 논리학에서 페아노(Peano)의 기법을 받아들인 것이다. 이는 거대한 혁명과 같은 것이어서, 순수한 수학적 작업을 제외한 이전의 나의 작업들을 그 이후에 내가 했던 모든 것들과 관련 없는 것으로 만들어 버렸다. 이 기간 동안의 변화는 하나의 혁명이었고, 이후의 변화는 점진적인 것이었다.[5]

이 인용문에서 알 수 있는 바와 같이, 러셀은 그러한 혁명적 전환점을 두 가지로 요약하고 있다. 즉 그가 이 기간에 "논리 원자론의 철학과 수리 논리학에서 페아노(Peano)의 기법을 받아들였다"는 것이다. 전자는 앞 절에서 서술한 것과 깊은 관련이 있다. 즉 일원론을 거부하고 난 후 그는 그 대안으로서 다원론을 채택하였으며, 이제 러셀은 이를 '논리 원자론'이라

---

5   Russell, B., *My Philosophical Development*(George Allen & Unwin LTD, 1959), 11쪽.

는 좀 더 구체적인 착상으로 발전시켰던 것이다. 그러나 이는 아직 기본적인 착상에 머물러 있었을 뿐, 더 구체적이고 체계적인 형태가 성립하는 것은 가까이는 1905년 「지시에 관하여(On Denoting)」라는 논문과 더 멀게는 1912년 비트겐슈타인과의 만남을 기다려야 했다.

페아노의 기법을 받아들였다는 것은 러셀에게는 마찬가지로 매우 중요한 사건이었다. 러셀은 1900년 파리에서 개최된 국제 수학자 대회에서 페아노의 기호법과 또 페아노의 수학 기초론 작업을 접하게 되었고 그 엄밀성에 깊은 인상을 받았다. 페아노의 기호법은 '∼'나 '⊃'와 같은 문장 연결사의 현대적 표기법을 낳게 한 것이었다. 러셀은 페아노의 기호법에 숙달되자마자, 철학적으로 모호한 영역에까지 그것을 확장하여 적용할 수 있으리라고 확신하게 된다. 또한, 러셀은 페아노의 수학 기초론 작업에 깊은 인상을 받았다. 페아노는 자연수를 확정적으로 규정하는 산술의 공리들을 제시하였다. 러셀은 이미 열한 살 때 친형으로부터 기하학을 배웠고 그때 증명되지 않은 공리를 기하학의 기초로 받아들여야만 한다는 사실에 실망했던 적이 있다. 이러한 러셀에게 페아노의 엄밀한 작업은 어떤 새로운 돌파구를 모색하게 하는 촉진제였던 것이다.

그리하여 그는 1900년부터 수학의 기초에 관한 문제를 본격적으로 연구하기 시작한다. 이 과정에서 그는 '수학은 논리학의 확장'이라는 생각을 하게 되는데, 이러한 주장은 '논리주의(logicism)'라고 불린다. 그뿐만 아니라 그는 1901년에 프레게의 『개념 기호법』을 처음으로 읽게 되었고, 프레게의 수학에 관한 기본적인 생각이 자신의 논리주의와 동일하다는 것을 알게 된다.

사실상, '논리주의'의 엄밀한 주장을 최초로 제시한 철학자는 프레게이다. 그는 이미 1880년대에 이러한 주장을 개진했지만 아무도 그것을 제대로 이해하지 못했다. 프레게가 양화사를 도입함으로써 기존의 논리학과는 질적으로 다른 새로운 논리학을 개척했다는 사실과 그 작업의 가치를 감지하고 이를 영어권에 최초로 소개한 철학자는 러셀이었다. 어쨌든 러셀의 이러한 연구는 1912년경까지 계속되는데, 그 결과로 나온 것이 화이트헤드와의 공저 『수학 원리』이다. 이 기념비적인 저서의 주요한 주제는 논리주의(logicism)와 유형 이론(theory of types)으로 요약할 수 있다.

논리주의는 이미 지적했듯이 수학이 논리학의 확장이라는 주장이다. 즉, 모든 수학적 개념이 논리학의 개념으로부터 정의되고, 또 모든 수학의 정리들이 논리학의 공리로부터 도출될 수 있다는 주장이다. 프레게는 이미 수를 최초로 논리적인 용어로 정의하였고, 러셀은 프레게의 생각을 바탕으로 논리주의의 프로그램을 완성하고자 시도한다.

유형 이론은 20세기 초에 발발했다는 소위 '수학의 위기'를 불러일으킨 '역설(paradox)'과 관련이 있다. 역설이란 아무런 문제가 없는 것처럼 보이는 전제로부터 아무런 문제가 없는 추론 규칙을 적용했음에도 불구하고 모순적인 결과가 나올 때 이를 일컫는 말이다.

먼저 거짓말쟁이 역설을 간단히 살펴보자. 거짓말쟁이 역설의 가장 고전적인 형태는 소위 '에피메니데스(Epimenides)의 역설'이다. 크레타 사람인 에피메니데스가 "모든 크레타 사람은 거짓말쟁이다"라고 말했다. 다시 말해 "크레타 사람이 말한 모든 문장은 거짓이다"라고 말했다. 그런데 실제로 크레타 사람이 말한 모든 문장이 거짓이었다고 가정하자. 그렇다면 에피메니데스가 말한 문장은 참인가 거짓인가? 그러한 가정하에서는 에피메니데스가 말한 문장은 참이라면 거짓이고, 또 거짓이라면 참이다. 즉 역설이다.

에피메니데스의 역설보다 더 간단한 거짓말쟁이 역설은 다음과 같다. 예컨대, "이 문장은 거짓이다"(이때 이 문장은 자기 자신을 가리키는 자기 지시 문장이다)는 참인가 아니면 거짓인가? 곰곰이 따져보면, 그 문장은 참이라면 거짓이고, 거짓이라면 참이다.

애초에 수학자들은 이러한 역설을 일종의 오락거리와 같은 가벼운 문제로 취급하였다. 그런데 수학의 기초와 관련하여 심각한 역설들이 발견되었다. 그 대표적인 것 중 하나는 1902년 6월에 러셀이 프레게에게 서신으로 알린 '러셀의 역설'이다. 러셀의 역설은 다음과 같다. 추상적 개념들의 집합은 그 자체가 추상적 개념이므로 추상적 개념들의 집합에 속한다. 그러나 호랑이들의 집합은 호랑이가 아니므로 호랑이들의 집합에 속하지 않는다. 이제 호랑이들의 집합과 같이 자기 자신에 속하지 않는 모든 집합의 집합을 생각하고 이를 R이라고 부르자. 즉 R = {x | x ∉ x}이다. 그렇다면 R은 R의 원소인가? 만일 R이 R의 원소라면 R의 정의에 따라 R은 R의 원소가 아니다. 만일 R이 R의 원소가 아니라면 R의 정의에 따라 R은 R의 원소이다. 따라서 R은 R의 원소도 아니고 R의 원소가 아닌 것도 아니다.

다음으로 그렐링의 역설을 살펴보자. '짧은'은 짧다. 'English'는 영어다. 이렇게 그 말이 지시하는 속성이 그 자신에 들어맞는 경우 그 말을 자기 술어적(autological)이라고 한다. 반면에 '긴'은 길지 않다. 'Korean'은 한국어가 아니다. 이렇게 그 말이 지시하는 속성이 그 자신에 들어맞지 않는 경우 그 말을 비자기 술어적(heterological)이라고 한다. 그렇다면 '비자기 술어적'은 자기 술어적인가 아니면 비자기 술어적인가? 그것은 자기 술어적이라면 비자기 술어적이고, 비자기 술어적이라면 자기 술어적이다.

러셀의 유형 이론은 이러한 역설들을 체계적으로 해결하려는 시도이

다. 유형 이론은 보통 단순 유형 이론(simple theory of types)과 분지 유형 이론(ramified theory of types)으로 구분된다. 러셀에 따르면, 모든 명제 함수는 유의미의 범위(range of significance)를 지니며, 그 유의미성의 범위들이 유형들을 형성한다. 예컨대, M을 '…은 죽는다'라는 술어라고 할 때, 명제 함수 Mx는 어떤 x들의 값에 대해서만 의미가 있다. 만일 x가 가령, "…은 빨갛다"와 같은 술어를 값으로 취한다면, 그 결과로 나오는 것('…은 빨갛다는 죽는다')은 의미를 지니지 않는다. 대입 결과가 의미를 지니게끔 하는 x들의 범위가 유형을 형성한다. 이 유형들은 위계(hierarchy)를 이루는데, 개체들은 유형 0, 개체들의 집합은 유형 1(첫 번째 유형), 개체들의 집합의 집합은 유형 2(두 번째 유형)이며, 이와 같이 계속 진행된다. 단순 유형 이론에 따르면, 'x ∈ y'와 같은 표현이 의미 있기 위해서는 y의 유형이 x의 유형보다 하나 더 높아야만 한다. 그리하여 'x ∈ x'나 'x ∉ x'와 같은 표현은 무의미하다. 그런데 러셀의 역설은 R = {x | x ∉ x}로부터 발생하므로, 'x ∉ x'가 무의미하다면 그러한 집합 R은 애초에 존재하지 않는다. 그리하여 러셀의 역설은 제거된다.

단순 유형 이론은 러셀의 역설을 해결할 수 있을지 몰라도 다른 역설들을 체계적으로 해결해 줄 수 없다. 그리하여 러셀이 제시한 것이 분지 유형 이론이다. 분지 유형 이론은 러셀의 '악순환의 원리'에 기초한 것이다. 악순환의 원리란 "어떤 전체도 그 자신에 의해 정의되는 원소들을 포함할 수 없다"[6]는 원리이다. 러셀은 모든 역설이 이 악순환의 원리를 위배하는

---

6   Russell, B. (1977), "The Theory of Types", in From Frege to Gödel, ed. Jean van Heijenoort, Harvard U. P., 163쪽.

'부적법한 전체들(illegitimate totalities)'을 언급했기 때문에 발생한다고 진단하며, 그러한 전체가 거론되는 명제나 표현을 무의미한 것으로 간주하고, 또 이러한 오류를 '재귀적 오류(reflexive fallacies)'라고 부른다. 가령 다음의 문장이 참이라고 가정해보자.

나폴레옹은 위대한 장군의 모든 속성들을 지니고 있다.

그리고 '지도력 있음', '총명함', '용감함', '행정력 있음'이 위대한 장군의 모든 속성이라고 가정하자. 이러한 상황에서 "나폴레옹은 지도력 있고, 총명하고, 용감하고, 행정력 있다"라고 말하는 것은 재귀적 오류를 범하는 것이 아니다. 반면에 위대한 장군의 모든 속성들을 지니고 있음 또한 '위대한 장군의 모든 속성' 중의 하나라고 간주하고서 "나폴레옹은 지도력 있고, 총명하고, 용감하고, 행정력 있고, 위대한 장군의 모든 속성들을 지니고 있다"라고 말하면 재귀적 오류를 범하는 것이다. 마찬가지로 '자기 자신에게 들어맞지 않는 모든 속성의 속성'이 '자기 자신에게 들어맞지 않는 모든 속성'의 하나라고 간주하는 것은 재귀적 오류를 범하는 것이고(그리하여 그렐링의 역설은 제거된다), "자기 자신의 원소가 아닌 모든 집합의 집합"이 '자기 자신의 원소가 아닌 모든 집합'의 하나라고 간주하는 것도 재귀적 오류를 범하는 것이다(그리하여 러셀의 역설은 제거된다).

이와 같이 분지 유형 이론에서는 '속박 변항—가령 (x)와 (∃x)에서 나오는 변항—의 값들의 범위'를 문제 삼는다. 쉽게 말하자면, '그러그러한 모든 속성', '그러그러한 모든 집합', '그러그러한 모든 문장'은 모두 재귀적 오류를 범하지 않는 한에서 의미 있다는 것이다. 가령 F를 '…은 거짓이다'

라는 술어라고 할 때, 명제 (p)Fp가 유의미하기 위해서는 p의 범위에 (p)Fp
자신은 포함되어서는 안 된다(그리하여 거짓말쟁이 역설은 제거된다).

'속박 변항의 값들의 범위'를 엄격하게 규정하게 되면 속성이나 문장
에 차수(order)를 부여할 수 있다. 가령 다음의 문장들은 차이를 지니게
된다.

나폴레옹은 지도력이 있다.
나폴레옹은 위대한 장군의 모든 속성을 지니고 있다.

러셀에 따르면, "x는 지도력이 있다"와 "x는 위대한 장군의 모든 속성
을 지니고 있다"는 둘 다 x의 명제 함수이지만, 전자는 x의 1차 명제 함수
(또는 1차 속성)이고, 후자는 x의 2차 명제 함수(또는 2차 속성)이다. 또한, 러
셀은 "x는 지도력이 있다"와 같은 함수를 서술적 함수(predicative function)
라고 부르고, "x는 위대한 장군의 모든 속성을 지니고 있다"와 같은 함수를
비-서술적 함수(non-predicative function)라고 부른다. 그에 따르면, "하나의
변항을 갖는 함수는 그것이 그것의 논항의 차수 위의 다음 차수이면"[7] 서
술적 함수이고 그렇지 않으면 비-서술적 함수이다. '지도력이 있음'은 '나
폴레옹'의 다음 차수이지만, '위대한 장군의 모든 속성을 지니고 있음'은
'나폴레옹'의 다음 차수가 아닌 것이다.

분지 유형 이론에 따르면 예컨대, 'x의 모든 속성'에 엄격한 차수가 부

---

7   Russell, B. & Whitehead, A. N., *Principia Mathematica*, volume
       1(Merchant Books, 1910), 53쪽.

여될 때에만 'x의 모든 속성'에 관한 진술은 유의미하게 된다. 하지만 일반적으로 수학에서 사용되는 'x의 모든 속성'에 관한 진술은 그러한 차수가 부여되지 않기 때문에, 분지 유형 이론은 수학적 귀납법과 같은 여러 수학의 기법이나 정리들을 손상시키게 된다. 예컨대 "공집합이 아닌 상계(upper bound)를 지닌 실수의 집합은 모두 최소 상계를 갖는다"와 같은 수학의 정리는 정식화될 수 없다.

그리하여 러셀은 자신의 논리주의와 유형 이론을 계속 견지하기 위하여 논리학의 공리로서 '무한성 공리'와 '환원 가능성 공리'를 불가피하게 도입해야 했다. 전자는 간단히 무한 집합이 존재한다는 공리이다. 이는 예컨대, 서로 다른 자연수가 서로 다른 다음 수를 지닌다는 페아노의 공리를 보장하기 위해 요구되었다. 러셀에 따르면, 무한성 공리가 참이라면, 세계에 존재하는 개별자들의 수는 어떤 임의의 귀납적 수보다 크며, 그리하여 무한하다. 그러나 전통적인 관점에서 보면, 논리학은 '형식'에 관한 학문이지 어떤 대상이나 사물의 '존재'에 관한 학문이 아니다. 즉, 과연 무한성 공리를 '논리학'의 공리로 볼 수 있는지 문제가 된다.

환원 가능성 공리란 임의의 비-서술적 함수에 대해서 그것과 형식적으로 동등한 서술적 함수가 존재한다는 공리를 말한다. 가령 "x는 위대한 장군의 모든 속성을 지니고 있다"와 같은 비-서술적 함수에 대해서 이와 형식적으로 동등한 서술적 함수 'F(x)'가 존재한다는 것이다. 가령 A, B, …, Z가 모든 위대한 장군이라면, "A는 t_1에 태어났고, B는 t_2에 태어났고, …, Z는 t_n에 태어났다"에서 얻어지는 "t_1에 태어났거나, t_2에 태어났거나, …, t_n에 태어났다"를 F라고 부르면, 그 두 함수는 동등하다는 것이다. 러셀은 환원 가능성 공리에 대해서 '귀납적 증거'가 있다고 주장한다. 그러나 비트겐슈타인은 만일 그 공리가 참이라면 우연한 행운에 의해 참일 뿐이라고 비판하고 있으며, 램지는 그러한 귀납적 증거는 전혀 논리학이나 수학과 관계가 없다고 비판하고 있다. 무엇보다도 환원 가능성 공리는 대부분의 논리학자에게는 부자연스럽고 매우 인위적인 것으로 생각되었다. 특히 비트겐슈타인과 램지는 환원 가능성 공리가 불필요하며, 반례가 있다는 것을 증명하였다.[8]

4. 기술 이론

이미 언급했듯이 러셀은 브래들리의 일원론을 거부하였다. 즉 존재하는 것은 단지 하나뿐인 것은 아니라는 것이다. 그렇다면 존재하는 것은 얼마나 많은가? 기묘하게도 러셀은 1903년에 출판된 『수학의 원리들』에서 온갖 종류의 대상들이 존재한다고 주장하였다. 그에 따르면, "수, 호메로스의 신들, 관계들, 키메라, 4차원의 공간"[9] 등도 존재한다. 요컨대 그는 극에서 극으로 사유의 전환을 이루었던 것이다. 그러나 이러한 입장이 매우 불안정한 것이라는 점은 분명하다. 만일 그런 것들이 존재한다면, 용이나 황금산과 같은 비실재적인 것뿐만 아니라, 둥근 삼각형과 같은 논리적으로 불가

---

8   이와 관련된 더 자세한 내용은 다음을 참고할 것. 박정일, 『논리-철학 논고 연구』(한국문화사, 2020), 10장(비트겐슈타인과 환원 가능성 공리), 11장(전기 비트겐슈타인과 러셀의 역설), 12장(전기 비트겐슈타인과 유형 이론).

9   Russell, B., *The Principles of Mathematics*(Allen & Unwin, 1937), 449쪽.

능한 것도 존재한다는 입장으로 나아갈 수 있기 때문이다. 더 나아가 앞 절에서 논의되었던, 러셀의 역설을 유발하는 집합 R마저 존재한다고 보아야 한다면 이는 분명히 문제가 심각하다 할 것이다.

한편, 러셀이 잠시 옹호했던 이러한 입장은 이전에 오스트리아의 철학자 마이농에 의해서 주장되었던 것이기도 하다. 가령, 다음의 문장을 보자.

(A) 황금산은 존재하지 않는다.

문장 (A)는 참이다. 우리가 아는 한에서 지구상에 황금으로 되어 있는 산은 없다. 그러나 어떻게 우리는 '존재하지도 않는' 황금산에 대해서 말할 수 있었을까? 만일 황금산이 참으로 존재하지 않는다면, 우리는 그것에 대해서 말할 수조차 없어야 하는 것 아닌가? 이러한 물음에 대해서 마이농은, 우리가 황금산에 대해서 말하는 것이 가능하고 또 (A)와 같은 문장을 통하여 실제로 말하고 있으므로 황금산은 어떤 형식으로든 존재해야만 한다고 주장한다. 마이농에 따르면, 황금산과 같은 것들은 '가능적 존재자(possible entities)'로서 존재한다. 그러나 이는 단순히 황금산이 '존재할 수도 있다'는 뜻이 아니라, 가능적 존재자의 세계에서 실제로 존재한다는 의미이다.

요약하자면 마이농의 기본적인 생각은 다음과 같다.

① 황금산이 참으로 존재하지 않는다면, 우리는 황금산에 대해 말할 수 없으며, (A)는 황금산에 관한 문장이 아니다.

② 그러나 우리는 황금산에 대해 말할 수 있으며, (A)는 황금산에 관한 문

장이다.

③ 그러므로 황금산은 어떤 방식으로 존재한다.

러셀의 기술 이론은 이러한 마이농의 생각에서 ②를 공격한다. 즉 (A)가 황금산에 관한 문장이라고 말할 수 없으며, 따라서 ③과 같은 결론이 반드시 유도되어야 하는 것은 아니라는 것이다.

그렇다면 (A)가 황금산에 관해 말하고 있는 문장이 아니라는 것을 어떻게 보일 것인가? 러셀은 '황금산'이나 '한국의 현 왕', 또는 '플라톤의 스승'과 같은 표현을 이름과 구분하여 확정 기술이라고 부른다. 확정 기술은 이름이 어떤 개별 대상을 가리키는 반면, 반드시 어떤 개별 대상을 지시해야만 하는 것은 아니다. '황금산'과 같은 확정 기술은 지시체를 결여한다. 러셀에 따르면, 고유명사는 완전하며, 확정 기술은 '불완전한 기호'이다.

일반적으로, 한 언어적 표현의 의미는 그것이 지시하는 대상이나 개체라는 주장을 '지시 의미 이론(referential theory of meaning)'이라고 부른다. 러셀은 바로 이것을 옹호하고 있는데, 이 이론의 대표적인 난점에는 '부정적 존재 진술의 문제'라고 불리는 것이 있다. 이 문제는 존재하지 않는 것을 나타내는 표현이 포함된 문장과 관련해서 발생한다. 예컨대 다음의 문장을 보자.

(B) 한국의 현 왕은 대머리다.

이 문장은 앞에서 든 문장 (A)와 그 성격이 유사하다. 둘 다 존재하지 않는 것들이 문장의 주어 자리를 차지하고 있는 것이다. 그렇다면 문장 (A)

와 (B)는 각각 참인가 아니면 거짓인가? 이 문제에 대해 러셀은 문장 (A)와 (B)가 각각 어떤 진리치를 지닌다고 생각하였다. 그렇다면 어떻게 지시체가 존재하지 않는 표현이 포함되어 있음에도 불구하고 이 문장들은 진리치를 가질 수 있는가? 또한, 어떻게 문장 (A)와 (B)는 각각 '황금산'과 '한국의 현 왕'에 대해 말하고 있는 문장이 아닐 수 있는가?

이러한 문제들을 해결하기 위해서, 러셀은 문장 (B)를 다음과 같이 분석한다. 다음과 같은 사실이 적용되는 어떤 것이 존재한다.

④ 그것은 한국의 현 왕이다.
⑤ 한국의 현 왕인 그것은 유일하다.
⑥ 그것은 대머리다.

이를 기호화하면 다음과 같다('…은 한국의 현 왕이다'를 K로, '…는 대머리다'를 B로 기호화하자). (∃x)

④' Kx
⑤' (y)(Ky ⊃ y = x)
⑥' Bx

여기에서 ⑤'는 그러한 x가 유일하게 존재한다는 것을 말하고 있다. 결국, 문장 (B)는 다음과 같이 기호화된다.

(B)′ $(\exists x)(Kx \& (y)(Ky \supset y = x) \& Bx)^{10}$

마찬가지로 문장 (A)는 다음과 같이 분석된다('…은 황금산이다'를 G로 기호화할 때).

(A)′ $\sim(\exists x)(Gx \& (y)(Gy \supset y = x))$

러셀에 따르면, 위의 ④′, ⑤′, ⑥′를 만족하는 그러한 대상은 존재하지 않으므로, (B)는 거짓이며, 마찬가지 이유로 해서 (A)는 참이다. 그뿐만 아니라, 최종적인 분석의 결과인 (A)′과 (B)′에서는 주어로서 '한국의 현 왕'이나 '황금산'이라는 표현은 나오지 않으며, 그것들은 그저 명제 함수로, 또는 술어 표현으로 나올 뿐이다. 다시 말해서, 원래의 문장에서는 어떤 것을 지시하는 것처럼 보였던 '한국의 현 왕'이나 '황금산'이라는 표현은 이러한 분석 결과 "사라져 버린다." 그리하여 러셀에 따르면, 위의 문장 (A)와 (B)는 각각 황금산과 한국의 현 왕에 대해 아무것도 말하고 있지 않다. 따라서 마이농의 논변 ①~③은 타당하지 않으며, 우리는 존재자들의 수를 과도하게 증가시킨 마이농의 존재론을 받아들일 필요가 없다.

이러한 기술 이론은 러셀의 논문 「지시에 관하여」(1905)에서 처음 발표되었다. 이 이론이 발표되었을 때 램지는 이를 '철학의 한 전형'으로 간주하였고, 많은 철학자는 그것이 20세기 철학의 발전에 중요한 공헌을 했

---

10   결국 (B)는 "한국의 현 왕이고, 한국의 현 왕이라면 유일하며, 대머리인 어떤 것이 존재한다"로 분석된다.

다고 여기고 있다. 사실상, 러셀의 기술 이론의 의의는 외적으로 동일한 구조인 것처럼 보이는 두 문장이 실제로는 그 논리적 심층 구조가 전혀 다를 수 있다는 것을 설득력 있게 보였다는 데 있다. 가령, "소크라테스는 대머리다"라는 문장과 "한국의 현 왕은 대머리다"라는 문장은 그 외형적인 문법적 구조가 주어-술어 문장인 것으로 보이지만, 기술 이론에 따라 분석하면, 그 논리적 구조가 전혀 다르다는 것이 드러나는 것이다. 이러한 관점에서 비트겐슈타인은 러셀의 기술 이론을 다음과 같이 평가하고 있다.

모든 철학은 '언어 비판'이다. [⋯] 러셀의 공적은 명제의 외견상의 논리적 형식이 반드시 그것의 실제 형식은 아니라는 점을 보여준 것이다.[11]

5. 논리 원자론

기술 이론은 러셀이 존재론을 다룰 때면 항상 격률로 삼는 '오캄의 면도날'이라는 원리—다수성(plurality)은 필연성이 없다면 전제될 수 없다는 원리—와 깊은 관련이 있다. 오캄의 면도날은 어떤 추정된 실재가 있다면 이를 그것을 구성하는 더 근원적인 실재로 대체하라는 원리로서, 존재론에서 최소의 존재자를 확보하려는 전략이다. 즉, 추정된 실재들은 논리적 구성물들(constructions)에 의해 대체되어야 한다는 것이다. 또한, 이 원리는 러

---

11   비트겐슈타인(이영철 옮김), 『논리-철학 논고』(서광사, 2006), 4.0031.

셀의 인식론에서는, "알려진 실재들(entities)로부터의 구성이 알려지지 않은 실재들에 대한 추론을 대신해야 한다"[12]는 근거로 작용한다. 러셀은 이 원리를 과학적으로 철학을 하는 데 필요한 최고의 준칙(maxim)으로 간주한다.

러셀의 '오캄의 면도날'은 소위 '환원적 분석'의 정신과 부합하는 것이다. 우리는 어떤 복합적인 대상을 분석해나간다. 그러면 그것은 더 단순한 대상들로 분해된다. 다시 그 더 단순한 대상들이 분석 가능하다면 이번에는 더욱더 단순한 대상들로 분해된다. 그리하여 더이상 분석될 수 없는 대상에 이르게 되면, 우리는 거꾸로 이를 바탕으로 원래의 복합적인 대상을 구성하거나 설명한다.

러셀의 철학에 핵심이라고 할 수 있는 '논리 원자론'은 그의 논문 「논리 원자론의 철학」(1918)에서 언급하고 있듯이, 초기 비트겐슈타인의 영향 아래 나온 것이었다. 그러나 그러한 사상이 전적으로 비트겐슈타인의 것이었다고는 말할 수는 없다. 그들은 서로 영향을 주고받으면서 나름의 철학을 발전시켰다고 말하는 것이 더 정확할 것이다. 사실상, 비트겐슈타인을 만나기 이전에 이미 러셀은 논리 원자론의 맹아와 토양을 갖추고 있었는데, 브래들리의 일원론에 대한 논박, 그의 '기술 이론'과 '오캄의 면도날'이라는 원리, 그리고 '유형 이론'이 그것이다. 이러한 생각과 원리는 존재론이건 인식론이건 어떤 것을 완전하게 설명하기 위해 충분한 최소한의 대상들이나 요소들, 즉 '논리적 원자들'을 발견해야 한다는 환원적 분석의 정신과

---

12   Russell, B., "Logical Atomism", in *Logic and Knowledge*, 326쪽.

매우 밀접하게 연결되어 있는 것이다.

그렇다면 러셀의 '논리 원자론'이란 무엇인가? 러셀은 새로운 논리학의 언어가 일상 언어의 단점과 한계를 극복할 수 있는 언어라고 생각한다. 러셀에게 논리학은 어떤 의미에서는 '철학의 본질'이다. 그것은 일상 언어의 개념적 혼란을 제거할 수 있게 하고, 또 실제적인 논리적 구조를 가려버리는 일상 언어와 달리 그것을 명료하게 드러낼 수 있다. 러셀에 따르면,

> 논리적으로 완전한 언어에서 한 명제 속에 있는 낱말들은 그에 대응하는 사실들의 구성 요소들과 일대일로 대응할 것이지만, 이러한 낱말들과 다른 기능을 가지고 있는 '또는', '아니다', '만일', '그러면'과 같은 낱말들은 그렇지 않다. 논리적으로 완전한 언어에서는 모든 단순한 대상에 대해서 오직 하나의 낱말만이 대응할 것이며, 단순하지 않은 것들은 모두 낱말들의 결합에 의해 표현될 것이다. [⋯] 이러한 종류의 언어는 완전히 분석적이며, 주장되거나 부정되는 사실들의 논리적인 구조를 단번에 보여주게 될 것이다. 『수학 원리』에서 제시된 언어가 그러한 종류의 언어로 의도된 것이다.[13]

그러면 이제 러셀의 논리 원자론을 살펴보기로 하자. 오캄의 면도날의 원리에 따라, 그리고 어떤 명제에 대해 기술 이론을 적용해나감에 따라, 우리는 복합적인 것으로부터 더욱더 단순한 것으로 나아갈 것이다. 그리하여 최종적인 분석에서 우리는 더이상 분석할 수 없는 단순한 것을 만나게

---

13   Russell, B., "Logical Atomism", in *Logic and Knowledge*, 197~198쪽.

될 것이다. 러셀이 자신의 이론을 '논리적' 원자론이라고 부르는 까닭은 이러한 분석에서 '최후의 잔여'로서 도달하고자 하는 것이 '물리적인 원자'가 아니라 '논리적인 원자'이기 때문이다. 즉, 도달하고자 하는 원자는 "물리적인 분석의 원자가 아니라 논리적인 분석의 원자인 것이다."[14] 여기에서 더 이상의 분석이 필요하지 않다고 여겨지는 것을 러셀은 '원자 사실들(atomic facts)'이라고 부른다. 러셀에 따르면, 세계는 다양한 실체들로 이루어져 있으며, 바로 이 실체들이 원자 사실들이다. 원자 사실들은 어떤 한 개별자(particular)와 속성으로 이루어져 있거나, 아니면 두 개 이상의 개별자들과 관계로 이루어져 있다. 전자는 가령 a, b, c가 개별자라고 할 때, 'a는 희다'와 같은 것이고, 후자는 'a는 b보다 작다'나 'a는 b와 c 사이에 있다'와 같은 것이다.

따라서 세계를 궁극적으로 구성하고 있는 원자 사실들은 '개별자'가 무엇이냐 하는 점에 의존해서 규정될 것이다. 러셀이 말하는 개별자는 소크라테스, 금성, 서울 등과 같은 일상적인 개별적 대상들이나 사물들이 아니다. 러셀은 '소크라테스'와 같은 일상적인 고유명사는 위장되거나 생략된 확정 기술에 불과하다는 견해를 옹호한다. 가령, '소크라테스'는 실제로는 '플라톤의 스승'과 같은 여러 기술에 대한 축약일 뿐이다. 러셀이 여러 곳에서 '소크라테스'와 같은 일상적 고유명사가 하나의 개체 또는 개별자인 것처럼 언급한 것은, 뮤니츠(Munitz)도 지적하듯이, 그저 '교육적인' 목적을 위해서일 뿐이다.[15] 그리하여 러셀에 따르면 '소크라테스'는 더 분석될 수

---

14   Russell, B., "Logical Atomism", in *Logic and Knowledge*, 179쪽.
15   Munitz, M. K., *Contemporary Analytic Philosophy*(New York: Macmillan

있는 '논리적 허구(logical fictions)'에 불과하다. 그렇다면 대체될 수 없거나 환원될 수 없는 진짜 고유명사란 무엇인가? 만일 그러한 것이 존재한다면 바로 그것이 지칭하는 것이 러셀이 의도하는 진정한 개별자가 될 것이다.

러셀은 '개별자'에 대해서 "아주 작은 조각의 색깔들, 아주 작은 소리 등과 같은 것들, 순간적인 것들"이라고 설명한다.[16] 또한 러셀은 '개별자들' 이 "원자 사실들에서 관계들의 항"이고 '고유명사'는 "개별자들을 위한 낱 말"이라고 정의한다.[17] '개별자'에 대한 이러한 러셀의 견해는 비트겐슈타인 의 생각과 대조된다. 왜냐하면, 비트겐슈타인은 『논리-철학 논고』에서 '대 상'—이는 러셀의 '개별자'에 대응하는 것이다—에 대해서 그 예를 제시 하지도 않았고 제시할 수도 없었기 때문이다.

반면에 러셀은 비트겐슈타인과 달리 복합적 사실들을 구성하고 있는 개별자('대상')의 본성을 명시적으로 규정하려고 시도한다. 이는 러셀이 영 국의 경험론적 전통으로부터 깊은 영향을 받았기 때문이다. 영국의 경험 론적 전통에서는 인식은 항상 감각 경험으로부터 시작된다. 인간의 정신은 말하자면 경험이 그 위에 무엇인가를 쓰게 될 일종의 백지이다.

러셀은 우리의 인상이나 지각을 '감각 자료(sense data)'라고 부른다. 더 나아가 러셀은 직접 대면에 의한 인식(knowledge by acquaintance)과 기술구 에 의한 인식(knowledge by description)을 구분한다. 러셀에 따르면, "어떤 추 리 과정이나 어떤 진리에 관한 인식의 매개를 거치지 않고서 어떤 사물을

Publishing Co., INC., 1981), 153쪽.

16   Russell, B., "Logical Atomism", in *Logic and Knowledge*, 179쪽.
17   Russell, B., "Logical Atomism", in *Logic and Knowledge*, 199쪽.

직접 지각하는 경우에 우리는 그 사물과 직접 대면한다."[18] 예컨대, 눈앞에 있는 책상에 대한 감각 자료들, 가령 책상의 색깔, 모양, 딱딱함 등을 우리는 직접 대면하며 즉각적으로 의식한다. 러셀은 직접 대면에 의해 인식되는 것들로서 감각 자료들, 기억, 내성, 보편자 등을 제시한다. 또한, 우리는 "플라톤의 스승은 독약을 마시고 죽었다"와 같이 (확정) 기술구를 포함하는 명제들의 의미를 이해한다. 바로 이런 것이 러셀이 말하는 기술구에 의한 인식이다.

러셀은 이 두 가지 인식에 대해서 다음과 같은 인식론적 원리를 제시한다. "우리가 이해할 수 있는 모든 명제는 전적으로 우리가 직접 대면하는 구성 요소들에 의해서 구성되어야 한다."[19] 이러한 러셀의 생각에 따르면, 우리가 실재하는 대상과 직접 접촉하는 것은 직접 대면을 통해서 가능하다. 확정 기술에 의해 주어진 것은 직접 대면을 통해 주어진 것에 의해서 구성되는 것이다.

그렇다면 러셀이 말하는, 일상적인 고유명사와는 다른 '진짜 고유명사'란 무엇인가? 러셀은 이러한 순수한 고유명사를 '논리적 고유명사'라고 부른다. 러셀에 따르면, 논리적 고유명사가 지시하는 것의 전형적인 예는 감각 자료이다. 감각 자료는 어떤 특정한 사람이 특정한 경험의 순간에 지니게 되는 것이다. 그러한 감각 자료는 '이것'이나 '저것'과 같은 지시어에 의해 지시된다. 러셀에 따르면, 바로 이러한 지시어가 논리적 고유명사이다.

18   Russell, B. *The Problems of Philosophy*(London: Oxford U. P., first published in the Home University Library 1912, Reprinted 1973), 25쪽.

19   위의 책, 32쪽.

즉, "논리적 의미에서 이름으로 사용될 수 있는 낱말들은 '이것'이나 '저것'과 같은 낱말뿐이다."[20] 가령, 흰 분필을 바라보면서 "이것은 하얗다"라고 말한다고 하자. 러셀에 따르면, "만일 당신이 '이것은 하얗다'를 받아들일 때 '이것'이 당신이 보고 있는 것을 의미한다면, 당신은 '이것'을 고유명사로 사용하고 있는 것이다."[21] 더 나아가,

그러나 만일 내가 "이것은 하얗다"라고 말할 때 표현하고 있는 명제를 당신이 이해하고자 한다면, 당신은 그럴 수 없다. 만일 당신이 이 분필 조각을 물리적 대상으로 의미한다면, 당신은 고유명사를 사용하고 있는 것이 아니다. '이것'이라는 낱말이 실제로 고유명사가 되는 것은, 당신이 '이것'을 감각의 실제 대상을 나타내기 위해 아주 엄밀하게 사용할 때뿐이다. 그리고 그러한 경우에 이 낱말은 고유명사로서 아주 이상한 속성을 지니게 된다. 즉 그것은 진행되는 두 순간에 똑같은 것을 거의 의미하지 않으며, 화자와 청자에게 똑같은 것을 의미하지 않는다.[22]

분명하게도, 이러한 러셀의 주장은 많은 의문을 불러일으킬 것이다. 과연 이러한 '이상한' 속성을 지니는 원자들로부터 원래의 복합적인 것들이 다시 구성될 수 있을까? 즉, 화자와 청자도 동일한 것을 의미할 수 없고, 매 순간 흘러가버리는 그러한 원자들로부터 세계와 우리의 인식이 구성될

---

20   Russell, B., "Logical Atomism", in *Logic and Knowledge*, 201쪽.
21   위의 책, 201쪽.
22   위의 책, 201쪽.

수 있을까? 그리고 과연 이러한 러셀의 '논리 원자론'이 전체적으로 엄밀하고 체계적이라고 말할 수 있을까?

6. 맺는말

지금까지 우리는 러셀의 철학 여정에 맞추어 그의 핵심 사상을 살펴보았다. 그의 철학 여정은 크게 세 기간으로 나눌 수 있다. 1898년 이전에 러셀은 헤겔과 브래들리의 관념론과 일원론을 옹호했었고, 그 이후에는 다원론과 영국 경험론에 입각한 논리 원자론을 구상하였다. 1900년부터 1912년까지 러셀은 수학 기초의 문제에 매진했고, 이 과정에서 기술 이론을 창안하고 『수학 원리』라는 기념비적인 저작을 완성하였다. 그 이후 그는 본격적으로 철학적인 사유에 몰두하여 논리 원자론을 제시하였다.

그러나 그의 논리 원자론은 이미 살펴보았듯이, 어떤 엄밀하고 완결된 체계가 아니었다. 그것은 차라리 일종의 프로그램이었다. 그럼에도 불구하고 러셀의 사유에는 어떤 전체적인 통일성이 있었고, 또 그의 새로운 사유 양식과 방법은 20세기 많은 철학자에게 깊은 영향을 남겼으며, 이는 결국 분석철학이라는 새로운 흐름을 형성하기에 이르렀다.

무엇보다도 초기에 러셀이 헤겔과 브래들리의 관념론을 받아들임으로써 철학을 시작했다는 것은 우리에게 시사하는 바가 크다. 비록 나중에 그것을 포기했을지라도 그가 반대한 것은 헤겔의 관념론이었지, 헤겔 역시 추구했던 존재론이나 형이상학이 아니었다. 요컨대, 분석철학이라는 새로운 흐름은 전통적인 철학적 문제를 포기하거나 배척하기보다 오히려 그것을 새로운 관점에서 조명하고 그 해결을 모색하는 과정에서 성립하였다고 말할 수 있는 것이다. 어쨌든, 분석철학의 창시자인 러셀이 이렇게 분석철학과는 완전히 상반된 독일의 관념론으로부터 철학의 여정을 시작하였다는 것은 한편으로는 아이러니하지만 다른 한편으로는 헤겔의 정반합 도식을 연상시키는 것이기도 하다.

새로운 철학 양식을 창시했다는 것만으로도 러셀의 업적은 공고하다. 그의 『수학 원리』는 논리학자로서, 그리고 철학자로서의 그의 열정을 대변하기에 충분하다. 그뿐만 아니라, 90세의 노령에도 불구하고 옥고를 치르는 등, 그의 지칠 줄 모르는 사회 활동과 실천은 분석철학이 사회와 역사를 도외시하는 철학이라는 일부의 통념과는 완전히 대조되는 것으로서, 잔잔한 감동을 불러일으킨다. 반면에 이 글에서 살펴본바, '논리 원자론'이라는 프로그램과 착상은 한편으로는 매우 강력하지만 다른 한편으로는 매우 불안정한 것이다. 이는 곧 러셀의 철학이 이후에 어떻게 전개되었을지를 암시하는 것이기도 하다.

박정일

서울대학교 철학과에서 박사학위를 취득했으며, 현재 숙명여자대학교 기초교양대학 교수로 재직 중이다. 저서에는 『추상적 사유의 위대한 힘: 튜링과 괴델』(2011)과 『논리-철학 논고 연구』(2020)가 있고, 역서에는 비트겐슈타인의 『수학의 기초에 관한 고찰』(1997), 『비트겐슈타인의 수학의 기초에 관한 강의』(2011), 『비트겐슈타인의 강의, 케임브리지 1932-1935』(2024) 등이 있다.

사용으로서의 의미:
비트겐슈타인의 통찰과 브랜덤의 추론주의 의미 이론

석기용(성신여자대학교 창의융합교양대학 교수)

1.

우리는 숨을 쉬듯 자연스럽게 언어를 사용한다. '이제부터 이런 의미의 말을 해야지' 하며 의식적으로 마음먹지 않아도 거침없이 의미 실린 말이 터져 나온다. 사실, 우리가 사용하는 언어 표현들에는 평소에 잘 의식하지 않지만 알고 보면 매우 특별한 성질이 있는 셈이다. 우리는 어떤 모양을 끄적거리거나 소리를 내거나 몸짓을 지어서 다른 누군가에게 나의 의도, 믿음, 감정, 사실, 진실, 정보 등을 전달하게 되는데, 그렇게 특정한 모양이나 소리나 몸짓을 특정한 순서에 따라 배열하면 놀랍게도 그것이 무언가를 의미하게 되는 것이다.

19세기 말 영국에서 비롯되어 주로 영어권 세계에서 발전해온 분석철학의 가장 핵심적인 탐구 영역 중 하나가 바로 언어 표현이 의미를 지니는 이 '놀라운' 현상을 해명하고자 하는 소위 언어철학이었으며, 그 바람에 특히 20세기 중후반까지의 분석철학은 아예 언어분석철학으로 불리기도 했다. 언어철학이 언어 의미(흔히 '삶의 의미'라고 말할 때처럼 은유적으로 사용될 때가 아닌, 말 그대로 언어 표현이 가지는 바로 그것으로서의)의 해명에 많은 관심을 기울인 것은 단지 언어학적 차원에서라기보다는 그렇게 함으로써 그러한 의미 발생의 원천으로 여겨지는 세계와 그런 세계를 인식하는 인간의 마음을 체계적으로 이해할 수 있는 돌파구를 찾을 수 있으리라 생각했기 때문이다.

현대 철학자 폴 호리치(Horwich)는 그의 책 『의미(Meaning)』의 서론에서 의미 문제의 중요성을 강조하기 위해 그 문제와 관련된 철학적 논제들을 한참 나열한다.

이 문제는 어쩌면 사소하고 불가사의하다고 느껴질 수도 있지만, 실은 가장 시급한 철학적 질문 중 하나다. 이 질문에 대한 답이 얼마나 다양하고 깊이 있는 문제들에 매여 있는지 한번 보라. 객관적 진리라는 것이 혹시 있다면 그것의 본성은 무엇인가? 어떤 문장은 세상의 실상이 어떠하건 상관없이 단지 그것이 지닌 의미에 의해서만 참임을 보장받게 되는가? 그 덕분에 경험에 근거하지 않는 부류의 지식을 얻을 수 있는 것일까? 우리가 늘 꿈을 꾸는 중이라거나 미친 과학자의 통 안에서 인위적으로 자극을 받는 중인 뇌라는 가설이 말이 될까? 과학 이론은 세상에 실재하는 근본적 구조를 기술하는 것일까, 아니면 데이터를 체계화하는 그저 유용하지만 무의미한 도구에 지나지 않을까? 경쟁하는 이론들은 필연적으로 서로 다른 언어들을 낳을까? 사유란 무엇인가? 사유가 표현할 수도 있을까? 우리가 우리 감각의 특별한 성질들을 분별할 수 있고 다른 사람의 감각도 그러한지 합당하게 의문을 가져볼 수 있을까? 도덕적 언명은 윤리적 사실을 표현하는 것인가, 아니면 단순히 화자의 욕망을 표현할 뿐인가? 개념 분석 같은 것이 존재할 수 있을까? 존재론은 단순히 문헌학의 요점을 재포장한 것일까? '휴가 간 언어'는 철학적 수수께끼의 독특한 원천일까?[1]

여기에 열거된 문제들 목록을 보면, 인식론, 존재론, 심리철학, 윤리학, 과학철학 등 주요 철학 분야의 주요 철학적 주제가 거의 모두 언급되었음을 알 수 있다. 호리치에 따르면, 언어적 의미의 본성에 관해서 어떤 견해를 취하느냐에 따라서 이 문제들에 대한 답변은 현저히 달라질 수 있다.

2.

그렇다면 언어적 의미의 본성은 무엇일까? 언어 표현의 의미란 도대체 무엇인가? 그것은 어떤 '것'인가? 그게 아니면 무엇인가? 우리의 언어는 어떻게 의미를 갖게 되는 것일까? 특정하게 배열된 모양이나 소리나 몸짓 같은 것들 그 자체에 원래부터 특정한 의미가 내재해 있는 것은 아닐 것이다. 우리말에서 철학을 의미하는 말이 '철학'일 수도 있고, '哲學'이나 'philosophy' 같은 다른 말일 수도 있었을 것이고, 이도 저도 아닌 '멍멍'이나 '야옹' 같은 말의 의미가 철학이었을 수도 있었다.

특정 의미를 담기 위해서 어떤 특정 언어 표현을 사용할 것인지는 순

---

1   P. Horwich, *Meaning*(Oxford, 1998), 1쪽.

전히 규약의 문제일 수 있다. 벌레가 나뭇잎을 갉아 먹다가 생긴 특정한 모양이나 거북이 등껍질을 태워서 생긴 갈라진 금들의 모양이 그 자체로 무언가 의미를 담고 있다고 말할 수는 없을 것이며, 나뭇잎에 뚫린 벌레 구멍이나 거북 등딱지에 생긴 균열이 어떻게 무언가를 의미하게 되는 건지 설명하려면 '무언가를 의미함'이라는 특별한 현상의 본성에 관해 더 깊이 있는 이해가 선행되어야 할 것이다. 그리고 대개 그런 이해를 시도할 때 우리는 적어도 두 가지 핵심 요소를 고려하게 된다.

한 가지 요소는 언어 표현이 세계 내의 어떤 그 무엇과 모종의 관계를 맺고 있다는 측면이다. 말을 주고받는 우리의 대화는 주로 '무언가에 대한' 것이기 마련이다. 언어 표현은 무언가를 가리킨다. 언어 표현과 세계의 대상이 맺는 이러한 관계를 이른바 '표상' 측면이라고 부를 수 있을 것이며, 이 측면에 대한 고려가 언어 표현의 의미를 이해하는 데 결정적으로 중요하다는 데에는 의문의 여지가 없다. 더불어 고려해야 할 또 다른 요소는 그러한 언어 표현을 이런저런 목적으로 사용하는 언어 사용자가 존재한다는 사실이다. 언어 표현의 의미 문제를 제대로 파고들려면 현실 세계의 언어 사용자들이 그런 표현을 어떤 상황에서 어떤 목적으로 사용하여 소통하는지 이해할 필요가 있다. 언어 표현과 언어 사용자의 관계를 우리는 언어 표현의 '사용' 측면이라고 부를 수 있을 것이다.

3.

표상과 사용이라는 언어 표현의 두 가지 핵심 요소는 의미의 본성에 대한 일반적 이해를 제공하려는 언어철학의 의미 이론이 논의의 출발점으로 삼을 수 있는 두 개의 핵심축을 형성한다. 이 두 개의 축 가운데 그래도 어느 하나를 기축으로 삼아야 한다면 그것은 무엇일까?

자, 건물 2층에서 공사를 하던 작업자가 아래에 있는 동료 작업자에게 "어이, 벽돌!"이라고 외치는 상황을 한번 상상해보라. 이때 작업자가 내뱉은 '벽돌'이라는 단어의 의미는 그것이 단지 저쪽에 쌓여 있는 벽돌 더미를 가리킨다는 사실만으로 충분히 설명되지 않을 것이다. 지금 상황에서 '벽돌'이라는 외침에는 분명히 벽돌을 가지고 위로 올라오라는 의미가 담겨 있을 것이다. 밑에 있던 동료 작업자가 '벽돌'이라는 단어를 듣고 그 단어가 벽돌을 가리키는 말임을 알아듣는 것만으로는 그가 그 단어의 의미를 이해했다고 말할 수 없는 셈이다. 분명 그 말의 의미는 두 사람의 언어 사용자 사이에서 수행되는 언어 행동의 맥락을 고려해야만 온전하게 드러날 수 있다. 이것은 언어 표현의 의미와 관련하여 사용 측면의 중요성에 새삼 상기하게 해준다.

이제 다른 각도에서 생각해보자. 지금 그 두 사람의 소통에서 '벽돌'이 벽돌을 가리킨다는 사실이 전제되어 있지 않다면, 과연 둘 사이의 소통이 가능했을까? 만약 위층 작업자가 "벽돌!"이라고 고함쳤는데, 아래 있던 동료 작업자가 기와를 지고 올라왔다면, 분명 둘 사이의 소통은 실패한 것이다. "벽돌!"이라는 외침이 '벽돌을 가져오라'라는 뜻일 수도 있고, '벽돌을 조심하라'라는 뜻일 수도 있고, '벽돌을 치우라'는 뜻일 수도 있겠지만, 이러한 다양한 방식의 사용들(그래서 그 표현에 '다양한 의미가 있다'라고 여길 수 있는 상황들)에 어떤 공통 요소가 들어 있다고 생각하는 것은 너무도 자연스럽다.

각각의 상황에서 '벽돌'이라는 단어가 그러한 각각의 의미로 사용될 수 있는 것은 그 단어가 언어 사용자들이 공유하는 이른바 '사전적 의미' 혹은 '문자 그대로의 의미'를 갖고 있기 때문이다. 그 덕분에 언어 사용자들은 그 단어를 그때그때 맥락과 의도에 맞게 사용할 수 있고 또 그에 따라 그 말의 의미를 알아들을 수 있는 것이다.

단어의 그런 사전적 의미 자체보다 그 단어를 어떻게 사용하느냐가 더 우선이라고 생각하는 것은 상식적으로 봐도 선후 관계가 뒤집힌 꼴이며, 어떤 언어 표현이 어떤 특별한 상황에서 어떤 특별한 방식으로 쓰이든지 간에 그 표현은 그 자체로 의미가 있어야 한다. 그리고 그러한 사전적 의미는 대체로 그 단어가 무엇을 가리키는지, 즉 표상 관계(혹은 지시 관계)를 통해 확보된다고 말할 수 있다. 이것이 우리의 일상적 직관에 더 잘 부합하는 설득력 있는 설명인 것 같다. 실제로 이 입장이 의미 이론의 전통에서 주류에 속하는 견해였다고 보아도 무방하다.

이렇게 언어 표현이 지닌 표상 측면을 기축으로 삼고 그러한 성질에 기반하여 나머지 의미 현상의 모든 특징을 설명하고자 하는 이론적 시도를 통칭해서 흔히 표상주의 의미 이론이라고 부른다. 표상주의 의미 이론은 여러 철학자에 의해 다양한 형태로 등장하였다. 그중에서도 우리는 완성도 높은 고전적 표상주의 의미 이론의 전형으로 가장 위대한 20세기 철학자 중 한 명인 루트비히 비트겐슈타인(Wittgenstein)이 『논리철학논고』(이후 『논고』)에서 전개한 '그림 이론'을 꼽을 수 있다.

비트겐슈타인은 이 책에서 언어와 세계 사이에 모종의 지시적 관계로서 이른바 그림(picturing) 관계가 성립한다고 보고 이를 기반으로 언어적 의미 문제에 대해 일관되고 체계적인 이론을 제시하고자 하였다. 그리고 그는 그러한 자신의 의미 이론이 비단 언어적 의미 문제뿐만 아니라 기존 철학의 모든 문제를 성공적으로 일소했다고 자평하고 철학의 종언을 선언한 채 명시적인 모든 철학적 활동을 중지하였다.

하지만 몇 년의 세월이 지난 후 그러한 표상주의적 이론 틀에 심각한 결함이 있다는 사실을 깨닫고 언어적 의미에 접근하는 전혀 상반된 방향을 제시한 철학자가 등장하게 된다. 바로 앞서 그런 이론 틀에 부합하는 포괄적 의미 이론을 제시하고 철학의 모든 문제를 해결했노라고 공언했던 비트겐슈타인 본인이었다.

7년 동안의 휴지기를 거쳐 1930년대에 철학계에 복귀한 비트겐슈타인은 언어를 바라보는 자신의 이전 관점을 철저히 수정하고 언어와 의미에 관해 전혀 새로운 견해를 주장하기 시작하였다. 비트겐슈타인은 전기 저작인 『논고』에서 주장했던 언어에 관한 기존 견해들을 대부분 철회하고, 언어 사용자들이 특정 조건에서 특정 언어 표현을 사용하는 구체적인 언어 실행의 맥락에서 의미를 조명해야 한다는, 소위 '사용으로서의 의미(meaning as use)'라는 새로운 시각을 제시하게 되었다.

§43. "의미"란 단어를 이용하는 경우의 많은 부류에 있어서—비록 모든 경우에 대해서는 아닐지라도— 그 단어는 이렇게 설명될 수 있다. 즉, 한 단어의 의미는 언어에서의 그것의 사용이다.[2]

---

2   L. Wittgenstein, *Philosophical Investigation*, §43

그는 '표상하는 것 즉 언어 표현'과 '표상된 것 즉 그 표현이 가리키는 것' 사이의 특정한 관계(그에게는 '그림 관계'였다)를 의미 이해의 기본 틀로 설정하고 그러한 관계를 언어 사용의 전제 조건으로 간주하는 표상주의 지향의 의미 이론(앞서 자신이 『논고』에서 주장했던 바로 그런 이론)은 원리상 가망성 없는 결과를 낳을 수밖에 없다고 생각하였다. 표상주의의 설명 모형 자체가 언어 표현과 대상 사이의 지시 관계 같은 일종의 형이상학적 가정을 무작정 원초적인 것으로 받아들인 채 그것으로부터 나머지 모든 의미 현상을 설명하려는 정당성 없는 시도이다. 더구나 그런 방향으로의 접근은 결국 언어의 사용 측면을 제대로 해명하지 못하게 된다는 것이 더 결정적인 문제다.

비트겐슈타인에 따르면 표상을 통해 사용을 해명하는 것이 아니라, 그 방향을 뒤집어야 한다. 언어 사용자들이 언어 표현을 써서 언어 행위를 수행하는 사용 측면에서 표상 측면을 해명해야 한다는 것이다. 『논고』에서처럼 언어-세계 지시 관계에 기반하여 성립한다는 언어란 그저 '휴가 간 언어'일 뿐이다. 그의 이런 새로운 발상이 유고로 발간되어 그의 후기 사상을 대표하는 저작 『철학적 탐구』(이하 『탐구』)에 집약되어 있다.

4.

표상주의 의미 이론에 대한 비판이 정당한지는 일단 논외로 하고, 대신 이런 의문을 제기해보자. 비트겐슈타인의 제안대로 의미 해명 작업의 출발점을 언어 표현의 사용 측면에 둔다고 할 때, 과연 이를 통해 언어적 의미에 대해 체계적인 이론을 성공적으로 고안해내는 일이 가능할까? 먼저 의미 이론의 성공 여부를 가늠할 기준이 무엇일지부터 생각해보자.

무엇보다도, 성공적인 의미 이론이라면 당연히 어떤 특정한 언어, 이를 테면 한국어에 대해서, 한국어 문법에 부합하는 모든 문장의 의미를 일관성 있게 결정해줄 수 있어야 할 것이다. 다시 말해, '문장 S는 (한국어에서) P를 의미한다'와 같은 일종의 정리(定理, theorem)를 모든 한국어 문장에 대해 산출할 수 있어야 한다. 하지만 한국어에서 유의미한 문장의 수는 무한할 것이므로 단순히 그런 정리를 모두 나열한다는 것은 불가능하고, 그래서는 한국어 문장의 의미에 통달하는 일도 불가능할 것이다.

우리가 무한한 곱셈식을 전부 배우지 않아도 구구단 표와 곱셈의 계산 원칙을 갖고서 모든 종류의 곱셈을 수행할 수 있듯이, 무언가 그와 유사한 방법이 지금 경우에도 있어야 한다. 한 가지 유력한 방법은 문장이 유의미한 구성 요소들, 즉 단어들로 이루어져 있다는 점에 착안하는 것이다. 어쨌든 단어들은 유한할 것이고 그것들이 합쳐질 때 따라야 할 문법 규칙도 유한할 것이다. 이런 것들을 알고 나면, 우리가 무한한 곱셈식을 하나하나 따로 배우지 않아도 곱셈을 수행하는 데 아무 문제가 없듯이 무한한 문장의 의미를 하나하나 따로 배우지 않아도 그 의미를 이해하는 데 문제가 없을 것이다.

실제로 우리가 유의미하게 사용하는 언어 표현들은 독립적으로 의미를 지닐 수 있는 구성 요소들로 분해될 수도 있고 또는 다른 언어적 표현들과 조합하여 새로운 의미를 합성해낼 수도 있다. 이것이 바로 언어 표현의 의미가 지닌 이른바 조합성(혹은 합성성, compositionality)이라는 특성이다. 유창한 한국어 화자라면 생전 처음 듣거나 읽게 된 문장의 의미를 별다른 수고 없이 곧장 이해할 수 있는데, 처음 접한 아주 생경한 문장을 대번에 이해할 수 있는 것도 그런 구성 요소들의 의미와 조합 규칙을 알고 있기 때문일 것이다.

따라서 성공적인 의미 이론이라면 어떤 언어적 표현과 그 표현을 구성하는 요소들이 어떻게 관계 맺고 의미를 상호 분해·합성할 수 있게 되는지 일관되게 설명할 수 있어야 할 것이다. 이를 위해서 언어 표현의 기본 구성 요소들이 애초에 어떻게 의미를 지니며 그것들을 조합하는 한정된 규칙들이 무엇인지 주어져야 한다. 그런 원리상의 설명이 제공되지 않는다면, 무한한 문장을 보유한 특정 언어를 학습한다는 것은 궁극적으로 불가능할 것이고, 그런데도 세상에 능통한 언어 사용자들이 존재한다는 사실은 매우 신비로운 현상으로 받아들여야 할 것이다.

언어적 표현이 지닌 또 다른 중요한 특징들은 이른바 진리 담론과 의미의 객관성이라는 측면과 관련된다. 우리는 문장들을 사용하면서 '참' 혹은 '거짓'과 관련된 진리 담론에 참여한다. 우리는 어떤 문장은 참이고, 어떤 문장이 거짓이라고 자연스럽게 판단하곤 한다. 이 판단은 자연스러울 뿐만 아니라 우리 삶에서 매우 중요한 것이기도 하다.

언어 표현을 사용한 진리 담론은 어떻게 가능한가? 이를 이해하는 가장 상식적인 열쇠는 바로 해당 문장의 의미가 '세상이 돌아가는 실제 상황'과 맺고 있는 관계에 주목하는 것이다. 우리의 진리 담론은 참 또는 거짓을 진술하는 언어 표현의 의미와 세계 사이의 연관성 하에서 설명될 수 있으며, 그런 차원에서 볼 때, 언어 표현이 세계 내에 존재하는 대상들과 관계 맺고 있다는 언어의 표상 측면이 이 문제와 깊은 관련이 있다고 생각하는 것이 당연해 보인다.

반면, 흥미롭게도 어떤 경우는 진술의 참 거짓 여부와 상관없이 문장의 의미를 이해할 수 있기도 하다. 우리는 이런 말도 자주 하지 않는가. "그게 정말로 맞는 얘기인지는 몰라도, 어쨌든 무슨 말인지는 알겠어." 의미 이론은 의미와 진리의 연관성뿐만 아니라 이른바 진리 독립성이라 할 수 있는 이런 특징 또한 함께 설명할 수 있어야 할 것이다.

한편, 언어 표현의 의미가 객관성을 지녀야 한다는 것도 지당한 말이다. 즉, 어떤 언어 표현은 누가 보더라도 '바로 그 의미'를 가져야 하며 실제로도 대개 그렇다. 그렇지 않다면 도대체 사람들 사이에서 의사소통이 어떻게 이루어질 수 있겠는가. 의미의 객관성은 의사소통의 전제 조건인 셈이다. 이와 관련하여 언어적 의미란 오로지 나만이 내 마음속에서 독점적으로 접근할 수 있는 것이 아니라 언어 사용자들이 함께 사용할 수 있어야 한다는 공유 가능성, 의미가 그때그때 수시로 바뀌어서도 안 된다는 지속성도 의미의 중요한 특징인 것 같다.

의미의 객관성, 공유 가능성, 지속성 등의 특징도 언어의 표상 측면과 밀접한 관계가 있어 보인다. 살아온 경험과 배경 지식이 서로 다른 대화 상대자들이 제각기 사용하는 표현들이 무언가 같은 대상에 관한 것들임을 인정할 수 있을 때 의미의 객관성을 설명할 수 있는 최소한 단서를 마련할 수 있지 않겠는가. 어쨌든 적절한 의미 이론이라면, 이런 특징들도 어떤 방식으로든 설명할 수 있어야 할 것이다.

중요한 특징들을 몇 가지 더 언급해보자. 우리는 언어 표현을 잘못 사용할 수 있다. 잘못 사용할 수 있다는 것은 올바르게 사용하는 것이 무엇인지 알고 있음을 전제한다. 특정한 소리가 녹음되어 있는 자명종은 특정 시점이 되면 어김없이 그 소리를 발생시킨다. 그러나 그 자명종은 그 시점이 되면 꼭 그때 그러한 소리를 내야 한다는 사실을 정당화하지 못한다. 다만 기계적으로 그 소리를 발생시킬 뿐이다. 그러나 우리의 언어 사용은 이와는 다르다. 우리는 어떤 문양이나 음성을 어떤 조건에서 사용해야 하는지 알고 있으며, 또한 그러한 사용을 정당화할 수 있다. 이것은 우리의 언어 사용에 기계적인 인과적 귀결이거나 혹은 무작위적인 나열 이상의 차원이 존재한다는 것을 함축한다. 우리의 언어 사용은 모종의 규칙에 규제받고 있으며, 우리는 그러한 성질을 언어 사용의 규범성이라고 부를 수 있을 것이다(이런 특징은 해당 언어에 능통한 화자에게 그 의미가 불분명해서는 안 된다는 투명성과도 연관성이 있다고 말할 수 있다).

이와 더불어 언어적 의미가 전적으로 경험적 탐구의 대상일 수 없다는 일종의 선험적 특성 즉 경험 독립적인 특성도 해명되어야 한다. 우리가 어떤 표현을 사용하여 어떤 무언가를 뜻하고자 할 때 그 모든 과정이 경험 과학의 연구 방법론을 통해 설명될 수 있을까? 우리가 사용하는 어떤 표현들은 경험적인 내용과 무관하게 그 의미가 파악될 수 있는 것도 같다. 이를 테면, "총각은 결혼하지 않은 남자다." 같은 문장의 의미를 파악하기 위해서나 혹은 "소크라테스는 사람이고 모든 사람은 죽으므로 소크라테스는 죽는다." 같은 논증의 타당성을 검증할 때 실험이나 관찰 같은 경험적인 차원의 탐구가 필요해 보이지는 않는다. 이것은 결국 언어 사용의 규범적 특성 속에 선험적인 성격이 스며들어 있음을 뜻하는 것일 수도 있다. 그리고 그것은 다시 말해 우리의 언어적 의미와 언어 표현의 사용은 적어도 경험 과학의 인과적 접근 방식을 통해서만은 이해될 수 없으며, 의미 이론이 자연과학에 편입될 수 없는 특유의 성격을 지녔음을 함의한다.

성공적인 의미 이론이라면 분명히 언어 표현과 그것의 의미가 지닌 이러한 특성들을 모두 설명할 수 있어야 할 것이다. 이런 특징들과 그에 관련된 사실들을 일관되게 설명할 수 있는 의미 이론을 과연 구성할 수 있을까? 사실, 적절한 의미 이론의 어깨에 짊어지워진 이 모든 부담은 한 번에 하나씩조차도 해소하기 어려운 것으로 여겨진다. 따라서 이 모든 과제를 단번에 해소할 수 있는 포괄적 설명을 마련할 수 있으리라는 전망은 훨씬 더 요원해 보인다.

자, 이제 이 시점에서 비트겐슈타인의 주장으로 되돌아가보자. 그는 철학계에 복귀하면서 언어와 의미에 관해 이전까지 자신의 갖고 있던 생각을 버리고, 이른바 사용으로서의 의미를 주장했다. 그에 따르면, 의미에 대한 접근은 언어 표현의 사용 즉 언어 사용자가 실제로 언어 표현을 '사용하여 무언가를 한다는 것'에서 출발해야 한다. 앞에서도 언급했지만, 언어 표현의 표상 측면에서 출발해서 의미의 제 현상을 설명하는 것이 더 자연스러워 보이고, 지금까지 성공적인 의미 이론이 설명해내야 할 과제 목록만 보더라도 그쪽이 더 가망성이 있어 보인다. 그런데 비트겐슈타인은 단호히 그쪽으로의 접근을 거부하였다. 그렇다면 또 다른 접근로인 언어의 사용 측면을 통해서 지금까지 고려했던 성공적인 의미 이론을 구성하는 일이 과연 가능할까?

5.

비트겐슈타인의 『탐구』는 사용으로서의 의미라는 생각을 기반으로 언어적 의미를 조명하는 언어 실행론의 성격을 띠고 있지만, 그러한 통찰이 구체적인 형태를 띤 완결된 의미 이론의 수준으로까지 발전하지는 않았다. 한마디로 말해서 『탐구』 안에는 사용으로서의 의미에 관한 정연한 이론 같은 것이 존재하지 않는다. 의미에 관한 통념을 뒤집는 비트겐슈타인의 코페르니쿠스적 통찰과 다양한 비유적 설명을 제외하면, 그의 책 안에서는 '통상적'인 시각에서 적절한 의미 이론을 구성하기 위해 추려낼 만한 요소들을 발견할 수 없다. 『탐구』 안에서 이를테면 특정 언어 속한 모든 문장의 의미를 결정짓는 정리를 체계적으로 산출할 수 있는 구체적 방법을 찾아낼 길은 막막하다. 비트겐슈타인은 언어적 의미의 이해와 관련하여 언어 게임, 삶의 형식 같은 또 다른 다소 막연한 개념들을 제시할 뿐이다. 실제로, 비트겐슈타인은 언어 표현의 의미를 이해하고자 할 때 우리가 그런 명료한 정리를 제공하여 의미를 확정할 수 있어야 한다는 생각 자체를 거부하는 것으로 보인다.

우리는 이렇게 말하고 싶어 한다. […] 문장은 하나의 확정된 뜻을 가져야만 하며, 불확정적인 뜻, 그것은 실제로는 전혀 아무런 뜻도 아니라고 말이다. […] 그러나 대체 이는 참인가?[3]

"확정적이지 않다"라는 게 무엇을 의미하는지만은 우리가 이해하자! 왜냐하면 그것은 "사용 불가능하다"라는 것을 의미하지는 않기 때문이다.[4]

3   L. Wittgenstein, *Philosophical Investigation*, §99.
4   앞의 책, §88.

결국 『탐구』에서 비트겐슈타인이 수행한 작업이 의미에 관한 일정 수준의 이론화에 도달하지 못한 것은, 그것이 바로 그의 의도였기 때문이다. 언어적 의미에 관해 사변적인 이론화를 시도하는 것은 그 언어를 실제로 작동하지 않는 '휴가 간 언어'로 만드는 꼴이며, 우리는 그런 이론을 만들려 하는 대신 언어에 관한 사실들을 모으는 데 집중해야 한다. 그의 의도는 '표상'에 대비되는 '사용'을 지렛대로 삼아 언어와 의미의 문제를 해결하는 새로운 이론 체계를 수립하려는 게 전혀 아니었다. 그렇다면 우리의 언어와 의미에 관한 그의 진정한 입장은 무엇인가? 답은 이것이다. 그대로 두라.

때때로 우리는 누군가의 서재에 들어가 그의 책들과 논문들이 온통 널려 있는 것을 발견하곤 한다. 그리고 머뭇거릴 것 없이 곧장 이렇게 말할 수 있다. "엉망진창이군! 우리가 이 방을 싹 치워야겠어." 하지만 어떤 경우에는, 처음 방과 매우 비슷해 보이는 방에 들어가서도, 방안을 둘러본 뒤에 그 방을 원래대로 내버려 두어야겠다고 결정할 수도 있다. 이번 경우에는 심지어 먼지까지도 제자리에 있다는 사실을 인정하면서 말이다.[5]

비트겐슈타인에게 언어란 두 번째 방의 경우에서처럼 언뜻 무질서하게 벌려져 있어 보이지만, 실은 손끝 하나 대지 말고 그대로 두어야 하는 어떤 것이다. 굳이 언어에 대한 철학적인 접근이 가능하다고 말하고 싶다면,

5   L. Wittgenstein, 1946년부터 1947년까지 강단에 재직하던 시기에 적은 단평. 그리고 앞의 책 § 98. "한편으로는, 우리 언어의 모든 문장이 각각 '있는 그대로 정돈되어 있다'라는 것은 분명하다."

그것은 단지 그 방 안에 무엇이 어떻게 널브러져 있는지 그대로 기술하는 것뿐이다. 영국의 현대 철학자 더밋(Dummett)은 비트겐슈타인의 이러한 입장을 다음과 같이 잘 정리해주고 있다.

비트겐슈타인에게 '의미는 사용이다.' 그리고 그것은, 다른 무엇보다도, 우리가 각각의 특수한 형태의 문장 사용을 직접적으로 기술해야 한다는 생각을 동반한다. […] 그러한 구절들을 받아들일 수 있는 한 가지 방식은 그가 의미 이론에 어떤 하나의 결정적인 개념이 존재한다는 전반적인 생각을 거부한다고 보는 것이다. 즉, 각 문장의 의미는 그 문장의 사용이 지닌 모든 서로 다른 특징들의 직접적인 묘사를 통해 설명된다는 것이다. 다른 모든 특징을 끄집어낼 수 있는 획일적인 수단이란 존재하지 않는다.[6]

사실, 쉬퍼(Schiffer) 같은 언어철학자는 우리가 체계적인 의미 이론을 구성해보려고 시도할 때 도달할 수밖에 없는 종착지는 결국 '무(無)이론적 의미 이론(No-Theory Theory of Meaning)'이라며 허무한 결론을 내린 바 있다.[7] 그 결론은 지금껏 제기된 그 어떤 의미 이론도 언어적 의미에 관해 앞서 성공적인 이론이 해명해주어야 한다고 언급했던 모든 특징을 체계적이고 일관된 방식으로 설명하지 못했다는 일종의 귀납적 일반화였다. 하지만 쉬퍼는 그렇게 실패에 이르게 된 이유가 무엇인지는 따로 진단하지 않는다. 우리는 비트겐슈타인에게서 그 근본적 이유가 무엇인지 엿볼 수 있다.

---

6   M. Dummett, *Frege: Philosophy of Language*, 361쪽.

7   S. Schiffer, *Remnants of Meaning*, 마지막 단원 참조.

비트겐슈타인이 주목한 것은 언어가 우리의 삶과 맺고 있는 관계다. 사람들 사이에서 말이 수행하는 역할의 중요성은 아무리 강조해도 지나침이 없다. 인간의 의사소통은 그냥 싱거운 잡담일 때도 있고, 정보를 공유하거나, 질문을 하거나, 뭔가 부탁하거나, 명령을 내리거나, 협상하거나, 합의를 이루거나 등등 셀 수 없을 만큼 각양각색의 형태를 하고 있다. 그러한 언어 활동들은 고군분투하는 우리 모든 삶 속에 파편처럼 흩어져 있다. 인간 삶 속 거의 모든 에피소드는 언어를 통해 이루어지거나 언어를 동반한다.

"『논고』에 나타난 언어에 대한 이해와는 대조적으로, 비트겐슈타인은 이제 단어들의 사용이 인간의 삶과 행위 속에 통합되는 잡다한 방식들을 열심히 강조하고 있다. 말은 행위라고 그는 말했다. 말을 한다는 것은 뭔가를 하는 것이다. 말의 사용은 인간 삶의 태피스트리 속에 함께 짜여 있다."[8] 따라서 이론화를 거부하는 비트겐슈타인의 입장은 아마도 이 질문을 통해 이해할 수 있을 것이다. 우리 인간의 삶에 법칙이란 게 있는가? 그런 법칙을 다룬 이론이 존재하는가? 인간의 삶을 포괄적으로 그리고 체계적으로 설명할 수 있는가? 없다. 언어도 마찬가지다.

그렇다면 언어 표현의 사용 측면에 기반을 두어야 한다는 비트겐슈타인의 통찰이 의미에 관한 이론화의 포기로 귀결된 것은 결국 사용으로서의 의미를 논의의 출발점으로 삼는 한 누구도 피할 수 없는 결말이라고 보아야 할까? 비트겐슈타인 철학을 연구하는 영국 철학자 페어즈(Pears)는 이렇게 묻는다. "언어의 본질적 성격에 대한 직관적인 통찰에 관한 주장을 포

---

8   G. P. Baker & P. M. Hacker, *Wittgenstein: Understanding and Meaning*, 145쪽.

기하지 않으면서 그와 동시에 철학이 언어에 대한 이론화의 모든 시도를 포기하지 않을 수는 없었을까?"[9]

6.

비트겐슈타인의 통찰을 기준으로 구분한 의미 이론의 흐름은 크게 세 갈래라고 말할 수 있다. 한 갈래는 언어 표현의 사용 측면에서 의미 문제에 접근할 때 체계적인 의미 이론을 구성할 수 없다는 바로 그 이유에서 사용으로서의 의미라는 비트겐슈타인의 근본 통찰을 거부하고 다른 방향에서 계속해서 체계적인 의미 이론을 구성하는 작업에 몰두해온 흐름이다. 근본적으로 언어적 표현의 표상 측면을 설명의 지렛대로 삼아서 '표상하는 것'과 '표상된 것' 간의 관계를 기본값으로 설정하는 이 사조는 사실상 20세기 영미 언어분석철학계의 주류로서 현대 언어철학자들 대부분이 이 흐름에 속한다고 말할 수 있다. 이들은 표상 관계를 바라보는 비트겐슈타인의 비판적 시각에 동의하지 않는다.

또 다른 한 갈래는 비트겐슈타인의 통찰을 받아들이고 철학이 더는 의미에 관한 이론화 작업에 나서서는 안 된다고 생각하는 로티(Rorty)나 커벨(Cavell) 같은 철학자들이 형성한 흐름일 것이다. 맥다월(McDowell) 또한 과연 우리가 온전한 의미 이론을 체계화할 수 있을 것인지 그 자체에 의구

---

9   D. Pears, *Wittgenstein*, 39쪽.

심을 품고 있다. 로티는 20세기의 언어적 전회의 결말은 궁극적으로 우리의 사유가 세계의 거울이 아니며, 우리의 언어가 세계를 그리는 그림이 아니라는 사실에 대한 인식에 도달하는 것이며, 철학적인 차원에서 더 이상의 의미 이론의 과제는 남아 있지 않다고 주장한다.

비트겐슈타인의 통찰을 전면적으로 수용하거나 전면적으로 거부하는 양극단의 흐름 사이로 이어진 세 번째 흐름이 있다. 이 흐름을 형성하는 사람들은 사용으로서의 의미와 실행론적 언어관이라는 측면에서 비트겐슈타인의 근본 통찰을 수용하면서 그와 동시에 그로부터 비트겐슈타인이 도달한 종착점과는 달리 언어적 의미에 관한 체계적 설명과 이론화를 제공할 수 있다고 생각한다.

브랜덤(Brandom)의 추론주의 의미 이론은 이 흐름에 속하는 가장 체계적이고 설득력 있는 이론이라고 말할 수 있다. 그는 객관적인 의미 구성을 체계적으로 해명하는 것이 우리 언어와 의사소통의 제 현상을 이해하는 데 필요한 요소라는 점을 수용하면서, 사용으로서의 의미와 사회적 실행으로서의 언어 행위라는 관점에서 출발하여 그런 이론화에 도달하는 것이 가능함을 보이고자 한다.

7.

브랜덤의 추론주의 의미 이론이란 무엇인가? 전형적인 분석철학자와는 사뭇 다르게, 근대 합리주의자들과 칸트, 헤겔, 프레게, 비트겐슈타인, 미국의 실용주의자들, 셀라스, 더멧의 입장들을 종합적으로 수용하는 브랜덤은 1994년에 700여 쪽에 달하는 '괴물 같은 대작(monsterpiece)'[10] 『명시적으로 만들기(Makning it Explicit)』를, 그리고 2000년에는 전작을 축약하여 더 이해하기 쉽게 정리한 『이유를 또박또박 표현하기(Articulating Reasons)』를 발표하면서 근본적으로 언어적 실행론이라 부를 수 있는 이른바 추론주의 의미 이론을 체계화한다. 브랜덤은 추론주의 의미 이론의 근본 기획에 관해 이렇게 말한다.

> 이 계획을 이끌어가는, 방법론적으로 무엇보다도 중요하게 채택되고 있는 것 중의 하나는 언어적 표현의 의미를 그것의 사용을 통해 설명하고자 하는 것이며, 그것은 곧 비트겐슈타인의 실행론의 한 차원을 받아들이는 것이다.[11]

그리고 조금 더 구체적으로 말하자면,

> 주장하기의 특징들에 호소하여 주장된 것을 설명하고, 요구하기를 통해 요구된 것을, 판단하기를 통해 판단된 것을, 그리고 믿기의 역할에 의해 믿은 것을 (그뿐 아니라, 표현된 것을 그것을 표현하는 실행을 통해) 설명하고자 하는 것이다. 즉, 일반적으로 말해서, 내용(content)을 통해 실행(practice)을 설명하는 것이 아니라 그 반대 방법을 택하는 것이다.[12]

---

10   'monsterpiece'라는 표현은 미국의 언어철학자 윌리엄 라이칸이 *Making it Explicit*의 방대한 분량과 내용을 빗대어 사용한 말장난이다. W. Lycan, *Philosophy of Language*, 97쪽.

11   R. Brandom, *Making it Explicit*, Preface xii. 강조는 필자의 것임.

12   R. Brandom, *Articulating Reasons*, 4쪽.

브랜덤이 비트겐슈타인의 실행론의 '한 차원'만을 받아들인다고 말했던 이유는 분명하다. "왜냐하면, 비록 그가 그런 접근 방식의 중요성을 이해시켜주었으나, 그의 사유에 담긴 다른 특징들, 특히 그의 이론적 침묵주의가 [⋯] 사용에 관한 하나의 세밀한 의미 이론을 구성해내려는 시도를 좌절시켜왔기 때문이다."[13]

브랜덤은 이론화를 거부하는 비트겐슈타인의 침묵을 넘어서고자 한다. 그는 의미 이론의 체계적 구성을 시도하면서 그가 영웅시하는 또 한 명의 철학자 윌프리드 셀라스(Sellars)에게서 결정적인 하나의 지렛대를 도입한다. 그것은 바로 언어 표현(혹은 개념)의 '추론' 관계, 즉 그것들이 수행하는 추론적 역할이라는 개념이다. 그의 의미 이론이 추론주의라고 불리는 이유도 그것이다.

브랜덤에 따르면, 어떤 언어 표현의 구체적인 의미는 기본적으로 그 표현을 사용해서 이성을 가진 사람들로 구성된 사회 안에서 무언가를 한다는 사실, 즉 이른바 사회적 실행으로부터 설명되어야 한다. 언어 표현으로 우리가 하는 가장 전형적인 사회적 행위는 무언가를 주장하는 것이다. 다른 언어 행위들도 궁극적으로는 그렇게 무언가를 주장하는 사회적 행위를 통해 설명될 수 있다. 그리고 그러한 주장 행위는 추론하기 즉 '이유를 제시하고 요구하는 게임'을 통해서 비로소 의미를 지니게 된다. 무언가를 주장하기 위해 사용한 언어 표현(혹은 개념)의 의미가 무엇인지는 그러한 주

---

13   R. Brandom, *Making it Explicit*, Preface xiii. 그리고 실제로 이런 이유 때문에 비트겐슈타인의 후기 철학은 영미권의 주류 철학계에서 그다지 환영받지 못해온 것이 사실이다.

장이 무엇의 이유가 되고 무슨 이유에서 귀결된 것인지, 그 주장과 동시에 주장될 수 있는 것과 없는 것은 무엇인지를 결정하는 추론의 맥락 속에서 그것이 어떤 구실을 하느냐에 의해 결정된다.

비트겐슈타인과는 대조적으로, 개념에 대한 추론적 확인이 이루어졌을 때, 언어는 중심을 갖는다. 그럴 때, 언어는 누더기가 아니다.[14]

예를 들어, "지구는 둥글다"라는 우리말 문장의 의미는 무엇인가? 언어 표현의 표상 측면으로부터 의미를 해명하는 대표적인 이론인 진리-조건적 의미 이론에 의하면, 이 문장의 의미는 이 문장이 참이 되는 조건을 통해서 설명되며, 그 조건을 제시하는 과정에서 '지구'라는 표현과 '둥긂'이라는 표현이 각각 무엇을 가리키는지가 주된 확인 사항이 된다. 추론주의 의미 이론에서는, 이유를 제시하고 요구하는 게임에서 이 문장이 다른 문장들과 맺게 되는 '적절한'(당연한 말이지만, 터무니없는 마구잡이 추론이 아무 것이나 다 의미를 구성하는 요소일 수 없다) 추론 관계가 의미를 결정한다.

"지금까지 인간이 발견한 모든 행성은 둥글고, 지구가 행성이다"라는 이유로부터 "지구는 둥글다"라고 주장할 수 있으며, 또한 "지구는 둥글다"라는 이유에서 "지구는 네모나지 않다"라고 주장할 수 있다. 물론 이 게임이 이 단계에서 간단히 끝나지는 않는다. 왜 지구가 행성이라고 생각하는지 이유를 해명해야 할 필요가 있을 수 있다. 이 게임은 셀라스의 유명한

---

14   R. Brandom, *Articulating Reasons*, 14쪽.

문구를 인용하자면, 이른바 '이유의 공간'에서 '이유들' 사이의 복잡한 관계가 더 이상의 이유 추궁이 필요 없을 정도로 게임 참가자들에게 적절하게 구체화할 때 종료된다.

군이 언급할 필요도 없겠지만, 이 추론 게임에서 추론의 적절성 여부가 결국은 언어 표현의 표상 측면을 통해 결정되는 것 아니겠냐고 생각해서는 안 된다. 그렇게 되면 결국 '실행'을 통해 '내용'이 결정되는 것이 아니라 그 반대의 주류 견해로 회귀하는 꼴이 될 것이다. 추론 관계의 적절성을 지배하는 규칙은 이 게임이 수행되는 언어적 실행 안에 내재해 있는 규범들이며, 그러한 규범의 기원은 궁극적으로 자연이 아니라 사회에 있다. 이는 곧 언어적 의미의 문제란, 자연의 인과 법칙이 지배하는 '원인의 공간'이 아니라 사회적 규범이 지배하는 '이유의 공간'에서 고유하게 다루어져야 할 주제임을 말해준다. 의미 이론은 자연과학이 아니다.

자, 여기까지가 『명시적으로 만들기』의 전반부에서 다뤄진 내용이다. 그리고 그 책의 후반부는 그런 전반부의 주장을 기반으로 체계적인 의미 이론이라면 반드시 해명해야 한다고 앞서 언급했던 의미 현상의 나머지 주요한 요소들에 대한 설명을 시도하는 작업에 할애된다. 이 책의 엄청난 분량은 브랜덤이 시도한 이론화 작업이 얼마나 복잡하고 까다로운 것이었는지를 잘 보여준다.

이제 그 엄청난 대작을 통해 브랜덤이 제안하는 추론주의 의미 이론의 전반적 개요를 과감하게 다음과 같은 세 문장으로 압축해보자.

① 언어적 표현의 의미란 언어적 실행, 즉 이유를 제시하고 요구하는 게임 속에서 수행하게 되는 추론적 역할이다.

② 언어적 표현의 추론적 역할은 언어적 실행의 적절성을 지배하는 사회적인 성격의 규범들을 통해 체계적으로 설명된다.

③ 의미의 객관성 문제를 포함하여, 언어적 표현의 의미와 관련된 나머지 중요한 사실들은 ①과 ②를 통해 모두 해명될 수 있다.

이 거대한 이론적 시도는 성공적이었을까?『명시적으로 만들기』가 출간되고 30여 년의 세월이 흘렀다. 브랜덤의 추론주의 의미 이론이 적어도 지금까지는 이 분야에서 소위 '게임 체인져'가 되지 못했다는 사실을 어쨌든 인정해야 할 것 같다. 하지만 (오늘날의 철학은 그렇지도 않다고 말할지 모르겠으나) 모름지기 철학은 '느리게' 생각해야 하는 가장 대표적인 학문이다. 그리고 그래야만 하는 이유는 하나의 철학적 주장을 내놓기 위해서 꼼꼼하고 철저하게 따져보아야 할 것들이 너무도 많기 때문일 것이다. 실제로, 그의 추론주의 의미 이론 자체가 대단히 방대하고 어떤 면에서는 장황하여서 그 이론을 일목요연하게 이해하고 정돈하기부터가 대단히 어려운 작업인 것이 사실이다. 따라서 추론주의 의미 이론의 성공 가망성을 평가하려면 아직은 더 많은 연구가 필요할 것이다. 다만, 한 가지는 분명하다. 사용으로서의 의미라는 근본 통찰이 반드시 의미에 대한 체계적 이론화의 포기로 이어져야만 하는 것은 아닐 수 있다는 가능성을 브랜덤의 추론주의 의미 이론이 확실히 보여주었다는 사실이다.

석기용

현재 성신여자대학교 창의융합교양대학 교수로 재직 중이다. 서강대학교 철학과에서 언어철학을 공부하였고, 특히 로버트 브랜덤의 추론주의 의미 이론을 연구하여 박사학위를 받았다. 「셀라스-브랜덤의 '관찰에 관한 이중구조 설명'과 인식 정당성 문제에 관한 고찰」 등 여러 편의 논문을 발표하였고, 『비트겐슈타인과 세기말 빈』, 『철학으로 읽는 괴테 니체 바그너』 등 전문 철학서와 철학 교양서 다수를 우리말로 옮겼다.

원초적 해석과 의미:
데이빗슨의 인과주의 비판

이영철(부산대학교 철학과 명예교수)

1. 여는 말: 바벨탑과 원초적 해석 상황

우리의 삶에서 의미는 중요한 관심사이지만, 우리가 의미에 대해 생각하게 되는 것은 대체로 우리가 의미를 잘 아는 경우가 아니라 오히려 우리가 의미를 모르는 경우, 가령 누군가의 미소나 표정, 행동, 말의 의미를 몰라 답답한 상황들에서이다. 만일 그가 나와 같은 언어를 사용하는 사람이라면, 나는 그에게 그 의미를 물어볼 수 있을 것이다. 그러나 그렇지 않다면? 가령 그가 외국인이라면? 내가 그의 언어를 배워 알고 있거나, 아니면 다른 누가 번역해주지 않으면 안 된다. 만일 그 어느 쪽도 아니라면, 즉 그의 언어가 나로서는 그 의미를 알 수 없고 또 다른 누군가가 번역해줄 사람도 없는 그런 상황이라면, 나와 그의 의사소통은 답답하여 견디기 힘들 만큼 막히게 될 것이다.

그리고 만일 이러한 상황이 의사소통 전반으로 일반화된다면, 문제는 첨예화되고 그 극단에서 우리는 전혀 의사소통할 수 없을 만큼 서로 다른 언어를 사용하는 상황, 아마도 바벨탑이 무너지며 인간들이 처했다고 하는 상황과 비슷한 상황으로까지 이르게 될 수 있다.

성경에 나오는 이야기에 따르면, 온 세상이 한 가지 말(아담의 언어)을 쓰고 있었다. 사람들이 모여 벽돌과 역청을 써서 나중에 '바벨'로 불리는 도시를 세우고, 그 가운데에 꼭대기가 하늘에 닿게 탑을 쌓아 이름을 날리고자 하였다. 신은 이를 보고 괘씸히 여겼고, 사람들이 한 족속이라 말이 같아서 안 되겠다고 생각하였다. 그리하여 사람들이 앞으로는 다시 이런 일을 하지 못하게 하려고, 신은 사람들이 쓰는 말을 뒤섞어 놓아 서로 알아듣지 못하게 해버렸다.

인간이 감히 신의 영역에 이르고자 할 수 있었던 것은 한 족속이었던 인간의 통일된 하나의 언어 사용 때문이었고, 그래서 신은 사람들이 서로의 말을 알아듣지 못하게끔 해버렸다고 하는 이 이야기는 매우 흥미롭다. 그것은 인류의 삶에서 언어의 근본적인 역할과 한계에 대한 어떤 자각을 반영하고 있다. 이 이야기에서 신이 내린 조처는, 인식의 열매를 따 먹어 '원죄'를 지은 인류에게 먼저 영생의 나무를 감추고 인류를 에덴동산에서 쫓아내버리는 조처를 내린 이후 창세기의 인류에게 내린 두 번째의 근본적인 징벌이었다. 신은 인류에게서 언어 자체를 없애버리지는 않았다. 다만 기존의 말을 '뒤섞어놓아' 서로 못 알아듣게 해놓았을 뿐이다. 그리고 이로써 인류의 언어는 서로 갈라져 다양해졌다.

성경의 이 이야기에서 신이 하나였던 인간 족속을 사람들이 서로 말을 알아들을 수 없을 만큼 갈라놓았다고 할 때, 그 갈라진 단위는 (원래보다는 작지만) 여전히 족속을 이루는 인간 집단들이었을까, 아니면 개인들이었을까? 다시 말해서, 신은 사람들을 여러 족속으로 갈라놓아 이들 족속끼리 서로 말을 알아듣지 못하게 한 것일까, 아니면 더 가혹하게, 모든 개인끼리도—그러니까 가족 간에도—서로 말을 알아들을 수 없게 한 것일까? 아마도 전자였을 것으로 보이지만, 이에 대해서는 성경에서 그리 분명하게 이야기되어 있지 않다. 이 문제는, 어떤 것이 아무튼 하나의 언어라고 말해질 수 있으려면 그것은 공동체 단위에서 쓰이는 것이어야 하는가, 아니면 (창세기에 그려진 최초의 유일한 인간 아담의 경우와 유사하게) 순전히 한 개인 단위에서 쓰이는 것이어도 되는가 하는 문제[1]로까지 이어질 수 있다.

그러나 어쨌든 바벨탑 사건에도 불구하고, 그 이후에 인류는 신이 알아들을 수 없게 해놓았다는 서로의 말을 같은 족속 내에서는 물론 다른 족속 사이에서도—이 경우는 사실상 일부의 사람들에게 그 능력이 한정되긴 하지만—어떤 식으로 알아들을 수 있게 되었다. 어떻게 이것이 가능했는가?

이 문제는 오늘날에도 이른바 원초적 상황에서 비슷하게 재현된다. 우리가 처음에는 전혀 알아들을 수 없는 낯선 언어를 배울 때 통상적으로 의지하는 모든 도움 없이—그러니까 해당 언어를 배울 수 있는 교재와 사전, 그리고 그 언어를 이미 이해하고 있는 사람의 도움 같은 것 없이—그 언어를 사용하는 사람들을 내가 만난다면, 나는 어떻게 해야 그들의 언어를 이해하고 그들과 의사소통할 수 있을까? 가령 내가 아프리카나 아마존의 어떤 부족 사람들을 그들의 언어에 대한 아무런 사전 정보 없이 만나게 되었거나, 역으로 그 사람들이 우리 사회에 같은 식으로 들어오게 되었다면 어

---

1   이영철, 『비트겐슈타인의 철학』(책세상, 2016), 5장 참조.

떻게 될까?

아마도 사람들의 말은 서로 달라도 사람들의 삶의 형태는 기본적으로 유사하다고 할 수 있다는 점이 문제 해결의 실마리가 될 것이다. (이 점은 우리와 삶의 형태가 매우 다를 터인 지적인 외계 생명체를 만나 의사소통을 해야 하는 더 곤란한 상황을 떠올려 비교해보면 쉽게 이해할 수 있을 것이다. 어쨌든 신은 바벨탑을 쌓은 사람들의 삶까지 서로 외계인만큼 다르게 갈라놓지는 않았다.) 그러나 이러한 상황에서 우리는 구체적으로 어떻게, 어떤 원리와 방법에 의지하여 상대방의 언어를 이해하고 서로 의사소통할 수 있을까?

2. 데이빗슨의 원초적 해석론

이러한 문제를 다루기 위해 철학자 데이빗슨은 그의 스승 콰인의 '원초적 번역론'을 발전시킨 것으로 볼 수 있는 '원초적 해석론'을 제시하였다. 그가 꾀하는 것은 어떤 언어의 화자가 사용하는 임의의 표현들을 그것들의 의미(및 관련 개념)에 대한 사전 지식 없이 기술할 수 있는 경험적 증거에 기초해 이해할 수 있게 하는 경험적 이론의 구성, 혹은 그런 이론의 구성을 위한 기본 조건들의 해명이다. 경험적 이론으로서 그 이론은 화자 발언들의 의미를 알게 해줄 뿐, 의미가 무엇인지는 직접 설명하지 않는다. 그러나 데이빗슨에 의하면, 의미와 관련 개념을 전제하지 않고서 화자의 모든 말을 이해할 수 있게 해주는 이론이라면, 우리는 그 이론을 통해 '화자의 말들이 그 의미하는 바를 의미한다는 것은 무엇인가'에 대한 통찰을 얻을 수 있다. 이런 뜻에서 그는 자신의 이론을 '의미 이론'이라고 부른다.

원초적 해석론을 위한 증거들은 화자가 발언한 문장의 의미를 아직 알지 못하고도 독립적으로 확인할 수 있는 것들이어야 한다. 콰인은 그 증거들을 문장에 대한 화자의 동의 또는 거부의 행태들로 보았다. 데이빗슨도 기본적으로 콰인과 비슷하지만, 그가 채택하는 증거들은 콰인에서처럼 행태주의적으로 기술된 것들이 아니라 내포적으로 기술된, '문장을 참이라고 여기는 태도들'이다. 그에 의하면, 화자(피해석자)에게서 관찰 가능한 이러한 태도들 및 그것과 주변 상황과의 관계들이 원초적 해석론을 위한 경험적 증거가 될 수 있다. 그러나 화자의 이 태도들은 화자가 자신의 발언에 부여한 의미뿐만 아니라 세계에 대한 그의 믿음(그리고 욕구, 의도 등) 때문에 그렇게 취해진 것이다. 그 태도는 말하자면 의미와 믿음의 벡터이다.

그런데 화자의 의미와 믿음은 상호 의존적이면서도, 어느 한쪽으로 환원 가능하지 않다. 그러므로 데이빗슨에 의하면, 우리는 원초적 해석론의 증거들로부터 화자가 하는 말의 의미와 그때 그가 취한 믿음 양자를 동시에 추출하지 않으면 안 된다. 이 점에서 원초적 해석론의 문제는 결단 이론의 경우와 유사성을 지닌다(데이빗슨에 의하면, 그 양자는 결국 통합되어야 한다).

데이빗슨에 따르면, 문제의 해결은 화자의 발언과 태도에 부여되는 의미와 믿음에 모종의 정당화될 수 있는 규제가 가해짐으로써 이루어질 수 있다. 그가 의미의 측면에서 부과하는 규제는, 해석론이 유한히 공리화된 타르스키식 진리론의 형식으로 되어야 한다는 것이다. 그리고 믿음의 측면에서 부과하는 규제는, 해석자에 의해 화자에게 부여되는 믿음들이 가능한 한 상황에 맞는, 합리적인 것들이 되어야 한다는 것이다. 첫 번째 규제는 이론의 형식에 관한 것으로, 해석론이 화자의 발언들에 대해 예컨대 "(화자

s가 시간 t에 발언한) 'Schnee ist weiss'는 눈이 희면, 그리고 오직 눈이 희면 참이다'와 같은 이른바 'T-문장들'의 형식으로 진리 조건을 체계적으로 제공해야 한다는 것이 된다. 두 번째 규제는 그런 형식의 이론을 경험적 증거들로부터 얻고 검사할 수 있는 방법에 관한 것으로, 해석자는 화자에게 부여하는 명제적 태도를 데이빗슨이 '자비의 원리'라고 부르는 원리에 비추어 조절해나감으로써 화자가 합리적 행위자가 되게 해야 한다는 것이 된다.

자비의 원리는 화자의 발언을 해석하기 위해서 해석자는 화자의 발언들을 가능한 한 화자의 명제적 태도가 상황에 적합한 것이 되게 해석해나가야 한다는 것이다. 그런데 명제적 태도는 그 본성상 광범위한 정합성과 올바름을 요구하는 논리적·의미론적 속성을 지닌다고 여겨진다. 따라서 합리적 해석자가 화자의 말과 관련하여 화자에게 부여하는 명제적 태도들은 해석자가 보기에 가능한 한 정합성과 올바름을 지니도록, 그리고 결국 해석자의 명제적 태도들과 최적하게 일치되는 방향으로 조절되어야 한다. 자비의 원리는 말하자면 피해석자인 화자가 해석자와 마찬가지로 대체로 합리적 존재자가 되도록 해석해야 한다는 '합리적 조절의 정책'이다. 이 원리의 적용으로 화자의 명제적 태도들은 해석자의 명제적 태도들과 일반적으로 일치하는 것으로 상수화(常數化)될 수 있다. 그리고 그러면 해석자는 그에게 주어진 증거들로부터 화자 발언의 의미(진리 조건)를 그렇게 상수화되는 화자의 명제적 태도로부터 분리하여 추출할 수 있게 된다.

자비 원리의 적용은 화자의 믿음들과 해석자인 우리의 믿음들이 가능한 한 동일한 사건들과 대상들에 의해 체계적으로 야기되는 것으로 만든다. 그리고 그 결과 화자는 해석자에 의해 가능한 한 자신의 발언들이 상황에 맞을 때, 즉 그 상황에서 참일 때, 그 문장들을 참이라 여기는 것으로 만들어진다. 자비의 원리에 의해 화자의 믿음들이 가능한 한 해석자의 믿음과 일치하게끔 수렴됨으로써, 화자의 증거 태도들로부터 화자가 자신의 발언에 부여한 의미(진리 조건)가 분리되어 얻어질 수 있는 것이다. 데이빗슨에 의하면, 여기서 화자의 발언들에 부여된 진리 조건들은 가능한 모든 증거에 비추어 최적하게 지지받으므로 화자의 발언들과 말하자면 '법칙적'인 관계에 있다. 그리고 바로 이러한 법칙적 관계를 진술하는 것으로서 T-문장들은 비로소 해석자가 화자와 올바로 의사소통하게 해주는 것들이 될 수 있다.

　　데이빗슨에 의하면, 여기서 화자와의 의사소통을 가능하게 하는 최적의 해석론이 반드시 하나로 확정되지는 않는다. 이는 콰인의 번역론에서와 비슷하며, 그래서 이른바 번역의 불확정성 비슷하게 해석의 불확정성이 존재한다. 그러나 그래도 의사소통은 그 해석론 중 어느 것으로도 가능하고, 그런 한에서 이 불확정성은 문제될 것이 없다. 그리고 이들에 의하면, 이러한 불확정성은 사실 외국어 해석의 경우만이 아니라 이미 자국어 내에서도 발생한다. 왜냐하면, 자국어 내에서 우리는 통상 동음어적(homophonic) 해석의 방법을 따르지만, 상대적으로 드문 경우에 우리는 그 방법을 유보하거나 포기할 수 있고, 따라서 원초적 번역 혹은 해석 상황은 자국어 내에서 이미 발생한다고 할 수 있기 때문이다.[2]

2　　이영철, 『진리와 해석』(서광사, 1991), 5장 참조.

3. 데이빗슨의 인과주의

만일 우리가 원초적 해석 상황에서 경험적 증거들로부터 화자의 발언들 각각에 대해 '올바른' 진리 조건을 진술하는 타르스키의 진리론 형식의 이론을 얻을 수 있다면 우리는 화자의 언어에 대한 올바른 의미 이론을 얻을 수 있다는 데이빗슨의 생각은 많은 관심을 불러일으켰다. 그것은 한 언어의 이해를 전제하고 그 언어의 진리 개념을 정의하려 한 타르스키 진리론의 역발상에 해당한다고 할 수 있는 것인데, 즉 우리가 진리 및 충족(지시)이라는 최소한의 의미론적 개념만을 전제하고서 화자의 모든 발언의 진리 조건을 제시해줄 수 있는 (그러니까 진리론 형식의) 이론을 얻을 수 있다면, 우리는 그로부터 화자의 모든 발언을 이해함과 아울러 번역, 해석, 의미 같은 개념들에 대해 철학적인 이해를 얻는 데 이를 수 있다는 것이다.

데이빗슨의 제안은 꽤 매력적으로 보였다. 그러나 화자의 발언들 각각에 대해 '올바른' 진리 조건을 진술하는 'T-문장들'을 어떻게 얻을 수 있는가? T-문장은 외연적이다. 그러므로 데이빗슨의 이론은 가령 "(화자 s가 시간 t에 발언한) 'Schnee ist weiss'는 풀이 푸르면, 그리고 오직 풀이 푸르면 참이다"와 같이 화자의 발언에 대해 올바른 의미를 주지 못하는 '가짜 T-문장'을 걸러내야 하는 문제를 안는다. 이 문제가 극복될 수 있는지, 그리고 어떻게 극복될 수 있는지에 대해서는 논란이 많다.[3]

이전에 나는 그 문제와 관련해서 데이빗슨에 호의적인 편이었다. 그의

---

3   이에 대해서는 Glock, H.-J., *Quine and Davidson on Language, Thought and Reality*(Cambridge U. P., 2003) 참조.

주장처럼, 그의 해석론은 아마도 일정 정도의 불확정성에도 불구하고 화자의 발언들을 이해하는 데는 지장이 없을 만큼의 해석을 제공할 것으로 보였다. 이제 나는 그 문제의 해결 가능성에 관해 상당히 비관적이다. 그러나 여기서 나는 이와 관련된 직접적인 논의는 하지 않을 것이다. 대신에 나는 그런 문제를 안게 되는 데이빗슨의 기본적인 접근 방식을 살펴보려 한다. 왜냐하면, 내 생각에는 여기에 철학적으로 더 근본적이라고 할 수 있는 문제들이 있다고 보이기 때문이다.

데이빗슨은 기본적으로 화자의 발언과 발언 상황의 관계가 인과적으로 최적인, 즉 법칙적인 것이 되게 하는 해석론만이 우리에게 화자 발언의 의미를 올바로 이해할 수 있게 하는 T-문장을 준다고 본다. 그는 자신의 이론이 결국 그런 것이어야 한다는 점을 깨닫는 데 시간이 걸렸다고 말한다.

나에게 더디게 온 또 다른 생각은, 내가 진리 이론들을 경험적 이론으로 취급하고 있었으므로, 그 공리들과 정리들은 법칙들로 여겨져야 한다는 것이었다. [⋯] 'Schnee ist weiss'가 눈이 희면 그리고 오직 눈이 희면 참인 것은 우연이 아니다. 'Schnee ist weiss'를 참되게 **만드는** 것은 눈의 흼이다. [⋯] 만약 진리 이론이 해석을 위해 충분하려면, 그것은 참 이상이어야 한다. 그것의 공리들과 정리들은 자연법칙이어야 한다.[4]

화자 발언의 진리 조건이 무엇이냐는 일반적으로 의미론적 문제로 이

---

4   Davidson, D., *Inquiries into Truth and Interpretation*(Oxford U. P., 1984), 서론, xiv 및 xviii 그리고 26쪽의 각주 11 참조.

야기된다. 그러므로 화자 발언의 진리 조건을 참되게 진술하는 T-문장이 자연법칙이어야 한다는 데이빗슨의 주장은 화자 발언의 진리 조건에 관한 의미론적 진리가 자연과학의 탐구를 통해 밝혀져야 할 인과론적 진리이며, 따라서 의미는 인과적 본성을 지니는 것으로 보아야 한다는 것이다. 이 쉽지 않은 생각의 흐름을 따라가려면 아무래도 그의 심리철학을 끌어오지 않으면 안 될 것이다. 왜냐하면, 그는 "'의미는 정신적'이고 따라서 언어철학은 심리철학의 일부"[5]라고 보기 때문이다. 그는 이런 관점에서 사유와 의미, 그리고 행위의 통합 이론[6]을 구상한다.

잘 알려져 있다시피, 그의 심리철학은 행위의 이유를 행위의 원인과 동일시한다. 어떤 행위의 (진짜) 이유는 그 때문에 그 행위가 일어나게 된 것이어야 하고, 따라서 그 행위를 일으킨 원인이지 않으면 안 된다는 것이다.[7] 이러한 관점에 기초하여 그는 정신과 물질의 이른바 (비환원적) 무법칙적 일원주의를 주장한다.[8] 이에 따르면, 정신적인 것은 물리적 시공간에서 일어나는 행위의 원인이 되는 한에서는 물리력을 지닌, 물질적인 것이어야 한다. 그러나 행위의 이유가 되는 것으로서 정신적인 것은 그것과 본질상 연관된 언어와 마찬가지로 자비 원리라는 합리적 조절 규범을 통해서 이해되어야 하고, 그런 한에서 엄밀한 물리 법칙에 따르지 않는다. 정신적인 것과

5   이영철 『진리와 해석』(서광사, 1991), 28쪽의 각주 참조.

6   Davidson, D., *Problems of Rationality*(Oxford U. P., 2004)의 열 번째 논문 참조.

7   Davidson, D., *Essays on Actions and Events*(Oxford U. P., 1980)의 첫 번째 논문 참조.

8   위의 책, 열한 번째 논문 참조.

물질적인 것의 동일성은 결국 엄밀한 인과 법칙(물리 법칙)이 아니라 단지 비엄밀한 인과 법칙을 통해 표현될 수 있을 뿐이다.

그러므로 데이빗슨이 T-문장을 자연법칙이라고 주장해도, 그것이 의미라는 '정신적인 것'에 관한 것이 되는 한, 그것은 엄밀한 법칙이 아니라 단지 비엄밀한 인과 법칙이 될 수 있을 뿐이다. 그러나 그러한 것으로서라도, 발언의 의미를 올바로 진술하는 데 쓰일 수 있는 인과 법칙적 T-문장을 얻는 일은 과연 가능한가? 하나의 발언이 어떤 조건에서만, 그리고 오직 그 조건에서만 참이라고 할 수는 있다. 그러나 그 조건이 일반적으로 그 발언의 의미를 주는 원인이라고 할 수 있는가? 똑같은 발언이 그것과의 인과 관계가 불분명한 다양한 상황에서 의미 있게 행해질 수 있으며, 똑같은 상황에서 그것과의 인과 관계가 불분명한 다양한 발언이 의미 있게 행해질 수 있다. 이는 특히 화자의 발언이 정신적인 것과 관계될 때 분명할 것이다. 왜냐하면, 사유와 같은 것은 일반적으로 외적 조건과 동일하거나 필요충분한 관계에 있다고 할 수 없기 때문이다. 그러므로 한 발언의 진리 조건이 일반적으로 그 발언을 하게 만드는 원인인지는 분명하지 않으며, 그것이 원인이어야 그 발언의 의미를 주는지는 더더욱 불분명하다.

한 발언의 진리 조건을 그 발언의 의미이자 원인으로서 본다는 것은 무엇인가? 발언의 의미를 진술하는 것은 문법적 진술이다. 그리고 문법적 진술은 발언된 문장의 사용 규칙을 보여준다. 그러므로 T-문장을 인과 법칙으로 보면서 그것이 의미를 진술해줄 수 있다고 보는 것은 문법적 규칙을 인과적 법칙으로 보려는 것이다. 실제로, 이유를 원인과 동일시하는 데이빗슨의 관점에서는, 어떤 발언을 한 (진짜) 이유가 문법 규칙(에 대한 믿음)에 있다면, 그 이유는 그 발언을 한 원인이어야 하고, 따라서 그 문법 규칙은 인과적 본성을 지닌 자연법칙이어야 한다. 그러나 이렇게 보는 것은 과연 옳은가?

4. 이유와 원인: 데이빗슨의 인과주의 비판 I

근본적인 문제는 데이빗슨이 이유와 원인을 동일시하는 데 있다고 보인다. 잘 알려져 있다시피, 데이빗슨 이전에는 많은 현대 철학자가 행위의 이유와 원인은 다르고, 행위에 대한 합리적 설명은 일반적으로 인과 관계에 호소하는 인과적 설명과 구별된다고 생각했다. 그리고 이러한 생각의 배후에는 이유와 원인은 그 놀이 문법이 다른 개념이라고 하는 비트겐슈타인의 사상이 작용하고 있었다. 데이빗슨은 말하자면 이러한 당시의 지배적인 견해에 맞서, 합리화가 인과적 설명의 일종이라는 고대의 그리고 상식적인 입장을 옹호하고 나선 것으로 이해된다. 그에 의하면, 행위의 합리적 설명이 엄밀한 법칙들을 본질적으로 포함하지 않는다는 점에서 엄밀한 인과적 설명과 다르기는 하지만, 행위의 이유들은 행위의 원인일 수 있고 또 원인이라야 그 행위를 올바로 설명할 수 있다. 즉, 행위의 이유들은 행위와 단지 논리적 관계가 아니라 인과적 관계를 지니고 있어야 행위를 단순히 합리화하지 않고 올바로 설명할 수 있으며, 이런 뜻에서 올바른 합리적 설명은 인과적 설명의 일종이라는 것이다.

그러나 여기에는 뭔가 석연치 않은 점이 있다. 데이빗슨의 생각은 이유와 원인이 서로 다른 (놀이에 속하는) 것인 듯 보이지만 실제로는 그렇지 않다는 것이거나, 아니면 그 둘이 서로 놀이 문법이 다르면서도 실제로는 같다는 것처럼 보인다. 그의 생각에 문제는 없을까?

가령 전후좌우와 동서남북을 이야기하는 두 방향 놀이 같은 것을 생각해보자. 어떤 사람이 지표상의 A 지점에서 B 지점으로 이동해 갈 때, 그는 전후좌우(여기에 상하를 더 포함할 수도 있다)의 한 방향으로, 혹은 동서남북의 한 방향으로 간다고 이야기될 수 있다. 그러나 또한 그 둘이 동시에 이야기될 수도 있다. 가령 어떤 사람이 동쪽을 향해 앞으로 간다면, 그는 앞으로 가는 것과 동시에 동쪽으로 간다. 이 경우 그가 앞으로 가는 것과 동쪽으로 가는 것은 같다. 그렇지만 전자와 후자의 기준은 전혀 다르다. 그가 앞으로 간다는 것은 그가 동쪽으로 가기 때문이 아니며, 그가 동쪽으로 간다는 것도 그가 앞으로 가기 때문이 아니다. 전자로부터 후자를 알 수 없으며, 그 역도 마찬가지이다.

동서남북과 전후좌우는 둘 다 방향 놀이에 속하지만 독자적인(sui generis) 놀이이며, 그 하나가 실제로는 다른 하나의 일종이어야 하는 것이 아니다. 우선, 동서남북은 그 방향이 정해져 있지만, 전후좌우는 그때그때 다르다. 또한, 전후좌우로의 이동은 통상 전후좌우가 부여될 수 있는 어떤 것에 대해서만 말해질 수 있다. 그리고 전후좌우로의 이동은 (장애물이 없다면) 어디서나 가능하지만, 남극과 북극에서는 북과 남 둘 중 한 방향으로만 이동할 수 있다. (그 두 놀이 중 어느 것이 더 기본적이라고 말할 수 있는지는 불명확하다. 오스트레일리아에는 전후좌우를 가리키는 말은 없고 동서남북을 가리키는 말만 쓰는 어떤 원주민이 있다고 하지만, 그 반대인 원주민도 있을 수 있을 것이다.)

이유와 원인의 관계는 어떠한가? 그 두 개념은 어떤 일이 '… 때문에' 일어났다고 그 까닭을 제시하는 놀이에서 사용된다. 차이라면, 일반적으로 원인은 모든 자연 사건과 관련해서 이야기될 수 있지만, 이유는 행위 사건과 관련된 한에서 이야기할 수 있다는 것이다. 물론, 행위 역시 자연 사건들과의 연관 속에서 일어난다. 그러나 우리는 일어난 일이 단지 자연의 조화가 아니라 인간과 같은 행위자에 의한 것이라고 할 수 있는 경우에만 그 일의 이유를 묻고 또 이유를 댄다. 그리고 여기서 이유는 행위자가 어떤 행위를 함에 있어 지닌 의도와 믿음 같은 것으로, 그 행위를 한 까닭이자 그 행위를 정당화하는 근거가 되는 것이다. 그런데 행위자의 이유가 정말 어떤 행위를 한 이유가 되려면, 그 이유는 (데이빗슨이 주장하듯이) 그 행위를 일으킨 원인이어야 하는가? 행위 이유가 행위 원인일 때만 그 이유는 행위의 실제 이유가 될 수 있는가?

어떤 사람이 지표상에서 가령 앞으로 갔다면, 그것은 동서남북의 어느 한 방향으로 간 것이어야 한다. 또한, 그가 가령 동쪽으로 갔다면 그는 (눕거나 엎드려 이동하지 않은 한) 전후좌우의 어느 한 방향으로 갔어야 한다. 그러나 이미 말했다시피, 전후좌우와 동서남북의 방향 놀이는 독자적인 것으로, 어느 하나가 다른 하나의 일종이 아니다. 어떤 사람이 앞으로 간 것이 동쪽으로 간 것이라고 해도, 이 동일성은 앞쪽이 그가 간 방향이 되는 것과는 무관하다. 다시 말해서, 그가 간 방향이 앞쪽인 것은 그것이 실제로는 동서남북의 한 방향으로서 동쪽이어서가 아니다. 마찬가지로, 이유와 원인의 놀이가 서로 다른 독자적 놀이라면, 비록 어떤 이유로 행해진 일이 어떤 원인으로 벌어진 일과 같다고 놓을 수 있다고 해도, 이 동일성은 그 이유가 그 행위의 이유가 되는 것과는 무관할 수 있다. 다시 말해서, 그 이유가 그 행위 사건을 일으킨 원인이어야 그 행위를 한 진정한 이유가 되는 것은 아니다. 어떤 사람이 북극 탐험을 위해 북쪽으로 간다면, 그가 그렇게 가는 이유는 그의 북극 탐험의 의지와 관계된다. 그러나 그가 그렇게 가는 원인은, 그가 그때 전후좌우의 어느 방향으로 가느냐에 따라 그때마다 다를 수 있다. 심지어, 그의 탐험 의지는 확고하고 한결같아도, 어느 구간에서 그는 그저 강풍에 떠밀려—그러니까 그의 의지와는 관계없이—북쪽으로 가고 있을 수 있다.

비트겐슈타인이 옳다면, 행위의 원인과 이유는 서로 다른 문법의 독자적인 놀이에 속하는 것이다. 행위의 원인은, 여타 자연 사건의 원인에 대해서와 마찬가지로, 일치하는 수많은 경험을 통해 추측해야 하는 하나의 가설로서 진술될 수 있다. 반면에 행위의 이유는 일반적으로 행위자가 추측하지 않고 알 수 있는 것으로서, 행위의 원인과는 달리 행위에 내적인 어떤 것이다. "이유를 제시하는 것은, 당신이 어떤 결과에 도달하는 데 사용한 계산을 제시하는 것과 같다."[9] 행위의 이유는 행위를 합리화하거나 정당화할 수 있어야 하며, 그런 것으로서 이유는 정당성 여부를 따질 수 있는

9   비트겐슈타인(이영철 옮김), 『청색 책·갈색 책』(책세상, 2006), 38쪽. 나는 2016년의 내 책 8장 5절에서 이와 관련된 비트겐슈타인의 생각을 다음과 같이 정리한 바 있다. 우선, 우리는 통상 자신의 행위의 이유를 말할 수 있으나 원인은 모를 수 있다. 이유와 달리, "원인에 대해서는, 우리들이 그것을 **알** 수는 없고 단지 **추측할** 수만 있다고 말할 수 있다."(비트겐슈타인(2006b), 37쪽). 그리고 이유와 달리, 원인은 (찾을 수 있더라도) 행위를 정당화해 줄 수 없다.(비트겐슈타인(2006c), §217 참조). 이는 이유가 되는 것이 규칙의 경우와 마찬가지로 (인과 기제로 환원되지 않는) 본질적 규범성을 지닌다는 것과 연관되어 있다. 이유는 행위에 대해 내적인 관계를 지니는 데 반해, 원인은 행위에 외적인 것으로 남는다. 마지막으로, 원인은 끝없이 찾아볼 수 있을지 모르나, 이유는 그렇게 할 수 없다. (정당화의 놀이 맥락에서) 이유에는 끝이 있다(비트겐슈타인(2006b), 37쪽과 237쪽, 비트겐슈타인(2006c), §217과 §485 참조).

어떤 것이어야 한다(합리화는 정당하지 않은 이유로도 가능하지만, 정당화는 정당한 이유를 요구한다). 그러나 원인은 결과를 일으키면 될 뿐, 정당성 여부를 따질 수 있는 어떤 것이어야 할 필요가 없다. 사건 A는 그것과 인과 관계에 있는 사건 B를 합리화하거나 정당화함이 없이 일으킬 수 있다. 즉 인과 관계는 합리화나 정당화의 문제와는 무관하다. 따라서 행위 이유가 되는 것(믿음과 의도)이 물리적으로 재기술되어 역시 물리적 사건으로 재기술되는 행위와 인과 관계를 지닌다고 해도, 그 이유가 그 행위의 실제 이유인 것은 그것이 이렇게 재기술된 행위의 원인이 되기 때문이라고 할 수 없다.

이러한 문법 차이에도 불구하고, 행위의 진짜 이유는 행위의 원인이어야 한다고 주장하는 것은 동일성의 문제를 부당하게 문법 초월적인, 형이상학적인 것으로 만드는 것이다. 그것은 서로 다른 놀이, 서로 다른 질서의 이면에 동일한 하나의 놀이와 질서가 자리 잡고 있어야 한다는 그릇된 통일의 열망에 사로잡힌 철학적 강변에 불과할 수 있다.[10] 그렇지 않다면 데이빗슨의 주장은 실은 행위 사건의 원인을 행위 이유의 기준으로 삼자는 제안의 성격을 지닌 일종의 말하기 방식(façon de parler)이 될 수 있을 뿐이다. 그러나 이는 이유가 동기와 비슷하게 "우리가 직접적으로 의식하여 아는 원

---

10   가령 누군가가, 이유와 원인은 인과라는 공통된 지반을 지니기에 '때문'이라는 공통의 놀이에 속하며, 둘의 진정한 차이는 비법칙적 인과의 놀이냐, 법칙적 인과의 놀이냐 하는 점에 있을 뿐이라는 식으로 주장한다면, 우리는 그 주장의 문제점을 드러내기 위해 이렇게 물을 수 있을 것이다. 그 공통의 지반이라는 인과는 비법칙적 인과이면서 법칙적 인과인가, 아니면 그 어느 쪽도 아닌 인과인가?

인, '내면으로부터 본' 원인, 또는 경험된 원인"[11]이라고 말하는 것과 비슷하게 혼동을 일으킬 수 있다. 그런 식으로 행위의 실제 이유는 행위를 일으킨 원인이어야 한다고 말한다고 하더라도, 그 원인은 그 행위 사건의 물리적 원인과 같은 뜻의 원인일 수는 없으며(후자로 환원될 수 없으며), 이유에 의한 행위의 합리적 설명이 이런 원인에 의한 사건의 인과적 설명일 수도 없다. 이 경우 원인 개념은 하나로 재단되지 않고 최소한 둘 이상의 다양성을 지니는 것으로 남을 것이다.

　데이빗슨은 (흄을 따라) "원인은 우주의 시멘트"라고 말한다.[12] 그리고 그것이 아니라면 우주에 대한 우리의 그림은 정신적인 것과 물리적인 것의 두 부분으로 해체되어 버릴 것이라고 말한다. 그러나 아마도 '시멘트'보다는 '그물'이란 말이 더 적합할 것이다. 원인(인과성)은 특정한 종류의 그물눈으로 우주 전체를 포착하여 연결하는 하나의 그물이라고 할 수 있다. 그러나 이유(합리성) 역시 다른 특정한 종류의 그물눈으로 인간 행위라는 우주의 일부를 포착하여 연결하는 하나의 그물이다. 후자의 그물눈이 전자와 다른 만큼, 후자는 전자가 우주의 나머지와 무차별적으로 포착하는 우주의 일부를 차별적으로 포착한다. 그러나 이것은 우주를 두 부분으로 해체하지 않는다. 왜냐하면, 후자의 그물이 포착하는 것은 전자의 그물에도 걸릴 수 있는 것이기 때문이다. 따라서 우주의 그 일부는 전자와 후자라는 서로 다른 두 종류의 그물에 겹으로 포착될 수 있는 것으로 이야기될 수 있다. 그러나 여기서 겹으로 포착된 것은 실제로는 전자의 그물이 아니어도

11　비트겐슈타인(이영철 옮김), 『청색 책·갈색 책』(책세상, 2006), 38쪽.
12　Davidson, D., *Essays on Actions and Events*(Oxford U. P., 1980)의 서론 xi.

후자의 그물만으로 포착될 수 있다. 즉 후자는 전자에 대해 독립적이다. 그러므로 우리는 후자가 차별적으로 포착하는 것이 실제로는 전자도 포착하는 것이어야 한다거나 어떤 것이 후자에 포착되는 것은 실제로는 그것이 전자에 포착되기 때문이라고 말할 수 없다.

5. 의미와 인과: 데이빗슨의 인과주의 비판 II

행위의 (진짜) 이유를 행위의 원인과 동일시해야 한다는 주장에 문제가 있다면, 의미 이론에서의 데이빗슨의 주장들 역시 문제를 지닐 수 있다. 그의 이론은 그 둘을 동일시해야 한다는 생각을 밑에 깔고 있거나 중요한 연결 고리로 삼고 있는 이론이기 때문이다.

데이빗슨은 우리가 임의의 언어에 대해 적절한—모종의 형식적·경험적 규제의 적용을 받는—원초적 해석 이론을 구성할 수 있다면, 우리는 '한 언어를 이해한다는 것이 무엇인가'라는 문제의 해결을 통해 결국 '의미란 무엇인가'라는 문제를 해명할 수 있다고 보았다. 그에 의하면, 그러한 이론은 대상 언어의 각 문장에 대해 그 진리 조건을 밝힘으로써 "그 의미를 주는" T-문장 형식의 진술들을 낳으며, 이 진술들은 자연법칙이어야 한다. 즉 이 진술들은 해석 대상이 되는 문장이 어떤 조건에서 참이라는 것을 넘어서, 그 조건이 그 문장을 "참되게 **만드는** 것"이라는 인과적 법칙을 진술한다는 것이다.

그런데 T-문장이 해석 대상이 되는 문장의 '의미를 주는' 것이라면, 그것은 해당 문장의 쓰임을 규정하는 문법적 진술이어야 한다. 일반적으로, 화자가 어떤 발언을 하는 중요한 한 이유는 그의 발언에서 쓰이는 문장의 뜻 때문이다. 이 문법적인 이유는 그러나 데이빗슨의 관점에서는 화자 발언(행위)의 원인이기도 해야 한다. 즉 T-문장이 진술하는 바가 옳다면, 주어진 상황에서 화자는 자신의 발언에서 사용되는 문장이 바로 T-문장이 진술하는바 그런 뜻(진리 조건)을 지니기 때문에—여기서 '때문'은 이유이자 원인으로서 이해된다—그렇게 발언하는 것으로 이해되어야 한다. 그렇기 때문에 데이빗슨은 T-문장을 한편으로는 화자 발언의 이유가 되는 문장의 의미를 주는 문법적 진술로서 간주하면서, 다른 한편으로는 화자 발언의 인과적 조건을 진술하는 자연법칙으로서 이해해야 한다고 주장하는 것이다.

문법 규칙이나 논리 규칙을 이런 식으로 이해하려는 관점은 데이빗슨의 스승 콰인으로부터 유래한다고 할 수 있다. 잘 알려져 있다시피, 콰인은 분석 명제와 종합 명제의 구분을 전체론적 경험주의의 관점에서 비판하면서 의미와 사실, 논리와 경험의 문제를 독립적인 것으로 보지 않는다. 그에게 논리적인 것은 여타의 경험적인 것보다 확고한 것으로서 구별되기는 하지만, 그 확고함은 단지 정도상의 문제일 뿐이다. 그의 관점에서는 논리적인 것도 경험적인 본성을 지니며, 따라서 논리 규칙이나 문법 규칙은 말하자면 그에게서도 이미 일종의 자연법칙과 같은 것으로 이해되었다고 할 수 있다. 데이빗슨은 다만 그가 보기에 이러한 스승의 관점에 아직 남아 있는 경험주의의 (마지막) 독단, 즉 경험 내용과 개념 틀이라는 이분법까지 넘어서면서 자연주의적 입장을 철저히 하려고 했다고 할 수 있다.

그러나 콰인-데이빗슨과 같은 이런 식의 자연주의적 관점이 얼마나 설득력이 있는지는 의문이다. 적어도 그것은 그들과 이 문제에서 대립적인 비트겐슈타인의 관점보다 더 설득력이 있어 보이지 않는다. 비트겐슈타인도 사실의 문제와 의미 문제의 구별을 고정 불변적 속성으로 보지는 않는다. 그러나 둘의 차이는 상황에 따라 가변적일 수 있는 실천적 쓰임에 의해서, 그리고 오직 이 쓰임에 의해서 주어진다. 그러므로 동일한 형식의 문장이 상황에 따라 경험 문장으로, 혹은 논리 문장으로 쓰일 수 있다.[13] 그러나 이 차이는 단지 정도상의 차이가 아니라, 쓰임에서의, 그러니까 문법적 관점에서의 차이이다. 한 문장이 경험적으로 쓰인 한에서는 그것은 문법적 문장이 아니고 그 역도 성립한다. 따라서 T-문장이 문법적으로 쓰이는 한 그것은 경험적 자연법칙일 수 없다.

콰인-데이빗슨과 비트겐슈타인 간의 이러한 차이는 언어의 최초 학습과 그 학습 이후의 일상적 의사소통 행위의 관계에 대한 서로 다른 이해와도 연결된다. 전자의 관점에서 언어의 최초 학습은 그 언어가 모국어냐 외국어냐에 따라 물론 차이가 있다(모국어 학습자에게는 외국어 학습자가 이미 의지하는 추리력이나 개념들의 비축물이 없다).[14] 그러나 둘 다 새로운 언어를 배우는 일로서, 원초적 해석을 해나가는 인과적 과정이라는 점은 동일하

---

13   비트겐슈타인(이영철 옮김), 『확실성에 관하여』(책세상, 2006), §308: "경험 명제의 형식을 지닌 것이 모두 경험 명제는 아니다." (즉 문법적 명제의 역할을 할 수도 있다.) 또한, 비트겐슈타인(코라 다이아몬드 엮음, 박정일 옮김), 『수학의 기초에 관한 강의』(사피엔스21, 2010), 171쪽 이하 참조. 이에 따르면, "사과 20 + 사과 30 = 사과 50"이라는 명제는 수에 관한 것(문법적 명제)일 수도 사과에 관한 것(경험적 명제)일 수도 있다. 어느 쪽이냐는 사용에 달려 있다.

14   Davidson, D., *Subjective, Intersubjective, Objective*(Oxford U. P., 2001), 13쪽 참조.

다.[15] 그뿐 아니라, 엄밀히 말하자면, 이 점은 언어 학습 과정 이후의 일상적 언어 사용에도 연장되어 적용된다. 왜냐하면, 앞에서도 언급했다시피, 전자의 관점에서는 우리의 일상적 언어 사용도 실은 원초적 번역 혹은 해석의 대상이기 때문이다. 콰인은 "더 깊이 숙고해보면, 원초적 번역은 본국에서 시작한다"[16]라고 말하며, 데이빗슨은 "타자의 발언에 대한 모든 이해는 원초적 해석을 포함한다"[17]라고 말한다. 다만, 이들에 의하면, 이 점은 평소의 의사소통이 동음어적 번역 혹은 해석이라는 거의 자동적인 방식으로 이루어지기 때문에 잘 드러나지 않고, 그러한 방식으로는 의사소통이 더는 원활히 이루어지지 않는 상대적으로 드문 경우에나 비로소 드러날 뿐이다.

---

15   위의 책, 88쪽. "첫 번째 언어와 두 번째 언어를 배우는 일은 물론 매우 다른 사업이다. [⋯] 그러나 [⋯] 언어 개념을 일상적인 대화에서 취급하는 것보다 더 엄격하게 취급하면, 그것들은 다 새로운 언어를 배우는 일이라고 해도 될 것이다. 왜냐하면, 우리의 언어적 자원에서 뭔가를 덧붙이거나 변경하는 것은 무엇이건 우리의 언어를 하나의 다른 언어, 새로운 언어로 만들기 때문이다." 그리고 같은 책, 203쪽. "선생은 외부 상황과 학습자의 반응이라는 두 가지에 반응한다. 학습자는 외부 상황과 교사의 반응이라는 두 가지에 반응한다. 이 모든 관계는 인과적이다."

16   Quine, W.V., *Ontological Relativity and Other Essays*(Columbia U. P., 1969), 46쪽. 또한 그의 *Word and Object*(M.I.T. Press, 1960), 59쪽 참조.

17   Davidson, D., *Inquiries into Truth and Interpretation*(Oxford U. P., 1984), 125쪽. 흥미롭게도, 이와 비슷하게 들뢰즈(서동욱, 이충민 옮김), 『프루스트와 기호들』(민음사, 2005)도 "어떤 사물에 대해서 이집트 학자가 아닌 견습생은 없다. [⋯] 모든 배우는 행위는 기호나 상형 문자의 해석이다"(23쪽)라고 주장하면서 '배우는 것은 다시 기억해 내는 것'이라는 프루스트의 플라톤주의를 내세운다. 비트겐슈타인은 『철학적 탐구』에서 아우구스티누스의 언어와 언어 학습에 관한 견해를 논하면서 이러한 플라톤주의를 비판한 바 있다.

반면에 후자 즉 비트겐슈타인의 관점에서는 언어 학습이 콰인과 데이빗슨, 아니 그들 이전에 이미 아우구스티누스가 생각했던 것처럼 이루어지지 않는다. 다시 말해서, 모국어를 배우는 아이는 이미 나름의 언어와 이론을 지니고 태어나 모국어를 번역 혹은 해석하는 어린 꼬마 언어학자가 아니다. 언어 학습 과정은 동물의 훈육과 유사하게 이루어진다. 그러나 그 과정에서 이루어지는 것은 단지 모종의 인과적 연관의 깨우침이 아니다. 예컨대, 우리가 어떤 기호, 가령 도로 표지판에 특정한 방식으로 반응하도록 훈련받고 나서 도로 표지판을 따르는 것은 단지 인과적 본성을 지닌 사건으로 이해될 수 있는 것이 아니다. 비트겐슈타인은 "오직 항구적인 관례, 관습이 존재하는 한에서만 어떤 사람이 도로 표지판을 따른다"[18]는 점을 지적한다. 도로 표지판을 따르는 것과 같은 기호-따르기는 제도적이고 규범적인 성격을 지니는 규칙 따르기라는 것이다. 그리고 그러한 것으로서 규칙 따르기는 단순히 '규칙과 일치하는 과정'과 구별되어야 하는, '규칙을 포함하는 과정'이다.[19] 만일 전자라면, 규칙 따르기는 성립할 수 없다. 왜냐하면 그 경우 규칙 따르기는 그것이 따르는 규칙뿐 아니라 다른 수많은, 그것과 무관하다고 해야 할 규칙들과도 일치할 수 있게 되는 역설이 발생하기 때문이다.[20] 규칙 따르기는 해석이 아니라 실천이며, 규칙은 이 실천에서 그것이 적용되는 가운데 규칙 따르기의 내적 이유로서 포함되어 있다. 즉 "규칙

---

18   비트겐슈타인(이영철 옮김), 『철학적 탐구』(책세상, 2006), §198.
19   비트겐슈타인(이영철 옮김), 『청색 책·갈색 책』(책세상, 2006), 33쪽 참조.
20   비트겐슈타인(이영철 옮김), 『철학적 탐구』(책세상, 2006), §201 참조.

은 멀리서 작용하지 않는다."[21] 규칙 따르기에서 규칙은 단지 규칙 따르기 행위를 만족스럽게 기술하는 가설과 같은 것이 아니다.[22]

비트겐슈타인의 생각에 대해 데이빗슨은 "규칙 따르기의 일상적 개념이 한 언어를 말하기에 포함된 것을 기술하기 위해 적합한가" 하고 묻는다.[23] 그에 의하면, 산수에서의 더하기 같이 답에 도달하는 명시적인 절차가 있는 경우 그 절차나 그것의 기술을 규칙이라고 부르는 것은 적절하지만, "낱말 사용법에 대한 대부분의 학습은 규칙을 명시적으로 배우지 않고도 이루어진다." 즉 "말하기에서 우리는 보통 어떤 절차도 따르지 않는다." 그리고 그는 다음과 같이 주장한다. "만일 규칙 따르기 개념이 어떤 것을 말함으로써 어떤 것을 의미하는 것을 기술하기에 썩 적절하지 않다면, 비록 우리가 언어 사용은 사회적 환경이 필요하다는 데 동의한다고 해도, 어떤 것을 의미한다는 것이 관행, 관습 또는 제도를 (때때로 포함한다는 것과 반대로) 요구한다는 생각을 의문 없이 받아들여야 하는지도 의문이다."

그러나 내게는 데이빗슨의 생각보다는 비트겐슈타인의 생각이 더 그럴듯해 보인다. 언어적 의사소통을 위해 정확히 명시할 수 있는 통사론적·의미론적인 규칙과 같은 것이 필요하지 않다는 데이빗슨의 주장은 옳을 것이다. 그것은 비트겐슈타인이 자신의 초기 생각을 비판하면서 한 주장과 통한다. 그러나 그렇다고 의사소통을 위한 우리의 언어 사용이 규칙

---

21   비트겐슈타인(이영철 옮김), 『청색 책·갈색 책』(책세상, 2006), 35쪽.

22   비트겐슈타인(이영철 옮김), 『철학적 탐구』(책세상, 2006), §82 참조.

23   Davidson, D., *Subjective, Intersubjective, Objective*(Oxford U. P., 2001), 113쪽 이하. 이 단락의 인용은 같은 책, 113~114쪽.

따르기와 무관할 수는 없다. 데이빗슨은 규칙과 규칙 따르기에 대해 너무 좁은 개념을 취하면서, 우리가 학습한 언어보다 개인어(idiolect)가 의사소통에서 개념적으로 선행한다고 주장한다.[24] 그러나 의사소통이 데이빗슨이 주장하듯 화자의 말에 대한 T-문장 형식의 해석에 체계적으로 도달할 때 성취될 수 있다면, 개인어에 의한 의사소통도 화자가 그 나름의 어떤 특이한 규칙(자연법칙이 아니라 문법 규칙)을 따르는지에 대한 파악을 요구한다고 보아야 할 것이다. (그리고 그 규칙의 특이성이란 화자가 배운 공용어의 특이하지 않은 규칙과 비교해서만 말해질 수 있는 것 아니겠는가?) 그렇지 않다면 데이빗슨이 말하는 개인어는 실은 어떤 규칙도 따르지 않는 사적 언어일 수 있다는 혐의[25]를 받아도 이상하지 않을 것이다.

데이빗슨은 물론 개인어를 사적 언어로 보는 것을 거부한다. 사적 언어와는 달리, 그는 개인어에 의한 의사소통이 당사자들이 공유하는 인과적 조건들을 증거로 하는 원초적 해석을 통해 가능하다고 보기 때문이다. 그러나 문제는 어디까지나, 이러한 접근법의 핵심에 놓여 있는 그의 인과주의, 즉 이유를 원인으로 보고 T-문장을 자연법칙으로 보는 관점이다. 이 관점은 요컨대, 성공적인 의미 이론은 예를 들어 '눈이 희다'를 참되게 만드는 것은 눈의 힘이며, 이 눈의 힘이 화자가 '눈은 희다'라고 말하게 **만든다**는 것을 보여주어야 한다고 본다. 실로 여기에 모든 인과주의적 의미관의 핵심

---

24   Davidson, D., Truth, Language, and History(Oxford U. P., 2005), 7장과 8장 참조.

25   Dummett, M., "A Nice Derangement of Epitaphs: Some Comments on Davidson and Hacking", in E. Lepore (ed.), Truth and Interpretation(Oxford: Blackwell, 1986), 459~476쪽. 참조.

이 있다고 할 수 있을 것이다. 그러나 이런 식의 생각에 대해서 비트겐슈타인은 이미 다음과 같이 본질적인 문제점을 지적한 바 있다.

> "나는 '나는 치통이 생겼다'라고 그저 **말하는** 것이 아니라, **치통이 나에게 이 말을 하도록 만든다.**" [···] 이 문장은, 이를테면, 그 말을 문장의 한 예로서 하거나 무대 위에서 하는 것 등과 그 말을 하나의 주장으로서 하는 것을 구별한다. 그러나 그것은 "나는 치통이 있다"라는 표현에 대한, '치통'이라는 낱말의 사용에 대한, 아무런 설명도 아니다.[26]

만일 어떤 사람이 "지구는 평평하다(둥글지 않다)"라고 발언한다면, "'지구는 평평하다'는 지구가 평평하면, 그리고 오직 그러하면 참이다"라는 T-문장은 그 발언의 올바른 진리 조건을 진술한다. 그러나 그 조건은 실재하지 않는 상황이므로, 그 발언의 원인일 수 없다. 그 조건은 (충족되면) 그 발언의 원인이 아니어도 어쨌든 그 발언을 참이 되게 한다. 그러므로 이 T-문장이 모종의 인과 관계를 진술하는 자연법칙으로 간주되어야 한다고 할 수는 없다. 거꾸로, 화자가 하는 말의 원인이 되는 조건을 어떤 이론이 법칙적으로 밝혀낸다고 해도, 그것은 그 원인이 화자가 그 말을 사용하는 이유

---

26 비트겐슈타인(이영철 옮김), 『소품집』(책세상, 2006), 229쪽. 또한 그의 『철학적 탐구』 2부-([284]&[291])에 나오는 유명한 말 "만일 신(神)이 우리의 영혼을 들여다보았다면, 거기서 그는 우리가 누구에 관해 말하고 있는지를 볼 수 없었을 것이다. [···] 뜻함은 말에 동반되는 과정이 아니다. 왜냐하면 어떠한 과정도 뜻함의 귀결들을 지닐 수 없을 것이기 때문이다"도 같은 취지의 말이다. (여기서 '과정'은 인과적인 것으로, 역시 인과적인 '사건', '상태', '작용' 따위로 바꿔 쓸 수 있다.)

임을 보여주는 것은 아니며, 그 법칙이 곧 그 말의 사용 규칙임을 보여주는 것도 되지 못할 것이다.

6. 닫는 말

원초적 해석은 우리가 낯선 언어를 구사하는 화자의 말을 그 언어에 대한 아무런 사전 지식 없이 이해하려 할 때 행해진다. 이를 위해 우리는 화자가 어떤 경우에 어떤 말을 어떤 태도로 하는지에 대한 관찰 자료를 통해 그 말의 사용법을 추측해내야 한다. 그리고 그 사용법은 그 언어를 처음의 원초적 해석자와 비슷한 처지에서 대하는 다른 사람이 이용할 수 있는 것이 되어야 한다. 그러니까, 그다음 해석자가 원초적 해석의 범위를 가능한 한 줄일 수 있도록 도울 수 있는 것이 되어야 한다. 그러나 이러한 원초적 해석의 대상이 되는 언어의 범위에 모국어는 들어가지 않는다. 물론 모국어에서도 해석이 필요할 때가 있다. 그렇지만 그 해석은 우리가 이미 배운 모국어의 지식에 기초해 이루어지고 따라서 '원초적' 해석은 아니다. 그리고 모국어의 최초 학습은 모국어의 원초적 '해석'이 아니라 모국어의 사용법을 몸으로 익히는, 규칙 따르기의 동물적 훈육으로 이루어진다. 그런데 이는 단순히 자연적 인과 연관의 학습이 아니라, 특정한 언어적 도구의 사용 기술을 익히는 가운데 이루어지는 제도적 언어 규범의 학습이며 사회적 삶의 공유 과정이다. 규칙 따르기 행동은, 그 학습에서건 실천에서건, 그것이 어떤 인과법칙에 따라 이루어지는 사건인가 하는 점에 있지 않다. 비록 규칙 따르기도 자연 속에서 일어나는 사건인 한에서는 자연법칙의 지배를 받는다고 해도 말이다.

그러므로 어떤 언어의 화자가 하는 말을 이해하기 위해 그 말이 행해지는 인과적 조건을 추적하는 접근법은 근본적으로 문제가 있다. 물론, 만일 우리가 화자의 말이 어떤 조건에서 참이 되는지를 알 수 있다면, 우리는 그 말을 기본적으로 이해할 수 있을 것이다. 그리고 그 역도 성립한다. 그러나 이것이 보여주는 것은, 말의 진리 조건과 말의 의미(사용) 사이에 그 하나를 알면 다른 하나를 알 수 있는 언어적·문법적 관계가 있다는 것뿐이다. 전자의 조건이 성립하는 상황이 원인이 되어 그 결과로 화자가 자연법칙적으로 그 말을 하게끔 된다는 것이 아니다. 일반적으로, 화자가 하는 말의 인과적 조건을 법칙적으로 알아낼 수 있다고 해도, 그것은 그 말의 사용법을 말해 주지 않는다. 그것으로 우리가 알 수 있는 것은, 화자가 어떤 조건에서 늘 어떤 말을 한다는 외적 규칙성뿐이다. 화자가 그 조건에서 어떤 규칙을 내적으로 따르고 있느냐가 아니다. 그러나 말의 사용법에 대한 설명은 그 말의 사용이 어떤 규칙과 외적으로 일치하여 일어나느냐를 보임에 있는 것이 아니라, 그 말의 사용이 어떤 규칙을 내적인 이유로 하여 행해지는 규칙 따르기이냐를 보임에 있다.

여기서 만일 이유를 원인과 같은 것으로 볼 수 있다면, T-문장과 같은 진리 조건의 진술은 문법적 진술이자 자연법칙의 진술이라고 할 수도 있을 것이다. 그리고 이것이 이유를 원인과 동일시하고 싶은 또 하나의 유혹이 될 수 있을 것이다. 그러나 그 둘을 동일시하는 것은 그 둘의 엄연한 문법적 차이를 무시함과 아울러 문법적 확실성과 경험적 확실성의 차이에도 눈을 감는 것이다. 그리고 그것은 이유와 원인이 '때문'이라는 하나의 놀이에 속하는 것이 그것들이 단지 가족 유사성을 지닌 상이한 구성원이어서가 아니라 실제로는 동일한 하나의 공통적 특징을 (본질처럼) 지니는 것이어서라고 보는 관점으로 거의 회귀하는 것이다. 이러한 인과주의적 동일화의 배후에 그릇된 형이상학적 통일의 열망이 작용할 것이라는 의심은 지워지지 않고 남을 것이다.

이영철

부산대학교 철학과 명예교수. 서울대학교에서 철학박사 학위를 받았으며, 영국 런던대학 킹스칼리지와 독일 에어랑엔대학에서 연구교수를 지낸 바 있다. 주요 관심사는 언어철학과 인식론 분야의 문제들이다. 저서로 『진리와 해석: 도널드 데이빗슨의 원초적 해석론과 진리 조건적 의미 이론』(1991)과 『비트겐슈타인의 철학』(2016)이 있고, 번역서로 전 7권의 비트겐슈타인 선집(2006)과 역시 비트겐슈타인의 『미학·종교적 믿음·의지의 자유에 관한 강의와 프로이트에 관한 대화』(2016) 및 『색채에 관한 소견들』(2019)이 있다.

정신에 대한 형이상학은
여전히 유효한가?

백두환(남서울대학교 교양대학 겸임교수)

1. 정신과 관련된 문제 제기

과학이 발달한 현대, 달리 표현하면 종전에 인문학이 제공해왔던 세계관을 과학이 제공하게 된 오늘날에는 많은 것이 과학적 설명에 의존하고 있을 뿐만 아니라 그 권위도 절대적이다. 과거에는 비물질적이라고 여겼던 인간의 정신이나 마음, 혹은 감정에 이르기까지 과학이 다 설명할 수 있다고 여기고, 실제로 여러 방식으로 설명을 제시하고 있는 오늘이다.

설명된다는 것은 대상을 그러하게 여기게 되는 원인을 제공한다. 천동설을 믿었던 시기에는 그 이유가 종교적이었다 하더라도 사람들은 그 설명을 믿었고, 그 설명대로 세상을 바라보았다. 지동설이 정설이 된 오늘날에도 그러한 모양새는 같다고 할 수 있다. 그 시대의 과학자 집단이 받아들이고 믿는 것이 정상 과학을 이룬다는 토마스 쿤의 말에 따르면 지동설도 그야말로 언젠가는 다른 설(說)로 또 바뀔 수도 있다. 혹은 칼 포퍼의 주장처럼 지동설이 반증될 가능성도 여전히 남아 있는 것이다.

이러한 과학사의 발자취를 좇다 보면, 인간만이 지니고 있다고 여겨왔던 오래된 영혼이나 데카르트가 비물리적인 범주에 가둬두었던 정신, 마음, 감정 등, 그러나 물리적인 신체와 반드시 연결되어야만 그 실재성을 이야기할 수 있었던 것들에 대한 이론들 또한 그 시대의 과학자 집단이 받아들이고 믿는 대로 설명하고 이해해야 할 것이다.

그렇다면 내가 아직도 떨쳐내지 못하고 붙들고 고민하는 인간의 정신이나 마음에 대한 형이상학적 설명은 정신을 과학적 방법으로 설명하는 물리주의자, 특히 비물리적인 정신을 제거하려는, 그래서 비물리적인 존재성은 사실이 아니라고 부정하고 단지 물리적인 뇌 활동의 하나로 정신을 설명하려는 뇌과학자들에 의해 간단히 거부당할 수밖에 없다.

더욱이 현대에 이르러 하루가 다르게 발전하는 뇌과학 연구의 성과들은 나를 설득하기에 충분했고, 인간의 두뇌 활동을 기계적으로 구현해내려는 목표 아래 이뤄지는 많은 성과는 곧 인간의 두뇌를 대체할 수 있는 인공지능의 출현 가능성을 어느 정도 인정하지 않을 수 없게 만들었다. 아마도 그런 때가 도래하면 내가 붙들고 있는 정신이나 마음에 대한 형이상학적 입장은 전적으로 포기하지 않을 수 없게 될 것이고, 종교적인 신념으로 여겨지게 될지도 모르겠다.

그런데도 여전히 정신에 대해 형이상학적 입장을 견지하는 것은 아직은 과학, 즉 물리적으로 설명되지 않는 부분들이 존재하고 있고, 결코 물리적으로 구현해내지 못할 부분이 분명히 존재한다는 믿음이 있기 때문이다. 어쩌면 이런 나의 믿음은 정신이 물리적인 것이 결코 아니어서라기보다 내가 지니고 있고 인식하고 있는 정신에 대한 완전한 설명을 물리주의가 제공하지 못하고 있기 때문에 유지되는 것이다.

예를 들어, 인공지능 기계가 나와 똑같은 표정을 지을 뿐만 아니라, 그 생각한 것을 말로 옮겨 내게 들려준다고 하더라도 그것은 기계적으로 그럴 듯하게 인간의 행동, 태도 등을 모방한(mimicking) 것에 지나지 않으며, 설사 그 내용이 인간만이 할 법한 어떤 것이라 하더라도 결국 인공지능을 만든 주체, 즉 제작자가 의도한 결과물일 뿐이다. 혹여 인공지능이 스스로 모방하는 능력을 지니고 있다 하더라도 그것은 어디까지나 인공지능이 인간을 따라 하는 것 그 이상도 이하도 될 수 없다. 그래서 설사 인공지능이 그렇게 인간과 똑같은 정신 활동을 한다고 해도 그것이 인간의 정신일 수 없는 이유는 그 본질적인 측면의 상이함에 있다고 해야 할 것이다.

요즘 인공지능 기술을 이용해서 다른 사람의 몸에 유명인의 얼굴을 붙인 사진을 유포하는 사람들이 있다. 그 사진 속의 유명인은 실제로는 그런 사진을 찍은 일이 없기 때문에 그 사진이 가짜라는 것을 설명할 수 있고, 증명할 수 있다. 마찬가지로 인공지능이 구현하거나 설명하는 방식으로는 인간의 정신이 제대로 설명될 수 없기 때문에, 드러난 행위와 결과가 인간의 그것과 같다고 하더라도 그것이 인간 정신과 동일한 것이라는 주장은 쉽게 받아들여지지 않을 것이다.

그러나 데카르트적 이원론의 범주에서 존재해왔던 비물질적인 정신은 이미 오래전부터 거부되었고, 또 자주 새로운 버전으로 반박되고 있다. 그렇다 보니 데카르트에서 시작된 정신의 실재성에 대한 논쟁을 데카르트식으로 끌고 나가는 것은 이미 어려운 실정이다. 따라서 인간 정신의 실재성을 비물리적인 차원에서 주장하려는 전략은 이전과는 달라야 할 필요가 있다.

그런 측면에서 이 글은 새로운 탈출구를 모색하는 시대에 뒤처진 몸

부림이 될지도 모르겠다. 그래도 정신에 대한 철학적 논의가 어떻게 진행되었으며, 어디로 갈 것인지를 대강이라도 소개할 수 있는 최후의 지면이 허락된 것으로 생각하고, 한때는 가장 세련된 논쟁거리를 제공하면서 한 시대를 풍미했던 심리철학의 이야기로 지면을 채워볼까 한다.

2. 논의를 시작한 배경

그전에 내가 이 지면을 심리철학 이야기로 채우게 된 배경을 이야기하고 넘어가고자 한다. 2002년에 나는 호기롭게 정신에 대한 물리주의적 설명은 한계를 지니고 있기 때문에 물리적으로 정신을 설명하는 것에는 한계가 있다는 주장을 석사 논문으로 제출했다. 이때 이미 심리철학에 있어서 주도적인 시류는 물리주의로 넘어가고 있었다. 그런데도 나는 정신은 물리적으로는 설명되지 않는 어떤 것이며, 그래서 인간은 물리적인 신체와 비물리적인 정신으로 이루어진 존재라고 주장하고 싶어 했다. 마치 데카르트가 그랬던 것처럼 그것이 인간과 다른 존재를 구분 짓게 해주는 구분선이 될 것으로도 생각했다.

2000년에는 지금은 작고하신 김재권 선생님의 서울대 강연에 연일 참석하기도 했다. 내 주장의 큰 줄기가 바로 김재권 선생님의 논지였기 때문이었는데, 이미 '물리계 안에서의 마음'을 설파하고 계셨던 김재권 선생님의 강연은 당시 논문을 준비 중이었던 나의 주장의 조악함을 일깨워주었다. 그런데도 이상하게 나는 기존의 주장을 굽히고 싶지 않았다. 어쩔 수 없이 김재권 선생님의 논의도 나의 비판의 대상이 되었다.

국내에서 내 논의의 정당성을 확보할 방법을 찾다가 2004년에 미국으로 건너갔다. 하지만 나의 도전은 바로 절체절명의 위기를 마주했다. 심리철학의 본고장인 미국에서는 이미 데카르트의 유령이 퇴치된 지 오래였다. 그래도 일단 미국에 왔으니 뭔가 배워가자는 생각에 여러 강의를 찾아 들으면서 탈출구를 모색했다. 그러다 2017년에 작고한 베이커(Lynne Rudder Baker)의 철학을 마주하게 되었다. 그녀는 물리적인 신체와 비물리적인 정신의 관계를 'Constitution view'로 설명하고 있었다. 나는 그녀의 이론을 비물리적인 정신을 설명하는 방법으로 삼아 논의를 전개하고자 했다. 하지만 비물리적인 정신의 실재성을 설명하기 위해 비환원적 물리주의를 새롭게 해석한 그녀의 논의를 사용하기 위해서는 다시금 지난한 공부의 시간이 필요하다는 것을 곧 깨닫게 되었다.

그러나 내게는 시간이 없었다. 2010년 2월에 귀국한 내 손에는 여전히 베이커의 논문과 책이 들려 있었다. 베이커의 논지를 심리철학적 논의에 적용하여 말하면, '자동차 번호판(license number)'으로 설명할 수 있다. 즉 자동차 번호판의 물리적 구현은 그 재료인 금속이다. 그리고 그 평평한 면에 숫자와 글자를 도드라지게 새김으로써 자동차 번호판이 된다. 이때 금속에 새겨진 숫자와 글자는 비물리적인 것이다. 비환원적 물리주의에 대해서는 뒤에서도 언급하겠지만, 비물리적인 숫자와 글자는 물리적인 철판에 의해 나타날 수밖에 없지만, 그렇다고 숫자와 글자가 물리적인 어떤 것으로 환원되지는 않는다. 더군다나 자동차 번호판이 자동차 번호판으로서 역할을 할 수 있으려면 숫자와 글자는 필수적이며, 이로써 비물리적인 숫자와 글자는 물리적인 철판과 인과 관계를 갖게 되고, 그 결과로 비물리적인 숫자와 글자의 실재성이 인정된다. 이를 인간에 적용하면, 비물리적인 정신은 물리적인 신체를 통해 드러날 수밖에 없지만, 뇌의 활동이라는 물리적인 현상으로 환원될 수 없다. 따라서 비물리적인 정신은 인과력을 가진 실재하는 것으로 인정되어야 한다.

물론 이러한 논의가 비물리적인 정신의 실재성에 대한 과거의 논쟁을 불식시키고 해결책을 제시할 수 있을지 모르겠다. 그러나 작금의 뇌과학과 인공지능으로 대변되는 물리주의적 시류에 어떤 비판적 사고를 불러일으키는 단초를 제공했으면 하는 기대만으로 몇 자 적고자 한다.

3. 논의의 발단

심신 문제(mind-body problem)는 정신적인 것이 물리적인 것과는 다른 방식으로 실재하고 있다는 믿음에서 제기된 철학적 논쟁이다. 물리적인 신체를 지닌 인간에게 비물리적인 방식으로 존재하는 정신이 동시에 있을 수 있다는 데카르트식의 이원론이 논쟁을 불러일으킨 것이다. 그러나 우리가 가진 설명의 도구들은 모두 물리적이며, 그래서 정신을 물리적으로 설명할 수 있다면 정신 역시 물리적인 어떤 것임이 분명하다. 그러면 적어도 인간은 물리적인 것과 비물리적인 것으로 혼재된 존재가 아니라 오직 물리적으로 존재하는 것이다. 그리고 이 세계도 물리적인 것만으로 이루어진 세계가 되는 것이다.

여기에 무슨 문제가 있는가? 이 문제를 다루기 위해 고대 그리스 철학자들의 이야기까지 거슬러 올라갈 생각은 없다. 근대의 데카르트식 논의도 여기서 길게 늘어놓지 않을 것이다. 그러나 여전히 인간에게는 물리적으로 설명할 수 없는, 그래서 과학기술이 발달한 오늘날에도 여전히 물리적으로 구현되지 않는 부분이 남아 있고, 그것이 바로 인간의 정신과 같은 것이라고 이야기하고자 한다. 그리고 물리적으로 설명되지 않는 정신과 같은 것이 실재해야만 인간의 고유성이 유지될 수 있다고 믿는다. 다음과 같이 비물리적인 정신이 존재한다는 것을 증명하려는 여러 시도가 있었다.

4. 여러 논의

1950년대 신경과학의 발달에 힘입어 모든 정신적 사건은 신경의 일련의 과정들이라고 주장하는 사조가 등장한다. 이를 동일론이라 한다. 그들에 따르면 과거에는 '물(water)'과 H_2O가 동일한 것인지 몰랐지만, 과학의 발달로 인해 그 둘이 동일한 것임이 밝혀진 것과 마찬가지로, 신경과학에 의해, 비물리적인 것으로 여겨졌던 정신적 사건들이 물리적 사건과 동일한 것으로 밝혀졌다고 주장한다. 예를 들어, 비물리적인 정신적 사건으로 여겨왔던 '고통'은 실제로는 C-신경섬유의 활동이라는 식이다. 그동안 우리가 '물'과 '고통'이라고 불러왔던 어떤 대상/현상이 과학의 발달로 인해 실제로는 H_2O이고 C-신경섬유에 의한 현상이라는 것이 밝혀졌다는 것을 의미한다.

문제는 '고통'의 경우 비물리적인 정신적 현상으로 여겨왔지만, C-신경섬유의 활동이라는 물리적인 설명이 가능해짐으로써 더이상 비물리적인 정신적 현상이 아닌 것이 되었다는 점이다. '고통'이라는 단어가 사라지는 것은 아니지만, 비물리적인 성질/현상으로서의 '고통'은 사라지게 되는 것이다. 그래서 비물리적이라고 여겨지는 정신적인 현상으로서의 '고통'은 더이상 존재하지 않게 되며, 이러한 설명 방식을 '제거주의'라고 한다. 이들의 주장은 단지 '고통'에 대한 것에 한정되는 것이 아니라 그동안 비물리적인 정신적 현상으로 여겨왔던 수많은 현상에도 적용됨으로써 비물리적인 정신 현상 자체를 제거하는 것으로 확대될 수 있다.

스마트(Smart)는 모든 정신적 상태들이 그것들의 신경 상관자들과 체계적으로 동일하다면 고통에 관해서 말할 때 사용하는 정신적 언어들은 물리적 언어들로 대체하는 것이 가능하다고 주장했다. 물론 이런 주장은 정신적 언어 '고통'이 물리적 언어 'C-신경섬유의 활동'으로 단순히 대체되는 것으로 여겨질 수도 있지만, 사실 정신적 언어가 물리적 언어로 대체된다는 말 자체가 정신적 사건이 물리적 사건으로 대체될 수 있다는 의미로 받아들여질 수 있기 때문에 비물리적인 정신적인 것은 제거된다는 것과 다르지 않다.

이러한 추세에도 불구하고 당시만 해도 여러 철학자는 정신적인 것의 비물리성을 유지하려고 노력했다. 네이글(Nagel)은 '교량 법칙(bridge law)' 환원이라는 이론을 발전시켰다. 이 법칙은 정신적인 것과 물리적인 것이라는 서로 다른 영역에 있는 양자를 연결해주는 법칙이 있어서, 그것으로 양자의 관계를 설명한다는 것이다. 다시 말해, 정신적인 것이 물리적인 것으로 환원은 되지만, 정신적인 것의 실재성을 인정한다는 견해다. 현대판 데카르트식 이원론인 셈이다. 그러나 정신적인 것을 물리적인 것으로 환원하는 것이 가능하다거나, 그 둘이 알고 보니 같은 것이라고 주장하는 견해들은 모두 물리적인 것의 지배력을 인정하는 처지여서 늘 제거주의로 되돌아가게 된다. 하나의 현상에 두 가지 설명은 왠지 불필요해 보이기에 십상이다.

물론 포더(Fodor)와 퍼트남(Putnam)에 의해 제기된 '다수 실현 논변 (Multiple Realization Argument)'에서와 같이 모든 정신적 속성이 물리적 속성으로 환원되는 것은 아니라는 주장이 가능하긴 하다. 예를 들어, '고통'이라는 정신적 속성이 'C-신경섬유의 활동'으로 환원이 가능하기 때문에 물리적 설명과 인과적 힘을 획득한다는 주장은 종전의 환원주의가 보여준 문제를 그대로 담지하고 있다. 그러나 만일 '고통'이 다른 종에서 'D-신경섬유의 활동'이나 'E-신경섬유의 활동'으로 나타난다면, 이는 정신적 속성이 물리적 실현자를 모든 종에 망라해서 다수로 지니는 것이 되므로 정신적 속성과 물리적 속성 간의 동일성 주장은 받아들일 수 없게 된다. 하지만 이 논변이 종적 차이에 의존해야만 하는 것이라면 큰 설득력을 발휘할 수 있을 것 같지 않다.

'다수 실현 논변'의 실패 후에도 비물리적인 정신의 실재성을 주장하려는 논의는 계속되었다. 정신적인 것이 물리적으로 환원 가능하다는 주장을 인정한 상태로는 비물리적인 정신의 실재성을 견지하지 못한다는 것이 밝혀졌기 때문에 데이빗슨(Davidson)은 정신의 비환원성을 주장하면서 '무법칙적 일원론'을 주장했다.

이 주장은 이전에 정신적인 것의 물리적인 것으로의 환원을 인정하면서 겪게 된 문제를 해결하는 것을 목표로 삼았다. 데이빗슨은 정신적인 것의 실재성을 주장하기 위해서 정신적 사건이 물리적 사건과 인과 관계를 갖는다는 것을 인정한다. 그래서 정신적인 것은 물리적인 것으로 기술되어야 하며, 그로부터 정신적 사건도 물리적 사건이라는 결론을 도출한다. 그리고 어떤 사건은 물리적 사건 유형에 속할 때에만 물리적 사건이 되고, 정신적 사건 유형에 속할 때는 정신적 사건이 된다고 설명한다. 이는 환원주의에서 제공했던 속성 대 속성의 동일성이라는 '유형 동일론'에서 '개별자 동일론'으로의 전환을 의미한다.

그러나 이 이론에 따르면 정신적 속성은 물리적 속성으로 예화되지 않는 한 그 설명적 효력을 지닐 수 없다. "색깔이 있는 대상은 모두 형태를 띠고 있다"라는 진술을 '무법칙적 일원론'식으로 표현하면, "색깔을 지니는 대상은 형태를 지닌 대상과 동일하다"라고 표현할 수 있을 것이다. 그런데 이 진술은 색과 형태 사이의 관계에 대해서는 아무런 설명도 해 주지 못한다. 이처럼 이 원리 안에서는 어떠한 정신적 속성도 물리적 속성과 체계적인 관계를 가질 수 없으며, 그러한 관계를 요구할 수도 없다.

이렇게 물리적인 속성과 관계를 맺지 못하는 정신적인 속성은 인과력을 지니지 못하기 때문에 그 실재성을 담보할 수 없으며, 나아가 물리적인 것이 실현되는 데 있어서 정신적인 것이 반드시 있어야 한다는 타당성을 주장할 수 없게 된다. 데이빗슨은 이런 지적에 직면하여 그 유명한 '수반 이론'을 주장한다. '수반 이론'을 간략히 기술하면, 어떤 심리적 상태는 그것과 관련된 물리적 상태가 변하면 함께 변화하는데, 이때 심리적 상태는 물리적 상태에 의존해서 존재한다는 것이다. 그러나 안타깝게도 정신의 실재성은 '수반 이론'으로도 해결하지 못한다.

결과적으로, 정신적인 것은 독자적인 존재자의 지위를 갖지 못하고 단지 물리적인 것에 붙어 나오는 것이 될 수밖에 없으며, 정신적인 것은 결국 물리적인 것과 독립적으로 존재할 수는 없는 것이 된다. 그리고 이것이 김재권이 '비환원적 유물론의 신화'라고 부르는 비판의 요지다. 이렇게 심신 수반이 실패한다면 물리주의의 입장에서는 심신 인과를 설명할 방법을 잃게 되는 것이다. 그 중요성에 대해 포더는 "심신 수반이 사라지면 정신적 인과에 대한 이해 가능성도 함께 사라진다"라고 진술한다.

이후 김재권은 비환원적 물리주의의 비판을 통해, 부수 현상이 되거나 과잉 결정되는 문제를 극복할 수 있는 방안을 제시한다. 환원을 옹호하기 위해 환원주의의 한계로 여겨졌던 '다수 실현 논변'에 대한 재고찰과 더불어 이루어진 '기능적 환원(Functional Reduction)을 통한 심신 동일론'이 그것이다. 근본적으로 정신적 속성이 물리적 속성에 환원됨을 주장함으로써 정신적 속성에 인과적 힘을 부여하고, 환원주의를 통한 정신 실재론을 주장함으로써 환원주의를 매개로 물리주의와 정신 실재론을 함께 인정할 수 있다고 보는 것이다.

그러나 이러한 김재권의 전략도 환원주의를 표방하는 한 문제를 지닌 것으로 드러났다. 즉, 어떤 정신적 속성과 어떤 물리적 속성 사이의 일차적인 동일성이 아니라, 어떤 정신적 속성을 실현시키는 실현자인 어떤 물리적 기반과 어떤 정신적 속성이 '환원'될 수 있다는 차원에서 이 논의가 이루어져야 한다는 것이다. 그렇다면 '기능적 환원'은 환원주의의 문제점을 그대로 지니고 있는 것으로 볼 수 있다.

정신의 실재성을 주장하기 위해서는 어떤 정신적 사건이 인과력을 지니고 있다는 것을 증명해야 한다. 결국, 정신에 대한 형이상학이 가능하려면, "정신적인 것의 인과력은 어디서 어떻게 찾아야 하는가?"라는 질문에 답할 수 있어야 한다. 그렇지 않다면 결국 물리주의에 의한 정신적인 것의 제거 가능성을 피할 수 없다.

이러한 심신 문제의 핵심은 비물리적이라고 주장하는 정신적인 것의 설명이 물리적인 방법으로 이루어져야 한다는 데에 있다. 그렇다면 선택은 두 가지다. 먼저, 정신적인 것은 물리적으로 설명되는 물리적 사건과 동일하다는 동일론으로 돌아가는 것이다. 그리고 종국에는 정신적인 것은 실재하지 않는다는 제거주의의 철퇴를 맞고 사라지는 것이다. 그렇지 않다면 정신적인 것과 물리적인 것은 전혀 다른 존재 양상을 지닌다고 주장함으로써 다시금 데카르트식 이원론을 주장하는 것이다. 그러면 다람쥐 쳇바퀴 돌듯 심신 문제에 대한 논쟁은 계속될 것이다. 결국, 두 가지 선택 모두 비물리적인 정신적인 것의 실재성을 주장하려는 사람에게는 탁월한 선택이 될 수 없어 보인다.

지금까지의 논의는 이미 2000년대에 그 추진력을 잃었다고 할 수 있다. 하지만 그렇다고 정신에 대한 철학적 논의가 모두 종결된 것은 아니다. 아직 설명되지 않은 여러 부분이 남아 있기 때문이다. 소위 '최종 과학'이 등장한다면 아직 설명되지 않은 정신에 대한 문제들도 해결될 것이라는 긍정적인 예측도 가능하지만, 아직 오지 않은 미래에 대해서는 그 반대도 가능하다고 보아야 하니까.

5. 끝내지 못한 정신에 대한 논의

요즘처럼 인공신경망(Artificial Neural Network), 기계학습(Machine Learning), 딥러닝(Deep Learning)을 이야기하는 시대에 정신적인 것이 있고, 그것이 비물질적으로 실재한다고 주장하는 것은 케케묵은 전설처럼 들릴지도 모른다. 하지만 몇 가지 더 생각해볼 것이 있다.

하나는 정신을 이해하는 데 있어서의 주관성이다. 나의 정신 상태는

그것을 경험하는 나에게 어떻게 느껴지거나 나타나는지에 따라 특징지어
진다. 정신의 이러한 주관적인 측면은 물리적 과정에 대한 제3자의 객관적
인 설명으로는 완전히 포착될 수 없다. 그래서 감각질(Qualia) 문제와 의식
(Consciousness) 문제가 제기되었다. 감각질로 알려진 1인칭 관점과 의식의
질적 측면은 물리적인 설명으로는 완전히 포착하거나 설명할 수 없다. 빨간
색의 경험이나 초콜릿의 맛과 같은 감각질은 물리적인 용어로 환원되지 않
는 정신적 특성의 사례다.

하지만 정신의 주관적인 측면으로서의 감각질이나 의식은 객관적인
설명이 불가능하기 때문에 오히려 비물리적인 정신의 실재성을 증명하는
데에는 불리한 면이 있다. 물리주의가 설명하지 못하니 비물리적인 정신의
실재성이 인정되어야 한다는 식의 접근은 설득력이 다소 떨어진다.

다른 하나는 베이커식의 논증이다. 앞서 그녀의 논의를 '자동차 번호
판' 논증으로 간략하게 설명했다. 자동차 번호판이 기능하고 의미를 지니게
되는 것은 물리적인 철판과 그 철판에 새겨진 비물리적인 숫자와 글자 때
문이다. 그러나 비물리적인 숫자와 글자는 물리적인 철판이 없이는 드러나
지 않는다. 그런 의미에서 자동차 번호판은 철판과 숫자와 글자가 관계해야
만 자동차 번호판으로서 존재할 수 있다. 여기서 숫자와 글자가 인간의 비
물리적인 정신을 대변하고 철판이 인간의 물리적인 뇌를 대변한다고 하자.
그러면 이 논의는 정신과 신체의 관계를 밝혀 정신의 실재성을 증명하고자
했던 과거의 시도를 다시 전개하는 셈이 된다.

그럼에도 만일 뇌과학과 인공지능의 과학이 정신적인 것을 달리 설명
하거나 물리적으로 구현할 수 없어서 결국 정신과 관련된 부분을 제외한
상태로 인간의 뇌를 물리적으로 구현한 인공지능을 내놓게 된다면, 터무니

없는 가정으로 보일 수도 있지만, 인간이 지니고 있다고 믿어지는 정신에 대한 형이상학적 논의는 여전히 다뤄볼 만한 것이지 않을까.

백두환

(재)심경문화재단 사무국장, 철학문화연구소 선임연구원, 계간《철학과 현실》 편집장, 남서울대학교 교양대학 겸임교수. 숭실대학교 철학과를 졸업하고 동 대학 대학원 철학과에서 석사학위를 받았다. 이후 미국 여러 대학에서 심리철학을 주제로 수학하였다. 논문으로 「정신에 대한 물리주의적 한계」(2002)가 있다.

분석철학은 꼭 현실을 반영해야 하는가?

김도식(건국대학교 철학과 교수)

이명현 선생님의 직속 제자가 아니었다면, 나는 이 책의 필진(筆陣)에 속하지 못했을 것이다. 이 책의 취지가 철학자의 이론이나 철학 사조를 사상가의 현실 체험과 현실관에 기초하여 풀어내는 것인데, 내가 속한, 크게 보면 분석철학, 작게 보면 현대 영미 인식론 분야의 이론은 많은 경우에 현실 세계에서 발생하는 일들에 대한 반향(反響)으로 등장한 것은 아니기 때문이다. 설령 분석철학이 현실의 어떤 측면을 반영하여 발생한다고 하더라도, 내가 그 내용을 담아낼 능력이 없는 사람이어서 이렇게 생각하고 있을 지도 모른다.

이 책의 구상은 철학자들의 사상이 현실에 대한 무언가를 반영한다는 전제에서 출발하고 있는데, 나는 분석철학이 반드시 이러한 전제를 따르는 분야는 아니라고 생각하기에, 어떤 글을 쓸 것인지에 대한 고민이 클 수밖에 없었다. 따라서 이 글은 이 책의 취지에 잘 맞지 않을 수 있음을 미리 고백한다. 하지만 철학은 문제 자체를 문제 삼는 학문이고, 분석철학은 문자 그대로 철학을 미시적으로 분석하는 분야이기에, "분석철학은 꼭 현실을 반영해야 하는가?"에 대한 질문에 대하여 분석적 방법을 사용하여 글을 전개해보고자 한다.

이렇게 글을 시작하면, "현실과 하나도 접목되지 않는 철학이 어디 있느냐?"라는 질문이 던져질 수 있다. 물론 철학을 현실과 연결하려면, 연결될 수 있는 부분이 없지는 않을 것이다. 심지어 수학도 우리 일상에 적용되는 면이 분명 있으니 말이다. 내 전공인 인식의 문제만 하더라도, 우리의 삶이 다양한 인식으로 이루어져 있기에 인식이 없는 삶을 가정하는 것은 어불성설(語不成說)이다.

하지만 대부분의 현대 영미 인식론자들은 일상적인 인식의 시대적 변화에 반응하여 그들의 이론을 정립하지는 않는다. 다시 말해서, 이미 고대부터 흘러온 인식의 문제가, 현대 영미 인식론으로 넘어오면서 현실에 대한 반영으로 인하여 크게 달라진 것은 아니라는 뜻이다. '현실'이라는 의미를 넓게 보면, 당연히 분석철학도 현실에 적용될 수 있는 측면이 없지 않겠지만, 그러한 현실에 대한 시각이 분석적 방법을 사용하는 인식론의 흐름을 바꾼 기반은 아니기 때문이다.

물론 시대적·현실적 상황이 철학자의 사상에 막대한 영향을 준 사례가 분명 있다. 근대의 대표적 합리론자인 데카르트가 그중 하나이다. 그는 중세의 사상에서 벗어나 근대로 넘어오는 초입에 활동하던 철학자이다. 그가 살던 시기의 유럽에서는 기독교가 지배하던 중세의 전통이 무너지면서, 누구도 의심할 수 없었던 '내가 이 세상의 중심이 아니라 신이 중심이어야 한다'라는 기독교의 교리가 흔들리게 된다. 이를 계기로, 데카르트는 가장 확실하다고 여겨진 부분들에 대해서도 회의(懷疑)를 시작하며 모든 가능한 의심을 동원하고 심지어 수학의 진리까지도 의심하는 과정을 거쳐서

"나는 존재한다"라는 확실한 명제를 찾아내게 된다.

게다가 신 중심의 사유에서 '나' 중심의 사유로 전환하게 되면서 (이런 맥락에서 데카르트의 "나는 생각한다. 그러므로 나는 존재한다"에서 가장 중요한 단어는 '나'라는 해석도 가능하다.) 데카르트는 당시 철학적 연구를 형이상학 중심에서 '나와 대상의 관계'를 탐구하는 인식론으로 확장한다. 김춘수 시인의 「꽃」에서 표현하듯이, 하나의 '몸짓'에 지나지 않던 대상이 '내'가 이름을 불러줌으로 인해 '꽃'이 된 것처럼, 존재 차원의 연구인 형이상학이 '나'라는 새로운 축과 연결되면서 인식론으로 자연스럽게 나아가게 된 것이다. 비록 나도 세계의 일부이기에 나 역시 형이상학적 탐구의 대상에 포함되지만, '나'에 대한 독자적 위상의 정립이 '나와 세상의 관계'라는 탐구 영역, 즉 인식론을 새롭게 발전시키게 된 것이다. 이처럼 현실의 변화가 데카르트의 사유에 직접적인 영향을 준 측면이 있는 것은 사실이다.

하지만 모든 철학적 사유가 이와 같은 현실을 반영하는지는 의문이다. 대학원 시절에, 칸트 전공이신 미어보터(Meerbote) 교수님이 이런 말씀을 농담처럼 하신 적이 있다. 철학사를 연구하는 사람과 달리, 분석철학을 전공하는 사람들은 재미있는 아이디어가 떠오르면 자다가도 벌떡 일어나서 바로 논문을 쓰기 시작할 수 있으니 좋겠다는 것이었다. 교수님의 말씀은, 철학사에 관한 연구를 시작할 때 다른 분야에 비해서 기존의 연구와 겹치지 않는지 더 꼼꼼히 검토해야 한다는 의미로 해석될 수도 있지만, 다른 한편으로는 분석철학의 경우 시대적 배경을 고려하지 않고도 논문 작업이 가능하다는 뜻으로 이해할 수도 있다.

이러한 언급은 분석철학의 특성을 잘 보여주는 내용이라고 볼 수 있으며, 그 특성 중에는 분석철학에서의 논제가 현실과 직접 연결이 되지 않더라도 중요한 철학적 업적이 될 수 있음을 포함한다. 마치 『갈매기의 꿈』에서 조나단이 먹이를 잡는 것에는 큰 도움이 되지 않는 비행법을 연습하면서, 그게 현실에 무슨 도움이 되느냐는 주변의 핀잔에 대해, "나는 그냥 새롭게 날아가는 방법이 궁금했을 뿐이다"라고 대답하듯이 말이다.

우리는 조나단의 사례와 유사하게, 단지 더 알고 싶다는 호기심으로부터 학문이 발전한 사례를 분석철학의 흐름에서 자주 발견하게 된다. 대표적으로, 현대 영미 인식론의 발전을 하나의 사례로 들 수 있다. 현대 영미 인식론은 게티어(Gettier)의 세 쪽짜리 논문[1]에서 시작되었다고 해도 과언이 아니다. 매사추세츠주립대학(University of Massachusetts at Amherst)의 교수였던 게티어는 그 하나로 정년 보장을 받을 만큼 그 논문의 영향력은 미국 철학계 안에서 엄청났다. 내 지도교수이자 게티어의 제자였던 리차드 펠드만(Feldman)은 그의 논문이 '인식론의 고대 철학'이라고 농담할 정도였다.

하지만 그 논문에서 게티어가 보이고자 한 작업은 단 하나였다. 그는 이전까지 받아들여지던 '앎은 정당하고 참인 믿음'이라는 전통적인 분석에 대한 반례를 그 논문에서 제시한 것이다. 다시 말해서, 그때까지는 앎의 필요충분조건이 ① 참, ② 믿음, ③ 인식적 정당성이라는 세 조건의 합(合)이라고 생각했는데, 게티어가 이 조건으로는 앎이 되기에 충분치 않음을 보여준 것이다. 이러한 내용은 그가 살던 시기의 시대상을 반영하거나 현실 체험으로부터 기인한 것은 아니다. 그가 제시한 반례도 일상에서는 거의 발

---

1   Edmund Gettier, "Is Justified True Belief Knowledge?", *Analysis* 23, 1963, 121~123쪽.

생할 것 같지 않은 독특한 사례여서, 현실 상황을 반영한 결과라고 보기도 어렵다. 이런 맥락에서, 게티어에게 "당신의 철학은 현실의 어떤 부분을 반영한 것이냐?"라고 묻는다면 그는 "철학이 꼭 현실을 반영해야 하느냐?"라고 되물을 것 같다.

철학을 함에 있어서 미국과 우리나라의 분위기 차이를 느낀 것은 유학생 시절부터였다. 미국에서 대학원 과정을 1년 마치고, 여름방학에 잠시 귀국하면서 학기 말 과제로 썼던 크립키(Kripke)의 고정점(fixed point)에 대한 논문 파일을 가지고 왔었다. 이전에 《철학》에 비슷한 주제의 논문이 게재된 적이 있었는데, 내가 쓴 논문이 그 논문과는 다른 면에서 진전시킨 부분이 있었다고 믿었기 때문이었다. 그 논문을 한국에 계신 은사님께 보여드릴 때 솔직히 긍정적인 반응을 기대했었다. 대학원에 진학해서 내가 이런 첨단 내용을 공부하고 있다는 나름의 자부심을 느끼게 한 논문이었고, 담당 과목의 교수님에게도 좋은 평을 받아서 이 부분을 좀 더 공부해서 발전시키고 싶다면 언제든지 찾아오라는 희망 섞인 반응을 받았던 글이기도 했다.

하지만 은사님으로부터 받은 반응은 "그런 논문이 우리 사회에 어떤 도움이 되지?"라는 질문이었다. 미국 교수들에게는 한 번도 들어본 적이 없는 코멘트였다. 미국에서의 철학적 분위기는 학문적인 발전이 꼭 현실에 도움이 되어야 한다는 전제가 없었다. 물론 피터 싱어(Singer)처럼 그의 윤리학 이론을 사회 문제에 끊임없이 적용한 철학자도 없지는 않았지만, 일반적으로 전공이 윤리학이나 사회철학이 아닌 철학자들은 자신의 이론을 현실에 적용하는 분위기가 아니었다. 하지만 우리나라에서는 철학의 현실 적용이 보편적인 요청으로 보였다. 나의 논문에 대해서 위와 같은 반응을 보이신 분 중에는 윤리학이나 사회철학을 전공하신 분들뿐 아니라 분석철학을 전공하신 교수님도 계셨기 때문이다. 그때부터 "내가 전공으로 하는 분석철학이 우리의 삶에 어떤 영향을 미치는지?"에 대한 질문을 계속 달고 살았던 기억이 있다. 그리고 그 대답을 찾는 일은 내게 상당히 어려운 작업이었다.

대학에서 가르치는 전공 수업에서도 학생들에게 비슷한 질문을 자주 듣는다. 그들이 던지는 질문의 핵심은, 다른 철학 수업에서 철학이 단순한 이론 학습에 그치지 않고 일상에 적용될 수 있는 '철학함'을 배워야 한다고 강조하는데, 내 수업에서 현실에 활용될 수 있는 부분이 무엇이냐는 것이다. 내가 가르치는 분석철학 수업에서는, 이런 질문에 대해서 학생들이 기대하는 답을 해주기가 어렵다. 논리적 사유를 배경으로 하는 분석철학의 내용을 현실에 직접 적용하는 것은 쉽지 않기 때문이다.

그래서 보통은 내용적인 것보다 논리적 사고를 통한 방법론이 실제 생활이 활용될 수 있다고 그들에게 대답한다. 논리적 사고와 비판적 사고에 익숙해지면, 일상적인 토론에서 상대방의 주장이나 근거 제시에 대한 오류를 찾아내는 것이 쉽기 때문이다. 내 대답이 틀린 이야기는 아니지만, 학생들은 이보다 더 실질적인 대답을 바란다. 우리가 사는 사회가 '피로사회'라든지, 현대인들은 '타인의 욕망을 욕망한다'는 식의 현실에 대한 진단을 철학으로부터 기대하기 때문이다. 하지만 분석철학이 이러한 기대를 충족시킬 수 있는지에 대해서 회의적인 측면이 많음을 고백하지 않을 수 없다.

러셀(Russell)처럼, 젊어서는 논리나 수학과 같은 치열한 학문과 언어철학이나 인식론과 같은 정통 철학을 다룬 후, 나이가 들어서는 『행복의 정복』이나 『나는 왜 기독교인이 아닌가』와 같은 대중을 대상으로 하는 책을 쓰는 경우가 있기는 하다. 하지만 그가 쓴 대중적 저서들의 내용은 러셀의 형이상학적 입장인 '논리적 원자론(logical atomism)'이나 그의 인식론에서 핵심적인 개념 중 하나인 '감각 소여(sense-data)'와 직접적으로 연결되지는 않는다. 러셀은 평화주의자로 활동하다가 감옥에 가기도 했고, 러시아를 방문해서 레닌을 만났던 적도 있지만, 이러한 그의 사회 활동이 철학적 업적으로 귀결되었다고 보기는 쉽지 않다. 러셀이 분석철학자 중에 대중들에게 가장 많이 알려진 사람 중 하나라고 볼 수 있는데, 그에게조차, 학문을 하는 분야와 대중들에게 알려진 분야가 유기적으로 연결된다고 생각할 만한 여지는 많지 않기 때문이다.

그렇다면 분석철학은 시대적 흐름을 전혀 반영하지 않는가? 이 질문에 답하기 위해서는 여기서 말하는 '시대적 흐름'의 의미를 따져보아야 한다. 무엇보다도 분석철학의 태동은 그 당시 학문적 흐름과 연관이 되어 있다는 점에서 시대적 흐름을 반영한다고 말할 수 있다. 유럽에서 '분석철학'이라는 분야가 등장하게 된 계기는 크게 두 가지가 있다. 하나는 헤겔의 사상에 대한 반발이며 다른 하나는 논리학의 발달이다.

당시 유럽 사상계는 헤겔(Hegel)이 휩쓸었다고 해도 과언이 아니다. 독일뿐 아니라, 영국에서도 브래들리(Bradley)나 맥타거트(McTaggart)와 같은 학자를 통하여 헤겔의 사상이 널리 퍼지게 되었다. 주지하다시피, 헤겔의 관념론은 이해하기 어렵기로 유명하다. "존재하는 것은 절대정신 하나이고, 역사는 절대정신의 자기실현 과정이다"라는 이야기나 "시간은 비실재적이다"라는 헤겔류의 주장은 그것이 맞고 틀리고를 판단하기 전에, 그 말이 도대체 무슨 뜻인지를 이해하는 것이 요구된다. '절대정신'은 헤겔 사상의 핵심 단어이니까 그렇다고 치더라도, '존재', '역사', '시간', '비실재적'과 같은 단어들이 우리가 일상적으로 이해하고 있는 의미로 사용된 것인지를 따져보아야 한다. '정의(正義)'나 '사랑'처럼, 같은 단어라도 서로 다른 사람에 의해서 다른 의미로 사용될 수 있기 때문이다. 이처럼 언어의 의미를 분석하여 이해하는 것이 위와 같은 주장의 진위를 판별하는 데에 필수적이기에, 언어의 의미를 세세하게 분석하는 '분석철학'이 태동하게 된 것이다.

앞에서 언급했던 러셀의 논리적 원자론 역시 헤겔에 대한 반향이라고 볼 수 있다. 헤겔의 형이상학은 절대정신이라는 핵심 개념을 통해서 이 세상 전체를 포괄적으로 설명하려는 시도라고 볼 수 있다. 헤겔의 철학은 엄청나게 방대한 규모의 사상으로, 이 세상 전체를 거시적으로 조망하는 이론이다. 그에 반하여, 러셀의 논리적 원자론은 고대 철학자인 데모크리토스의 원자론과 같은 맥락으로 볼 수 있으며, 여기서 말하는 '원자'는 atom(부정의 의미를 지닌 접두사 'a'와 자른다는 의미의 'tom'의 합성어), 즉 더이상 쪼개지지 않는 것을 의미한다. 현대 과학에서는 원자도 전자, 중성자, 쿼크 등으로 나누어질 수 있으니, 우리가 말하는 원자는 원어인 atom의 기준을 만족시키지 않는다고 보아야 한다. 아무튼, 헤겔의 거대 담론과 대조적으로, 가장 작은 단위의 atom을 형이상학의 출발로 삼는 러셀의 이론은 분명 헤겔과 대척점을 이룬다고 볼 수 있다.

이처럼 분석철학이 그 당시를 지배하던 헤겔 사상에 대한 반작용으로 탄생했다는 측면에서 사상의 시대적 흐름을 반영한다고 말할 수 있는 여지가 있는 것은 사실이다. 하지만 분석철학이 반영하고 있는 '시대적 흐름'은 일반인들이 사는 현실 세계에 대한 반영이라고 보기는 어렵다. 다시 말해서, 분석철학의 출발이 특정한 현실 인식이나 현실관에 기초하고 있다고 말할 근거는 없기 때문이다. 그런 맥락에서 분석철학이 사상사의 흐름 속에서 시대상을 반영한다고 평가할 수는 있을지 모르나, 현실과 직접적인 상호작용을 하고 있다는 의미로 시대의 흐름을 반영한다고 말하기는 쉽지 않다.

물론 분석철학의 출발이, 위에서 지적한 것처럼 '역사'나 '시간' 등의 일상 언어 사용에서 발생하는 다의성이나 모호성에 대한 해결 시도라고 보는 시각이 가능하다. 이는 단순한 사상적 흐름에 국한되는 것이 아니라 일상적인 언어 사용의 맥락에서 발생한 문제이며, 이런 측면에서 분석철학도 현실을 반영한다고 생각할 수 있다. 하지만 이러한 언어 사용의 다의성이나 모호성은 분석철학이 태동한 시기에 특별히 대두된 것이 아니다. 예나 지금이나 언어의 다의성과 모호성은 지속되었기에, 이러한 문제가 분석철학이 발생한 시기에 두드러진 사회 현상이라고 보기는 어렵기 때문이다.

논리학의 발달도 마찬가지로 새로운 이론의 등장으로 인한 사상적 흐름을 반영한다고 볼 수 있는 것이 사실이지만 그렇다고 논리학이 현실을 반영하여 발전했다고 평가하기는 어렵다. 분석철학의 근간을 차지하는 양화 논리는 19세기 말부터 발전하기 시작한다. 철학의 거의 모든 분야가 칸트를 기점으로 한 단계 발전했던 반면, 논리학의 영역은 양화 논리가 등장하기 이전까지 아리스토텔레스의 삼단 논법을 기반으로 하는 고전적 명제 논리가 주축을 이루고 있었다.

명제 논리란, 말 그대로 명제를 기본 단위로 하는 논리 체계를 뜻한다. 아리스토텔레스의 삼단 논법은 '모든'이나 '어떤'과 같은 양화사(quantifier)를 사용하고 있고 하나의 전제를 이루는 명제를 주어와 술어의 개념으로 구분한다는 점에서 현대의 양화 논리와 연결되는 지점이 있다. 하지만 아리스토텔레스의 고전 논리는 논리의 기본 단위를 구성하는 전제와 결론으로 보고, 두 개의 전제와 하나의 결론의 사이에서 성립하는 논리적 관계를 다룬 것이다. 이런 측면에서, 고전 논리의 기본 단위가 모두 명제로 이루어 졌다는 점에서는 양화 논리와 선명하게 구분된다.

요점만 말하면, 양화 논리가 보여주는 획기적인 발전은 논리의 기본 단위를 명제가 아닌 개념[2]과 대상으로 본 점이다. 한마디로, 논리의 기본 단위가 더 세밀하게 나누어진 셈이다. 이처럼 양화 논리의 기본 단위가 작아지면서, 기존의 명제 논리가 다루기 어려웠던 부분을 쉽게 해결하게 되었다.

예를 들어, "손흥민은 영국에서 활동하는 한국 축구 선수이다"라는 전제로부터 "영국에서 활동하는 한국 축구 선수가 있다"라는 결론이 도출되는 것을 삼단 논법이나 기존의 명제 논리로는 간단히 설명할 수 없었다. 일단 전제가 하나밖에 없기에 '삼단' 논법의 적용 대상이 아니고, 명제를 기본 단위로 하는 논리에서 위의 논증을 설명하려면 "만일 손흥민이 영국에서 활동하는 한국 축구 선수라면, 영국에서 활동하는 한국 축구 선수가 있다"와 같은 조건문을 숨은 전제로 추가하여 전건 긍정법(Modus Ponens)으로 만드는 수밖에 없다. 그렇다면 추가된 숨은 전제를 받아들일 수 있는

---

2   여기서 말하는 '개념'은 일상에서 말하는 개념과 조금 다른 의미를 지닌다. 양화 논리에서 사용하는 '개념'은 빈 곳이 있어서 그것이 채워졌을 때 문장이 완성되는 것을 말한다. 이런 맥락에서 개념은 일상에서 사용하는 '술어'의 의미에 가깝지만, 술어와도 다른 점은 빈 곳이 주어 부분에만 있는 것이 아니라 목적어나 보어에도 있을 수 있다는 것이다. 예를 들어, '( )는 노랗다'는 개념이면서 술어이지만, '개나리는 ( )이다'는 빈 곳이 있기에 개념이기는 하지만, 술어는 아니라는 점에서 개념과 술어의 차이가 있다.

근거가 무엇인지에 대한 논의가 따로 필요한데, 이러한 숨은 전제가 가지는 내용의 정당성을 쉽게 설명한 것이 양화 논리이다.

양화 논리는 위의 전제를 조건문의 형식으로 처리하는 대신, 존재 양화(existential generalization)라는 추론으로 설명하고 있다. 존재 양화는 a라는 개별자가 F라는 속성을 가지고 있다는 전제로부터, "F라는 속성을 가진 개체가 있다"라는 일반화된 명제를 도출하면서 개별자 a를 감추고 "…이 있다"는 형식의 결론을 도출하는 것이다.

양화 논리의 등장이 획기적인 이유는 단순히 고전 논리가 다루기 어려운 논리 법칙을 몇 개 추가한 것에 그치지 않고, 논리의 영역에 완전히 새로운 지평을 열었기 때문이다. 양화 논리는 겉으로 보기에 비슷한 명제의 구조가 심층적으로 바라보면 근본적으로 다름을 설명하면서, 우리의 일상 언어가 가지고 있는 문법적인 구조가 언어의 논리적 구조를 정확히 반영하지 못하고 있음을 분명하게 보여주었다. 양화 논리가 설명하는 핵심은 다음의 예를 통해서 잘 드러난다.

a) 저 꽃은 노랗다.
b) 모든 것은 노랗다.

a)와 b)는 문법의 측면에서 거의 같은 구조를 가진 문장으로 보인다. 두 문장 모두 '( )는 노랗다'라는 술어를 공통으로 하고, 주어 자리에 a)에는 '저 꽃'이 b)에는 '모든 것'이 들어가는 모양을 가지고 있기 때문이다. 하지만 분석철학의 시조(始祖)라고 할 수 있는 프레게(Frege)는 a)와 b)가 지니는 문장의 심층 구조가 전혀 다르다고 주장하였다.

프레게에 따르면, a)는 '( )는 노랗다'라는 형태의 빈 곳을 가진 개념 단어에 저 꽃이라는 구체적인 대상에 대한 단어가 채워져서 문장이 완성되었고, b)는 '모든 것은 ( )이다'라는 양화사가 기본이 되는 구조의 빈 곳에 '노랗다'(정확히 말하면 '…는 노랗다')라는 개념 단어가 채워져서 문장이 만들어진 것이다. 다시 말해서, 문장은 개념 단어가 가지고 있는 빈 곳에, 그곳을 채우는 단어가 들어가야 완성되는데, a)와 b)는 빈 곳을 가지는 기본 구조가 다르기에 완전히 다른 형식의 문장이라는 것이다.

조금 더 깊게 설명해보면, a)는 '( )는 노랗다'라는 1차 개념에 대상에 해당하는 단어가 채워진 문장이고, b)는 '모든 것은 ( )이다'라는 2차 개념의 빈 곳에 '( )는 노랗다'라는 1차 개념이 채워져서 문장이 완성된 형식이다. 프레게에 의하면, 1차 개념은 대상을 채웠을 때 참/거짓이 결과로 나오는 함수이고, 2차 개념은 빈 곳에 1차 개념을 넣었을 때 참/거짓이 나오는 함수이므로 둘은 완전히 다른 함수가 되는 것이다. 이를 기호로 표현하면, 두 문장의 구조가 얼마나 다른지를 쉽게 확인할 수 있다.

'Yx'를 'x는 노랗다'에 해당하는 기호라고 하고, 저 꽃을 a라고 표시하면 a)는 'Ya'로 기호화될 수 있다. 반면에 '모든 것'이라는 양화사를 '$\forall x$'로 표기하면 b)는 '$\forall x\, Yx$'가 된다. 이를 우리말로 풀어보면, 모든 개체 x에 대해서, 각각의 대상 x는 Y(노랗다)라는 속성을 가지고 있다는 뜻이 된다. 이 두 문장을 아래와 같이 비교해보면, 그 차이를 쉽게 볼 수 있다.

a*) Ya

b*) $\forall x\, Yx$

일상 언어로 표현된 a)와 b)는 상당히 유사한 구조를 가진 문장이라고 여겨지지만, a*)와 b*)는 완전히 다른 구조의 문장이라는 것이 기호로 바꾸어 보면 확연히 드러난다.

이러한 프레게의 주장은 다른 측면에서도 문법적 구조와 언어의 심층 구조가 다름을 보여준다. 예를 들어, 다음의 문장을 살펴보자.

c) 모든 꽃은 노랗다.

일상 언어의 측면에서는 a)와 b)에서 사용된 '( )는 노랗다'라는 술어에 '모든 꽃'이 주어로 들어가서 문장이 완성된 것으로 보인다. 하지만 프레게에 따르면, 일상 언어에서 사용하는 '꽃'도 엄밀하게는 개념으로 '( )는 노랗다'와 유사한 1차 개념이다. 보통 '꽃'은 일반 명사로 생각하고, 이러한 명사가 술어 부분에 사용될 수 있다는 정도로 알고 있는데, 프레게는 일상 언어에서 사용하는 '꽃'이 엄밀하게는 '( )는 꽃이다'의 술어 형태를 지닌다고 주장한다. 그래서 '저 꽃'이라고 했을 때는 구체적인 개별자로서의 꽃을 지시하기에 a라는 개체로 기호화했지만, '꽃'이라는 일반 명사는 다음과 같이 분석되어야 한다.

Fx: x는 꽃이다.

이는 위에서 Yx가 "x는 노랗다"를 의미하는 것과 마찬가지로 Fx도 일상 언어에서의 술어에 해당하는 기능을 하는 셈이다. 그렇다면 "모든 꽃은 노랗다"라는 문장은 '모든'이라는 양화사(프레게에 따르면 2차 개념에 해당)에

"x가 꽃이라면, x는 노랗다"라는 복잡한 1차 개념이 빈 곳을 채우고 있다고 볼 수 있다. 여기서 주목해야 할 점은 조건문의 전건에 있는 'x가 꽃이라면'에서 꽃이 술어 부분을 차지하고 있다는 사실이다. 이를 기호로 나타내면 좀 더 선명해진다.

c*) $\forall x \ (Fx \rightarrow Yx)$

이렇게 기호화를 하면 '꽃'에 해당하는 F가 개체를 나타내는 소문자로 표기되지 않고 개념을 나타내는 대문자로 표시됨을 알 수 있다. a)와 c)를 비교해보면, 일상 언어에서의 문법적 구조는 '( )는 노랗다'의 빈 곳에 a)에서는 '저 꽃'이, c)에서는 '모든 꽃'이 채워진 것처럼 보이나, 기호로 변환했을 때의 모습은 a*)와 c*)가 전혀 다른 구조임을 확인할 수 있다. 오히려 c*)의 구조는 2차 개념인 $\forall x$의 빈 곳에 'Fx $\rightarrow$ Yx'가 채워진 모양이기에 $\forall x$의 빈 곳에 Yx가 채워진 b*)와 더 가까운 구조를 가진다고 볼 수 있는 것이다. 이처럼 a), b), c)로 보았을 때 겉으로 드러나는 일상 언어의 문법 구조와 a*), b*), c*)가 보여주는 심층 언어의 논리적 구조는 완전히 다름을 확인할 수 있으며, 이 점이 바로 현대 양화 논리의 도입이 논리학에 이바지한 점이라고 볼 수 있다.

지금까지 양화 논리의 발달에 대해서 간단히 살펴보았는데, 이러한 논리의 발달이 사상사의 흐름과 연결되는 부분은 있으나, 여전히 현실적인 문제에서 출발하여 발전했다고 말하기는 어렵다. 이는 앞에서 다루었던, 분석철학이 헤겔에 대한 반발로부터 발생했다는 주장에서의 맥락과 유사하다. 분석철학은 그 당시 학문의 시대적 흐름에 영향을 받은 것은 사실이지만, 일상생활에서 착안하여 발전한 것은 아니라는 것이다. 이런 측면에서 분석철학이 현실에 대한 반영을 통하여 등장하고 발전했다고 말하기는 쉽지 않아 보인다. 물론 분석철학에서도 윤리학이나 사회철학의 경우, 시대적인 흐름이나 현실적인 문제들을 반영하는 사례가 있는 것은 사실이다. 하지만 윤리학이나 사회철학은 현실과 접목되기 쉬운 영역이기에 그런 것이 아닌가 생각해 본다.

이제까지 "분석철학은 꼭 현실을 반영해야 하는가?"라는 질문을 다루어 보았다. 철학은 문제 자체를 문제 삼는 학문이기에, 이 책의 기본 전제인 "철학은 현실을 반영하여 발전한다"라는 명제를 비판적으로 검토하며 논의를 전개하였다. 분석철학에서도 일부 분야는 현실적인 문제를 해결하는 과정에서 발전하는 경우가 있는 것이 사실이나, 윤리학이나 사회철학을 제외하면 이런 사례를 발견하기 쉽지 않으며, 이러한 주장을 게티어의 사례, 러셀의 사례, 분석철학의 태동 그리고 양화 논리의 발달 등을 근거로 하여 설명하였다.

그러면 현실과 직접적으로 연결되지 않는 철학이 세상에 어떤 도움을 줄 수 있을지에 물음이 던져질 수 있을 것이다. 이 질문에 대해서는 이렇게 답하고 싶다. 지금까지의 내 주장은 철학 전반이 현실과 유리되어 있다는 것은 아니고, 분석철학이라는 특수한 영역이 현실과 접목되기 쉽지 않다는 것이다. 수학의 증명이 직접적인 현실 문제를 해결하기 위해서 등장한 것이 아니라 학문적 호기심으로부터 발생하듯이 분석철학도 비슷한 맥락에 있다고 여겨진다. 이런 맥락에서 이 글이, 현실적인 문제로부터 출발하지 않은 철학도 있음을 보여주는 계기가 되었으면 한다.

김도식

건국대학교 철학과 교수. 서울대 철학과를 졸업하고, 미국 로체스터대학에서 석사학위를 취득한 후, 동 대학원에서 A Defense of Evidentialism이라는 논문으로 박사학위를 받았다. 주전공은 인식론이나, 언어철학, 윤리학, 철학 상담, 통일인문학 등 다양한 분야에서 연구를 진행하고 있다. 계간《철학과 현실》의 편집위원이며, 이 잡지를 발행하는 심경문화재단의 이사로 활동하고 있다. 철학 서적으로는 『현대 영미 인식론의 흐름』이 있고, 철학 에세이로는 『무거운 철학 교수의 가벼운 세상 이야기』를 썼다. 대표 논문으로는, 「인식적 가치, 믿음 그리고 인식론」, 「경험을 근거로 한 믿음이 어떻게 인식적으로 정당화되는가?」, 「무어의 열린 질문 논증에 대한 의미론적 접근」, 「인식론과 윤리학에서의 '정당성'에 대한 비교 연구」, 「자연화된 인식론의 의의와 새로운 '앎'의 분석」, 「'통일인문학'의 개념 분석」, 「철학 상담에서 철학의 역할」 등이 있다.

인문 교육의 힘:
유명론과 언어적 전환[1]

백도형(숭실대학교 철학과 교수)

서론

심신 문제는 인간과 자연 간의 형이상학적 관계를 묻는 문제이다. 나는 그동안 심신 문제의 핵심 주제 중 하나인 정신 인과(mental causation)의 문제를 '심신 유명론(psychophysical nominalism)'이라는 입장으로 해명하였다. 심신 유명론은 아픔, 가려움, 빨강 감각 등 의식과 감각에 관한 정신 속성, 그리고 믿음, 바람(desire), 생각 등 소위 '명제 태도'라 불리는 정신 속성뿐만 아니라 물리 속성조차도 형이상학적 존재 범주가 아니라 언어 범주에 불과하다는 입장이다.

즉 속성은 우리가 술어로 표현함으로써 우리 논의에 등장하는 것이지

---

1 이 글은 「유명론과 언어적 전환 — 인문교육의 힘」이라는 제목으로 《인간·환경·미래》 31호(인제대학교 인간환경미래연구원 2023년 가을호)에 게재된 내용을 일부 수정한 것이다.

인간 인식이나 언어 이전에 독립적으로 실재하는 것이 아니라는 것이다. 심신 유명론은 물리적인 것에 대한 유명론을 함께 주장하고 있는 만큼 '형이상학적 유명론'이라는 보다 일반적이고 포괄적인 명칭으로 불릴 수 있다.

이 글에서는 이러한 유명론의 형이상학을 새로운 관점에서 확장해보려고 한다. 전통적으로 철학사에서 유명론(唯名論 또는 名目論, nominalism)은 예컨대 보편자 실재론과 같은 실재론에 대비되는 입장으로, 보편자가 실재하는 것이 아니라 이름뿐인 것이라는 입장이다. 특히 '유명론'이라는 명칭이 많이 사용되었던 보편자 논쟁에서 보편자 실재론에 대비되는 유명론은 (보편자 문제 자체가 플라톤 이래 서양 고대 철학의 '하나(一)와 여럿(多)'의 문제에서 비롯한 만큼) 일반자인 유형(type)의 존재를 옹호한다기보다 개별자들의 존재를 주장하는 입장으로 알려져 왔다.[2]

나는 이 글에서 유명론이 개별자 존재론의 입장뿐만 아니라 20세기 이후 서양 철학을 포함한 서양 학문 일반에 널리 퍼져 온 '언어적 전환(linguistic turn)'을 적극적으로 받아들일 수 있는 입장임을 논하려고 한다. 그리고 과학철학에서 널리 받아들여진다고 할 수 있는 관찰의 이론 의존(theory-laden)과도 잘 통하는 입장이기도 한데, 이러한 점은 그동안 여러 논문에서 밝혔다.[3]

---

2   졸고 「4차원 개별자론」, 《철학연구》 68집(철학연구회, 2005)에서는 이러한 유명론의 형이상학적 특성에 착안하여 최소 실재론으로서의 4차원 개별자론을 제시하였다. 졸저 『심신 문제: 인간과 자연의 형이상학』 (아카넷, 2014) 9장에 수정 보완하여 재수록하였다.

3   졸고 「'과학의 시대'에 돌아보는 인문학의 역할」, 《숭실대학교 논문집(인문과학편)》 30호, 2000; 「언어적 전환과 인문 교육」, 《문화기술의 융합》 v.6, no.1(국제

유명론에서 말하는 언어 범주, 즉 이름뿐인 것은 다른 말로 하면 의미를 지닌 것이라고 할 수 있다.[4] 그런데 이러한 의미를 지닌 것의 총체를 우리는 '문화(文化, culture)'라고 칭해왔다. 유명론이 실재론에 대비되는 입장 중 하나이듯이, 그리고 그때의 '실재'의 조건은 정신이나 주관(혹은 주관의 인식)으로부터 독립적(mind-independent)이라는 점과 문화를 흔히 자연(自然, nature)과 대비되는 것으로 본다는 점은 서로 통하고 있다. 그런 점에서 19세기 말~20세기 초의 독일 철학자 리케르트는 자연과학과 대비되는 분야를 '문화과학'이라 칭했고,[5] 이것은 요즘 말로 인문사회과학, 속된 우리 말로 '문과 학문'을 통칭하는 명칭이 된다. 이런 점에서 사실상 '언어적 전환'은 '문화적 전환'일 수 있다는 점도 살펴보려고 한다.

이러한 내용을 받아들일 수 있다면, 결국 자연과 세계에 대한 언어적 전환과 문화적 전환을 받아들일 수 있는 것이다. 그렇다면 요즘 현실 사회에서 흔히 거론하는 '인문학의 위기'와는 상관없이 철학을 비롯한 인문학적 통찰이 보다 더 중요하게 평가받아야 하며 인문 교육이 보다 더 실용적인 것으로 평가받아야 마땅하다는 점을 결론으로 제시하려고 한다.

우선 1절에서는 정신 인과 문제와 심신 유명론을 간단하게 설명한다.[6]

문화기술진흥원, 2020), 279~288쪽 참조.

4   김춘수의 시 「꽃」을 참조하자.

5   리케르트, 하인리히(이상엽 역), 『문화과학과 자연과학』(책세상, 1899/2004).

6   정신 인과에 대한 보다 상세한 설명은 졸저 『심신 문제: 인간과 자연의 형이상학』(아카넷, 2014), 서론~3장 참조.

1. 정신 인과와 심신 유명론

정신 인과 문제는 정신적인 것이 인과 과정에 개입해서 생겨나는 인과를 말한다. 현대에 들어서는 과학이 발전하면서 세계의 모든 부분에 대한 과학적 해명을 기대한다는 점에서 물리주의가 예전보다 세력이 커졌다. 그러다 보니 그러한 물리 세계의 일반성을 감안할 때, 물리 세계 속에서 어떻게 정신적인 것이 인과에 개입하여 영향을 끼칠 수 있는가가 쟁점이 되며 그것이 정신 인과의 문제이다.

철학사에서는 사실상 데카르트부터 쟁점이 되었다. 그는 정신과 물질을 두 가지 서로 배타적으로 구별되는 실체로 두는 심신 실체 이원론의 입장을 취했는데, 우리의 일상 사례들을 보면 심신 간에 인과적 상호 작용이 일어나는 사례를 흔히 발견할 수 있다는 것이 실체 2원론을 의심하게 되는 이유가 된다. 즉 심신 간에 인과적 상호 작용이 일어난다면 심리적(정신적)인 것과 물리적인 것을 어떻게 데카르트 2원론처럼 두 개의 상호 독립적인 실체로 볼 수 있을까 하는 점이 데카르트에 대해 당시에도 제기되는 의문이었는데 이러한 문제 제기가 현대의 정신 인과 문제의 유래가 되었다.

1950~1960년대까지는 심신 동일론 내지 환원주의라는 강한 물리주의가 대세였기 때문에 데카르트의 2원론에서 나오는 문제는 해소된 것처럼 보였다. 그러다 1970년대 이후 물리주의를 인정하면서도 심신 간의 환원은 받아들이지 않는 비환원적 물리주의가 등장하였다. 비환원적 물리주의는 물리주의라는 간명하고 통일적인 세계관과 그럼에도 불구하고 심신 간에 분명한 구별이 있다는 두 가지 직관을 잘 조화시키는 것으로 보여 한동안 유행하였고 지금까지도 그러한 직관을 포기하지 않는 철학자들도 많다. 하

지만 1980년대 후반에 김재권에 의해 비환원적 물리주의의 형이상학적 취약함을 잘 보여주는 논변이 제시되어 정신 인과의 문제가 최근에 다시 주목받는 계기가 되었다.

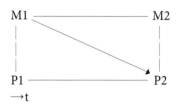

비환원적 물리주의에 대한 김재권의 비판 논변의 요점은 이렇다. 위의 그림에서 물리주의자들은 기본적으로 P1-P2 간의 물리적 인과 관계를 인정할 것이다. 비환원주의자들은 P1-P2 외에도 정신적인 것의 자율성을 옹호하면서 M1-M2 간의 심심 인과나 M1-P2 간의 심물 인과(그림에서는 대각선 방향의 하향 인과)도 인정한다. 하지만 비환원적 물리주의도 물리주의라면 물리 영역의 인과적 폐쇄성 원칙(the causal closure of the physical domain)을 거부하기 어려울 것이다. 인과적 폐쇄성 원칙이란 물리 사건이 개입하는 인과 관계는 물리 영역 이외에는 어떠한 원인과 결과도 갖지 않음을 뜻한다.[7]

그렇다면 물리적 인과 관계 P1-P2가 인과의 충분조건을 이루고 있음을 인정할 수밖에 없는데, 그 상황에서 비환원주의자들이 옹호하고 싶은 정신 인과, 즉 M1-M2 간의 심심 인과나 M1-P2 간의 심물 인과(그림에서는

7   이 원칙에 따르면 어떤 특정한 시각에 어떤 원인을 갖는 어떠한 물리 사건도 물리적 원인을 갖는 것이다.

대각선 방향의 하향 인과)의 위상이 문제가 될 수밖에 없다. 즉 물리적 인과 관계 P1-P2가 이미 충분조건 자격을 확보하고 있는 상황에서 정신 인과는 독자적인 존재를 인정받기 어렵기 때문에 비환원적 물리주의자의 바람과는 달리 부수 현상론이나 제거주의의 입장 이상의 것이 되기 어렵다.[8]

　　비환원적 물리주의자들은 이에 대해 다음과 같은 반박을 제시하곤 하였다. 물리주의이기 때문에 이러한 정신 영역의 자율성이 부정된다면, 정신 영역뿐만 아니라 가장 근본적인 존재 계층이라 할 수 있는 미시 물리 영역을 제외한 모든 거시 영역이 함께 부정될 수밖에 없을 것이다. 이것을 '일반화 논변(the generalization argument)'이라고 한다.[9] 일반화 논변은 심신 관계란 두 개의 존재 계층일 뿐이며 그 외에도 다음과 같은 다수의 존재자의 계층들이 존재한다고 주장한다. 그리고 학문에는 그런 각각의 존재 영역을 연구 대상으로 삼는 여러 차원의 학문(과학)이 존재한다. 다음 중 보다 큰 번호가 나타내는 상위의 존재계는 하위의 존재계를 포함하고 있다고 할 수 있다.

8　　김재권의 이러한 비판 논변은 흔히 '배제 논변(the exclusion argument)'으로 불리곤 한다.

9　　일반화 논변에 관해서는 졸고 「일반화 논변과 심신 환원」,《철학적 분석》 11호 (한국분석철학회, 2005 여름), 또 졸저 『심신 문제: 인간과 자연의 형이상학』(아카넷, 2014)의 3장 4절 참조. 원 논의는 Heil, J. & Mele, A. (eds), *Mental Causation*(Oxford University Press, 1993)에 수록되어 있는 베이커(Baker), 버지(Burge), 반 굴릭(Gulick) 등의 논문 참조.

⑤ 사회

④ 개인으로서의 인간(정신, 이성)

③ 생명체

② 일상 사물(거시 물리적 존재자)

① 미시 물리적 존재자

심신 관계는 여기서 ①과 ④의 관계일 뿐이다. 일반화 논변에 따르면 심신 관계에 배제 논변이 제기되어 ④의 정신적인 것의 자율성이 배제된다면 가장 근본적인 존재 계층 ①을 제외한 다른 나머지 거시 존재 계층들도 마찬가지의 근거로 배제될 수밖에 없는 것 아니냐고 반문한다. 그렇다면 가장 기초 존재자인 ①의 존재만을 인정하고 나머지 거시 계층의 존재들을 모두 부정하는 제거주의를 취하든지, 아니면 ② 이상의 모든 거시 존재 계층들이 모두 ①로 환원되는 전면적인 환원주의를 주장할 수밖에 없는데 이것들은 모두 우리의 직관에 어울리지 않는 부담스러운 입장이 된다.

하지만 이러한 일반화 논변은 배제 논변 등의 비환원적 물리주의에 대한 비판을 밀고 나가면 정신 영역뿐만 아니라 모든 거시 영역까지 함께 부정될 수밖에 없다는 부담을 지적할 뿐이지 비환원적 물리주의 자체를 옹호하는 충분한 논변은 되지 못한다. 그리고 심신 유명론처럼 이 모든 영역이 모두 존재론적으로 정해진 것이 아니라 언어적인 구별에 불과하다고 인정한다면 이러한 존재론적인 부담들이 모두 해소된다.

그런데 강한 물리주의 입장에서는 이렇게 되물을 수도 있다. 제거주의 등 이런 강한 물리주의 입장을 취하면 왜 안 되는가? 제거주의는 정신적인 것의 존재를 완전히 부정하는 우리 직관에 반하는 것 같은 강경한 물리주의이다. 제거주의는 이렇게 설명할 수 있다. 과학사를 돌아보면 예전에는 존재를 인정받다가 현대에는 그 존재를 인정받지 못하여 없는 것으로 간주하는 것들이 있다. 천구(heavenly sphere), 플로지스톤이나 에테르 같은 것이 대표적이며, 일상의 친숙한 것들로 범위를 넓혀보면, 귀신이나 도깨비불과 같은 것들도 현대 과학에서 그 존재를 인정받지 못하고 있다.

그런데 제거주의에 따르면 정신적인 것도 마찬가지로 존재하지 않는 것으로 취급되어야 하며 특히 바람(desire)과 믿음(belief) 등을 중심으로 하는 지향 심리학은 마치 과학사의 뒤안길로 사라진 연금술과 같은 운명을 맞을 뿐이다. 유명론 형이상학을 본격적으로 전개하기 전에 제거주의에 대해서 좀 더 검토해보겠다.[10]

2. 제거주의와 실재론

제거주의는 전통적으로 '정신적(mental)'이라 했던 것의 존재를 인정하지 않는 가장 강하고 극단적인 물리주의 입장이다. 물론 여기서 '존재를 인정하지 않는'다는 것은 '정신적'이라는 정체성(identity)을 유지한 채로 존재함을 부정하는 것이지 물리적인 형태로서 존재하는 것까지 부정하는 것은 아니다. 최근 제거주의 입장을 취하는 대부분의 철학자는 전통적으로 이른바 '정신적인 것'이라 불리던 것들이 두뇌와 중추신경 계통의 작

---

10   제거주의와 실재론에 대한 보다 상세한 설명은 졸고(1995)와 졸저(2014) 4장을 참조.

동에 불과하다고 한다. 그래서 전통 심리학이고 일상 심리학인 지향 심리학 (intentional psychology)은 두뇌과학(brain science) 내지 신경과학(neuroscience) 에 의해 대체되어야 한다고 주장한다.

마치 조금 전 언급했듯이 과학사에서 천구, 플로지스톤이나 에테르, 귀신, 도깨비불 등의 존재를 과학에서 이제는 부정하는 것과 마찬가지로 신경과학이 앞으로 더 발전하면 '정신적인 것들'은 위와 같은 것들과 같은 운명을 맞아 미래 과학사의 뒤안길로 사라질 수밖에 없다고 주장한다. 이러한 제거주의의 핵심 논변은 다음과 같다.

① 신경과학이 지향 심리학에 정당성을 부여해주거나, 그렇지 않으면 지향 심리학은 거짓이다.

② 신경과학은 지향 심리학에 정당성을 부여하는 데에 실패할 것이다.

③ 그러므로 지향 심리학은 거짓이며, 신경과학에 의해 대치되어야 한다.[11]

여기서 '지향 심리학'이란 생각(사유, thought), 바람(desire), 믿음(belief) 등 소위 영어 표현에서 명제 태도(propositional attitude)라 불리는 태도의 의미를 갖는 동사/명사를 주요 요소로 삼는 심리학 체계를 말한다. 즉 'that 절'을 목적어로 갖는 동사들인데 이러한 동사들은 그 목적어로 내용을 갖춘(content bearing) 명사절(that 절, 명제로 볼 수 있는)과 함께 쓴다. 이러한 태도-동사들은 그런 목적어로 인해 어떤 내용을 지향하는 동사가 되니 지향

---

11   이 논변은 졸고(1995)에서 처음 구성한 것인데 기본 골격은 Baker(1988), Churchland(1981)의 논의들을 정리한 것이다.

태도(intentional attitude)라고도 불리며, 이러한 동사/명사를 주요 요소로 삼고 있는 심리학이 지금까지도 일상적으로 흔히 쓰이고 있는 일상 심리학이고 '지향 심리학'이라 부르는 것이다.

심신 이론에서 제거주의는 역사적으로 심신 동일론 내지 환원주의가 성립하기 어렵다는 주장이 대세가 되면서 강한 물리주의가 아닌 약한 물리주의가 주류 입장으로 부상하는 것에 대항해서 오히려 더 강한 물리주의를 제기하면서 등장하였다. 즉 심신 동일성 내지 환원이 불가능하다는 것은 정신적인 것의 자율성을 옹호하는 근거가 되기보다는 오히려 정신적인 것의 존재한다는 정당성이 박탈되는 근거가 된다는 것이다. 따라서 정신적인 것은 천구, 플로지스톤이나 에테르, 귀신, 도깨비불 등처럼 이제는 과학의 논의에서 제거되어야 한다고 주장한다. 즉 정신적인 것을 다루는 최신 연구 분야인 신경과학이나 인지과학 또는 물리학이나 화학, 생물학 등 자연과학으로 환원되지 않으면 존재하지 않는 거짓 대상이라고 보는 것이다.

그런데 이 대목에서 우리는 이렇게 물을 수 있다. 왜 신경과학 등에 환원되지 않으면 거짓이라고 제거되어야 하는가? 지향 심리학이 다루는 명제 태도는 일상 언어에서도 아직도 중요하게 쓰이는 핵심 요소들 아닐까? 그런 의미에서 더욱 상식적이고 일상에 더욱더 친숙하다 할 수 있다. 어쩌면 아직은 더 실용적이라고까지 할 수도 있다. 그런 점에서 오히려 아직 발전 도상에 있는 신경과학 등 현대 심리과학들이 지향 심리학에 환원, 호환되지 않으면 거짓이라고 보는 시각도 가능한 것 아닐까?

지향 태도의 사례들에서도 알 수 있듯이 이러한 태도 동사들은 우리의 일상 언어들과 개념들을 공유하며 호환된다. 하지만 제거주의 입장에서 보기에는 지향 심리학 개념들은 발전하는 과학(예컨대 신경과학, 인지과학 등 현대 심리과학 또는 물리학, 생물학 등 자연과학)과 호환되지 않는다. 이미 충분히 일상 언어와 호환됨에도 불구하고 아직 충분히 일상화되지 않은 현대 심리과학에 호환되지 않기 때문에 지향 심리학이 제거되고 대체되어야 한다고 주장하는 제거주의 입장의 근거는 무엇인가? 이러한 점에서 제거주의는 모종의 실재론 혹은 표상주의의 입장을 전제한다고 봐야 이해할 수 있다. 예컨대 다음과 같은 자주 인용되는 대표적인 실재론 주장을 생각해 보자.

① 세계는 인간의 정신으로부터 독립되어 있는 대상들의 확정된 전체로 구성되어 있다.

② 세계에 대한 참되고 완전한 서술은 오직 하나뿐이다.

③ 진리는 단어나 사유 기호와 외부의 대상 간에 성립하는 일종의 대응 관계이다.[12]

즉 제거주의의 입장은 우리가 그동안 '정신적인 것들'이라 불렀던 정신 영역에 대한 참되고 완전한 서술은[13] 신경과학의 서술이라는 것이다. 따라서 지향 심리학은 이러한 신경과학으로 환원됨으로써 존재론적인 정당성을 획득하거나, 환원되지 않는다면 지향 심리학은 거짓이기 되기 때문에 학문의 미래에 살아남지 못하고 제거되어야 할 운명이라는 것이다. 즉 아래

---

12 파트남, 힐러리(김효명 역), 『이성, 진리, 역사』(민음사, 1981/1987), 65쪽(원서 49쪽).
13 형이상학적 실재론자들의 용어로 'ONE TRUE THEORY'라 불릴 만한 (궁극적으로 발달한) 최종 과학의 서술을 말한다.

와 같이 제거주의의 논변을 재구성할 수 있다.

P1 세계는 인간의 정신으로부터 독립되어 있는 대상들의 확정된 전체로 구성되어 있다.

P2 세계에 대한 참되고 완전한 서술은 오직 하나뿐이다(ONE TRUE THEORY).

P3 우리가 '정신 현상'이라고 부르는 것에 대한 참되고 완전한 서술이 바로 신경과학이다.

P4 따라서 신경과학에 의해 입증되지 않는 '정신 현상'은 단순히 부수 현상에 불과하다.

P5 따라서 지향 심리학이 신경과학에 의해 입증되지 않는다면 그것은 단순히 부수 현상에 관한 이론일 뿐, 진정한 존재자에 관한 이론이 아니다.

① [그러므로] 신경 과학이 지향적 심리학에 정당성을 부여해주거나, 그렇지 않으면 지향 심리학은 거짓이다.

지향 심리학이 우리의 일상 언어 등 상식과 매우 강한 호환성을 가지고 있음에도 불구하고 거짓이라고 제거되어야 한다는 주장은 위에 전개한 것과 같은 강한 실재론의 전제 없이는 설득력이 없다. 그런데 과연 그 정도로 강한 실재론의 입장을 지금 당연하게 받아들일 수 있는가? 과학철학계에서 (주장하는 강도의 차이는 철학자마다 상이할 수 있지만) 흔히 거론되고 있는 관찰의 이론 의존성만 염두에 두더라도 그런 정도의 강한 실재론을 지금 당연시하기는 어려워 보인다.[14] 그렇다면 정신 인과 등 심신 문제를 해명함에 있어서 심신 유명론의 설득력은 더욱 높아졌다고 할 수 있다.

3. 언어적 전환

20세기 이후 현대에 들어와서 실재론이 그리 당연한 것이 아니라는 생각이 힘을 얻게 된 것은 과학철학이나 인식론에서의 관찰의 이론 의존성을 주목하게 된 것도 큰 영향이 있지만, 19세기 말~20세기 초 소쉬르의 언어학 혁명에 따른 '언어적 전환(linguistic turn)'[15] 현상이 현대 사상 전반에 걸쳐서 더 크게 영향을 끼친 데에서 기인한 것으로도 볼 수 있다.

소쉬르는 그 이전의 언어학과는 달리 모든 언어가 갖고 있는 보편적인 일반 현상에 주목하였고 그런 점에서 자신의 언어학을 '일반언어학'이라고 하였다. 소쉬르 이전의 언어학은 대체로 각 언어의 역사적인 변화를 추적하고 탐구하는 통시적 언어학인 데 반해 소쉬르는 공시적 언어학을 추구하였다고 볼 수도 있다. 소쉬르는 언어의 보편적인 일반 현상으로 언어의 기호성을 보았고 현대 기호학을 창시한 것으로 평가받고 있다.[16]

소쉬르는 언어를 기호의 체계로 보았다. 그리고 기호는 기표(Signifiant)와 기의(Signifié)로 이루어져 있다고 한다. 기호의 양면 중 감각으로 지각

---

14   관찰의 이론 의존성에 관해서는 졸고 「'과학의 시대'에 돌아보는 인문학의 역할」,《숭실대학교 논문집(인문과학편)》 30호, 2000. 참조.

15   우리 학계에서는 '언어적 전회(轉回)'라는 번역어로도 많이 쓰이는데, 이 현상이 20세기 초반 이후 철학사나 지성사에 독특한 현상이지 예전에 있던 현상의 회복으로 볼 수는 없을 것 같아서, '전회'라는 번역어를 굳이 채택하지 않고 보다 포괄적인 표현인 '전환'을 택하였다.

16   퍼어스도 (소쉬르와는 독립적으로) 다른 형태의 기호학을 창시한 것으로 평가받고 있다.

되는 소리의 측면을 기표라고 하고, 감각으로 지각할 수 없는 뜻의 측면을 기의라고 한다. 그런데 이러한 기표와 기의 사이에는 아무런 자연적·필연적·본질적 연관을 지니지 않는다고 한다. 즉 기호는 자의적이다.[17]

이런 점에서 소쉬르는 "언어에는 차이만이 존재한다"고[18] 말한다. 기표와 기의도 관계적 차별적 존재이다. 즉 각각의 의미와 위상이 독립적이고 고유하게 정해지는 것이 아니다. 다른 언어 단위와의 차별적 관계에 의존한다. 소쉬르가 일반언어학을 제시하기 이전의 서양 근대에는 언어의 의미가 실재에 대한 표상(재현, representation)이라는 생각이 지배적이었다. 그에 반해 소쉬르는 언어의 의미가 언어 단위 간의 차이와 변별성에 의해 생겨나는 것으로 보는 것이다. 그런 점에서 소쉬르의 언어학은 서양 근대의 표상주의 경향의 흐름을 바꾸는 중요한 역사적 분기점이 되었다.

그리고 표상주의는 이미 표상(재현)하고 있는 실재가 이미 존재하고 있음을 인정한다는 점에서 언어, 기호의 측면에서 실재론을 옹호하는 입장이라고 할 수 있다. 따라서 소쉬르의 언어학에서는 언어는 독립적으로 이미 실재하고 있는 대상을 명명한다기보다 서로 다르게 분절하는 역할을 지니게 된다. 그래서 소쉬르는 선행 관점이 대상을 창조한다고 보는 것이다. "대상이 관점을 선행하기는커녕, 관점이 대상을 만들어내는 것 같은 인상"이

---

17 소쉬르, 『일반언어학 강의』 165쪽. 그렇지만 언어의 본질적 기능은 의사소통이기 때문에 여기서 '자의적'의 의미가 사적(private)이거나 1인칭적 주관성을 띤다는 것은 아니다. 이에 대해서는 조금 후에 다시 설명한다.

18 소쉬르, 페르디낭드(최승언 역), 『일반언어학 강의』(민음사, 1915/1972/2007), 166쪽.

라고 소쉬르는 말한다.[19] 그리고 기호는 독립적 실체가 아닌 체계의 부분으로 기능한다는 것이다.

이러한 생각이 후세에 영향을 주면서 문학, 문화를 기호 체계로 분석하는 구조주의 입장이 나오게 되는 계기가 됐다. 그러면서 이제 소쉬르의 언어관은 언어뿐만 아니라 인간 문화 현상에 대한 세계관의 변화로 확장되었다.[20] 그리고 이러한 소쉬르의 언어학과 해석학, 분석철학의 영향으로 20세기 서양 철학에서는 언어가 주요 관심 주제가 되었다. 소쉬르 이후 서양 철학과 인문학계에서 언어가 주요 관심 주제로 부상하게 되는 현상을 '언어적 전환(linguistic turn)'으로 부르곤 한다.

그렇다면 소쉬르가 이후의 언어적 전환에 미친 영향으로 인해 현대 철학의 지형이 어떻게 달라졌는가? 우선 데카르트 이래 서양 근대 철학의 대전제가 되었던 주-객 이분법에 대한 반성과 변화가 이루어졌다는 점을 들 수 있다. 데카르트가 생각하는 자아의 존재를 지식의 토대로 삼은 이래 주-객 이분법은 서양 근대 철학의 주요 전제가 되었다.[21] 데카르트가 주관적 의식의 명석 판명함과 확고함을 주장하고 주관 외부의 객관적 실재를 당연시하면서 주-객 이분법은 서양 근대의 전형적인 세계관으로 제기되었다.

---

19   소쉬르, 『일반언어학 강의』, 13쪽.
20   문화에서의 언어의 독특한 지위에 관해서는 졸고 「문화와 언어: 인문교육의 지평」, 《인간 · 환경 · 미래》 4집(인제대학교 인간환경미래연구원, 2010 봄), 「언어적 전환과 인문 교육」, 《문화기술의 융합》 v.6, no.1(국제문화기술진흥원, 2020), 279~288쪽 참조.
21   졸저 『심신 문제: 인간과 자연의 형이상학』(아카넷, 2014), 8장 참조.

이에 대해 20세기 이후의 언어적 전환은 이러한 근대의 주-객 이분법적 세계관을 약화시킨다. 우선 언어는 주관과 객관 사이의 인식에 유력한 매체의 역할을 한다. 매체로서의 언어는 인식에 전혀 영향을 미치지 않는, 즉 존재 영향력이 전혀 없는 (흔히, 유리나 거울로 비유되곤 하는) 것이 아니라 인식에 상당한 영향을 끼칠 수 있다. 이러한 매체로서의 언어는 근대에 당연시되었던 주관과 객관 쌍방에 각각 영향을 끼친다. 주관은 이제 더이상 데카르트식의 명석 판명한 순수 의식, 순수 1인칭적 주관이 아니다. 언어는 항상 어떤 맥락에서 존재하는 것으로 문화 사회적 전통과 배경에 의존할 수밖에 없다.[22] 따라서 이렇게 언어를 매개로 이루어지는 인식은 순수 주관에 의해 이루어지는 인식이 아니라 언어라는 매체를 통한 상호 주관적인 의사소통의 성격을 갖게 된다.

매체로서의 언어는 인식 대상이 주관으로부터 독립적으로 기존해 있는 객체라는 생각에도 변화를 가져다준다. 앞에서 인용한 대로 소쉬르에게는 "대상이 관점을 선행하기는커녕, 관점이 대상을 만들어내는" 것이다. 즉 소쉬르나 언어적 전환 이후에는 대상이 인식 전에 주관과 독립적으로 기존해 있다는 실재론이나 표상주의의 대전제는 이제 더이상 당연한 것으로 받아들여지지 않는다. 매체로서의 언어가 어떻게 영향을 끼치고 개입하느냐에 따라 비로소 인식의 대상이 정해질 수 있는 것이다.

따라서 인식의 대상과 객체에 대한 이러한 변화는 앞에서 본 유명론 형이상학과도 통할 수 있다. 유명론에 따르면 속성 등 존재 범주는 우리의

---

22   그런 의미에서 언어는 과학철학에서 말하는 이론-의존성의 전형적인 경우이다.

인식이나 언어와 상관없이 기존하여 존재하는 것이 아니라 우리 언어에 의해 구성되는 것이다. 우리가 지금까지 존재 범주, 형이상학 범주로 간주했던 것들은 이제는 사실상 언어 매체에 의해 이루어지는 언어 범주인 것이다. 서양 근대에서 인식 대상으로서 인식 이전에 주체의 인식에 독립하여 실재하는 것으로 여겨졌던 객체도 매체로서의 언어에 의해 개념화 내지 의미화되는 것으로 본다는 점에서 유명론과 언어적 전환은 상통하는 입장으로 볼 수 있다. 매체로서의 언어가 그냥 투명하기만 한 매개체가 아니라 인식에 있어서 개념화로 인한 구성적인 역할을 담당할 수 있는 것이다. 그런 점에서 형이상학적 유명론은 형이상학의 언어적 전환으로 볼 수 있다.

한동안 인식 대상인 객관적인 세계가 주관과 상관없이 독립적으로 존재하고 그러한 객관적인 대상은 언어 이전에도 존재하여, 언어의 의미는 언어 이전에 존재하는 대상을 지칭함으로써 정해진다는 입장이 언어철학에서도 지칭 의미론(referential theory of meaning)인데, 의미론의 통념(received view)으로 받아들여졌다. 그러나 지금까지 이 글에서 살펴본 유명론 형이상학과 소쉬르 이후 현대 사상에서 흔히 논의되고 있는 언어적 전환을 진지하게 고려한다면 근대까지 상식으로 받아들여졌던 실재론, 표상주의, 지칭 의미론 등은 지나치게 과장되어 당연시되었음을 인식할 수 있다.[23]

---

23   어떤 이는 이런 주장에 대해 인식이나 언어 이전에는 존재하지 않았던 세계가
      인식과 언어 이후 갑자기 생겨나는 것인가 하는 의문을 제시할 수 있다. 마치
      근대에 처음 관념론이 등장했을 때 실재론자의 비판처럼 말이다. 그러나 없다
      가 생겨난다기보다 언어에 의해 비로소 존재 주장을 할 수 있고 언어에 의해 존
      재 분류가 이루어짐을 말하는 것으로 이해하면 되겠다. 졸저 『심신 문제: 인간
      과 자연의 형이상학』(아카넷, 2014), 8장(특히 2~3절) 참조.

4. 문화적 전환

이제 언어적으로 전환된 존재자와 존재 범주는 문화적 존재로도 볼 수 있다. 원래 '문화(文化, culture)'라는 것의 어원이 '경작하다, 재배하다 (cultivate)'에서 유래했다는 것은 잘 알려진 사실이다. '본래 그대로의 본성'이란 의미도 갖고 있는 '자연(自然, nature)'을 인위적으로 가공한 것이 문화이다. 마치 구석기 시대의 채집 경제에서 신석기 혁명 이후 농업과 목축업을 인간이 영위하기 시작한 변화가 자연에서 문화로의 전환을 어원상으로도 상징하여 보여준다.

이 글에서 지금까지 살펴본 언어적으로 전환된 유명론 형이상학도 그런 모양을 띤다. 근대의 주-객 이분법, 표상주의, 실재론의 세계관에서는 자연 그대로가 우리의 인식과 상관없이 그 이전에 이미 실재하고 있다고 믿었지만, 20세기 이후 언어적 전환이 이루어진 이후의 세계는 우리의 언어에 의해 의미화된 것들이고 이것은 자연 존재자에 대비하여 문화 존재자라고 할 수 있다.

언어는 문화의 가장 대표적인 사례 중 하나이지만, 단순히 여러 사례 중 하나에 불과한 것이 아니라 다른 문화 요소들과는 구별되는 특별한 지위를 갖고 있다. 즉 문화 자체가 바로 언어적 전환된 자연으로 볼 수 있다는 점에서 그렇다. 또한, 언어는 인식의 매체 역할을 함으로써 다른 모든 문화적 습득의 전달 수단이기도 하다. 동물의 본성인 본능과 대조적으로 인간의 본질에 속하는 언어 사용과 학습은 말이든 글이든 언어를 통해 이루어지는 것이기 때문이다. 또한, 언어는 다른 문화 요소들과 달리 문화 자체와 여러 유사성을 공유한다. 둘 다 의미 형성체로서 상징적 기능과 지향성

을 가지며, 그 의미가 맥락에 의존한다는 것이다.[24]

그리고 언어와 문화는 자연과 대비하여 인간의 노력을 통한 가공이 들어간 인위적·인공적인 특징을 공유하며 목적-수단의 맥락을 지닌 기능성도 공유한다. 또한, 자연이 가치와 상관이 없는 것에 비해 언어와 문화는 공히 가치 관련성을 지니고 있다. 앞 장에서 소쉬르의 언어학을 보면서 언어의 의미가 독립적으로 고유하게 정해지는 것이 아니라 차별적 관계성에 의해 정해진다고 한 점에서 볼 수 있듯이 언어와 언어적 전환된 것인 문화는 공히 관계성과 체계성을 공유한다. 최근에는 '네트워크적'이라고 표현되기도 한다.

또한, 언어도 그리고 언어적으로 전환된 것인 문화도 자연적·객관적이라기보다 관행적(conventional)인 성격을 띠며 그에 따라 사회성과 역사성을 공통적으로 지니게 된다. 관행은 근대의 주-객 이분법의 객체처럼 '객관적'이지 않을지 모른다. 근대의 주체처럼 1인칭적·사적·주관적이지도 않다. 관행은 사회와 역사, 전통에 의존하며 공적(公的)인 성격을 갖는다. 마치 언어의 본질처럼 상호 주관성, 의사소통 가능성을 띤다.

이러한 문화는 19세기 말~20세기 초의 독일 철학자 리케르트의 저서명처럼[25] 자연과학에 대조되는 인문사회과학, 속된 말로 소위 '문과 학문'의 대상을 통칭하는 것으로도 볼 수 있다. 하지만 어떤 관점에서 본다면 자연을 탐구하는 자연과학조차도 각 분야에 고유한 배경 이론에 의해 형성되

---

24   여기서의 맥락은 이론적·논리적·역사적·사회적 등의 배경으로 이루어진다고 볼 수 있다.

25   《문화과학(文化科學)과 자연과학》, 1899.

며, 모든 이론은 그러한 배경과 패러다임에 의해 기본적인 존재자가 정해진다고 볼 수 있기 때문에 자연과학과 그 대상인 자연조차도 우리의 탐구 대상이 되면서 이미 '문화'가 되었다고 볼 수 있다. 자연과학의 주요한 존재자와 개념들도 배경 이론이나 패러다임의 영향을 받는다고 볼 수 있으며, 이론적·문제사적 맥락을 통하여 연구가 이루어지고 있다.[26]

이렇게 본다면 오히려 문화와 의미, 맥락을 다루는 전형적인 학문인 인문학이 가장 기초적일 뿐만 아니라 보편학으로서의 위상도 지닌다고 볼 수 있다. 마치 언어로 이루어진 텍스트를 연구하는 것을 인문학의 가장 전형적인 연구 방법으로 본다면, 언어적으로 전환된 세계도 그것이 설사 자연과학의 대상인 자연 세계라 할지라도 텍스트의 확장으로 볼 수 있는 만큼, 텍스트를 읽어내는 인문학의 연구 방법이 오히려 세계를 읽어내는 전형적인 방법이라 할 수 있다.

20세기 중반 서양 철학계에 논리실증주의가 활발하던 시절은 물리학을 비롯한 자연과학만이 유의미한 과학으로 주장되었고 인문사회과학은 자연과학과 같은 경험적으로 검증될 수 있는 일반 법칙을 세울 수 있는 경우에만 유의미한 과학이 될 수 있다는 소위 '방법론적 1원론'이 득세하였

26 Hacking, 이정민, 황미란, 천현득 등은 쿤을 유명론적으로 해석할 수 있음을 보여준다. 또한 이상욱, 「가능세계와 과학철학: 쿤의 견해를 중심으로」(제17회 한국철학자대회 발표문), 2004.도 쿤의 패러다임을 인식적인 가능 세계로 해석한다. 이 논문에서 시종 논의하듯이 현대 이후 근대에 지배적이었던 실재론, 표상주의에 대해 재고하는 분위기도 이 흐름에 영향을 주고 있다고 본다. 그리고 자연과학의 이론 작업에 인문학적 방법이 필요하며, 자연과학 연구자에 인문학적 소양이 필요하다는 주장에 대해서는 졸고 「'과학의 시대'에 돌아보는 인문학의 역할」,《숭실대학교 논문집(인문과학편)》30호, 2000. 참조.

다. 이에 대해 인문사회과학의 고유성, 독자성을 옹호하는 측은 앞서 말한 리케르트나 그 이전의 딜타이와 같은 해석학자들, 막스 베버 등과 같은 사회학자, 에른스트 카시러 등과 같은 신칸트학파 등이었고 이들은 인문사회과학의 방법론은 자연과학과 다르다는 방법론적 2원론을 옹호하였다.

그런데 1~2장에서 본 심신 문제에 관한 귀결로 심신 유명론, 즉 유명론의 형이상학이 일리 있는 입장임을 받아들이고 20세기 이후 현대 학문의 언어적 전환을 염두에 둔다면 오히려 텍스트를 읽고 해석하고 맥락을 파악하는 인문학의 방법이 가장 기초적일 뿐만 아니라 보편학의 위상도 가질 수 있음을 알 수 있다. 어쩌면 인문학의 방법이 주도하는 새로운 의미의 '방법론적 1원론'도 생각할 수 있다. 인문학이야말로 언어적으로 전환된, 그래서 텍스트의 확장으로도 이해할 수 있는 세계를 읽어내고 어떤 관점에서는 소쉬르가 관점이 대상을 만들어낸다고 보았듯이 세계를 빚어낼 수도 있는 보편학이 될 수 있다.

결론: 인문 교육의 힘

소위 '인문학의 위기'는 인문학이 순수 기초 학문이다 보니 대학원에 진학해서 학업을 계속하는 소수 인원을 제외하면 전공을 살려서 취업하기가 어렵다는 통념에 기인한 부분도 상당한 것 같다. 인문학이 교양이나 가치, 규범, 공감 함양 등 인성 교육에는 적절하다고 하면서도 현실 세계를 파악하고 변화시키기에는 현실에 밀접하지 못하고 추상적이라는 익숙한 편견도 있다.

하지만 이 글에서 제시한 논거들이 일리 있다면 인문학에 교양 교육, 인성 교육, 전인 교육 등의 가치는 충분히 인정하면서도, 거기에 그치지 않고 세계를 파악하고 세계를 구성함으로써 변화를 선도하고 이끌어 갈 수 있는 핵심 역량이 인문 교육을 통해 주어질 수 있음을 알 수 있다. 더구나 요즈음은 4차 산업혁명, 인공지능과 챗지피티, 메타버스 등의 기술 문명적인 변화뿐만 아니라 인구 구조의 변화, 남북 관계의 변화, 기후 환경의 변화 등 사회 경제적인 여러 변화 등 앞으로의 생활, 생존 환경과 취업 환경이 전면적으로 전환될 수 있는 미래를 앞두고 있다. 이러한 중대한 여러 환경 변화의 의미를 읽고 적절한 대응과 해결을 디자인하고 모색하는 것은 기계적인 반응이나 대세에 따르는 식의 획일적인 대응으로는 결코 해결할 수 없다. 하지만 우리 교육계에서는 자율성을 내세우면서도 인문학 등 기초 학문 분야에만 획일적인 구조 조정 압박을 가하는 것을 암암리에 안이하고 손쉬운 해결책으로 여기고 있는 듯하다.

인문학은 세계를 읽어내고 세계의 의미 있는 변화를 빚어내고 이끌어 낼 수 있는 역량을 잠재하고 있다. 철학을 비롯한 인문학적 통찰이 보다 더 중요하게 평가받아야 하며 인문 교육이 오히려 더 실용적인 것으로 평가받을 수 있다는 점을 이 글의 결론으로 제시하려고 한다.

백도형

서울대학교 철학과를 졸업하고 동 대학원에서 철학박사학위를 받았다. 현재는 숭실대학교 철학과 교수로 재직하고 있다. 박사학위논문을 쓰던 1992년부터 1994년까지, 그리고 연구년이던 2003년에 김재권 선생이 재직하는 브라운대학교 철학과에서 방문학자로 연구했다. 석사과정에서는 역사학과 사회과학의 과학철학에 흥미를 갖고 있다가 그 연장선상에서 데이빗슨의 행위론을 주제로 석사 논문을 썼다. 박사과정에서 심리철학과 형이상학, 특히 심신 문제로 관심을 전환한 이래 지금까지도 연구를 이어가고 있다. 그리고 심리철학을 연구하면서 보편자와 인과, 자연법칙에 관한 형이상학과 과학철학의 문제로 관심을 확대하여 인간과 자연의 형이상학을 체계화하려고 구상하고 있다. 최근에는 교양교육과 인문교육의 모형을 생각하면서 언어와 문화에 대한 형이상학도 모색하고 있다.

다시 '참'을 추구하는 노고(勞苦)

베르그손이 말하는 물리학자의 사유와 그 토대[1]

이서영(철학사상연구소 객원연구원)

1. 구체적 현실로서의 지속

베르그손은 여타의 철학자들과 달리 철학은 무엇보다도 우리의 구체적인 경험과 현실에서 출발해 그것들에 꼭 맞는 개념들을 창조해야 한다고 여겼다. 그리고 이런 의미에서 철학은 '참된 경험론'이어야 한다. 그러나 그가 보기에 철학의 역사는 참된 경험론과 반대 방향에서 기존의 개념들과 추상적인 체계에서 출발해, 오히려 현실과 경험을 그것들에 맞도록 재단해왔다. 다시 말해 철학은 가변적인 일상의 경험을 파고드는 대신, 그것을 '현상'과 그것의 배후에 놓인 '사물 그 자체', '변화(불완전)'와 '영원(완전)',

---

1   이 글은 서강대학교 철학연구소에서 출간한 《철학논집》 제76집에 실린 논문 「아인슈타인의 사유의 토대로서의 지속 — 베르그손(H. Bergon)의 『지속과 동시성』의 논의를 중심으로」를 본 책의 목적과 독자에 맞추어 일부 수정하여 작성한 것임을 밝혀둔다.

'물질'과 '정신' 등의 이원론적인 구도 속에서 이해하고, 더 나아가 관념론과 실재론, 유물론과 유심론, 경험론과 합리론 등의 일반적 입장 중에서 하나를 취해왔다.

그러나 어떻게 동일한 현실이 결코 서로 양립할 수 없는 두 측면을 동시에 지닐 수 있을까? 베르그손이 '분석'이라고 부르는 이러한 이해 방식은 실재를 벗어나 '사유 속'에서 개념들과 입장들을 매개로 실재를 재단하고, '존재 일반', '실재 일반'을 이야기하는 한에서만 가능하다. 그러나 '존재 일반'은 우리가 직접 경험하는 구체적이고 개별적인 현실이 아니며, 현실에서는 불가능하다. 이런 까닭에 베르그손은 "철학에서 가장 결핍되었던 것은 정확성이다"라고 선언하기도 하였다.[2]

이 경험적 실재에 올바르게 접근하기 위해 베르그손은 기존의 철학적 방법과 개념에 얽매이지 않고, 당대의 과학적 논의들을 충분히 활용하였다. 그의 저서에서 종종 만나는 생리학과 심리학, 진화론, 열역학 법칙, 상대성 이론 등과 그에 따른 논의들은 바로 이러한 그의 철학적 태도와 방법을 증명한다. 그런데 베르그손은 과학 역시 '분석'에 근거한다는 점을 지적한다.

예를 들어 과학에서 시간은 기호 t로 표시되는데, 이것은 거리와 속도가 주어졌을 때 결과로 얻을 수 있는 값($v=ds/dt$)이거나, 미래의 어느 순간에 일어날 일을 계산하기 위해 필요한 것일 뿐이다. 즉 기호 t로 표시되는 시간은 아무런 적극적인 활동을 하지 않으며, 본성을 지니지도 않는다. 게다가

---

2   Henry Bergson, *La pensée et le mouvant*(PUF, 2009), Introduction. 앞으로 베르그손의 저작은 제목만 표기하기로 한다.

과학의 관점에서 미래는 언제든 계산을 통해 알 수 있기 때문에, 현대의 과학자들은 시간은 무의미하거나 궁극적으로 존재하지 않는다는 결론을 내리기도 한다.

그러나 만일 시간이 없는 것과 마찬가지라면, 우리가 태어나 자라며 성년이 되었다가 노년에 이르는 일련의 사건들을 어떻게 설명할 수 있을까? 시간은 무의미하므로 태어나자마자 죽는 것이라고 해야 하는가? 우리는 당장 내일 무슨 일을 겪을지 알 수 없는데, 도대체 누구의 관점에서 미래가 결정되었다고 하는 것인가? 베르그손은 우리에게 시간이 단지 주관적 착각일 수 없다는 분명한 진리를 드러내고자 한다.

베르그손의 '지속'은 이처럼 과학 및 기존의 철학이 지녔던 '시간' 관념을 중지시킴과 동시에 우리가 직접 경험하는 구체적 현실을 알리기 위한 개념이다. 그에 따르면 시간은 단지 사유나 측정의 대상이라고 할 수 없다. 시간은 실재로서 경험되고, 그렇기 때문에 우리가 현실이라고 파악하는 세계 자체를 가능하게 한다. 말하자면 지속은 기존의 '시간 관념'의 기원일 뿐만 아니라 '사유' 자체의 출발지인 것이다. 지속의 경험을 베르그손은 다음과 같이 설명한다.

가장 안정된 내적 상태인 정지한 외부 대상에 대한 시각적 지각을 취해보자. 아무리 대상이 동일하게 그대로 있고, 내가 그것을 같은 면에서, 같은 각도에서, 같은 빛 아래에서 바라본다고 해도 소용없다. 내가 그것을 보는 시지각은 방금 전에 가졌던 것과는 다르다. 단지 그것이 한순간 낡아졌다는 사실 때문에라도 말이다. 내 기억이 거기에 있어서, 과거의 무언가를 현재로 밀어넣는다. 내 영혼의 상태는 시간의 길을 따라 전진하면서, 그것이 끌어모으는

지속으로 끊임없이 부풀어간다. 그것은 그 자신을 가지고 말하자면 눈덩이처럼 불어난다.[3]

지속으로서의 시간은 매 순간 기억과 함께 남아 있는 과거로 인해 두께를 만들고 깊이를 지니며 전진한다. 이로 인해 우리는 시간의 한순간도 다시 살 수 없으며, 의식이 경험하는 이 비가역적인 흐름 속에서 현재는 늘 예측 불가능한 새로움으로 등장한다. 즉 시간은 이차원적 연속체나 삼차원적 부피, 4차원적 시공간으로 표상되는 것이 아니라, 자신의 고유한 양상으로 경험된다. 지속이 바로 그것이다. 그렇기 때문에 지속을 올바르게 이해하기 위해서는 기존의 익숙한 사유 방식들로부터 벗어나려고 해야 한다. 이어지는 논의 역시 이 시도를 둘러싼 쟁점들을 잘 보여주는 역사적 사례이다.

2. 철학의 주제로서의 『지속과 동시성』

1922년 가을쯤 출간된 『지속과 동시성』은 그 자신이 언급하듯 '지속'을 '완전하게' 조명한다는 점에서, 그의 철학을 이해하는 데 매우 중요한 단서들을 제공한다. 기존의 저서에서 다루지 않았던 '시간 관념'과 '동시성 관념'의 기원을 다룰 뿐만 아니라, 시간에 대한 과학적 사유와 지속의 연결

---

3   *Évolution Créatrice*(PUF, 2008), 2쪽.

을 밝히고 있기 때문이다.

그러나 『지속과 동시성』은 출간과 동시에 그 철학적 의의가 아닌 철학자들과 과학자들 사이에서 일었던 수많은 찬반으로 인해 유명해졌다. 이런 현상은 물론 이 책이 다루는 아인슈타인(Einstein)의 '상대성 이론' 자체가 당대의 과학계뿐만 아니라 학계 전체를 뒤흔들 만큼 큰 영향을 끼친 것이기 때문이기도 했지만, 무엇보다도 베르그손이 과학에 직접 도전장을 내밀었다고 여긴 과학계가 적극적으로 베르그손을 비판했기 때문이었다.

하지만 그들의 비판은 일부 연구자들이 지적하듯 이 책에서 강조되었던 베르그손의 철학적 논의의 목적 자체를 왜곡한 것일 뿐만 아니라 베르그손에게 부당한 면이 컸다. 가령 베르그손은 분명 자신의 논의는 시간에 관한 것이므로 '특수 상대성 이론'에 국한되어야 한다고 강조했다. 또 자신이 더 흥미를 느낀 것은 '일반 상대성 이론'이지만 '일반 상대성 이론'은 새로운 공간 관념을 제시하므로 전혀 다른 방식으로 논의되어야 할 것이라고 말한 바 있다.

이것은 당시 아인슈타인도 파악하고 있었던 점이었다. 그가 일본과 팔레스타인 등을 여행하던 중 이 책을 읽고서 기록한 일기(1922년 10월 9일)에는, 베르그손이 상대성 이론의 핵심을 파악하고 있고, 상대성 이론에 대립하지 않는 것으로 보이지만, 왜 베르그손에게는 공간이 아닌 시간만이 문제가 되는지가 놀랍다는 소감이 담겨 있다.[4] 그럼에도 베르그손에게 비판

---

4   Jimena Canales, *The Physicist and the Philosopher: Einstein, Bergson, and the Debate That Changed Our Understanding of Time*(Princeton, 2015), 373쪽 참고.

적인 철학자들과 과학자들은 '특수 상대성 이론'에 대한 베르그손의 유효한 분석을 인정하는 대신, 그의 논의 전체를 '일반 상대성 이론'에 대한 무지에서 비롯된 것으로 폄하했다. 여기에는 당시 부록을 더해 출간을 거듭하여도 해소되지 않는 논쟁들 때문에 베르그손이 결국 이 책의 여섯 번째 판에서 출간을 중단하기로 결정했고, 이로 인해 이 책이 연구자들 사이에서도 한동안 주요 저작으로서 다뤄지지 않았다는 점도 일조했을 것이다.

주지하듯 이 책은 같은 해 4월 22일 '프랑스철학회'에서 이루어졌던 베르그손과 아인슈타인이 만남이 잉태한 것이었다. 한 시대를 풍미한 철학자와 전도유망한 젊은 물리학자가 처음 만나 대담을 나누었다는 것 자체가 역사적인 일이었지만, 여기서 베르그손의 발언에 대해 아인슈타인이 했던 대답은 이후 이어질 시대적 논쟁들의 기폭제가 되기에 충분했다. 아인슈타인의 대답을 직접 보자.

그러므로 물음은 '철학자의 시간과 물리학자의 시간이 같은 것인가'에 대한 것입니다. 제가 보기에 철학자의 시간은 심리학적이면서 동시에 물리학적인 시간입니다. 그런데 물리학적 시간은 의식의 시간에서 파생될 수 있습니다. 무엇보다도 개인들은 지각의 동시성의 관념을 갖습니다. 그 경우 그들은 서로 자신이 지각했던 것과 관련한 어떤 것에 대해 소통하고 동의할 수 있을 것입니다. 그런데 개인들에 독립적인 객관적 사건들이 있고, 사람들은 지각들의 동시성에서 사건들 자체의 동시성으로 이행합니다. 그리고 실제로 이 동시성은 오랫동안 빛의 어마어마한 전파 속도로 인해 어떤 모순도 일으키지 않았습니다. 그러므로 동시성의 개념은 [주관적] 지각들에서 [객관적] 대상들로 이행할 수 있었습니다. 그로부터 사건들의 시간적 질서를 도출하는 것은 멀리 있는 것이 아니었고, 본능이 그렇게 한 것입니다. 그러나 우리 의식 안의 어떤 것도 사건들의 동시성을 도출하도록 할 수 없습니다. 왜냐하면 [거기서] 사건들이란 단지 정신의 구축물들일 뿐이고, 논리적 존재들일 뿐이기 때문입니다. 그러므로 철학자들의 시간은 없습니다. 물리학자의 시간과 다른 심리학적 시간만이 있을 뿐입니다.[5]

아인슈타인이 보기에 객관적 사건들의 시간 즉 객관적 대상의 질서인 물리학의 시간은 주관적인 심리적 시간을 떠났음을 의미하기 때문에, 동시에 이 둘의 시간에 관여한다고 보이는 철학자의 시간은 있을 수 없다. 오히려 의식과 관련되는 한 개인들의 지각에 독립적인 객관적 대상의 세계를 말할 수 없기 때문에, 철학자가 말하는 사건들이란 결국 대상과 무관하게 정신이 만들어낸 것일 뿐이라는 것이다. 더구나 아인슈타인은, 이러한 철학적 한계로 인해, 철학의 진리는 객관의 영역에서 대상의 진리를 드러내는 과학에 의해 수정될 수 있다고 전제하는 듯하다.

이 주장에 철학자 베르그손은 어떤 대답을 할 수 있을까? 아인슈타인이 이해하는 객관적 시간은 과연 과학자의 의식과 무관할 수 있을까? 게다가 '지속(durée)'을 '유일한 실재'로 규정하는 철학자에게 '시간'은 과학자들이 생각하듯 '공간'과 '객관', '주관', '지각' 등과 대등한 것이 아닐 수 있다. 다음은 이 물리학자의 언급을 향한 베르그손의 문제의식과 집필의 의도를 잘 드러낸다.

---

5   *Écrits philosophiques*(PUF, 2011). 535~542쪽. [ ]의 내용은 필자가 덧붙인 것이다.

상대성 이론의 수학적 표현에는 변경할 것이 없다. 그러나 물리학은 일부 말하는 방법들을 버릴 때 철학을 도울 수 있을 것이다. 그것들은 철학자를 오류에 빠지게 하고, 물리학자의 시선들(vues)이 지닌 형이상학적 영향에 대해 물리학자 자신을 속일 위험이 있다.[6]

당연히 베르그손은 물리학자로서 물리학 이론의 오류를 지적하려는 것이 아니다. 철학자로서 물리학자의 사유 방식과 표현들에 함축된 형이상학적 함의를 가려내고, 그것들을 철학적으로 올바르게 정립하려는 것이다. 그러므로 『지속과 동시성』의 철학적 의미는 온전히 이 의도대로 다뤄질 필요가 있다. 이제 짧은 지면에서나마 베르그손의 논의와 함께 결국 앞에서 언급된 과학자들의 태도와 전제가 달라질 수 있을지 알아보자.

3. '반(半)-상대성'과 '완전한 상대성'

우선 베르그손은 아인슈타인의 상대성 이론이 마이컬슨과 몰리의 시험이 처한 문제를 해결하면서도, 그 실험의 본질적인 특성을 그대로 유지한다는 점에 주목한다. 이 실험은 우주 공간에서 빛을 진행시키는 매질이라고 가정된 에테르라는 물질 속에서 지구의 운동을 측정하기 위한 것이었다. 이를 위해 빛을 쏘았을 때 두 개의 광선으로 분열시키는 반투명 거울을

---

6   *Durée et Simultanéité*(PUF, 2009), 207~208쪽(앞으로는 약호 DS로 표기한다.)
     밑줄 강조는 필자가 한 것이다.

이용하여, 지구가 공전하는 동안 에테르의 흐름과 나란하게 쏘아진 하나의 광선이 되돌아오는 시간과 에테르의 수직 방향으로 쏘아진 다른 하나의 광선이 되돌아오는 시간을 측정하였다. 그런데 두 경우에서 모두 빛의 속도는 변함이 없었다. 만일 에테르가 광선의 운동에 영향을 끼친다면 상대적으로 운동의 방향이 다른 두 경우 빛이 도달하는 데 시간 차이가 발견되어야 하지만, 결과는 광속도 불변이었기 때문에, 오히려 에테르의 존재가 부정되게 된다.

그런데 여기에는 에테르의 방향으로 이동하여 사실상 에테르 속에서 부동적이라고 가정된 '체계 S'의 빛의 운동을 기준으로 한다는 것이 깔려 있었다. 즉 '체계 S'가 이른바 절대 운동이 되는 기준 체계(systèmes de référence)라면, 다른 방향으로 진행되는 빛의 운동은 "'체계 S'에 대해 이동"하는 상대적 운동, 말하자면 '체계 S의 쌍'인 '체계 S''의 운동이 된다는 것이다.

따라서 에테르의 부정은 동시에 '기준 체계'라는 고전 역학적 개념 역시 제거하는 계기가 되었고, 모든 운동이 상대적이라는 '상대성 원리'와 '광속도 불변'에 근거한 아인슈타인의 특수 상대성 이론을 출항시킬 수 있었다. 전자가 절대를 기준으로 하는 '반(半)-상대성' 또는 일방향의 상대성이라면, 후자는 그것을 양방향의 '완전한 상대성'으로 대체한 것이다. 특수 상대성 이론에 따르면, 두 체계 중 어떤 것도 기준이 될 수 없으므로, 정확히 두 운동은 상대적 교환 가능성을 지니고, 어떤 체계이든 동일한 관성계의 법칙에 종속되어 동일한 진리치를 지니며, '물체들의 변형', '시간의 지연', '동시성의 이탈' 등 각자에게 할당된 항들과의 관계를 유지한다. 운동들은 이제 에테르도 절대적 참조점도 없이 서로에 의해 참조되고, "서로에 의해 이동"하는 두 체계 S와 S′가 되는 것이다.

4. 완전한 상대성은 어떻게 가능할까?

문제는 여기서 어떻게 아인슈타인이 '완전한 상대성'의 개념에 도달할 수 있었는가이다. 내가 등속으로 운동 중에 있으며, 내 눈앞에 있는 다른 대상들 역시 운동 중이라면, 또 어떤 절대적 기준도 없고, 완전한 상대성으로 인해 나의 운동조차 특권적인 기준으로 삼지 않는다면, 나는 내가 운동 중인지 정지 중인지조차 알 수 없는 것 아닌가?

더구나 '동시성'이 '어떤 두 사건이 동일한 시간에 발생하는 것'을 뜻한다면, 동시성은 일견 사건 자체나 각 사건을 겪는 사람의 관점에서는 도달할 수 없는 이해이다. 예를 들어, 방송국의 시보(時報)가 나에게 도달하지만 동시에 다른 장소에도 도달해 있을 것인지에 대해 나는 알 수 없고, 내가 거리에서 친구들과 만나면서 동시에 카페 안에서 커피를 마실 수는 없기 때문이다. 즉 '동시성'은 두 사건의 밖에서, 두 사건을 모두 관찰할 수 있는 관찰자나 시계로 두 사건의 시간을 측정할 수 있는 사람만이 알 수 있는 사태일 것이다.

아인슈타인이 특수 상대성 이론에서 제시하는 유명한 기차 선로의 예도 사실 이것들을 잘 보여준다.[7] 아인슈타인의 설명을 따라가 보자. 번개의

---

7   DS., 99~103쪽. 베르그손은 아인슈타인이 *La Théorie de la Relativité restreinte et généralisée*에서 설명하는 낙뢰와 기차에 대한 설명을 그대로 따

섬광이 둑 위에서 서로 멀리 떨어져 있는 두 지점 A와 B에 동시에 떨어졌을 때, 둑에 번개가 동시에 떨어졌다고 말하는 것은 둑의 A 지점과 둑의 B 지점에서 출발한 빛이 두 지점의 중간 지점인 M에서 만난다는 것을 의미한다.[8] 그런데 만일 이 둑 위에 선로가 놓여 있고, 이 선로 위에 긴 기차가 있다면, 기차 안에서 둑과 동일한 위치에 있는 지점 M′를 표시할 수 있다. 그리고 기차가 움직이지 않는다면 기차의 고정된 지점 M′에 있는 관찰자에게 지점 A와 지점 B에서 발생한 빛은 동시에 그에게 도착할 것이다.

하지만 기차가 빠른 속도 v로 B 지점의 방향으로 이동한다면, 기차 안의 관찰자는 B 지점에서 나오는 빛을 향해[보기 위해] 다가가는 것과 같고, A에서 발생하는 섬광에서 멀어지는 것과 같다. 그러므로 기차와 함께 이동 중인 관측자는 A에서 나오는 빛을 보기 전에 B에서 나오는 빛을 먼저 보게 된다. 따라서 둑 M의 관찰자에게서 '동시에' 발생했던 두 사건은, 기차 안의 관찰자에게는 시간 차이를 두고 발생한 두 사건이 되어 더이상 동시적이지 않게 된다. 그리고 이것은 그 반대의 경우에도 마찬가지여서, 기차 안에서 동시에 발생했던 사건들은 둑의 관찰자에게는 동시에 발생하지 않는 사건들이 될 수 있다. 이것이 곧 '동시성의 상대성(relativity of simultaneity)'

라가며 논한다. 이와 관련해서는 A. Einstein, *Relativity: The Special and The Gereral theory*(trd. Robert W. Lawson, Methuen & Co Ltd., 2002), 25~27쪽 참고.

8 A. Einstein, 앞의 책, 25쪽 그림 참조. 여기서 화살표 기호(→)는 기차의 이동 방향을 표시한다.

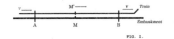

이다.

각각의 좌표계(reference-body, coordinate system)는 고유한 시간을 지니고 있고, 서로 다른 특정한 시간들은 모두 동등한 가치를 지닌다. 말하자면 시간은 더이상 사물의 운동으로부터 독립하여, 즉 "좌표계의 운동 상태로부터 독립하여" 절대적 의미를 갖지 않는다.

이렇게 본다면 일견 아인슈타인의 '완전한 상대성'은 '빛'이라는 특수한 대상과 관련되어, '기차 안에 있는 관찰자'와 '둑(선로)에 있는 관찰자'의 운동 상태에 따라 경험적으로 설명될 수 있는 것처럼 보인다.

그러나 베르그손은 여기서 실제로 지각되고 경험하는 것에 더 집중하자고 한다. 그러면 사실 기차와 관련해서 동시적인 것은 선로와 관련해서도 동시적이기에, 관련된 것은 '하나의 동일한 시간', 말하자면 동일한 하나의 시계의 숫자에 상응하는 시간이다. 그러므로 앞서 언급했던 것처럼, 동일한 하나의 시간에, 기차 안의 관찰자는 기차 안에서 기차와 관련된 다른 사건들과 함께 번개들을 보게 될 것이고, 선로의 관찰자는 이동 중인 기차와 선로와 관련된 다른 내용들과 함께 두 번개들을 보게 될 것이다. 다시 말해 기차 안에 있는 관찰자와 선로에 있는 관찰자 중에서 누구도 결코 '동시에' 기차 안과 선로의 위에 있을 수 없다. 반대로 말해, 동시에 저 둘의 관점에서 운동의 상호성 즉 상대적인 위치와 상대적인 속도를 말한다는 것은 지각과 경험의 영역을 벗어났다는 것을 의미한다. 즉 그것은 '사유' 속에서나 가능하다. 따라서 "선로와의 관계에서 동시적인 것은 기차와 관련해서는 동시적이지 않다"라고 말하거나, "기차와 관련해서 동시적인 것은 선로와 관련해서는 동시적이지 않다"고 말하는 것은, 결국 아인슈타인이 관찰자 또는 물리학자로서 관념적으로 확인하는 동시성과 비-동시성임을 알 수 있다.

이것은 무엇을 의미하는가? 베르그손은 아인슈타인이 기차와 선로의 상호 이동을 표시하면서 기차의 이동만을 화살표 기호(→)로 표시한 것에 주목하고, 이것이 곧 아인슈타인이 선로 M의 체계를 기준 체계로 '선택'했다는 것을 의미한다고 지적한다. 그러나 두 운동이 완전히 상호적이라면, 기차의 이동을 표시하는 것과 함께 선로의 운동을 반대되는 화살표(←)로 추가적으로 표시해야 하고, 이것이 곧 어떤 절대적 기준 체계도 없이 오직 상호적으로 표시되는 두 운동 체계를 의미해야 할 것이다.[9]

하지만 그렇게 두 체계 중 어떤 것도 선택되지 않는다면, 즉 어떤 체계의 관점도 취하지 않는다면, 어떻게 그 '상호성' 자체를 이해할 것인가? 어떻게 '기차와 관련해서~' 또는 '선로와 관련해서~'를 이해할 것인가? 다시 말해 아인슈타인이 취했던 관점은 아무리 오직 두 운동 체계만이 있다고 하더라도, 둘 중 하나를 서로의 '항' 또는 서로의 '준거 체계'로서 채택하지 않고서는, 그 '상호성' 자체를 이해할 수 없음을 드러낸다.[10]

결국 '상대적 동시성'을 통해 '다수의 시간' 즉 모든 상대적 시간들이 동등한 진리치를 갖는다는 아인슈타인의 이해는 역설적이게도 자신의 관점이 위치한 체계 M을 특권적인 준거 체계로 설정함으로써 시작할 수 있

---

9   이런 맥락에서 베르그손은 앞의 아인슈타인의 그림에 화살표(←)를 추가하여 선로(둑)의 상대적 이동을 말한다. 아래의 그림 참조. DS., 100쪽.

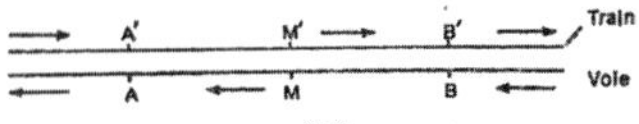

Fig. 4

10   DS., 26쪽.

었던 것이다. 그러므로 '완전한 상대성'은 다시금 우리를 '일방향 상대성'의 가설 속에 위치시킨다. '준거 체계'는 사라지지 않고, 단지 아인슈타인 자신의 관점으로 자리를 이동하였다.

5. '상상'에 의한 잠재적 시간들

이처럼 '상대적 동시성'의 개념을 위해 아인슈타인의 관점이 요구되었다는 것은, 베르그손이 보기에 철학적으로 중요하게 다뤄질 필요가 있다. 왜 그러할까? 우선, 위의 논의를 통해 기차 안의 관찰자와 둑에 있는 관찰자가 모두 실제로 동시성을 체험하는 '실재하는 인물'이 아니라는 점은 분명해졌다. 그렇다고 두 인물이 경험한다고 논의되는 시간이 아인슈타인이 경험하는 시간인 것도 아니다. 아인슈타인은 지금 사유 속에서 두 인물이 겪는다고 가정된 운동들을 수학적으로 표현하고 그 관계를 계산하고 있을 것이기 때문이다.

말하자면 그 인물들은 아인슈타인의 특수 상대성 이론에 따라 각각의 역할을 부여받은 '허구의' 인물들이다. 그 인물들은 기차 안이나 둑에서 일어나는 모든 현상을 지각하는 대신 이론에 필요한 대상들만을 관찰하며, 더 나아가 물리학자인 양 수학적 표현에 유용한 결과들만을 관찰하는 '환상적인' 관찰자들이다. 환언하자면 어떤 물리적 세계에도 속하지 않는 '유령의' 관찰자인 것이다. 이런 까닭에 베르그손은 상대성 이론 속에서 아인슈타인이 행한 일련의 작업들을 '상상'으로 설명한다.

그런데 이 상상을 주의해서 이해할 필요가 있다. 여기서 상상은 관념의 작업 속에서 등장하지 않을 수 없는 '실재'를 드러내는 역할을 하기 때문이다. 아인슈타인이 물리학자로서 자신의 관점을 체계 M에 놓았던 때로 되돌아가 보자. 베르그손에 따르면, 아인슈타인이 체계 M을 표시하면서 M', A', B'를 대응하는 체계로 표시하는 것은, 자신이 속한 체계 M이 '부동의 기준 체계'가 되는 순간부터, '전적으로 그에 의존하여' 기차의 체계가 체계 M과 교환 가능한 상호적 체계로 결정된다는 것을 의미한다. 즉 완전히 상호적으로 결정되는 것이 아니라는 말이다. 체계 M'의 운동과 시간은 체계 M을 기준으로 할당되고, 체계 M'의 물리학자, 말하자면 아인슈타인의 상상에서만 존재하는 관찰자 역시 M의 물리학자가 관념 속에서 유지하는 '상호성'을 보존하며 동시성과 비-동시성을 확인할 뿐이다. 그러므로 시간의 다수성을 주장하는 물리학자에게 체계 M의 시간이 실재라면 당연히 체계 M'도 그와 동등한 하나의 실재이다. 문제는 물리학자 아인슈타인이 어떻게 '관념 속에서' 체계 M의 시간을 '실재'에 대한 수학적 표현 또는 상징으로 이해할 수 있었는가이다. 왜냐하면, 체계 M의 시간을 위해 표상하는 것들, 가령 시간의 이동을 표시하는 직선이나 화살표, 시간의 크기를 비교하기 위한 이등변 삼각형 및 그 삼각형을 이등분하는 직선 등은 실제로 우리가 이해하는 시간의 본성과 무관하기 때문이다.

사실 이러한 상황은 마이컬슨과 몰리 실험의 '체계 S'와 '체계 S''의 일방향 상대성 논의뿐만 아니라, 더 나아가 '시간의 지연', '길이의 수축', '시-공간의 4차원의 평면' 등과 관련한 작업에도 그대로 적용된다. 민코프스키와 아인슈타인의 시-공간 융합의 이론에서, 과학자와 수학자는 좌표상에 실재에 해당하는 3차원을 표시하고, 추가적으로 덧붙여지는 시간의 차원을 표시하면서 그려지는 평면들을 시-공간의 이해를 위한 '상상적인 일종의 장치'로서 제시한다. 그러나 베르그손이 지적하듯 이렇게 단번에 표상되고 상상되는 것들에는 시간의 '흔적'이 남지 않는다.

아인슈타인이 아직 검증되지 않은 가설의 '상대적 동시성'이라는 새로운 관념 속에서, 어떻게 상상이 구축한 체계 M의 실재성을 의심하지 않을 수 있었는지 더 들어가 보자. 당연히 우리는 아인슈타인이 '시간'과 '동시성'이라는 개념을 사용한다는 것을 발견한다. 그리고 그 개념들에는 시간에 대한 우리의 일상적 이해가 함축되어 있다. 그것은 나뿐만 아니라 누구에게라도 적용될 수 있는 '하나의 보편적 시간'이자 '비인격적 시간'이며, 시계를 통해 확인하고 측정할 수 있는 대상이면서, 어쩌면 아인슈타인의 상대성 이론 전까지 유지되었던 '하나의 보편적인 물질적 시간'의 관념이기도 하다.

즉 이 개념들은 물리학자만을 위한 것이 아니다. 이 개념들은 오히려 물리학자의 이론적 작업에 일상인 인간 아인슈타인의 경험과 '실재에 대한 의식'이 바탕으로 깔려 있음을 알린다. 심지어 과학자나 수학자의 '시간'이나 '동시성' 개념이 없어도, 우리는 달리는 기차 위로 갑자기 떨어지는 별똥별을 볼 때 자연스럽게 그것들의 '동시성'을 지각하며, 기차가 제시간에 출발한 것인지를 알아보고자 시계를 볼 때 확인하려는 것이 기차와 시계가 가리키는 숫자와의 '동시성'이라는 것도 알고 있다. 더 나아가 시간을 확인할 때에도 우리는 시계가 시간을 만들어내는 것이 아니라 단지 시간을 측정하는 도구라는 것도 안다. 시간은 이미 언제나 의식적 실재로서 경험되고 있기 때문이다.

바로 이런 까닭에 베르그손은 과학자는 자신의 관념 속의 '동시성'이 언제든 '자연적 동시성'으로 또는 '직관적 동시성'으로 조정되고 전환될 수 있다는 조건에서만 표시된다는 것을 안다고 지적한다. 말하자면 과학자는 인간으로서 경험하는 '실재의 수혈'을 통해, 자신의 체계를 지니고, 그 속에서 표상되고 상상된 것들을 실재에 속하는 시간과 운동들로 이해하며, 수학적으로 표현할 수 있는 것이다. 바로 이것이 상상의 작업에 개입하지 않을 수 없는 '실재의 아인슈타인' 또는 '실재의 관찰자'의 의미와 역할이다.

중요한 것은 인간 아인슈타인의 쪽이 실재로 지각되고 경험되는 유일한 실재라면, 다른 한쪽은 그로부터 탄생했지만 아직은 순수하게 상상된 '잠재성들(virtualités)'이라는 것이다. 이 의식적 실재의 시간적 본성이 곧 지속이다. 즉 이론의 직선이나 도형 또는 평면 등은 그것이 '실재의 지속과 연대'할 때에만 시간일 수 있으며, 아직 우리의 감각이 도달하지 못한 차원일지라도 잠재적으로 결정된 것으로 제시될 수 있다. 그러므로 이 '지속'이라는 체험된 시간으로서의 실재는, "물리학자들의 언어로 표현하는 것이 거의 불가능"에 가까운 양상과 질적 차이로 경험된다고 하더라도, 우리가 실제로 지각하고 경험하는 것 즉 '실재'에 주목하지 않을 수 없는 형이상학자에게는 가장 중요한 문제가 아닐 수 없다. 이런 이유에서 베르그손은 『지속과 동시성』을 통해 그동안 과학자나 철학자들에 의해 가장 잊힌 문제였던 '지속'이라는 이 '토대적 시간의 회복'을 주장하고 있는 것이다.

6. 동시성 관념의 기원

1) 두 흐름의 동시성

그렇다면 물리학자의 과학적 동시성보다 앞선, 또 어떤 개념적 이해나 수학적 이해보다도 앞선 동시성은 어떻게 가능할까? 베르그손은 이것을 '두 흐름의 동시성(la simultanéité de deux flux)'을 통해 설명한다.[11] 다음의 중요한 지문을 보자.

> 우리가 강가에 앉아 있을 때, 물의 흐름, 배의 미끄러짐이나 새의 비상, 우리의 심층의 삶의 쉼 없는 속삭임은 우리에게 세 개의 서로 다른 것들이거나 유일한 하나의 것이다. 우리가 원하는 대로이다. 우리는 그 전체를 내면화하여, 유일한 하나의 지각과 관계하면서, 뒤섞인, 세 흐름을 그 전체의 흐름 속으로 이끌고 갈 수 있다. 아니면 우리는 앞의 두 개[물의 흐름, 배의 미끄러짐 또는 새의 비상]를 외부에 두고서, 이제 우리의 주의를 안과 밖 사이에서 분배할 수 있다. 혹은 더 나아가 우리는 한 번에 둘 모두를 행할 수도 있는데, 우리의 주의가 지닌 하나이면서도 여럿일 수 있는 독특한 특권 덕택에, 세 흐름을 연결하면서도 분리하기 때문이다. <u>그것이 우리가 동시성에 대해 갖는 최초의 관념이다.</u> 그때 우리가 동시성들이라고 부르는 것은 동일한 지속을 차지하고 있는 두 외적인 흐름인데, 이것은 그 둘 모두가 하나의 동일한 제3의 지속, 즉

---

11   DS., 50쪽.

우리의 지속 안에 있기 때문이다. 이 지속은 우리의 의식이 우리만을 바라본 다면 오직 우리의 지속이지만, 우리의 주의가 하나의 유일한 불가분의 행위 속에서 세 흐름을 끌어안는다면, 동등하게 그들의 것이다.[12]

그러므로 우리가 최초로 경험하는 동시성은 무엇보다도 의식적 존재 가 겪는 지속을 통한 것이다. 이 동시성은 바로 두 외적 흐름들이 의식적 존 재가 겪는 지속의 동일한 부분이 된다는 것에서 성립하기 때문이다. 즉 '물 의 흐름'과 '새의 비상'이 의식적 존재가 겪는 지속과 뒤섞이면서, 의식적 존 재의 지속의 한 부분을 동등하게 분담한다는 점에서, 전자의 두 흐름과 의 식적 존재의 흐름은 동일한 지속이 된다. '의식적 존재'를 '나'로 바꾸어 표 현하자면, 나의 지속 즉 내가 겪는 지속에는 의식의 심층에서 나 자신의 존 재를 알리며 쉼 없이 이어지는 삶의 흐름뿐만 아니라, 물의 흐름, 배의 미끄 러짐 또는 새의 비상이 동시간적으로 있다.

이 흐름들이 나의 '주의'에 따라 서로 무차별적으로 뒤섞이는 하나의 흐름이 될 수도 있고, 두 개 또는 세 개의 흐름으로 구분되기도 하는 것이 다. 전자가 여러 흐름을 하나의 전체로서 내재화하는 과정이자 하나의 유 일한 흐름으로서 지각하는 것이라면, 후자는 그 시간적 흐름과 분리 불가 능한 정신이 그 안에서 흐름들을 '구별'하면서, 그 구별과 함께 '안'과 '밖' 을 형성하고, 이 둘을 한 번에 포착하는 데에서 온다. 이 포착은 곧 내부가

---

12   DS., 50~51쪽. [ ]의 내용과 밑줄은 필자가 한 것이다. 관현악을 감상하는 경우
      도 이와 비슷하다. 관현악은 우리의 주의에 따라 '전체를 이루는 하나의 선율'
      로도, '각각의 악기들이 만들어내는 구분되는 선율들'로도 경험된다.

되는 '나의 지속' 안에서, 이 나의 지속과 구분되는 '외부의 두 흐름이' 동일한 지속을 공유한다는 것에 대한 지각을 의미한다. 요컨대 '두 흐름의 동시성'은 나의 지속의 동일한 부분을 차지하는 두 외적 흐름이 갖는 이름인 것이다.

2) 지속을 분배하는 주의

그런데 이 최초의 동시성 관념과 함께 등장하는 '주의(l'attention)'라는 정신의 활동은 더 세밀하게 분석될 필요가 있다. 앞서 논했던 물리학자 아인슈타인의 체계 즉 아인슈타인의 관점 자체는 바로 이 '주의'에 따른 것이기 때문이다. 우선, 여기서 '동시적임의 지각'은 나의 지속과 대상들의 지속이 뒤섞이는 것이라 할지라도, 나의 지속이 대상들의 지속 안으로 사라지거나, 대상들의 지속이 나의 지속 안에서 소실되는 것을 의미하지 않는다. 이 '동시적임'은 나의 측면에서 보자면 나의 지속의 한 부분이지만, 대상들의 입장에서 보자면 동등하게 대상들의 지속으로 있다.

즉 이 두 흐름의 동시성에 대한 지각은 각각의 고유한 두 지속에 대한 포착이면서, 동시에 지속하는 두 실재에 대한 경험이다. 베르그손은 지속이 무엇보다도 '의식에 직접 주어지는 실재'라는 것에 그 본질적 특성이 있었음을 강조한 바 있다. 그러므로 이 '최초의 동시성'은 무엇보다도 나의 지속과 두 외적 대상들의 지속이라는, 시간적 실재들 사이에서 성립할 수 있는 관계로 이해할 수 있다.

이렇게 볼 때, 의식 내부에서 유일한 하나의 전체적 흐름과도, 또 이 전체로부터 구분되는 대상들의 지속들과도 분리되지 않는 정신의 활동 즉

'주의'는 일종의 '직관'으로 이해할 수 있다. 베르그손에게 직관은 무엇보다도 지속과 관련된 앎으로서 지속 안에서의 정신의 활동을 의미하며, 그로 인해 '정확하게 그 시간이 되는' 행위이자 지속으로서 있는 인식을 뜻한다.[13]

다시 말해, 직관은 지속의 시간성을 해치지 않으면서, 그것을 그 자체로 포착하는 인식이기에, 특정한 틀이나 방식을 대상에 부과하는 대신, 대상의 내부로 '직접' 침투하여 그 대상의 본질과 일치한다.[14] 이런 까닭에, 베르그손은 이 최초의 동시성에 대한 경험을 '직관적 동시성'이라 부르고 있다.[15] 그러므로 우리의 의식이 주의를 '안'과 '밖'으로 배분한다는 것은, 결국 '안'과 '밖'의 지속들과 관계하고, 그것들을 그 자체로 드러낸다는 것과 같다. 말하자면 여기서 주의는 오직 지속과 관련하여 지속을 나누는 고유한 방식으로 작동하고 있는 것이다.

이런 까닭에 여기서 '안'과 '밖'의 구분은 공간적인 구분과 무관하다. 이 구분은 나의 의식이 하나의 유일한 전체의 흐름과 관계하느냐, 아니면 나의 지속과 구분되는 대상들의 지속과도 관계하느냐에 달려 있다. 전자는 하나의 전체적 흐름 안에서 나의 흐름과 대상들의 흐름이 뒤섞여 동시간성

---

13   DS., 161쪽.
14   베르그손의 저작에서, 직관은 실제로 여러 다른 활동에서 발견되기도 한다. 대상의 시간적 운동성을 느끼며 그 시간적 리듬을 포착하는 직관이 '공감'으로 표현된다면, 인간 지성의 공간적 사고방식이 오염시켰던 순수 지속을 발견하는 과정은 그 지성과 구분되는 '지적 반성'으로 표현되기도 한다. 또 동적 종교에서 신비주의자들의 신과의 합일 역시 직관으로 이해되기도 한다.
15   DS., 86쪽.

을 구성한다면, 후자는 전자로부터 대상들의 흐름이 구분되어 서로 동일한 지속을 공유하는 동시적 관계를 형성하는 것이다. 주의가 내부와 외부를 왕래하거나, 한 번에 이 둘과 관계할 수 있는 것도 이 구분이 전혀 공간적 구분이 아니기 때문에 가능하다.

그러므로 이 두 흐름의 동시성을 경험하는 순간, 즉 강가에 앉아서 물의 흐름, 새의 비상 등이 동시적임을 지각한다는 것은, 그 둘의 움직임이 공간적으로 나와 떨어져 있어서, 나의 지각과 두 대상의 움직임이 모두 적용되는, '하나의 보편적인 시간'에 따라 파악한다는 것이 아니다. 그것은 나의 지속이 저 둘의 움직임이 동시적일 수 있는 토대가 되어, 동일한 지속 안에서 포착했기 때문에 가능했다. 여기서 더 강조되어야 할 것은 바로 이 동시적임의 체계가 '나의 지속'을 조건으로 하여 작동된다는 것이다. 더 나아가 의식의 주의에 따른 외적 대상의 흐름들은 바로 나의 지속을 근거로 구분되고 결정되는 대상들이라는 점에서 '나의 외부'이지, 결코 나와 무관한 어떤 임의의 외적 대상들일 수 없다.

간단히 말해, 어떤 의식적 존재의 지속과도 무관한, 일반적인 또는 임의의 '외적 대상들'이란 결코 경험될 수 없다. 여기서 동시성 관계는 곧 나의 지속에 따른 체계이고, 나의 지속이 어떻게 분배되느냐에 따라 달라질 수 있는 체계이며, '나의 지속'이 아니라면 경험될 수 없는 '외적 대상들과의 관계'이다.

그렇다고 나의 지속의 체계를 일종의 유아론적인 것으로 이해해서는 결코 안 된다. 주지하듯 지속은 시간적 연속의 흐름으로서, 비결정적인 것, 생성 중인 실재를 알리는 것이지, 이미 완성된 무엇을 드러내는 것이 아니기 때문이다. 지속은 오히려 더 확장되고, 차이화되며, 더 풍요로워질 수 있다. 앞서 언급했듯, 나의 지속과 그 내부를 구성하는 요소적 흐름들 사이에는 어떤 매개적인 형식도, 관습도 없다. 나 역시 다양한 동시간적 대상들의 흐름들과 함께 매 순간 구성되고 '생성' 중에 있으며, 나와 관련된 대상들 역시 그러하다.

이렇듯 직관으로서의 주의는 궁극적으로 나의 의식이 순수하게 관념적이거나 추상적인 비물질적 관찰자가 아니라는 것을 드러낸다는 점에서 진정한 철학적 의의를 지닌다. 지속은 어디까지나 변화하는 물질적 세계에서, 자신의 신체와 함께 변화하지 않을 수 없는 의식적 존재가 겪는 시간성의 경험이기 때문이다. 요컨대 지속은 주관과 대상, 정신과 물질, 안과 밖, 나와 타자 등의 어떤 이분법적 대칭 관계도 거부한다. 오직 '생성'을 향해 열려 있는 비대칭적 시간적 운동의 본성일 뿐이다. 오히려 우리는 베르그손이 최초의 동시성의 관념을 '두 흐름의 동시성'이라고 부른 이유를 정확히 이해해야 할 것이다. 그것은 우리가 최초로 지각하는 동시성이, 지성의 공간적 형식이나 과학의 관점, 또는 수식이 표현하는 동시성이 아닌, 어떤 매개에도 의존하지 않는, 어디까지나 지속으로서 여전히 생성 중인 실재들 사이에서의 성립하는 그야말로 본성상 시간적인 관계임을 정확히 알려주고 있다.

7. 마치며 – 물리학자의 직관

이제 간략하게나마 아인슈타인의 발언에 대한 베르그손의 대답을 정리해보자. 우선 물리학과 형이상학이 다루는 대상은 분명 구분된다. 베르그손에 따르면, 물리학자의 사유는 전통적인 철학자의 지성처럼, 변화하는 사물들의 흐름에서 불변적인 요소들 추려내, 그것들 사이의 관계를 일종의 '자연법칙'으로 정립하는 것을 목적으로 하거나, 더 나아가 개별 경험의 수준이 아닌 수학적으로 수치화하고 개념적으로 일반화할 수 있는 수준에서 물질적 우주의 내적인 분절들을 포착하고자 한다.[16]

　　그러나 물리학자의 사유가 우리가 할 수 있는 사유의 전체인 것도, 물리학자가 제시하는 물질적 세계가 우리가 경험하는 모든 실재인 것도 아니다. 베르그손은 형이상학자의 사유는 '통합적인 경험'을 고려하는 것이고, 이 사유의 통합성은 우리의 지속을 고려하는 데에 있다고 말한다. 그것은 좁게는 의식적 존재로서 경험하지 않을 수 없는 시간의 경험을 무화(無化)하지 않는 것이고, 더 넓게는 우리의 경험을 동물들의 계열을 따라 이어질 수 있을 다양한 의식과 지속의 수준들 속에서, 유기체로서 수행하지 않을 수 없는 시간의 간격을 뛰어넘기 위한 생명적 행위들로서 고려하는 것일 것이다.

　　『지속과 동시성』에 등장하는 베르그손의 "여전히 지속의 다수성이라는 이 가설을 물질적 우주에까지 확장하게 하는 어떤 근거도 보지 못했다"는 고백은 이것을 잘 보여준다. 형이상학자가 다룰 수 있는 대상은 그것이 물질이라 하더라도 우리의 경험을 떠나서는 성립할 수 없을 것이고, 반대로 우리가 경험할 수 없는 물질에 대해 말할 수도 없을 것이기 때문이다. 그리고 그 물질은 물리학자가 추구하려는 대상과 다를 수 있다. 바로 이런 까닭에 아인슈타인이 '시간'으로 이해하는 것과 형이상학자가 다루는 '시간'은

16　주지하듯 베르그손에게 지성은 시간적 실재의 흐름을 벗어나, 정지를 통해 운동을 이해하고, 공간을 통해 시간을 이해하려는, 생명의 진화 과정 중에 발달해 온 인간의 종(種)적인 인식 방법이다.

결코 동일하지도 겹치지도 않는다. 전자의 시간이 측정과 계산이 가능한 시간이라면, 후자의 시간은 수적 크기와 무관한 한에서 경험되는 지속들이다.

이어서 물리학자는 대상에 대한 객관적 진리를 제공하는 반면, 철학자는 주관에 종속된 진리를 제시하기에 물리학자들의 사유가 형이상학자의 오류를 수정할 수 있을 것이란 전제에 대해서도 베르그손은 부정할 것이다. 베르그손의 '동시성'과 '체계'에 관련된 분석들은 오히려 철학자와 물리학자가 동일한 내재적 지속의 바탕에서 출발한다는 것을 드러낼 뿐만 아니라, 물리학자가 새로운 수준에서 구축하려는 '객관적인' 실재 역시 이 체계에 근거해 그 실재성을 보장받는다는 것을 보여준다.

다시 말해, 철학자와 과학자가 다루는 대상이 다르다는 것은 각각의 대상이 갖는 진리치가 다르다는 것이 아니다. 철학자가 지속의 내재성에 머물러 시간과 함께 진행되는 대상들의 본성을 포착한다면, 과학자는 그 의식의 내부에 머무르는 대신 자신의 관점을 대변하는 하나의 체계를 위해, 그것을 지탱하는 원리에 따라 새로운 내재성을 실재로서 구축한다. 그러나 그것은 언제나 그가 다시 돌아올 수 있는 지속을 토대로 하는 한에서 가능한 사유이며, 언제든 직관의 활동으로 대체될 수 있는 한에서 생명력을 얻는 활동이었다.

요컨대 과학적 사유의 객관성은 '자신의 경험 세계'와 관련한다는 조건에서 그 진리치를 보장받을 수 있다.[17] 그것은 곧 물리학자의 직관이 지속의 내부에서 지속이 포섭하는 다양한 대상들의 시간적 운동과 관계한다는 것을 의미했다. 베르그손이 상대성 이론이 결국 어디엔가 '실제의 관찰자'를 위치시키고 있음을 역설하고, 아인슈타인의 직관이 어디서 시작하고 끝나는지에 주목했던 이유가 바로 여기에 있다. 아인슈타인이 이해했던 객관성, 즉 '우리의 모든 의식 활동에서 자유로운 사건들 자체' 또는 '실질적 경험에 근거하지 않아도 도달할 수 있는 물질적 우주'와 그에 대한 앎은 오히려 칸트가 말한 '물자체'를 다루려는 것에 가깝다. 동시에 토대적 시간으로서 지속을 회복한다는 것은, 이러한 과학적 인식의 기초를 명확히 하고, 과학이 다루는 세계가 우리와 관련된 것인지 아닌지를 판별하는 기준을 시간적 관계로 새롭게 정립하게 한다는 점에서 과학에 매우 중요하다. 결국 이것이 베르그손이 '지속'과 '동시성' 분석을 통해 제시하려는 철학적 해석의 진정한 의의일 것이다. 끝으로 아쉽게도 여기서 미처 다루지 못한 '지속과 연속', '순간의 동시성' 등의 주제와 '직관'과 '물자체'의 관계 등에 대해서는 다른 기회에 다루기로 하고 이 글을 마친다.

---

17   이것은 포퍼(Popper)가 과학이 추구하는 제3의 세계의 객관성을 위한 조건으로 설명한 것이기도 하다. Karl Popper(이한구·정연교·이창환 옮김), 『객관적 지식: 진화론적 접근(*Objective Knowledge*)』, 철학과현실사, 2013, 184~256쪽.

이서영(이선희)

을지대학교, 한국과학기술대학교 강사. 철학사상연구소 객원연구원, 한국외국어대학교에서 불어와 철학을 공부하고, 서울대학교 철학과에서 베르그손의 철학을 주제로 석사와 박사과정을 마쳤다. 베르그손의 철학처럼 일상의 삶을 토대로하여 인식과 행위의 의미를 밝히는 작업들에 관심을 두고 있다. 주요 저서로『가치는 어디로 가는가?』(공역),『생명윤리』(공저) 등이 있고, 논문으로는「베르그손의 도덕 행위론 연구」,「베르그손의 실천으로서의 시간에 대하여」,「아인슈타인의 사유의 토대로서의 지속 ── 베르그손(H.Bergson)의『지속과 동시성』의 논의를 중심으로」 등이 있다.

현상학의 현상학:
'현상학함'에 대한 스승과 제자의 대화

문아현(자유기고가)

1. 현상학으로의 첫걸음인 현상학적 환원

현상학을 연구하다 보면 두 가지 물음에 직면하게 된다. 첫째는 '자연적 태도에서 어떻게 초월론적 현상학적 환원을 실행할 수 있는가?'이다. 현상학적 용어를 제외하고 익숙한 플라톤의 동굴 비유를 사용한다면 이렇게도 물을 수 있겠다. 어떻게 동굴에서 벗어나 바깥세상을 볼 수 있게 되는가? 두 번째 물음은 '현상학자는 어떻게 자연적 태도에 있는 다른 사람들과 대화할 수 있는가?'이다. 다시 동굴의 비유를 사용하자면, 바깥세상을 본 사람은 어떻게 다시 동굴 안의 사람과 대화할 수 있는가?

동굴의 비유와 이데아론의 영향인지는 몰라도 일반 대중이 보기에 철학은 일견 인간의 일상적 삶 저편에 있는 어떤 것을 연구하는 듯하다. 따라서 위와 같은 물음은 도대체 왜 철학적 탐구를 하는지, 그리고 철학적 탐구는 우리의 삶에 어떤 영향을 주는지 묻는 것이다. 이 물음에는 수많은 철학적 대답들이 준비되어 있다. 하지만 이 글에서는 현대 철학의 저변을 넓힌

현상학을 발판으로 삼아 답해볼 것이다. 미리 한 가지 변명을 하자면 이 글
은 연구자들만이 관심을 가질 만한 전문적인 논의와 용어 사용을 최대한
아끼려 했다. 이로부터 생길 수 있는 오해는 글쓴이의 탓이다.[1] 현상학의 창
시자 후설(Husserl)은 다음과 같이 쓴다.

누구도 철학에 우연히 빠져들 수는 없다. 철학자는 그를 철학자로서 처음
으로 그리고 근원적으로 만드는 결단을 요한다.[2]

우연히 빠져들 수 없다면 철학적 물음은 어떻게 생겨나는가? 나일강
의 범람으로 인해 땅의 영역을 표시하는 것으로부터 측량이 시작되었듯이
철학도 시작될 수는 없는가? 몇 가지 철학적 물음을 살펴보면 확실히 철학
은 소위 말하는 '현실적인' 혹은 '자연스러운' 물음은 아닌 것 같다. 가령
과학자는 인과 관계라는 것이 있다고 전제하고 자연 현상의 인과를 밝힌
다. 그러나 철학에서는 도대체 인과 관계라는 것이 객관적으로 실재하는지,
혹은 인간의 습관이나 관념에 불과한 것은 아닌지 묻는다.

또한, 여러 종교와 사회사상이 무엇을 해야 하는지를 가르친다면, 철
학은 당위나 선(善)은 무엇인지를 묻는다. 곧 일상에서 자명한 것으로 전제
되고 주제로 삼지 않았던 것들, 나아가 전제했는지도 몰랐던 것들을 시야

[1] 이에 대한 나름의 전문적인 논의는 졸고, 「현상학의 현상학 — 오이겐 핑크
의 『제6 데카르트적 성찰』에 대한 검토를 중심으로」(서울대학교 석사학위 논문,
2019)에서 한 바 있다.
[2] E. Husserl, *Erste Philosophie*(1923/1924). *Zweiter Teil: Theorie der
phänomenologischn Reduktion.* Hrsg. v. Boehm, Rudolf, 1956. 19쪽.

로 가져온다. 그러나 어쨌든 누군가는 자명한 것에 대해 물음을 던졌을 것이고 그러한 시도들은 수 세기를 거쳐 현재 철학이라는 학문으로 정립되었다. 수학, 물리학 등 개별 과학도 마찬가지였을 것이다. 그런데 왜 철학에 있어 시작이 특별한 문제가 되는가?

후설이 그의 말년까지 소개하려 애쓴 초월론적 현상학에서는 이것이 특별한 문제가 된다. 후에 자세히 설명되겠지만, 여기서 초월론적 현상학의 가장 중요한 개념인 '초월론적 현상학적 환원'[3]에 대해 간략히 스케치할 필요가 있다.

후설에게 있어 철학과 동일시되는 초월론적 현상학은 대상과 세계를 구성하는 초월론적 주관의 구조를 해명하는 것을 목표로 한다. 그런데 이 초월론적 주관은 일상생활에서 철저히 은폐되어 있다. 후설은 이러한 일상생활을 '자연적 태도'라 일컫는다. 자연적 태도의 특징은 대상과 세계의 의미에 대해 묻지 않고 당연히 존재하는 것으로 믿는 '소박함'이다. 후설은 철학을 시작하기 위해서는 이 자연적 태도를 벗어나 초월론적 태도로 이행해야 할 것을 말한다. 바로 이 이행을 가능하게 하는 것이 현상학적 환원이며, 앞서 언급한 철학자를 근원적으로 만드는 '결단'이다. 그렇다면 후설의 제자인 케언스(Cairns)가 말했듯이, 현상학적 환원은 현상학을 시작하는 절차로서 현상학에서 가장 중요한 개념이다.

---

3   현상학적 환원에는 생활 세계적 환원, 이론적 환원, 초월론적 현상학적 환원 등 다양한 환원이 있다. 그러나 이 글에서는 앞으로 특별한 언급이 없는 한 '현상학적 환원'을 '초월론적 현상학적 환원'을 의미하는 것으로 사용한다.

그의 전체 철학 중 가장 중요한 것은 초월론적 환원이라는 것의 후설의 신념이었다.[4]

이를 증명하듯 후설은 오랫동안 현상학적 환원을 정당화하기 위해 노력해왔다. 그는 1930년에 자신의 저서 『이념들 I』에 대한 후기를 집필하며 다음과 같이 술회한다.

나는 여러 해에 걸친 숙고에 걸쳐 삶과 학문의 자연적 실증성을 쫓아내고 현상학적 환원인 초월론적 태도 변경을 필연적으로 만드는 동기를 절대적으로 투명하고 이론의 여지가 없게 제시하기 위해, 상이하지만 똑같이 가능한 여러 길을 밟아왔다.[5]

현상학적 환원에 대한 고민이 계속되었음은 비단 이뿐만 아니라 후설의 저서에서도 확인할 수 있다. 예를 들어 통상적으로 초월론적 현상학이 처음 소개된다고 간주되는 『이념들 I』은 "순수 현상학의 일반적 입문(Einführung)"이라는 부제를 달고 있다. 그런데 후설의 마지막 저서인 『위기』 또한 "현상학적 철학으로의 입문"을 부제로 한다. 한 철학자가 자신의 마지막 저서에서까지 자신의 철학에 대한 입문을 소개하는 것은 의미심장

---

4 D. Cairns, *Conversations with Husserl and Fink*(Phänomenologica 66), Den Hagg, 1976, 43쪽.

5 E. Husserl, *Ideen zu einer reinen Phänomenologie und phänomenologischen Philosophie. Drittes Buch: Die Phänomenologie und die Fundamente der Wissenshaften*. Hrsg. v. Biemel, Marly, 1952, 148쪽.

한 일이다. 왜냐하면, 이는 현상학의 핵심적 주제이자 현상학을 시작하는 절차인 현상학적 환원이 후설 자신에게도 계속 만족할 만한 방식으로 설명되지 않았으며, 독자에게 또한 그 본모습대로 전달되거나 이해되지 않았음을 의미하기 때문이다.

실제로 현상학적 환원과 초월론적 현상학에 대한 오해는 『이념들 I』의 출간 이후부터 계속되어왔다. 동시대 철학인 신칸트학파는 물론이거니와 자신의 제자 및 동료들인 하이데거, 베커, 카우프만 등도 현상학적 환원을 이해하지 못했다고 후설은 종종 토로했다.[6] 후설의 사망까지 마지막 조교를 맡았던 제자 핑크(E. Fink)는 여기에서 정작 현상학의 기획에 반하는 몇 가지 방법적 아포리아를 발견한다.

2. 오이겐 핑크와 『제6 데카르트적 성찰』[7]

1) 오이겐 핑크의 생애와 사상

핑크는 일반 독자에게 친숙한 이름은 아니지만 후설, 하이데거와 함께 프라이부르크의 세 현상학자로 꼽히는 철학자이다. 1905년 독일 콘스탄츠에서 태어나 1925년 졸업 시험 이후 뮌스터, 베를린 등에서 철학, 사학, 경제학 등을 공부했지만 프라이부르크대학에서 후설과 하이데거의 강의를

---

6   Cairns, 같은 책, 43쪽.
7   앞으로 『6성찰』로 약칭한다.

들으며 본격적으로 현상학 연구를 시작했다. 1928년부터는 에디트슈타인과 란트그레베의 뒤를 이어 은퇴를 앞둔 후설의 조교를 맡았는데, 이후 후설이 사망하는 1938년까지 개인 조교로서 후설의 곁을 지켰다.

이 시기에 핑크는 「재현과 상(Vergegenwärtigung und Bild)」이라는 논문으로 박사학위를 취득하면서 후설의 원고와 강연록 등을 정리해 굵직한 저서들을 편집하기도 하였다. 특히 후설과 다른 제자 케언스와의 대화를 종종 가져 케언스가 이를 기록하기도 했는데, 이는 세 철학자의 사상을 알 수 있는 귀중한 자료가 된다. 후설 사후 후설의 절친한 친구이자 학문적 동료였던 반브레다 신부와 함께 나치에 의해 훼손 위기에 놓인 후설의 미간행 수고를 벨기에 루뱅으로 옮겼다. 2차 세계대전 이후 1946년에 『6성찰』을 통해 교수 자격을 취득했고 1948년부터 프라이부르크대학교 교수로 재직했으며 1975년 뇌졸중으로 사망하기 전까지 왕성한 철학적 활동을 계속해 나갔다. 한국과도 간접적인 인연이 있는 것이, 한국 현상학계의 저변을 넓힌 차인석 교수(서울대학교)의 지도교수로서 프라이부르크학파의 전통을 전달했다.

대표적인 저서로는 『모든 것과 무(Alles und Nichts)』, 『세계 상징으로서의 놀이(Spiel als Weltsymbol)』, 『니체 철학(Nietzsches Philosophie)』, 『형이상학과 죽음(Metaphysik und Tod)』, 『헤라클레이토스 — 마틴 하이데거와의 세미나(Heraklit. Seminar mit Martin Heidegger)』 등이 있는데 제목에서 유추할 수 있듯이 하이데거와 니체 그리고 그리스 사상의 영향을 적지 않게 받기도 했다. 사실 그의 후기 사상에서는 적어도 후설 현상학적 색채는 거의 찾아볼 수 없다. 핑크와 교류했던 동료들의 기록을 보면 핑크는 사실 『6성찰』의 완성 이전부터 적어도 후설 현상학의 추구를 단념했던 것으로 보인다.

핑크는 오랫동안 헤겔 해석에 전념하고 있었다. 특히 피히테-셸링의 언어로 나타났지만 새로운 내용인 초기 저작들 말이다.[8]

현상학보다는 독일 관념론의 영향에 젖어 있던 핑크의 후기 사상은 우주론으로 명명할 수 있다. 존재 자체를 사유하지 않은 전통 형이상학에 대한 비판을 중심으로 핑크는 결코 포착할 수 없는 세계의 무한성을 자신의 우주론을 통해 드러내려 했다. 이와 동시에 노동, 죽음, 놀이 등을 인간 실존의 근본 현상으로도 규정하여 세계 속 인간의 존재론을 전개하기도 하였다.

2) 『제6 데카르트적 성찰』의 배경과 내용

아마 철학사에 익숙한 독자라면 왜 현상학자의 저서가 '데카르트적' 성찰인지 의아할 것이다. 그러나 후술하겠지만 데카르트는 철학사에 큰 관심이 없었던 후설이 종종 원용하는 철학자이다. 우선 『6성찰』이 쓰인 맥락을 살펴보는 것이 이해에 도움이 될 것이다. 후설은 프랑스 철학회의 초청을 받아 1929년 소르본대학의 데카르트 기념관에서 '초월론적 현상학 입문'이라는 주제로 강연을 했다. 파리 강연의 강의록이 후설의 저술 『데카르트적 성찰』의 모체이다.

후설은 파리 강연의 내용을 독일어로 번역해 확장하고 심화시켜 현상

---

8   Cairns, 같은 책, 96쪽.

학의 완전한 개요를 보이는 저서로 출간하고자 하였다. 그래서 후설은 당시 제자였던 핑크로 하여금 자신의 1성찰부터 5성찰까지의 개정 작업을 수행하게 하였고, 최종 계획안은 1930년에 핑크에 의해 수정되었다. 하지만 1931년 후설은 이 저작이 그해 안에 완성될 수 없을 것이라 보고 나머지 작업들을 핑크에게 맡긴 후 자신은 다른 원고를 정리하는 작업을 했다. 1932년 후설은 핑크에게 '초월론적 방법론'이라는 명칭하에 '제6성찰'을 구상하게 위임했고 이때부터 핑크는 『6성찰』 작성을 시작했다.

핑크가 『6성찰』의 초고를 완성하는 데에는 1년 남짓의 시간이 걸린 것으로 보인다. 왜냐하면, 1933년부터 2년에 걸쳐 후설이 원고를 세밀하게 검토했기 때문이다. 하지만 후설이 12장(chapter)의 초고를 읽으며 534개의 주석과 15개의 수기 원고를 별도로 부록으로 작성한 것을 고려한다면 이 작업을 단순히 검토라고 부를 수는 없다. 곧 『6성찰』은 후설과 핑크, 그러니까 스승과 제자의 공동 저작인 셈이다. 이렇게 원고로서 모습을 갖춘 것은 1930년대 초반이지만 『6성찰』이 출간된 것은 정작 2차 세계대전이 끝난 직후였다. 당시 핑크는 『6성찰』을 프라이부르크대학에 교수 자격 취득 논문으로 제출했다. 1948년 핑크가 후설의 동료이자 제자였던 반 브레다 신부에게 보낸 편지의 내용을 보면 10년이 넘는 시간적 간격에도 불구하고 『6성찰』은 후설의 전통을 직접 계승한 저작으로 권위를 인정받았던 것으로 보인다.

저의 교수 자격은 대학의 평의회에 의해 '정치적 보상'의 경우로 촉진되었으며, 후설-전통의 복구로 파악되었습니다. 그래서 저는 비록 조금 더 중요한 논문들을 갖고 있지만, 후설이 극도로 권위를 인정한 '제6성찰'을 논문으로 선택했습니다. 이렇게 함으로써 저는 제가 정통적으로 계승함이 아니라 후설에게 받은 정신적 충격을 계속 실행함으로써 후설의 전통을 수용할 것이라는 점을 상징적으로 표현했습니다. […] 학부가 심사를 요청한 하이데거는 제 논문이 후설 자신이 권위를 인정한 이상 그 밖에 더 심사할 필요가 없다는 답변으로 한정했습니다.[9]

요컨대 하이데거마저도 심사가 필요 없다는 말로 일축할 정도로 『6성찰』은 핑크와 후설의 공동 저작으로 평가되었다는 것이다. 완성 후 출간 전까지 『6성찰』은 케언스, 메를로퐁티 등 일부 현상학자들만 볼 수 있었다. 그럼에도 불구하고 이 저서는 당대의 여러 현상학자에게 영향을 끼쳤는데 특히 프랑스 철학에 많은 영향을 끼쳤다. 메를로퐁티의 경우 주저 『지각의 현상학』의 서문에서 핑크의 현상학적 환원에 대한 해석에 주목하고 있고, 데리다의 후설 해석은 핑크로부터 출발한다.[10]

『6성찰』은 제목이 명백히 드러내듯 여섯 번째 성찰이므로 앞선 1~5성찰의 내용을 전제로 한다. 따라서 『6성찰』을 제대로 이해하기 위해서는 앞선 성찰의 내용을 그려보는 것이 필요하다. 후설이 자신의 초월론적 현상학의 입문 역할을 맡게 하려는 의도로, 다른 철학자의 이름을 빌려 『데카

9   E.Fink, *VI. Cartesianische Meditation. Teil I. Die Idee einer transzendentalen Methodenlehre*. Hrsg. v. Ebeling, Hans; Holl, Jann; Kerckhoven, Guy van, 1988, 이종훈 옮김, 『데카르트적 성찰』(한길사, 2009), 30쪽.

10   문아현, 「현상학의 현상학 ― 오이겐 핑크의 『제6 데카르트적 성찰』에 대한 검토를 중심으로」, 서울대학교 석사학위 논문, 2019, 52쪽.

르트적 성찰』을 저술한 것은 놀라운 일이 아니다. 왜냐하면, 그가 종종 말하듯 초월론적 현상학은 '데카르트적 동기(Motiv)'를 '철저하게' 전개한 것이며, 후설 자신이 현상학을 '신데카르트주의'라고도 부르기 때문이다. 그렇다면 후설이 그토록 인상 깊게 추구하려 했던 데카르트적 동기는 무엇일까? 그것은 "모든 철학의 초심자에게 필수적인 성찰의 원형"[11]인데, 데카르트적 회의를 통한 철학의 절대적 정초이다.

유년기에 내가 얼마나 많이 거짓된 것을 참된 것으로 간주했는지, 또 이것 위에 세워진 것이 모두 얼마나 의심스러운 것인지, 그래서 학문에 있어 확고하고 불변하는 것을 세우려 한다면 일생에 한 번은 이 모든 것을 철저하게 전복시켜 **최초의 토대에서부터 다시 새로 시작해야 한다**는 것을 이미 몇 해 전에 깨달은 바가 있다.[12]

잘 알려져 있듯이 데카르트는 위와 같이 서술하며 감각적 지식, 수학적 지식, 신의 존재 등을 의심해 확고하고 불변한 '사유하는 나'에 이른다. 그리고 '사유하는 나'로부터 자신이 지금까지 회의했던 모든 것들을 다시 복원시킨다. 이것이 『성찰』에서 이루어진 데카르트의 작업을 거칠게 요약한 것이다. 이제까지 자신이 타당하다고 생각하거나 믿었던 것을 의심하여

---

11 E.Fink, *VI. Cartesianische Meditation. Teil I. Die Idee einer transzendentalen Methodenlehre.* Hrsg. v. Ebeling, Hans; Holl, Jann; Kerckhoven, Guy van, 1988, 이종훈 옮김, 『데카르트적 성찰』(한길사, 2009), 41쪽.

12 R. Decarte(이현복 옮김), 『성찰』(문예출판사, 2012), 34쪽.

그 타당성의 근원을 파고드는 것, 곧 인식 형성의 궁극적 원천으로 되돌아가 묻는 것, 그러니까 자신이 안다고 간주하는 것에 책임을 지려는 이 동기를, 후설은 '초월론적 동기'라 부르며 모든 철학자가 가져야 할 태도라고 말한다.

첫째, 진정한 철학자가 되려는 사람은 누구나 반드시 '생애에 한 번은' 자기 자신으로 되돌아가고, 자기 자신 속에서 이제까지 그가 타당하다고 간주해 왔던 모든 학문을 전복시키고 그것을 새롭게 건축하려고 시도해야 한다. [⋯] 그러므로 『데카르트적 성찰』은 데카르트라는 철학자의 단순히 개인적인 일일 수만은 없다. 하물며 제1철학의 정초를 서술하기 위한 단순히 인상 깊은 문학적 형식일 수도 없다. 오히려 그의 성찰은 모든 철학의 초심자에게 필수적인 성찰의 원형을 묘사해주는데, 이러한 성찰로부터만 철학은 근원적으로 성장할 수 있다.

따라서 위와 같은 후설의 서술은 데카르트에 대한 단순한 오마주일 수만은 없다. 후설은 『성찰』을 추동한 데카르트적 동기를 진정으로 받아들여 자신의 철학을 전개하려 했다.

그러나 단순히 데카르트를 좇아 인식에 대해 회의하는 것은 새로운 철학일 수 없다. 후설은 데카르트의 회의가 철저하지 않고, 당대의 선입견이라는 유혹에서 벗어나지 못했다고 비판하며 자신의 회의를 시작한다. 이 회의, 그러니까 우리가 너무나도 자연스럽게 믿고 있어 우리가 믿는지도 몰랐던 것을 주제화시켜 그 근원을 묻는 것이 바로 현상학적 환원이다. 『데카르트적 성찰』의 1성찰부터 5성찰까지의 내용은 현상학적 환원을 시작으로 초월론적 주관의 영역을 탐구한 것을 내용으로 한다.

그렇다면 우리의 관심인 『6성찰』은 앞선 내용을 전제로 하여 무엇을 묻는가? 『6성찰』을 한 단어로 요약하자면 '현상학의 현상학 (Phänomenologie der Phänomenologie)'이다. 'der'라는 독일어 2격 소유 대명사가 암시하듯이 이는 현상학에 대한 현상학의 비판이다. 철학으로서현상학이 추구하는 것이 반성을 통한 철저한 자기 이해라면, 현상학자는 곧바로 자신의 현상학함을 재차 주제화해야 할 것이다.

이처럼 핑크는 후설의 데카르트적 동기를 후설 작업에도 적용하여 끝까지 추구한다. 그런데 현상학함은 현상학적 환원을 수행하는 것이므로 현상학함에 대한 비판은 현상학적 환원에 대한 비판이 된다. 이처럼 『6성찰』에서 핑크가 의도하는 것은 현상학적 환원이라는 방법론에 대한 비판이다. 구체적 내용은 현상학적 환원이 우리의 자연적 인식을 전복시키는 철저한 반성이라면, 도대체 그 반성이 가능하기나 한 것인지, 또한 가능하다면 어떻게 이뤄지는 것인지를 시작으로 이러한 반성을 수행한 사람은 그렇지 않은 사람에게 자신의 철학을 어떻게 이해시켜야 하는지로 끝난다.

3. 초월론적 현상학적 환원과 현상학의 기획

그런데 이렇게 이해되기 어려운 방법론을 써가면서까지 후설이 현상학을 통해 기획한 것은 무엇일까? 조금 더 직접적으로 묻는다면 도대체 초월론적 현상학은 무엇을 자신의 소명으로 삼은 것일까? 후설 철학이 방대한 만큼 물론 연구자마다 대답이 다르겠지만 적어도 '인간의 삶의 복원'이라는 점에는 모두가 동의할 것이다.

후설은 당시 시대 상황을 '학문의 위기'로 진단했다. 1930년대 유럽이 1차 대전이 끝난 후 2차 대전의 전운이 감돌던 시기임을 감안한다면 이 진단은 타당한 것 같지만 '학문'의 '위기'라고 진단한 점은 다소 흥미롭다. 왜냐하면, 후설 스스로도 인정하듯이 19세기 후반부터 자연과학의 비약적인 발전에 힘입어 학문은 그 어느 시대보다도 전성기를 누리고 있었기 때문이다. 그러나 후설이 위기라고 진단한 것은 자연과학과 심리학 등 학문이 잘못 발전하고 있다는 것이 아니라, 그러한 발전에 힘입어 경험 과학의 영역과 한계를 넘어 인간과 세계의 모든 모습을 자연과학적으로만 해석하고 그것이 유일하게 참된 해석이라고 간주하는 이른바 실증주의, 자연주의를 비판한 것이다.

이러한 실증주의의 모습은 특히 과학적 실재론을 보여주는 '에딩턴의 두 책상 논의'에서 잘 드러난다. 이 논의에 따르면 우리는 두 세계에 살고 있다. 하나는 커피를 올려놓고, 직접 글을 쓰며 가끔 딱딱한 모서리에 부딪히기도 하는 책상이 있는 세계이고, 다른 하나는 원자들과 그 사이의 공간으로 이루어진 과학적 세계의 책상이다. 과학적 실재론에서는 후자의 책상을 실재라고 생각하고 전자의 책상을 주관적인 가상으로 생각하는 경향을 보였다. 후설은 이처럼 과학적 세계가 '실재'에 가깝다는 월권적인 주장을 비판한다. '무엇이 실재인가?'라는 철학적인 논의는 차치하더라도, 우리가 삶에서 경험하는 책상이 보다 근원적인 것이기 때문이다.

자연과학적 대상도 사실 인간이 경험하는 방식의 한 양태일 뿐이다. 이렇게 우리가 삶에서 경험하는 것들을 과학적으로 환원시켜 그것만이 실재라고 생각한다면, 인간이 인식하고 느끼고 의욕하는 것과 나아가 도덕적 행동마저 일종의 신경과학적 작용에 불과하게 된다. 그리고 이처럼 삶의 모든 규준을 자연과학에 넘긴다면 도대체가 자율적 이성을 가진 인간성이라는 것이 무의미해지고 나아가 인간 실존 자체가 위기에 빠진다는 것이다.

그래서 우리는 눈부신 학문의 발전에 방치했던 임무를 되찾아야 한다. 이러한 자기 책임은 우선 세계와 주관의 관계를 복원시켜 모든 인식을 삶으로부터 정초하는 것으로부터 출발한다. 자연과학의 전제이자 비-철학적인 일상적 태도를 후설은 '자연적 태도'라고 부른다. 일상성으로 대표되는 이 태도의 특징은 세계를 나와 독립적으로 그 자체로 존재하는 것으로 정립하는 것에 있다. 자연적 태도에서 우리는 우리를 둘러싸고 있는 여러 존재자와 교섭하고 있다. 가령 우리는 책을 보고 노트북을 이용하며 커피를 마신다. 이때 존재자들은 친숙한 것이고 잘 알려져 있는 것이며 거기에 (da) 있다는 자명성 속에서 인식된다. 이러한 자명성이 존재 정립이다.

물론 우리가 사물에 대해 먼저 존재 정립을 하고 그것들을 이용하는 것은 아니다. 대상들의 존재는 지각과 실천에서 이미 암묵적으로 전제되어 있다. 그런데 개별적 대상의 존재 정립은 보편적 세계의 존재 정립을 내포한다. 요컨대 존재자와 세계는 그 자체로 언제나 나에 대해 거기에 있으며, 우리가 주의만 향한다면 언제든 지각될 수 있는 것으로 실재하는 것이다. 그러니까 대상과 세계가 그것을 의식하는 주관에 독립적으로 '이미', '거기에' 현존한다고 믿는, 나아가 이 믿음 자체가 너무나도 자연스러워서 믿음으로 의식하지 않는 이러한 소박한 태도가 자연적 태도인 것이다.

현상학적 환원은 이처럼 의식되지 않을 정도로 자연스러움 믿음을 주제화시켜 그 믿음에서 벗어나 대상과 세계를 주관과의 상관 관계 하에서 고찰하는 것을 의미한다. 이것은 세계를, 나아가 세계의 존재 정립 위에 구축된 학문들을 한낱 관념으로 격하시키는 것도 아니고, 그 존재의 의심스러움을 계속 유지하는 것도 아니다. 당대에 받았던 많은 비판과 오해와 다르게 현상학적 환원은 오히려 자연적 태도 위에 건설된 모든 것들을 초월론적 주관과의 관계에서 다시 이해한다. 그러니까 세계를 주관의 지각, 기억, 상상 등 여러 작용을 통해 구성된 세계로 이해하는 것이다.

데카르트의 회의를 통해 그 확실성이 의심되었던 객관적 실재와 학문적 진리가 이후 생각하는 나로부터 다시 복원되듯이, 모든 것은 현상학적 환원을 통해 초월론적 주관과의 관계 하에서 복권된다. 오히려 현상학적 환원이 목표로 하는 것은 우리가 너무나도 자연스럽게 암묵적으로 그 존재를 정립하는 대상과 세계의 배후에 있는 주관의 작용과 삶을 밝히는 것이다. 그래서 초월론적 현상학에서 주관은 구성하는 주체가 되고 대상과 세계는 구성된 것이 된다. 그렇다면 현상학의 기획은 우리의 구성하는 생생한 삶을 복원시키는 것이다.

4. 현상학의 현상학에 대한 핑크의 기획

당대 철학계의 반응이 영향을 끼쳤을지 모르겠지만 핑크는 현상학적 환원에 대한 연구에 꽤 많은 시간을 들였고 이것이 『6성찰』의 바탕이 되었다. 때문에 『6성찰』의 내용 대부분은 현상학적 환원이라는 방법론에 관한 반성이 차지하고 있다. 핑크는 현상학적 환원을 후설보다 더 철두철미하게 추구한다. 현상학적 환원의 기치 중 하나는 '구성하는 것'과 '구성된 것', 곧 주관과 객관을 구분하는 것이었다. 핑크는 이 구분을 존재론적으로도 적용해 구성된 것을 '존재'로, 주관의 구성하는 삶을 존재 이전의 것인 '선-존재(vor-sein)'로 파악한다. 그렇다면 현상학적 환원은 존재에서 선-존재로 이행하는 것이고, 선-존재에서 존재로 이행하는 구성 과정이 세계화(Weltlichung)이다.

1) 현상학적 환원의 수동적 동기부여

현상학적 환원의 가장 큰 난점은 현상학적 구도 내에서라면 자연적 태도에서는 현상학적 환원이 가능하지 않다는 것이다. 후설은 '입문'이라는 부제를 달고 있는 여러 저서에서 자신이 자연적 태도로부터 초월론적 태도로의 이행을 가능하게 하는 길을 제시해왔다고 말한다. 하지만 이는 불가능하다. 왜냐하면, 핑크가 말하듯이 현상학적 환원을 '강요하는' 동기 부여는 자연적 태도 속에서는 원리적으로 존재하지 않기 때문이다. 자연적 태도는 그때그때 곧바로 주어진 객체들에 향하고, 이로 인해 세계 지평 속에서 사는 방식인데 이는 후설이 말하듯이 중단되지 않는 일상의 안정성 속에 있는 삶이다. 우리가 놓인 지평을 지평이라 인식한다면, 그것은 이미 그 지평을 떠나 있다는 것을 의미하지는 않는가? 그렇다면 자연적 태도에서는 현상학적 환원을 실행할 모종의 이유가 없으며 원리적으로 불가능하다. 케언스의 대화록을 보면, 이는 후설의 제자들이 이미 강하게 의식하고 있었던 점인 듯하다.

후설이 나에게 아무런 질문이라도 있냐고 물었을 때, 나는 현상학적 판단 중지를 실행하는 것의 동기 부여가 판단 중지 자체, 그러니까 현상학 자체 **이전**

에 얼마나 설득력 있을 수 있는지에 대해 물었다.[13]

　'이전'이라는 말이 강조되어 있듯이 자연적 태도에서 어떤 다리를 건너 초월론적 태도에 이르는 것은 설득력이 없어 보인다. 요컨대 현상학적 환원은 자기 자신을 전제하고 있는 것이다. 따라서 '결단'이 우리의 능동적인 활동이라면, '결단'으로서 현상학적 환원은 도대체가 불가능해 보인다.

　사실 자연적 태도 자체는 우리가 태도를 취한 것이 아니라 처한 상황이다. 자연적 태도는 말이 '태도'일 뿐이지, '태도'로서의 우리의 능동적 작용이 관여하지 않는다는 점에서 '자연적'이다. 우리는 어떤 태도를 취하지 태도에 처하지는 않는다. 그런데 자연적 태도는 우리가 그러한 태도를 취하려고 결심하는 것과 상관없이 자연스럽게 놓이고 처하게 되는 태도이다. 즉 자연적 태도는 그 안에 있는 사람에게는 태도로서 파악되지 않는다. 이러한 점에서 핑크는 케언스가 종종 언급하듯이 '자연적 태도'라는 후설의 명명에 불만을 가졌다.

　　'자연적 태도'라는 용어는 [자의적인(arbitrary?)] '태도'의 종류를 암시하기 때문에 위험하다. 핑크는 오히려 '세계 속박성(Weltbefangenheit)'이라고 말하는 것을 더 선호했다.[14]

　자연적 태도의 특징은 그것이 일상적 삶의 수행 양태로서 익숙한 습

13　Cairns, 같은 책, 39쪽.
14　Cairns, 같은 책, 95쪽.

관의 형식으로 진행된다는 점이다. 그렇다면 이 습관을 벗어나는 것은 그 습관 위에 구축된 어떤 이론적 반성이 아니라 습관 자체의 깨짐이나 붕괴일 것이다. 알베르 카뮈의 다음과 같은 묘사가 이러한 붕괴의 모습을 떠올리게 하는 데 도움이 된다.

무대 장치들이 문득 붕괴되는 일이 있다. 아침에 기상, 전차를 타고 출근, 사무실 혹은 공장에서 보내는 네 시간, 식사, 전차, 네 시간의 노동, 식사, 수면 그리고 똑같은 리듬으로 반복되는 월·화·수·목·금·토, 이 행로는 대개의 경우 어렵지 않게 이어진다. 다만 어느 날 문득, '왜?'라는 의문이 솟아오르고 놀라움이 동반된 권태의 느낌 속에서 모든 일이 시작된다.[15]

그렇다면 자연적 태도를 지탱하는 무대 장치들이 붕괴되는 것, 그러니까 모든 일이 시작되는 '왜?'라는 놀라운 철학적 의문은 어떻게 생길까? 당시 유행하던 실존주의의 영향을 받아서인지는 몰라도 핑크의 대답은 굉장히 실존적이다.

그렇다면 현상학적 환원은 세계가 우리에게 어떤 운명적 사건의 체험 같은 것을 통해, 혹은 일반적으로 친숙하거나 친숙하게 된 지식의 갑작스러운 일깨움을 통해, 즉 궁극적 사물이나 죽음과 허무함에 대한 지식을 통해, 공포와 전율의 수수께끼의 기분을 통해 우리에게 완전히 이해할 수 없는 것이 될 때,

15   A. Camus(김화영 옮김), 『시지프 신화』(책세상, 2012), 28쪽.

세계가 그것의 일상적 친숙성과 익숙함을 잃고 걱정스러운 수수께끼가 될 때 일어난다.[16]

죽음, 공포와 같은 예시에서 알 수 있듯이 핑크가 보기에 현상학적 환원의 동기 부여는 철저히 수동적이며 나아가 개별적이다. 자연적 삶의 극단적인 상황에 놓인 개인이 자신의 독자적인 그 체험을 통해서만 익숙한 세계의 지평을 벗어날 수 있기 때문이다. 그리고 그 상황은 개인이 만들어내는 것이 아니라 '운명적 사건'이 암시하듯 개인에게 닥치는 하나의 당함 (Erleiden)이다. 따라서 핑크가 강조하듯 현상학적 환원은 자기 자신을 전제한다. 그것이 주제적으로 수행된 것으로서 전제되는 방식이 아니라, 극단적 상황이 이미 선행하는 경우 비로소 시작될 수 있는 한에서 자신을 전제한다. 왜냐하면, 극단적인 상황은 이미 세계의 친숙성이 깨진 이후이기 때문이다.

케언스와 대화한 것을 보면 핑크는 이렇게 개인의 실존적 체험에서 현상학적 환원을 이끌어내는 것이 후설이 제시한 학문의 이념을 위한 환원의 길보다 훨씬 낫다고 간주한 것으로 보인다. 왜냐하면, 핑크가 늘 강조하듯이 현상학적 환원 자체가 자연적 태도의 인간이 추구할 수 있는 것은 아니기 때문이다.

그 어떠한 경우에서라도 초월론적 환원을 통해 발견되는 것은 자연적 인간

---

16   E. Fink, *VI. Cartesianische Meditation. Teil II: Ergänzungsband*. Hrsg. v. Kerckhoven, Guy van, 1988, 30쪽.

이 추구하는 것이 아니기에, 핑크는 초월론적 환원으로의 충분한 동기 부여에 대한 가능성에 대해 의심을 품었다. 그럼에도 불구하고 그는 인간의 본질, 인간의 본질적 불완전함에 의한 속박됨, 혹은 인간의 고유한 결핍으로부터의 환원에 대한 해명 방식이 학문의 이념에 의한 초월론적 환원이라는 후설의 해명 방식보다 훨씬 낫다고 생각했다.[17]

2) 현상학에서 술어화와 학문화의 문제

현상학적 환원의 동기 문제가 현실, 즉 자연적 태도에서 철학, 그러니까 현상학으로 들어가는 문제였다면, 핑크는 철학자가 현실로 돌아오는 문제 또한 심도 있게 다룬다. 이는 『6성찰』에서 '세계화'라는 주제로 나타난다. 이 단어로써 핑크가 의미한 것은 초월론적 태도에서 자연적 태도로의 귀환이다. '술어화', '학문화', '인간화' 등 여러 말로도 지칭되는 이 현상은 핑크가 명확하게 정의한 적은 없지만 『6성찰』의 절반이 넘는 분량을 차지할 정도로 상세히 논구되었고 여러 측면을 포괄한다.[18] 하지만 이 장에서 중요한 것은 현상학자의 인식을 언표 형식으로 전환하는 초월론적 술어화의 문제이다.

그런데 어떤 학문적 인식을 언어화하는 것이 현상학만의, 곧 현상학

---

17 Cairns, 같은 책, 56쪽.
18 작동적(operative) 개념으로서 '세계화'의 의미와 구분에 대해서는 졸고 문아현, 「현상학의 현상학 ─ 오이겐 핑크의 『제6 데카르트적 성찰』에 대한 검토를 중심으로」, 서울대학교 석사학위 논문, 2019 참고.

에 특유한 문제인지 의문이 생긴다. 수학, 과학, 논리학 등 다른 학문도 그것을 표현하는 독자적인 언어를 가지기 때문이다. 그렇다면 현상학 또한 새로운 언어를 형성하면 되는 문제가 아닌지 묻게 된다. 여타 학문과 마찬가지로 단지 새로운 인식과 경험에 적합한 새로운 언어를 형성하는 것이 문제되는 것이 아닌가? 그러나 핑크의 어법을 따라 현상학이 다루는 대상인 선-존재를 적합하게 파악할 수 있는 언어는 없다. 왜냐하면, 언어는 근본적으로 존재에 속박되었기 때문이다.[19]

언어는 **자연적 태도 속**에서 생기며, 사용자가 그때그때 언어 공동체에 참여하는 것을 통해 경험적으로 구체화됨에 따라 보다 원시적인 언어나 발전된 언어, 현저하게 이성적인 언어나 감성적인 언어 등등이 된다. 언어가 자연적 태도 속에 정주함은 모든 언어에 근원적으로 공통적으로 '모든 개념은 **존재 개념**이다'라는 사실로 표현된다.[20]

인간이 언어생활에서 사용하는 언어는 우선 자연적 태도 속에서 형성된 언어이며 핑크에 따르면 존재 개념이다. 자연적인 인간은 물음, 요청, 명령 등 다양한 언어생활에서 암묵적이지만 원리적으로 존재자를 고려해 언어를 사용하기 때문이다. 따라서 존재가 아닌 선-존재를 존재 개념으로 표

---

19   이하 두 문단은 문아현,「현상학의 현상학 ─ 오이겐 핑크의 『제6 데카르트적 성찰』에 대한 검토를 중심으로」, 서울대학교 석사학위 논문, 2019, 47~51쪽 참고.

20   E. Fink, *VI. Cartesianische Meditation. Teil I. Die Idee einer transzendentalen Methodenlehre.* Hrsg. v. Ebeling, Hans; Holl, Jann; Kerckhoven, Guy van, 1988, 94쪽.

현해야만 하는 역설적인 상황이 생긴다. 만약 현상학자가 이러한 상황에서 새로운 언어를 고안하려 노력할지라도, 이를 위해 그는 최초의 표현이자 직접적인 표현으로서 자연적인 언어를 사용할 수밖에 없다. 즉 선-존재를 '표현'하려는 순간 자연적인 존재 의미가 들어갈 수밖에 없는 것이다.

수학, 논리학 등 세속적인 학문에서 이러한 상황은 전혀 문제되지 않는다. 왜냐하면, 자연적 태도 위에 구축된 학문으로서 이들은 이미 존재적이기에 존재 개념을 사용하는 것이 적합하기 때문이다. 따라서 현상학적 환원에 대한 핑크의 파악을 따른다면 술어화의 문제는 현상학의 특유한 문제가 된다.

그렇다면 이 특유한 문제를 핑크는 어떻게 다루는지 살펴보아야 한다. 현상학자가 자연적 태도를 벗어나 초월론적 태도에 있더라도 그에게 처분 가능한 것은 자연적 언어이다. 왜냐하면, 현상학적 환원을 통해 자연적 태도의 한정성을 상실했을 뿐, 자신이 지금까지 습득한 것과 성향을 잃은 것은 아니기 때문이다. 그래서 현상학자는 자연적 언어를 차용할 수밖에 없고, 이 과정에서 그는 '외견상' 초월론적 태도를 포기하는 것으로 보인다. 따라서 핑크는 현상학적 언어는 일종의 유비(Analogie)로 나타난다고 한다.

가령 현상학에서는 초월론적 '주관', 초월론적 '자아'라는 개념을 사용하지만, 이때 '주관', '자아'는 자연적 태도에서 일컫는 것과 유사하지만 다른 의미이다. 이 결과 현상학적 명제를 읽어낸다는 것 또한 달라진다. 초월론적 언어는 그 의미 작용에서만 자연적 언어와 달라지기에 외견상 자연적 언어와 다른 것은 하나도 없다. 따라서 현상학적 환원을 수행하지 않았거나, 혹은 그러한 탐구를 단념한 자들은 현상학적 명제들을 결코 읽어내지 못하고 자연적 언어의 기묘한 명제들만 읽어낼 뿐이다.[21] 현상학적 명제를 **이해**한다는 것은 현상학적 환원의 수행을 다시 **반복함**에서만 가능하다.

핑크의 이러한 통찰은 학문으로서 현상학이 상호 주관적으로, 그러니까 자연적 태도의 다른 사람들에게 제대로 이해될 수 없다는 귀결에 이른다. 왜냐하면, 현상학적 명제를 이해하는 것은 환원을 수행함으로써 가능한데, 환원을 수행한다는 것은 이미 자연적 태도를 떠난 것이기 때문이다. 그래서 핑크는 현상학이 자연적 태도에서는 '가상(Schein)'으로 나타난다고 한다.

그런데 이러한 설명은 현상학을 모종의 깨달음을 얻은 소수만이 향유할 수 있는 어떤 신비주의의 일종으로 만드는 듯하다. 실제로 핑크는 『6성찰』의 후반부에서 환원과 세계화, 그러니까 자연적 태도에서 초월론적 태도로의 이행과 다시 자연적 태도로의 귀환을 어떤 절대자의 반정립적 계기를 통일하는 자기 운동으로 설명하기 때문이다. 후설에게서는 찾아볼 수 없는 이런 어조는 핑크가 『6성찰』을 통해 현상학을 넘어 자신의 비존재적 (meontisch) 철학을 예견했음을 상기시킨다.

『6성찰』을 후설 철학의 계승이나 발전으로 이해하는 연구자들도 있지만, 사실상 『6성찰』은 후설 현상학에 대한 비판이다. 반 브레다 신부 또한 『6성찰』이 후설은 알아차리지 못했지만, 그의 사유의 토대에 대한 비판

---

21   실제로 「현대적 비판에 있어 에드문트 후설의 현상학적 철학」은 현상학을 오해하는 신칸트학파를 겨냥해 핑크가 쓴 논문이다. 여기에서 핑크는 현상학적 의미가 언어로 적합하게 표현될 수 없고, 자연적 언어가 유비에 머무는 이상, 현상학은 항상 필연적으로 오해를 수반하게 된다고 한다.

이라고 언급한 바 있다. 여기에서 자세히 논구하지는 못하지만 결국 핑크는 구성하는 것과 구성된 것의 구분이라는 현상학적 환원의 이념을 수미일관하게 추구하여, 현상학에 내재한 아포리아를 드러내 새로운 철학으로 이행하는 발판으로 삼았던 것이다. 그리고 이 과정을 관통하는 문제가 지금까지 다뤄왔던 현상학적 환원의 동기와 전달 문제인 것이다. 만약 초월론적 태도를 철학에, 자연적 태도를 현실에 대응시킨다면, 『6성찰』에서 핑크가 철학과 현실의 관계에 대해 함의하는 바는 간단하다. 이들은 어떤 절대자의 반-정립적(anti-thetisch) 계기들이며 변증법적으로 통일된다.

5. 현상학의 현상학에 대한 후설의 기획

현상학적 환원에 대한 핑크의 성찰은 더이상 현상학적이지 않은 어떤 비본재적 절대정신의철학으로 귀결되었다. 후설이 완강히 반대했던 사변적 어조는 차치하더라도, 자연적 태도에서 도대체 통찰될 수 없는 가상의 진리인 현상학이라는 핑크의 귀결은 후설이 현상학을 기획했던 의도에 매우 어긋나는 것이었다. 이 경우 세속적 학문에 대한 보편학과 엄밀학으로서의 현상학의 지위가 흔들리기 때문이다. 이러한 이유에서인지 『6성찰』의 현상학적 언어와 학문화에 대해 서술한 부분에 있는 후설의 난외주는 그 어떤 부분보다도 풍부하고 상세하며 핑크의 견해에 대한 후설의 완고한 반대를 보여준다.[22]

1) 현상학적 환원의 동기 부여를 이끄는 학문의 이념

현상학적 환원에 대한 핑크의 첫 번째 통찰은 그것이 자연적 태도에서 추구되지 않고 모종의 수동적 동기를 통해 자연적 태도가 깨져야 가능하다는 것이었다. 후설 또한 후기에 이 점을 인지하고 몇몇 강연에 수동적 동기 부여에 대해 언급하기도 하였다. 그럼에도 불구하고 그의 동기 부여를 지배하는 것은 어떤 철학적 반성과 진리의 이념이었다. 이 점에서 후설과 핑크의 차이가 두드러진다.

물론 자연적 태도의 익숙함은 붕괴되어야 한다. 그러나 이러한 수동성은 핑크가 의미하듯이 개인적인 죽음이나 불운과 같은 것을 암시하지는 않는다. 이렇게 철저히 개인적이면서도 우연적인 동기 부여는 익숙한 세계의 친숙성을 깰지는 몰라도 엄밀한 철학적 학문의 시작에 대한 동기 부여는 되지 못하기 때문이다. 후설은 자연적 태도의 일상성이 우연히 붕괴될 수 있는 점을 인정하지만, 그것이 현상학적 환원을 가능하게 할 만큼 충분한 추동력을 가지고 있다고 보지는 않았다. 또한, 죽음과 불운 등은 이미 자연적 태도 내의 일상성에서 예측된 것이다. 대개의 경우 우리는 죽음을 경이롭게 바라보지 않는다. 인간이 언젠가는 죽는다는 것, 이 사실은 자연적 태도의 삶에서 이미 익숙한 것이다. 후설은 특히 죽음을 예로 들며 실존적 사건이 철학적 결단에 충분하지 않다고 말한다.

---

22   이 절의 대부분의 내용은 문아현, 「현상학의 현상학 — 오이겐 핑크의 『제6 데카르트적 성찰』에 대한 검토를 중심으로」, 서울대학교 석사학위 논문, 2019, 72~94쪽. 참고.

삶의 다양한 형식들: 의도되지는 않았지만 죽음의 위험이 가장 높은 삶. 다른 한편 아름답고 완전한 삶의 지평에서 항상 존속하는 가능성으로서의 죽음. '운이 좋은' 노인과 [⋯] 전쟁에서의 죽음. [⋯] 그러나 이 모든 것들을 열거하더라도, 이들이 어떻게 철학적 판단 중지에 대한 동기 부여가 될 것인가?[23]

천수를 누린 노인의 평온한 죽음과 전쟁터에서의 죽음이 같을 수 없듯이 개별적 체험은 일상과 습관을 뒤엎을 수는 있어도 반드시 철학, 특히 현상학으로 이끄는 길은 아닌 것 같다. 동료들과 주고받은 편지를 보면 특히나 후설은 당시 유행했던 실존철학이 말하는 한계상황을 일종의 체념으로 간주한 듯하다.

새로운 의미에서 철학은 철저하게 학문적이면서도 잃을 수 없는 시작이어야 하고, 신념 없는 체념의 철학(실존철학)에 반대하는 발견의 철학이어야 한다.[24]

실존철학을 신념 없는 체념의 철학으로 간주하는 것이 부당한 오해인지는 차치하고, 후설의 강한 어조에서 알 수 있는 것은 후설은 어디까지나 보편학이자 엄밀학으로서 현상학이라는 이념을 잃지 않았다는 것이다.

---

23   E. Fink, *VI. Cartesianische Meditation. Teil II: Ergänzungsband*. Hrsg. v. Kerckhoven, Guy van, 1988, 31쪽.

24   문아현, 「현상학의 현상학 — 오이겐 핑크의 『제6 데카르트적 성찰』에 대한 검토를 중심으로」, 서울대학교 석사학위 논문, 2019, 76쪽.

그렇다면 후설이 의도하는 현상학으로의 동기 부여는 무엇일까? 그 동기 부여를 통해 자연적 태도의 인간은 익숙함을 잃는다는 의미에서 이는 수동적이어야 하나, 동시에 그로 하여금 보편적인 학문에 대한 이념으로 결단하게 만든다는 점에서 능동적이어야 한다. 불일치의 경험과 '참된 하나의 세계'라는 규제적 이념이 후설의 설명에서 이 역할을 하는 것으로 보인다. 우리는 각자 세계를 경험하지만 그렇다고 각자 경험하는 각각의 세계가 있다고 생각하지는 않는다. 내가 경험한 세계와 타인이 경험한 세계가 다를 때, 우리는 어떤 세계가 실재인지 묻게 된다. 이렇게 각자의 경험을 통해 수정과 확증을 거쳐 참된 하나의 세계를 구성해나가는 것이다.

2) 현상학적 인식의 전달

현상학적 환원의 수행을 통해 탐구한 것을 표현하는 문제는 후설도 고민했던 문제였다. 후설은 초월론적 현상학을 전개하기 이전부터 현상 줄곧 현상학적 인식을 표현할 언어의 필요성에 대해 언급했으나 본격적으로 착수하지는 않았다. 후설이 현상학적 언어 문제에 대해서 조금이라도 본격적인 의견을 제시한 것은 『6성찰』의 난외주에서였다. 『6성찰』에서 현상학적 인식의 술어화는 초월론적 현상학에 특유한 문제였으며 끝내 만족하게 해결되지 못한 난문이었다. 선-존재를 존재로 표현해야하는 역설, 이것이 핑크가 현상학적 언어 문제를 규정한 특징이었고 마침내 현상학적 언어를 하나의 '유비'로 만들게 된 이유였다.

그러나 그 어느 장보다 많은 주석을 쓴 술어화 부분에서 드러나는 후설의 시종일관 동일한 어조는 핑크가 초월론적 술어화의 문제를 지나치게 과장했다는 것이었다. 후설이 보기에 초월론적 언어의 문제는 현상학에서 간과할 수는 없지만 현상학만의 특유한 문제는 아니며 원리적으로 해결이 가능한 문제이다.

후설에 의하면 현상학적 환원과 함께 자연적 언어 또한 그 의미가 변화된다. 자연적 태도에서는 존재자의 총체를 의미하던 '세계'가 초월론적 태도에서는 지평을 의미하듯이 말이다. 그래서 초월론적 언어는 자연적 언어의 변경이다. 물론 현상학적 환원을 수행한 직후에 이 언어는 다소 모호할 수 있다. 하지만 이것은 계속된 반성을 통해 학문적으로 명료해질 수 있다. 따라서 후설에게 현상학적 언어의 문제는 선-존재를 존재로서 원리적으로 표현할 수 없다는 것이 아니라, 우선은 모호한 언어를 어떻게 학문적으로 분명히 만드는지이다. 그렇다면 사실 초월론적 언어의 문제는 다른 학문에서 일어나는 문제와 유사하며, 술어화는 현상학의 특유한 문제는 아니다. 심리학, 논리학 등 여타 세속적 학문 또한 자신들의 특수한 경험을 일상적 언어를 변용하여 표현해야 하는 어려움을 갖고 있기 때문이다.

『6성찰』에서 술어화의 문제는 현상학의 학문화에도 어려움을 끼쳤다. 자연적 태도에 나타난 현상학이 자연적 태도에서는 전혀 통찰할 수 없는 '외견상의 진리'라는 점에 대해 후설은 강하게 반대한다. 이 경우 세속적 학문의 정초 근거를 마련하려는 현상학의 시도는 무의미할 뿐이다. 후설이 생각하기에 현상학은 자연적 태도에서 한갓 '가상'으로 나타나지 않으며 정당히 자리 잡는다. 물론 상호주관적 측면에서 오해의 여지는 항상 존재한다.

소박한 사람들은 '현상학'을 듣고 읽지만 이해할 수 없으며 의미 없는 자연적 언어의 단어들만을 가질 뿐이다. 고유한 문제는 실제로 환원을 같이 '수행함' 없이 따라 이해하는 것이 어느 정도까지 가능한지이다.[25]

자연적 태도의 소박함에 갇혀 있는 사람은 현상학적 환원을 수행하지 못했기에 현상학적 통찰을 이해할 수 없다. 현상학의 언어가 자연적 언어의 변화라고 할지라도 자연적 태도의 사람은 자연적 의미만을 읽어낼 뿐이다. 그렇다면 현상학은 모종의 계기를 통해 현상학적 환원을 수행한 사람들만이 전유할 수 있는 학문일 것이다. 하지만 후설에 따르면 현상학은 언제나 자연적 세계로 그 내용을 전한다. 이것이 가능한 이유는 자연적 태도의 사람이 언제나 그렇게 소박하지는 않기 때문이다.

자연적 태도의 소박함은 초월론적 태도와 항상 대비되지만 전자의 소박함에는 여러 층위가 있다. 심리학자는 화학자에 비해 얼마나 소박한가? 혹은 학자가 아닌 사람은 학자에 비해 얼마나 소박한가? 나아가 세계에서 학문과 선-학문의 경계는 뚜렷하게 그어질 수 있는 것인가?

사실 학문화의 문제에 대한 후설의 결론은 현상학적 환원에 대한 그의 이해에 미리 함축되어 있다. 현상학이 학자로서 엄밀함의 이념의 가장 철저화된 형태이고, '참된 하나의 세계'를 추구하는 이론적 태도가 자연적 태도와 현상학적 태도를 이어주는 단초라면, 현상학의 내용이 비록 아직 환원을 수행하지는 않았지만 그렇게 소박하지는 않은 자연적 세계에 자리

25   E. Fink, VI. Cartesianische Meditation. Teil I. Die Idee einer transzendentalen Methodenlehre. Hrsg. v. Ebeling, Hans; Holl, Jann; Kerckhoven, Guy van, 1988, 126쪽.

잡지 못할 이유가 없기 때문이다. 이것이 구체적으로 어떤 방법을 통해 가능할지는 교육적 문제이다. 다만 후설의 구도에서는 현상학이 원리적으로 자연적 태도에서 통찰되지 못할 이유가 없다는 것이 중요하다. 후설의 강조처럼 현상학의 내용은 현상학자, 나아가 타인의 삶을 풍부하게 하며 그것들은 세속적 학문에 충분히 접할 수 있다.

하지만 이제 '현상학자들인 나와 우리'는 현상학하는 인간으로서 동료 인류에게 영향을 끼칠 수 있다. 항상 새로운 동료를 현상학으로 교육하고, 그런 다음 현상학에서부터 인간적 현 존재 일반에 규범들을 부과하며, 이 규범들에 따라 그들을 새로운 인간성으로 교육시키면서 말이다.[26]

6. 현상학함과 인간성의 고양

글을 시작할 때 말했듯이 초월론적 현상학에서는 다시 현실로 돌아오는 것이 문제가 됐었다. 플라톤의 동굴 비유를 다시 상기하자면, 동굴에서 나와 햇빛을 본 사람이 자신이 본 것을 나누려면 다시 그림자만 볼 수 있는 사람들에게 돌아가야 하는 것이다. 그리고 핑크는 이 '돌아감'이 내포한 수많은 난문을 지적했다. 그러나 현상학적 환원 이후 본래적인 의미에서 '돌

26   E. Fink, *VI. Cartesianische Meditation. Teil I. Die Idee einer transzendentalen Methodenlehre*. Hrsg. v. Ebeling, Hans; Holl, Jann; Kerckhoven, Guy van, 1988, 216쪽.

아감'은 없다. 실제로 후설은 핑크가 현상학의 학문화를 설명하며 "자연적 태도로 되돌아가는 것도 틀림없다"라고 쓴 것에 "이것이 정말로 '되돌아감' 인가?"라고 반문한다.[27] 이러한 충돌은 케언스와의 대화록에서도 드러난다.

> 핑크는 [현상학적 환원이 일어난 후] 개인은 실천적 존재가 그래야 하듯이, 여전히 소박한 타당성의 세계에서 살아야 한다고 했다. 후설은 초월론적 자아의 목표인 삶의 가장 높은 목표의 관점에서 이는 사실이 아니라고 답했다.[28]

핑크의 파악에 현상학적 환원을 수행한 이후에도 개인의 소박함은 그가 세속적 세계에서 사는 한, 아니 인간으로서 존재하는 한 제거될 수 없는 것인 반면 후설에게서 소박함은 현상학적 환원 이전의 소박함과 전혀 다르다. 현상학적 환원 이후 세계가 단순히 존재자의 총체로서 파악되지 않듯이 우리가 구성하는 세계 또한 우리로부터 독립된 세계가 아니다. 이는 요컨대 새롭게 이해된 자연적 태도이다. 그러니까 우리는 여전히 객관적으로 타당한 실재하는 세계 위에 구축된 삶을 살지만, 초월론적으로는 그 동일한 세계가 주관의 상관자로서 존재함을 아는 것이다.

---

27   E. Fink, *VI. Cartesianische Meditation. Teil I. Die Idee einer transzendentalen Methodenlehre.* Hrsg. v. Ebeling, Hans; Holl, Jann; Kerckhoven, Guy van, 1988, 109쪽.

28   Cairns, 같은 책, 35쪽. [ ] 안은 인용자.

그렇다면 더이상 익명적 자연적 태도의 소박함은 없다. 초월론적 현상학을 통해 후설이 기획하는 바는 인간의 계몽이다. 그것은 후설이 말하듯 현상학자와 비-현상학자 간의 끊임없는 대화를 통해 세계를 풍부하게 해 나가는 것, 곧 "높은 새로운 인간성으로의 가능성"[29]을 얻는 것이다.

모든 것은 자연적 태도에서 시작해 자연적 태도에서 끝났다. 소박하게 이해된 세속성은 현상학이 출발하는 곳(woher)이지만 초월론적으로 해명된 세속성은 현상학이 향하는 곳(wohin)이기도 하다. 핑크는 현상학적 환원을 끝까지 추구하여 결코 제거될 수 없는 세속성이란 한계에 부딪혀 비-존재적 철학을 개시했다. 반면 후설은 환원 이후에도 남아 있는 세속성을 계속해서 고양시켜야 할 생활 세계로 보았다.

이렇듯 본질적으로 완전한 인격적 변화를 자신의 소명으로 삼는다는 점에서 후설은 현상학적 환원을 개종(Bekehrung)으로 비유하기도 했다. 종교는 매분 매초 우리의 삶에 관여하는 것은 아니지만 삶의 총체적인 목적을 설정한다. 마찬가지로 현상학적 환원은 언제나 현행적이지는 않지만 이를 통해 삶은 새로운 삶이 되어, 현상학자의 삶을 이끌어 나가는 규제적 이념으로서 새로운 목적을 설정한다.

세계의 구성은 인간이 존재하는 한 계속 진행되는 것이지만 아무 목적 없이 무질서하게 진행되는 것은 아니다. 세계 구성과 함께 동시에 진행되는 자기 구성의 전 과정, 곧 초월론적 자아의 삶은 어떤 '목적'에 의해 인도

---

29   E. Fink, *VI. Cartesianische Meditation. Teil I. Die Idee einer transzendentalen Methodenlehre*. Hrsg. v. Ebeling, Hans; Holl, Jann; Kerckhoven, Guy van, 1988.

되고 이는 삶의 '일관성'을 형성한다. 후설에 따르면 비윤리적인 것은 이 목적에 위배되는 것이다. 이처럼 자기 해명이라는 이념을 바탕으로 끊임없이 현상학함을 실행하는 것은 비단 인식적 정당성을 넘어 마침내 우리를 윤리적 존재로 인도한다.

문아현

서울대학교 철학과를 졸업하고, 동 대학에서 독일 현대 철학 전공으로 철학석사를 취득했다. 석사 논문에서는 에드문트 후설의 현상학과 이에 대한 비판적 고찰인 오이겐 핑크의 「제6 데카르트적 성찰」을 연구했다. 현상학의 방법론인 초월론적 현상학적 환원과 현상학에 대한 현상학적 비판인 '현상학의 현상학'에 관심이 많다. 논문으로 "The radical splitting and re-uniting of the transcendental life: Eugen Fink's *Sixth Cartesian Meditation* revisited"(Routledge 출판)이 있다.

다시금 인간이란 무엇인가:
메를로퐁티의 지각 철학의 문제 형성과 전개

박신화(자유기고가)

1. 프롤로그

대개의 경우 그렇듯이 메를로퐁티의 철학으로 들어가는 데에는 많은 입구가 있다. 그중 '인간이란 무엇인가'의 문(問)은 가장 큰 문으로 모든 문들의 문이라 할 수 있다. 모든 길은 로마로 통한다는 옛말처럼 메를로퐁티의 철학의 서로 다른 문들을 따라 들어가 걷다 보면 결국에는 '인간이란 무엇인가'의 대문(大問)에 이르게 되고 그 문 안에 긴 여로의 수고를 보상해줄 철학의 기쁨이 놓여 있다. 인간이란 무엇인가?

메를로퐁티는 1961년 5월 3일 53세의 이른 나이에 연구와 집필에 몰두하던 중 심장마비로 자택 서재에서 죽었다. 누구도 예상치 못했던 갑작스러운 벗의 죽음에 그의 오랜 기간 동지이자 평생의 친구였던 사르트르(Sartre)는 사랑과 회한의 정을 담아 긴 추모의 글을 썼다. 거기서 사르트르는 메를로퐁티가 평생 찾아 헤매던 것은 "인간이라는 이 '존재-사건(être-événement)'"[1]이라고 말했는데, 함께한 우정의 시간만큼 뜻깊고 통찰력 있는 이해였다.

인간이란 무엇인가? 이 물음은 철학의 오래된 물음, 철학의 역사만큼이나 오래된 물음이다. 장구한 세월 철학은 천직인 양 인간 자신에 대해 물어왔다. 그런데 왜 철학은 그 오랜 시간 인간이란 '동일한' 물음을 반복해오고 있는 것일까? 부단히 흐르는 세월은 쉼 없이 앞선 세대를 밀어내고 새로운 세대를 세워왔음에도 말이다. 문명의 진전에 따라 우리를 둘러싼 물질적 환경이 변화하고 있음은 분명한 사실이다. 그렇다면 철학을 통해 인간이 알고 싶어 하는 자신의 존재가 물질적 환경의 변화에 따라 변화하기에 각 세대는 같은 물음을 반복하고 있는 것일까? 그것이 아니라면,[2] 혹시 각 세대는 '동일한' 물음으로 사실은 '서로 다른' 물음을 던져왔던 것은 아닐까?

필자는 그렇다고 생각한다. 철학의 물음은 철학자 개인의 고유한 삶의 체험 속에서 끓어오르기에 삶의 체험이 같지 않은 한 '동일한' 물음이라도 그 의미는 상이할 수밖에 없다. 이것이 우리가 플라톤, 칸트, 니체의 철학

---

1   J.-P. Sartre, *Situation, tome IV*(Gallimard, 1964), 윤정임 옮김, 『시대의 초상: 사르트르가 만난 전환기의 사람들』(생각의 나무, 2009), 230쪽.

2   다른 견해는 있다. 이 물음에 대해 최근 들어 주로 기술 철학의 영역에서 제기되는 반대 견해에 대해서는 손화철, 「포스트휴먼 시대의 기술철학」, 한국포스트휴먼학회 편저, 『포스트휴먼 시대의 휴먼』(아카넷, 2016), 280쪽 이하 참조. 예를 들면 다음의 논평 참조. "인간은 본성에 따라 인공물을 만들고, 그 인공물에 의해 본성적 변화를 경험하는 것이 된다. 도구를 만들어 사용하는 존재가 바로 그 도구에 의해 존재적인 변화를 경험하는 것이 바로 호모 파베르의 역설이다." 다만, 이 자리에서 정확하게 규정하기는 어렵지만 우리는 본 논의가 인간 존재에 관해 기술 철학과는 다른 전제 위에 서 있다고 생각한다.

속에서 인간에 대한 각기 다른 생각을 접하면서 어떻게 이렇듯 다른 생각들이 동일한 대상을 지시할 수 있는지 놀라게 되는 이유이다.

우리의 관심인 메를로퐁티의 철학으로 돌아오자면, 메를로퐁티가 제기하는 인간의 문제 또한 그것을 이해하려면 그 안에서 물음이 끓어오른 체험의 지반을 살펴보아야 한다. 이 글에서 우리는 이 일을 하려 한다. 철학자에게 있어서 철학의 물음이 형성된 고유한 삶의 지반을 살펴보고, 이를 밑그림 삼아 인간에 대한 그의 철학의 주요한 대목들을 스케치해보려 한다. 우리는 이를 통해 인간이 무엇인지를 알고자 고심했던 메를로퐁티의 사색의 의미가 보다 뚜렷한 음영 속에 드러나기를 기대한다.

한 사람의 철학적 물음이 형성되는 삶의 경험이란 실로 다양해 몇 마디 말로 정리하기 어려운 것은 사실이다. 어느 구름에서 비가 시작될지 알 수 없는 것은 많은 경우 사람의 일에서도 마찬가지다. 현대 독일의 소설가이자 극작가인 페터 한트케(Handke)는 영화 『베를린 천사의 시(Der Himmel über Berlin)』(1989)를 통해 널리 알려진 자신의 시(「아이의 노래(Lied vom Kindsein)」)에서 이렇게 노래한 바 있다.

[…]

아이가 아이였을 때

질문의 연속이었다

왜 나는 나이고 네가 아닐까?

왜 나는 여기에 있고 저기에는 없을까?

시간은 언제 시작되었고 공간은 어디서 끝나는 것일까?

태양 아래 살고 있는 것이 한낱 꿈은 아닐까?

내가 보고 듣고 냄새 맡는 모든 것이

진실이기는커녕 그저 세계의 환영(Schein)인 건 아닐까?

악은 존재하는지,

악마인 사람은 정말 있는 것일까?

내가 되기 전에 나는 대체 무엇이었을까?

지금의 나는 어떻게 나일까? 그리고

어떻게 나 자신인 내가 장래에

나 자신이 아니게 될 수 있을까?

[…]

그런데 물어보자. 아이에게 저 물음은 최초 어떻게 끓어오른 것일까? 어떤 체험, 어떤 삶의 경험에서 아이는 저 물음을 던지는 걸까? 그리고 그 물음은 어떤 의미를 담고 있는 것일까? 대개의 경우 저 물음은 아이가 어른이 되어가면서 그의 관심 영역에서 사라진다. 하지만 때로 아이의 성장과 함께 물음 자체가 의미의 성장을 거듭해 하나의 철학의 토대가 되고 있다면 그것은 무엇 때문일까? 그리고 그 토대가 되는 물음은 다시 어떤 의미를 담게 되는 것일까? 똑같이 세계에 대해 질문한다 해도 아이의 물음과 철학자의 물음이 그 의미에 있어 같지 않다면, 지레짐작으로 질문에 답하기보다는 아이의 의중을 물어야 하듯이, 우리는 철학자에게도 물음의 의중을 물어야 한다. 그리고 아이의 질문은 그의 삶의 경험을 고려해서만 그 의미가 뚜렷이 도드라지듯, 철학자의 물음 또한 마찬가지다. 1945년에 작성된 한 논문에서 메를로퐁티는 "저자의 삶이 우리에게 알려주는 것은 아무것도 없다는 것은 사실이지만, 우리가 읽을 줄만 안다면 거기서 모든 것을 발견할 수 있다는 것도 사실이다. 왜냐하면 저자의 삶은 그의 작품과 통해 있기 때문"[3]이라고 말한 바 있다. 우리는 메를로퐁티의 말에 따라 그의 삶, 특히 그의 철학자로의 형성기의 삶을 읽는 것으로 시작해보려 한다.

2. 삶의 경험, 철학으로의 길

장 자크 모리스 메를로퐁티(Jean Jacques Maurice Merleau-Ponty)는 1908년 5월 14일 프랑스 중서부 대서양에 연해 있는 로쉬포르-쉬르-메르, 지금의 샤랑트-마리팀에서 삼 남매의 셋째로 태어났다.[4] 그의 아버지 베르나르 장 메를로-퐁티(Bernard Jean Merleau-Ponty)는 원래 포병대 장교였는데, 제1차 세계대전이 일어나기 한 해 전인 1913년 12월 4일에 죽었다. 그때 메를로퐁티의 나이는 5살이었다. 그의 어머니 쥴리 쟌느 마리 루이즈 메를로퐁티(Julie Jeanne Marie Louise Merleau-Ponty)는 남편이 죽자 자식들을 데리고 파리로 왔다. 그 후 가족들은 파리에 정착했다.

어린아이의 삶에서 부모와의 관계가 얼마나 중요한지를 우리는 잘 안

3   M. Merleau-Ponty, *Sens et non-sens*(Nagel, Paris, 1966), 43쪽.
4   메를로퐁티의 유년기에 대한 기록은 지극히 제한적으로만 남아 있다. 본 절의 내용 중 사실의 부분은 비교적 최근에 작성된 것으로, 메를로퐁티의 전기(傳記)로는 현재까지 가장 잘 정리된 내용을 담고 있다고 여겨지는 스테판 노블(Stephen A. Noble)의 "Maurice Merleau-Ponty, ou le parcours d'un philosophe. Éléments pour une biographie intellectuelle", *Chiasmi international*, n°13(Vrin: Paris, 2011), 19~61쪽에서 제공된 사실들에 바탕해 필자가 재구성한 것이다.

다. 그의 유년기에 대한 기록은 거의 남아 있지 않지만, 그리고 그가 자신의 삶의 사적인 부분에 대해 말하기를 결코 즐겨 하지 않았지만, 메를로퐁티는 유년기의 기억에 대해 대답해야 할 때마다 이런 취지로 말하곤 했다. "내 어린 시절을 생각해보면 난 행복했다고 기억합니다. 내 어린 시절은 고통스럽지 않았어요. 천만에요. 반대로 난 행복이 무엇인지 알았다고 말해야 할 겁니다. 아시다시피 프로이트는 인간 존재에게 있어 사랑받았던 과거는 특별한 구원(은총, secours)이라고 말했습니다. 난 그렇다고 생각해요. 이런 의미에서 난 누구보다도 전적으로 구원을 받은 사람입니다."[5] 루이즈의 자식들에 대한 애정은 각별했던 것 같다. 혼자가 된 어머니 품에서 자라면서도 메를로퐁티가 유년을 지극히 행복했다고 기억하는 것은 이런 엄마의 각별한 보살핌 때문이었다. 후일 1953년 초 메를로퐁티가 유서 깊은 콜레주드프랑스 교수가 되었을 때 루이즈는 생존해 있었고 그해 12월에 77세의 일기로 세상을 떠났다. 메를로퐁티는 평생 루이즈를 사랑했는데, 둘의 관계에 대해 앞서 인용한 글에서 사르트르는 의미심장한 증언을 하고 있다.

[그의 모친이 세상을 떠나고] 얼마 후 시몬느 드 보부아르(S. de Beauvoir)를 우연히 만난 메를로퐁티는, 진지함을 감추곤 하던 그 서글픈 명랑함으로 과장 없이 이렇게 말했다. "난 반죽음 상태라오." 그는 두 번째로 유년의 죽음을 맞이한 것이다.[6]

계속하여 사르트르는 모친의 죽음이 메를로퐁티에게 가져온 상실감

---

5   S.-A. Noble, 같은 책, 21쪽.
6   J.-P. Sartre, 같은 책, 298쪽.

에 대해 말한다.

[모친의 죽음과 함께] 그는 자신의 유년이 사멸되는 것을 보았고 깨달았다. 자신은 오로지 그 유년을 다시 만나기만을 바라왔으며 그 불가능한 욕망이 자신의 특별한 소명이고 운명이었다는 것을 말이다. 그에게 무엇이 남아 있었을까? 아무것도. 벌써 한참 전부터 그는 침묵하고 있었다. 침묵만으로 충분하지 않자 그는 은거하기 시작했고 콜레주드프랑스의 강의를 위해서만 자신의 서재를 벗어났다.

두 번째 유년의 죽음…. 모친의 죽음은 메를로퐁티에게는 두 번째 유년의 죽음, 즉 죽어버린 유년의 확인이었다. 사르트르는 메를로퐁티가 유년으로부터의 추방을 경험했다고 전한다.

메를로는 1947년 어느 날, 자기는 비할 데 없는 유년으로부터 결코 회복되지 못했다는 이야기를 내게 했다. 가장 내밀한 행복을 가졌었는데 단지 나이 때문에 거기에서 추방당했다는 것이다. 청소년 시절부터, 파스칼을 읽기도 전에 파스칼적이었던 그는 자신의 개별적 인격을 다가올 일의 특별함처럼 체험했다. 특별한 사람이란, 왔다가 사라지는 어떤 것이고 언제나 새롭고 언제나 다시 시작되는 미래의 잎맥들에 흔적을 남기는 그 무엇이다. 그로서는 그것이 잃어버린 낙원이 아니라면 무엇이었겠는가? 분에 넘치는 미친 행운, 그 공짜 선물은 추락 이후 역경으로 돌아섰고, 사람들을 떠나게 했고, 그는 일찌감치 환각에서 깨어났다.[7]

어린 시절이 행복했던 사람은 누구나 자신의 유년을 그리워하곤 한다. 그러나 메를로퐁티의 그리움에는 분명 과도한 측면이 있는 것 같다. 나이가 들어 어린 시절의 행복을 더이상 맛볼 수 없게 되었다고 해서, 아름다웠던 어린 시절을 추억하게 하는 사랑하는 모친이 떠났다고 해서, 어엿한 사회적 지위와 최고의 명망을 가진 성인 남자가 세상을 등진다는 것은 아무래도 일상적이지는 않다.

그래서 우리는 묻게 된다. 메를로퐁티에게 유년이란 어떤 의미였을까? 그가 비할 데 없이 행복했었다고 말하는 어린 시절의 그 행복은 어떤 행복이었을까? 그건 정말 행복이었을까? 유년의 초입에 겪은 아버지의 죽음과, 낯선 환경과, 도시 인근에까지 밀려온 세계대전의 포성과, 장기화되는 전쟁의 공포와 그로 인한 빈곤…. 이러한 상황 속에서 그래도 행복했다면 그건 어떤 행복이었을까? 우리로서는 알 수 없지만, 아마도—누가 타인의 마음에 대해 확신을 가지고 말할 수 있겠는가!— 그 행복은 어둠이 깊을수록 더욱 밝게 느껴지는, 바람에 위태로운 작은 등불 같은 것이 아니었을까? 집안의 막내로서 따뜻한 사랑을 한 몸에 받는 터라 자신을 둘러싼 가혹한 세계 앞에서 안으로 안으로 뒷걸음질쳐 더욱 매달리게 되는 그런 사랑, 그런 절박한 행복이 아니었을까? 그러나 물고기가 군집의 중심으로 피한다 해도 군집 자체가 바다의 한가운데인데 세계에 던져진 존재들에게 어찌 안식이 허락될 것인가! 메를로퐁티에게 있어 모친의 죽음은 세계 속에 놓인 자기의 존재를 결정적으로 맞닥뜨려야 했던 생의 항거할 수 없는 사건이었다.

7   J.-P. Sartre, 같은 책, 225쪽.

메를로퐁티는 1922~1923년 학기에 고등학교 제1학년(class de Première, 우리의 2학년에 해당)에 들어가 그해 라틴어와 그리스어 대학 입학 자격을 취득했다. 이어 졸업반인 이듬해 철학반에 들어가 베르그손의 철학과 윤리학에 대해 저술한 귀스타브 로드리그(Rodrigues) 교수의 강의를 들었다. 후일 어떻게 철학에 관심을 가지게 되었느냐는 물음에 메를로퐁티는 대답했다. "[…] 철학반에 들어갔을 때 […] 정말 바로였습니다. 두 번째인가 세 번째 수업부터 철학이 제시하는 문제를 제기하는 방식, 물음의 종류가 결정적으로 내가 관심을 갖고 있는 것이라는 걸 깨달았습니다."[8] 자신의 소명을 발견하고 난 후 메를로퐁티는 철학에서 곧 두각을 나타냈고 그 해 '우등상'을 받았다.

3. 실존의 구체성으로서의 지각 그리고 논쟁

고등학교 졸업 후 1926년 메를로퐁티는 프랑스 최고 교육기관의 하나인 파리고등사범학교(ENS)에 입학해 수학한 후 1930년 철학 교수 자격을 취득했다. 처음 보베에 있는 고등학교를 시작으로 이곳저곳에서 가르치던 중 제2차 세계대전이 발발하자 참전했다. 참전 중 1940년 6월에 있었던 전투에서 부상을 입어 제대했고 요양 후 학교로 돌아왔다.

메를로퐁티는 교직에 있으면서도 철학 연구를 계속했다. 1933년 그는

8   S.-A. Noble, 같은 책, 21쪽.

연구에 더 집중하기 위해 국가 학문 기금(Caisse nationale des sciences)의 지원금을 신청하면서 「지각의 본성에 관한 연구 계획」을 제출했다. 이 연구 계획서는 그의 철학적 관심이 최초 어디에 있었는지를 확인할 수 있는 귀중한 자료다. 연구의 수제는 제목처럼 지각(perception)의 문제, 특히 고유한 신체(corps propre, 우리가 자신의 것으로 체험하는 이 '살아 있는' 몸)의 지각에 맞추어져 있다.[9] 글의 서두에서 메를로퐁티는 과학(신경학과 정신병리학)과 철학의 현 상황을 고려할 때 지각의 문제, 특히 고유한 신체의 지각 문제를 제기할 필요가 있다고 말한다.

메를로퐁티가 과학과 철학의 당시 상황을 어떻게 인식했는지는 이어지는 절들에서 언급하기로 하고, 우선 이 문제 제기의 의도를 살펴보자. 철학의 문제는 다 열거할 수 없고 인간의 문제에 접근하는 경로 또한 한정 없다면 왜 지각을 철학의 중심 문제로 제기하는 것일까? 사실 메를로퐁티의 철학은 흔히 '지각 철학'으로 일컬어지는 만큼 저 연구 계획은 그의 평생의 철학적 문제의식을 담고 있다.

메를로퐁티가 보기에 지각이 철학의 중심 문제인 것은 서로 관련된 두 가지 이유 때문이다. 그 첫 번째 이유는 지각은 실존(existence)의 구체성, 즉 우리가 세계와 관계하는 가장 근원적 방식이기 때문이다. 모태 중의 태아는 아직 개념적 사고를 하지는 못해도 태내의 환경을 지각하고 그것에 적응할 줄을 안다. 우리의 하루의 삶이란 눈을 뜨면서 세계를 보고 듣고 느

---

9   M. Merleau-Ponty, "Projet de travail sur la nature de la perception", *Le primat de la perception et ses conséquence philosophiques*(Cynara: Grenoble, 1989), 11쪽 참조.

끼는 것으로 시작해 어느 한순간도 지각된 세계를 떠나지 않으며 그 세계에 대해 생각하고 말하는 것으로 이루어진다. 인간에게 보고 듣고 만지고 냄새 맡고 맛보는바, 세계에 대한 지각이 애초 없었다면, 다시 말해 지각된 것이 애초 아무것도 없었다면 인간은 생각할 대상도, 무엇을 인식할 필요성도 느끼지 않았을 것이다.

매 순간 우리가 관계하는 세계는 지각을 통해 연결되는 지각된 세계이다. 우리는 지각 이전의 세계로 거슬러 올라갈 수 없는데 왜냐하면 지각된 세계가 우리에게 주어지는 가장 원초적인 사태이기 때문이다. 지각 이전에, 지각과는 독립적으로 존재하는 '객관적 세계'가 앞서 존재하는 것이 아닌가 하는 의문이 들 수 있다. 마치 지각된 세계란 객관적 세계 위에서 성립하는 이차적인 세계인 것처럼 말이다. 그러나 '객관적 세계'의 의미 자체가 지각된 세계에 의존하고 있다. 객관적 세계란 '(개별적) 지각과 독립적으로 존재하는' 세계이기 때문이다. 호수 면에 비치는 어른어른한 것은 높은 산이 없다면 존재할 수도 이해할 수도 없듯이, 지각이 없다면 또는 지각된 세계가 없다면 우리는 '객관적 세계'가 무엇을 의미하는지 알지 못한다. 지각된 세계는 우리가 나면서부터 속하게 되고 생이 지속되는 한 벗어날 수 없는 근원적인 삶의 세계이다.

한편, 지각이 철학의 중심 문제가 되는 두 번째 이유가 이와 관련되어 나온다. 즉 지각은 지각하는 나 자신이 몸을 가진 존재임을 드러냄으로써 인간에 대해 다시 생각하게 한다. 데카르트의 철학 이래로 철학은 인간을 생각할 때 몸의 측면을 과소평가하는 경향이 있었다. 인간의 특유성은 몸에 있지 않다는 것인데 왜냐하면 유기물인 몸의 측면에서는 인간이나 여타 동물이 다르지 않기 때문이다. 인간의 특유성은 바로 생각하는 데 있다는 것이다. 생각은 본질적으로 공간의 제약을 받지 않는다. 몸은 서울에 머물러도 파리의 겨울 거리를 생각하는 것은 충분히 가능하다.

그러나 지각의 고유성이 있다. 지각은 분명 의식(작용)이지만 오직 몸을 통해 이루어지는 경험이다. 집 앞 도서관의 뒤편을 보려면[지각하려면] 생각만 해서는 안 되고 몸을 움직여 도서관 뒤편으로 가야 한다. 뒤편에 서서 눈으로 응시해야 한다. 이렇게 지각은 우리가 신체적 존재임을 드러내면서, 인간을 이해하는 데에 있어 타인의 것이든 나의 것이든 살아 있는 몸에 대한 철학적 관심을 환기시킨다.

인간은 지각하는 존재다. 따라서 인간은 무엇인가의 물음은 지각의 본성을 규명해야만 해결될 수 있다. 「지각의 본성에 관한 연구 계획」의 의도는 이것이었다. 메를로퐁티는 1946년 11월에 있었던 프랑스철학회(Société française de Philosophie)에서 바로 이런 취지에서 지각을 세계에 대한 경험의 원초적인 사태로, 철학의 중심 문제로 제기했다. 그렇다면 지각이란 무엇인가? 우리가 지각을 통해 세계를 경험한다면 지각된 세계는 어떤 세계인가? 여기 지각된 세계에 대한 인상적인 표현이 있다.

> 동지(冬至)달 기나긴 밤을 한 허리를 버혀 내어
> 춘풍(春風) 이불 아래 서리서리 넣었다가
> 어룬님 오신 날 밤이어든 굽이굽이 펴리라

사랑하는 사람과 오래 함께 있고 싶은 마음을 그린 조선 중기 황진이(黃眞伊)의 대표적인 작품이다. 시인이 잘 표현했듯이 사랑하는 사람과 함께하는 시간은 너무나 빨리 지나가는데, 다시 볼 날을 기다리는 시간은 너무도 지루하게 흐른다. 시간의 흐름은 동짓달이든 봄날이든 일정할 텐데 지각되는 시간은 사람과 상황에 따라 다르게 흐른다. 이렇듯 지각된 세계는 주관에 따라 상대적이다. 전통적으로 철학이 세계에 대한 확실한 인식을 추구하면서 제일 먼저 지각 혹은 감각을 경계한 데에는 다 이유가 있었다. 그렇다면 이런 지각을 철학의 중심 문제로 내세워도 될까? 만약 세계에 대한 인식이 사람마다 달라지고 같은 사람에게조차 여건과 상황에 따라 달라진다면 세계에 대한 그런 인식이란 도대체 어떤 가치를 가지는 걸까?

메를로퐁티가 자신의 지각 철학의 개요를 발표한 프랑스철학회에는 1940년대 당시 프랑스 철학계를 이끌던 주요 인사들이 참석해 있었다. 발표가 있은 후 발제자와 청중 사이에 뜨거운 논쟁이 벌어졌다. 당시 참석했던, 그 자신이 뛰어난 철학사가이자 고등사범학교 시절 메를로퐁티의 논문 지도교수이기도 했던 에밀 브레이에(Bréhier)는 냉소 섞인 공격적인 논평으로 발표에 대한 참석자들의 인식을 대변했다. 브레이에는 신출내기 철학자가 면면한 철학의 전통을 저버린 데에 분개했다.

> 브레이에: […] 당신은 두 가지 점, 즉 지각 이론과 어떤 철학에 대해 말했습니다. 괜찮다면 나는 내게 보다 흥미로운 두 번째 논점을 강조하고 싶습니다. […]
>
> 그런데 메를로퐁티 씨 안에는 어떤 철학자가 있습니다. 확실히 우리는 이 철학자와 많은 토론을 할 수 있습니다. 메를로퐁티 씨는 우리가 철학이라고 부르는 것의 일상적 의미를 바꿨고 전도시켰습니다.
>
> 철학은 통속적인 지각이 드러내는 난점들로부터 탄생했습니다. 우선 사람들이 철학을 했던 것은 통속적인 지각으로부터 시작해 이 지각과 거리를 두

는 것이었습니다. 철학자들의 시조, 우리 모두의 조상인 플라톤은 이렇게 철학을 했습니다. 그는 직접적 지각 또는 체험된 지각으로 돌아가려 하기는커녕 이 체험된 지각의 불충분성에서 출발해 가지적 세계(monde intelligible)에 대한 인식에 도달하려 했습니다. 일관되고 이성에 부합하고 지각과는 다른 인식 능력을 필요로 하는 가지적 세계 말입니다.

그런데 당신은 플라톤주의의 관념론을 취하면서도 정반대의 길로 갔습니다. 즉 당신은 플라톤주의의 관념론을 지각 안에 재통합하려 했습니다. 나는 모든 어려움은 바로 여기에 있다고 생각합니다. 당신 자신이 보여준 어려움들 말입니다.

그 첫 번째 어려움은 당신이 변명하려 하는 대신, 우리의 지적이고 과학적인 삶의 결핍을 이유로 들면서 충분한 방식으로 설명하려 한 상대주의입니다. 그러나 나는 충분하지 않았다고 생각합니다. 나의 질문은 이것입니다. 당신의 상대주의는 간단히 말해 프로타고라스주의(protagorisme)가 아닙니까? [⋯][10]

메를로퐁티가 지각을 철학의 중심 문제로 제기했을 때 사정이 이러했다. 지각이 우리가 세계를 경험하는 근본 방식이라고 해도, 지각을 철학의 중심 문제로 거론하는 것은 고대의 철학자와 흡사하게 인식론적 상대주의를 주장하는 것에 불과한 것으로 여겨졌다. 철학이 세계에 대한 확실한 지식을 추구하는 한 지각을 멀리해야 한다는 플라톤주의의 전통 속에서 몸

10   M. Merleau-Ponty, *Le primat de la percpetion et ses conséquences philosophiques*(Cynara : Grenoble, 1989), 73~74쪽.

으로 존재하고 지각하는 인간에 대한 탐구는 요원했다.

4. 지각 철학의 전개: 인간의 살

1) 신체

메를로퐁티의 지각 철학에서 가장 눈에 띄는 대목은 철학의 무게중심이 시종일관 몸의 문제에 놓여 있다는 점이다. 메를로퐁티의 철학이 철학사에 기여한 가장 큰 공헌도 우리의 몸에 대한 철학적 관심을 새로이 일깨웠다는 데서 찾을 수 있을 것이다. 사실 서양 철학이 인간에 대해 치열하게 고민하는 과정에서 몸의 문제를 등한시했거나 기껏해야 부차적인 문제로 간주해왔다는 것은 문화의 아이러니라고도 할 만하다. 인간이 가장 관심을 갖고 있고 애지중지하고 공기처럼 너무 당연해 내가 그것을 가지고 있다는 것조차 인식하지 않고 사는, 내 자신이어서 그것의 사멸을 생각하는 것만으로도 망연자실하게 되는 것이 바로 이 몸이 아닌가.

몸은 철학의 오래된 주제이지만 동시에 잊힌 주제, 별로 얘기되지 않는 주제이다. 서양철학사에서 근대는 역사상 다른 어떤 시기보다도 철학이 인간의 본성에 대해 관심을 기울인 시기였는데, 그 관심의 중심에는 몸과는 구분되는 것으로 정의된 영혼 혹은 정신(마음)이 자리하고 있었다. 우리의 일상적 경험이 말해주는 것처럼 우리는 마음과 함께 몸을 가진 존재이다. 만약 내가 꿈도 없는 깊은 잠에 들기라도 한다면 마음의 자취가 사라져버린 그때 '나'는 어디에 있는 것일까? 그때 나의 현존의 증거이자 '지지대'

가 되어주는 것은 다름 아닌 이 몸일 것이다.

　이런 점에서, 서구의 근대에 과학혁명을 거치며 자연에 대한 인식이 혁신에 혁신을 거듭하던 시기에, 철학이 인간의 본성을 탐구하는 데에 있어서 몸의 문제를 거의 배제하다시피 했다는 사실은 그 의미를 되짚어 볼 필요가 있다. 왜 인간의 본성을 탐구하는 데에 있어 몸이 아니고 영혼이었을까? 그것은 아마도 몸은 자연에 속한다는 것, 그래서 몸에 대한 탐구의 제1차적 권리는 해부학이나 생리학 등 당시 몸에 대한 중요한 발견들을 연이어 선보이며 경쟁적으로 성장해가던 실증 학문들에 있다는 것을 은연중 인정했기 때문이 아닐까?

　메를로퐁티가 자신의 지각 철학을 통해 몸의 문제를 새로이 전면에 드러낸 것은 이런 철학사의 배경 위에서였다. 과학이 규정하는 몸이 있다. 과학은 자연을 인과성(causalité)의 체계, 즉 '부분과 부분이 인과성의 관계에 의해 연결되는 상호 외적인 사건들의 총체'로 규정한다. 그리고 몸은 자연의 일부분이다. 따라서 몸은 자신을 둘러싼 환경과 관련해, 그리고 자신 내부 부분들의 관계에 있어 인과성의 체계를 이룬다. 몸은 제아무리 복잡하게 보여도 결국은 부분들의 인과적 관계로 설명될 수 있고, 설명의 공백을 메워나가는 것이 과학의 역할이고 과제다.

　몸에 대한 이러한 과학적 개념은 철학사를 통해 보면 인간에 대한 대립하는 두 가지 입장과 맞물려 왔다. 그 첫 번째는 자연을 유일하게 실재하는 것으로 보면서, 몸을 근거로 인간을 철저하게 자연의 부분으로 파악하는 실재론의 입장이다. 자연은 인과성의 체계이고 몸만이 실재하는 것이므로 인간에 대한 모든 것은 인과적 관계로 설명될 수 있다는 입장이다. 이에 대해 두 번째 입장은 자연의 인과적 질서의 근거를 마음에서 찾는 관념론의 입장이다. 자연과 자연의 질서란 마음에 의존하는 관념들로서만 존재한다는 것이다.

그런데 자신의 주저인『지각의 현상학(Phénoménologie de la perception)』(1945)을 출판한 이듬해인 1946년 5월에 있었던 한 인터뷰에서 메를로퐁티는 "우리 세대의 철학의 문제는 어떻게 실재론의 순진함에 빠지지 않으면서 관념론을 벗어날 것인가에 있었다"[11]고 말한다. 지각이 제기하는 문제를 가만히 보면 메를로퐁티가 왜 이런 말을 하는지를 알 수 있다.

우선 지각은 감각 기관 즉 몸을 통해 대상을 인식하는 것이라는 점에서 지각하는 나는 지각되는 대상과 마찬가지로 이 세계에 속해 있어야 한다. 관념론은 존재하는 모든 것 즉 세계를 마음에 의존적인 관념으로 보면서 마음 자체는 세계를 벗어나 있는 것처럼 얘기한다. 마치 물을 한가득 담고 있는 양동이가 그 자신은 물을 벗어나 있듯이 말이다. 그러나 도서관의 뒷면을 보기 위해서는 '세계 초월적인' 마음으로 생각만 해서는 안 되고 몸을 움직여 도서관의 뒤편으로 가야 한다. 즉 지각하는 나와 지각되는 도서관은 모두 세계에 속해 있어야 한다. 이런 점에서 관념론은 틀리고 실재론은 옳다.

그러나 실재론은 지각은 거울이 대상을 단순히 반영하는 것과는 달리 의식적 작용이라는 사실을 간과한다. 동짓달의 밤이 그토록 길게 느껴지는 것은 태양의 남중 고도의 변화가 단순히 반영된 결과가 아니다. 그것은 임의 부재 때문이다. 사랑하는 사람과 함께 하는 동지(冬至)의 밤은 여

11   M. Merleau-Ponty, "Le mouvement philosophique moderne", *Parcours 1935~1951*(Verdier, 1997), 66쪽.

느 하지(夏至)의 밤보다 짧게 지각될 수도 있다. 이런 점에서 실재론은 틀리고 관념론은 옳다. 정리하자면, 지각의 문제는 실재론의 순진함과 관념론의 독단을 모두 배척한다.

실재론과 관념론이 지각에 대한 타당한 설명을 제공하지 못하는 근본적 이유는 양자가 공유하는, 앞서 언급한 몸에 대한 과학적 개념 때문이다. 몸이 철저하게 인과적·기계적 체계로 정의되는 한, 몸의 질서와 구분되는 마음의 차원이란 실제로는 없는 것이거나(실재론) 둘은 물과 양동이처럼 뒤섞일 수 없는 것이 된다(관념론).

메를로퐁티는 몸에 대한 과학적 개념을 맹목적으로 전제하지 않고 우리가 지각하는 몸으로 돌아가 몸의 본성을 다시 생각해보자고 제안한다. 메를로퐁티가 제시하는 지각된 몸에 대한 몇 가지 분석의 예를 들어보자. 여타의 대상들과 근본적으로 구분되는 내 몸의 고유성이 발견된다. ① 나의 몸은 이 책상이나 의자처럼 세계 안에 있는 사물이지만 다른 사물들과는 달리 나로부터 떨어질 수 없다. 몸은 나에게 세계에 대한 관점이 되어준다. ② 나의 몸은 이중의 감각을 나타낸다. 예를 들어 내가 오른손으로 나의 왼손을 만지는 경우 만져지는 왼손 또한 만지는 오른손을 느낀다. 내가 다른 사물을 만지는 경우 다른 사물은 나에게 만져질 뿐 나를 만지지 못하는데, 이상하게도 내 몸은 만지면서 스스로 만져지는 존재이다. ③ 몸은 내가 느끼는 고통의 외적인 원인을 제공하는 데에 그치지 않고 제 스스로 고통을 느낀다. 흔히 고통의 감각은 몸과는 구분되는 의식의 상태처럼 얘기되지만, 길을 걷다가 발바닥이 못에 찔리면 발이 아프듯이 아픈 것은 '마음'이 아니라 바로 발(몸)이다. ④ 내 몸은 고유한 운동 감각으로도 다른 사물들과 구분된다. 내가 다른 사물들을 옮길 때는 내 몸의 도움을 받아야만 하지만 내 몸은 아무 도움 없이도 움직인다. 내 몸의 움직임에 있어서는 나의 의도(intention)와 몸의 움직임 사이에 신비한 일치가 일어난다.

몸에 대한 과학적 개념에서 볼 때 몸은 자극을 전달하는 신경체계일 뿐 지각의 주체는 아니다. 마치 컴퓨터가 명령에 따라 연산 작용을 수행하고 있다고 해서 처리되는 정보의 내용을 '인식'하는 것은 아니듯이 말이다. 그러나 지각되는 실제의 몸을 가만히 살펴보면 지각하는 것은 다름 아닌 몸 자신인 게 드러난다.

메를로퐁티는 몸은 단순히 과학이 정의하는 것과 같은 신경 전달 체계가 아니라는 것, 몸이야말로 지각의 주체라는 사실을 뒷받침하는 많은 사례를 제시하는데 그중에는 뇌 손상 환자인 슈나이더의 재미있는 사례도 있다. 뇌손상 환자 슈나이더는 많은 이상 행동을 보인다. 일례로 코를 '잡아보라'고 하면 아무 문제 없이 이를 수행하지만, 코를 '가리켜보라'고 하면 하지 못한다. 슈나이더는 지시의 의미('손가락으로 코를 가리키기')와 대상('코')이 무엇이고 어디에 위치해 있는지를 잘 인식하고 있다. 그러므로 가리키는 행동을 못 하는 이유를 생각의 결함에서 찾을 수 없다. 한편 슈나이더는 잡는 행동은 아무 문제 없이 수행한다. 그러므로 과학이 정의하는 몸, 즉 '객관적 신체'상의 결함으로 인해 가리키는 행동을 하지 못하는 것이라고도 말할 수 없다. 그렇다면 슈나이더의 이상 행동을 어떻게 이해해야 할까?

메를로퐁티는 몸을 지각의 주체로 보아야 하고 그럼 이해할 수 있다고 말한다. 즉 지각한다는 것은 단순히 나와 대상 사이의 물리적 작용(관계)이 아닐뿐더러 대상의 개념이나 이미지를 떠올리는 사고의 작용도 아니다. 지각한다는 것은 내 몸이 주체로서 개념이나 이미지보다 훨씬 깊은 차원에서 대상의 의미('생명적 의미' 또는 '운동적 의미')와 관계하는 것이다. 타자수가 타자를 칠 줄 아는 것은 단순히 자판의 배열을 생각으로 알고 있다는 것을 뜻하지 않는다. 반대로 타자를 칠 줄 안다는 것은 자판과의 운동적 관계를 이 몸이 이해하고 체험한다는 것이다. 자전거 타기, 수영하기 등이 그러하고 나아가 지각 일반이 그러하다.

예를 들어 눈앞의 풍경을 감상하는 경우를 생각해보자. 누가 보는가? 내가 본다. 풍경이 너무나 아름다워 나는 감탄하며 바라본다. 그런데 이때 풍경을 바라보는 나는 정확하게 무엇일까? 그것은 바로 나의 몸, 살아 있는 이 몸이다. 단풍이 곱게 물든 가을 산의 풍경 앞에서 나의 시선은 잠시도 한 곳에 머무는 법이 없는데 시선의 이 부단한 움직임은 생각에 의해 의도된 것이 아니다. 눈앞의 풍경을 볼 때 나는 생각을 통해 시선이 향할 목표 지점을 정하지도 않고, 시선의 적절한 방향이나 안구의 움직임을 계산하거나 의도하지도 않는다. 나의 시선으로 하여금 풍경의 이 지점에서 저 지점으로 부단히 옮기게 하는 것은 다만 달라지는 풍경과 자신의 운동과의 관계를 이해하는 나의 눈동자, 목, 몸통, 즉 이 몸이다.

지각하는 나란 나의 몸이다. 메를로퐁티의 지각 철학에서 몸은 지각의 주체로 재발견된다. 인간이란 지각의 주체이며 따라서 몸이다. 몸이란 과학에서 말하는 인과성의 체계와는 완전히 다른 것이다. 몸은 그 자체로 일종의 의식적 존재, 즉 지각하는 존재이다. 지각하는 몸은 철학사에서 오랫동안 사고의 틀이 되어 온 '물질 아니면 정신'의 이분법을 넘어서게 해준다.

우리 자신인 인간 존재가 이해하기 어려운 것은 인간은 몸과 마음이란 전혀 다른 두 가지 측면을 드러내기 때문이다. 근대 철학을 연 데카르트가 간단명료하게 정리하였듯이 몸은 그 본성이 공간을 점유하는 데에 있다면 마음의 본성은 생각하는 것으로 공간적이지도 않고 따라서 분할되지도 않는다. 그렇다면 몸과 마음으로 이루어진 인간이 이해하기 어려운 것은 당연한 일이다. 공간적 존재인 몸 안에서 비공간적 존재인 마음의 자리를 마련하는 것은 원리적으로도 가능하지 않다. 메를로퐁티가 지각의 주체는 몸이라고 주장하며 사고의 전환을 촉구하는 지점이 바로 여기다. 즉, 근대 철학이 구분해놓은 '몸'과 '마음'은 최종적인 것이 아니다. 지각의 주체로서의 몸, 나-인간이 몸과 마음으로 구분되기 이전의 통일적인 존재로서 궁극적인 것이다. 몸과 마음의 철학적 구분은 구분 이전의 몸-주체에 기원을 두는 것이다.

2) 타인

메를로퐁티의 지각 철학에서 타인에 대한 경험은 몸이 지각의 주체임이 확인되는 곳이자 동시에 지각 철학의 문제점이 부각되어 가시화되는 곳이다. 인간에게 있어 타인이 어떤 존재 의미를 가지는지는 고대로부터 지금까지 이어진 물음이다. "인간은 사회적 동물"이란 말은 개인은 타인과의 관계 속에서만 인간으로 존재할 수 있다는 것을 잘 표현하고 있다. 그러나 이 말은 타인의 존재를 전제할 뿐, 정작 인간에게 타인이란 무엇이며, 타인에 대한 경험은 어떻게 가능한지에 대해 말해주지 않는다. 인간이 사회적 동물이기 위해서는 우리에게 타인이 존재해야 하고, 특정한 대상을 타인으로 경험할 수 있어야 한다.

이렇게 한번 생각해보자. 나는 지금 한 사람을 바라보고 있다. 그는 가끔 말하거나 혹은 움직이며 대개는 같은 공간에 머물며 말없이 나름의 방식으로 소일하고 있다. 나는 분명 사람을 보고 있다. 내가 보고 있는 대상은 분명 사람이라고 나는 생각한다. 그러나 정확하게 나는 무엇을 보고 있는 것일까? 엄밀하게 말하자면 나는 특정한 몸짓과 움직임을 보며 말소리를 듣는다. 그렇다면 이 몸짓과 움직임, 말소리가 곧 그 사람일까? 그건 아닐 것이다. 이 몸짓과 움직임, 말소리는 그 사람으로부터 나오는 것은 분명하지만 그렇더라도 엄밀하게 말하자면 나는 다만 특정한 형태와 움직임을 보고 말소리를 들을 뿐이고 '그 사람'을 보거나 듣는 것은 아니다. 그렇다면 내게 주어지는 것은 오직 몸짓과 움직임, 말소리일 뿐인데 내가 이를 통해 '타인'을 경험하게 되는 이유는 무엇일까?

타인의 존재는 우리가 늘 경험하는 바이지만 어떻게 우리에게 타인이 있을 수 있는지를 이해하기는 쉬운 일이 아니다. 타인은 나와는 다르지만 그 또한 의식적 존재이다. 나는 부단히 흐르는 나의 의식을 직접 지각함으로써 나 자신이 의식적 존재이고 지각의 주체임을 안다. 그러나 나는 타인의 의식을 나 자신의 의식을 지각하듯이 그렇게 지각하지 못한다. 데카르트는 앞서 언급한 몸과 마음(영혼)의 구분을 분명히 할 때 이 문제에 봉착하게 된다는 것을 잘 알았다. 나는 자신의 마음을 볼 수 있고, 내 안에서 몸과 마음이 결합되어 있는 것을 지각한다. 반면 타인에 대해서는 오직 몸과 행동만이 지각된다. 그렇다면 어떻게 우리는 외견상의 몸과 행동에 대한 지각으로부터 보이지 않는 마음을 가진 타인을 경험하게 되는 것일까? 데카르트는 이것을 판단 작용으로 보았다.

즉 우리가 상대방을 인간으로 경험하는 것은 사실은 한낱 정교한 기계 장치로 움직이는 인형일지도 모를 대상을 그것이 드러내는 외형에 대한 지각을 바탕으로 인간으로 판단한다는 것이다. 몸은 보이는 것인 데 반해 마음은 보이지 않으니 타인을 마음을 가진 의식적 존재로 경험하기 위해서는 판단 작용의 매개가 불가피한 듯도 싶다. 그러나 사실은 그렇지 않다. 판단 작용은 '어떠어떠한 것은 사람이다'와 같이 사람을 닮은 외관(겉모습)에 대한 지각에 사람의 개념을 결합하는 것이다.

그런데 이 결합이 가능하기 위해서는 먼저 대상의 외관이 '사람을 닮은' 것이어야 한다. 그렇지 않고는 내가 그 대상을 사람으로 판단할 근거를 잃게 된다. 그렇다면 특정한 외관이 사람을 닮은 것임을 어떻게 알게 될까? 그것은 바로 그러한 외관을 가진 대상은 실제로 사람이었음을 앞서 경험했기 때문이다. 그럼 다시 이 앞선 경험은 어떻게 가능했는지 물어보자. 결국, 타인의 경험의 근거를 판단 작용에서 찾는 것은 문제에 대한 답을 제시하는 것이 아니라 문제에 대해 답해야 하는 자리에서 같은 문제를 제기하는 것일 뿐이다.

메를로퐁티의 지각 철학이 형성되고 전개되는 데에 지대한 영향을 미친 현상학을 창시한 후설은 데카르트의 위 시도를 비판적으로 계승한 맥락에서 판단 작용의 근거를 마련하기 위해 노력했다. 후설은 타인의 경험의 근거를 선행하는 타인의 경험에서 찾는 대신 나와 타인의 유비적 관계에서 찾았다. 우리는 자신의 몸과 의식 상태와의 관계를 아는 터라 이에 기초해 타인의 몸과 행동을 보고 타인의 의식을 추론하게 된다는 것이다.

길을 가다가 발바닥이 못에 찔리면 엄청난 고통과 함께 전신에 경련이 일고 얼굴이 찌푸려진다. 나의 고통과 얼굴의 찌푸려짐 사이에는 밀접한 관계가 있고 나는 이 관계를 지각한다. 이제 친구와 같이 길을 가는데 친구가 길 위의 못을 밟더니 순간 외마디 소리와 함께 얼굴을 찌푸린다. 그럼 나는 비록 친구의 고통을 직접 볼 수는 없지만, 그의 몸짓과 표정으로부터 그가 고통을 느끼고 있고 이로부터 그 또한 의식적 존재임을 경험하게 된다는 것이다. 그러나 메를로퐁티에 따르면 이러한 '유비적 타인 경험 이론'에는 중대한 문제점이 있다.

> 셸러(Scheler)가 잘 말한 대로, 유비 추리는 자신이 설명해야 하는 것을 전제한다. [유비 추리에 따르면] 다른 의식은 타인의 정서적 표현들과 나의 것들이 비교되고 확인되는 한에서만, 그리고 명확한 상관성들이 나의 몸짓과 '심리적 사실들' 사이에서 인식되는 한에서만 연역될 수 있다. 그러나 타인의 지각은 그러한 확증들에 선행하고 그러한 확증들을 가능하게 하는 것이다.[12]

유비 추리에 대해 메를로퐁티가 제기하는 비판의 논점은 일반적으로 생각하는 것과는 달리 우리는 자신의 신체적 표현에 대해 잘 모른다는 것이다. 극도의 고통의 순간에 자신이 어떤 모습을 하는지를 본 사람은 드물다. 그럼에도 불구하고 우리는 타인이 못에 찔려 아파하고 있음을 잘 안다. 자신의 다양한 의식 상태가 어떤 다양한 신체적 표현으로 나타나는지를 관찰해 알고 있는 것이 아니라면 유비 추리의 대전제가 성립하지 않게 된다. 이 말은 곧 타인의 고통은 유비 추리의 매개 없이 그의 신체적 표현 자체를 통해 이해된다는 것이다. 유비 추리가 타인의 경험을 가능하게 하는 것이 아니라, 거꾸로 타인의 경험은 지각을 통해 가능하고 유비 추리는 타

---

12   M. Merleau-Ponty, *Phénoménologie de la perception*(Gallimard, 1945), 류의근 옮김, 『지각의 현상학』(문학과지성사, 2002), 526쪽.

인의 경험을 사후적으로 설명하기 위해 도입된 설명상의 가설에 불과하다.

메를로퐁티는 생후 15개월 된 유아는 결코 거울 속의 자기 얼굴을 본 적이 없음에도 불구하고 내가 장난삼아 손가락 하나를 입에 넣어 무는 시늉을 하면 그도 입을 벌린다는 관찰 사실을 원용한다. 유아는 자신의 얼굴을 한 번도 본 적이 없고, 나의 얼굴 표현과 자신의 얼굴 표현을 비교해본 적도 없는데도 물려는 나의 의도와 그것의 표현 사이의 관련성을 단번에 이해하고 실행에 옮긴다는 것이다.

메를로퐁티는 일관되게 우리는 진정 타인을 경험한다고, 타인의 존재는 내 의식이 만들어낸 환영(가상)이 아니라고 말한다. 이것이 가능한 이유는 내가 지각의 주체로서 몸이듯이 타인 또한 마찬가지이기 때문이다. 나는 나의 몸이고 타인 또한 그렇다. 나는 '타인인' 몸을 지각하기에 타인의 경험이 가능하다. 그러나 타인을 본다고 해서 내가 나의 마음을 보듯이 타인의 마음을 볼 수 있는 건 아니지 않은가! "열 길 물속은 알아도 한 길 사람의 속을 모른다"는 말은 여전히 진실의 일면을 담고 있지 않은가.

그리하여 메를로퐁티의 지각 철학은 궁지에 빠지게 된다. 타인의 경험이 가능하려면 상대가 마음을 가진 존재임을 외부로부터 지각할 수 있어야 한다. 그러나 내가 내 마음만을 볼 수 있을 뿐이라면 이것이 어떻게 가능할까? 타인은 내 판단의 산물도 아니고 내 추론의 결론도 아닌 의식적 존재로서 사람인데, 그리고 우리는 늘 그렇게 타인을 경험하는데, 이것이 어떻게 가능한 것일까? 타인의 경험은 '원리상' 가능하지 않은 것이 '사실상' 가능하므로 역설적이다. 물론 이 역설은 지각 철학의 종착지가 아니라 출발점이다. 메를로퐁티의 지각 철학은 일찌감치 이 출발점에 섰으나 이후 나아갈 방향을 찾지 못해 오래도록 지체를 거듭했다. 결정적인 출발을 위해서는 오랜 고심의 과정이 필요했으며, 타인의 역설은 자연에 대한 관점을 근본적으로 혁신한 후에야 비로소 이해의 기반이 마련되었다.

3) 자연

메를로퐁티는 1953년 콜레주드프랑스 교수직에 취임한 이래 매 학기 주제를 달리하며 강의를 진행했다. 취임 첫해 표현과 언어에 대한 강의를 시작으로 역사, 설립(institution), 수동성, 변증법에 대한 강의를 이어 갔고 1956~1957년 학기에는 자연에 대한 강의를 시작했다. 메를로퐁티의 지각 철학의 전개에 있어 자연 강의는 독특한 위치를 점하고 있다. 우선 취임 이후 매해 새롭게 제기한 강의 주제들은 철저하게 지각 철학의 문제의식이 심화되어가는 과정과 일치하고 있다. 예를 들면 표현과 언어의 문제를 파헤쳐 보니 역사와 설립의 문제로 이어져 있어 이를 다루지 않고는 표현과 언어에 대한 온전한 이해가 불가능하다는 식이다.

콜레주드프랑스의 자연 강의는 시작된 이래 1961년 철학자의 갑작스런 죽음에 의해 중단되기까지 계속되었으니 어떻게 보면 지각 철학의 문제의식이 심화되는 과정에서 도달한 마지막 주제, 즉 지각 철학의 토대와 맞닿아 있는 주제라고도 말할 수 있다. 물론 철학자의 죽음은 생의 우연성의 발로지만 이런 해석은 설득력이 있다. 자연 강의가 이어졌던 1957~1958년 학기를 위한 『강의요약(Résumés de cours)』에서 메를로퐁티가 밝히고 있는 것처럼 "자연에 대한 연구는 존재를 정의하기 위한 도입부"[13]이기 때문이다. 이 점에 대해서는 다음 소절에서 다루기로 하자.

메를로퐁티의 지각 철학은 자연의 문제에 집중하다가 끝나버렸지만, 자연의 문제는 지각 철학의 시작에서부터 끝까지를 관통하는 줄기 문제이다. 그의 지각 철학은 자연에 대한 과학적 개념과의 대결로부터 시작되었다. 메를로퐁티는 자신의 최초의 저작인 『행동의 구조(La structure du comportement)』(1942)를 우리가 앞서 언급한 자연에 대한 과학적 개념('부분과 부분이 인과성의 관계에 의해 연결되는 상호 외적인 사건들의 총체')을 제시하는 것으로 시작한다. 거기서 메를로퐁티는 시종일관 지각에 대한 분석에 의지해 자연에 대한 과학의 개념을 극복하려 한다.

메를로퐁티가 왜 그렇게 자연에 대한 과학의 개념을 비판하는 데에 골몰하였는지는 분명하다. 왜 그렇지 않을까. 앞서 브레이에의 적의에 가까운 논평에서도 잘 드러나듯 자연에 대한 과학의 개념에 따르면 지각에 대한 분석은 그저 인식론적 상대주의나 심리학적 호기심 거리에 지나지 않기 때문이다. 이를테면 앞서 논의한 지각의 주체로서의 몸이나 타인의 경험 같은 것이다. 지각에 대한 분석을 통해 몸이 지각의 주체로 드러난다 해도 과학은 자신의 뛰어난 성취에 힘입어 몸이 자연에 속하는 한 그것은 인과성의 체계에 불과하다고 충고한다. 예를 들어 앞서 논의한 슈나이더의 예의 경우 환자의 이상 행동은 뇌의 특정한 손상에 그 원인이 있을 뿐이라는 것이다.

타인의 경험에 대해서도 마찬가지다. 우리는 타인의 의식을 볼 수 없고 다만 밖으로 드러난 몸을 지각할 수밖에 없으므로 데카르트나 후설이 주장한 대로 우리가 경험하는 마음을 가진 타인이란 결국 내 의식의 상상

13   M. Merleau-Ponty, *Résumés de cours* – *Collège de France, 1952~1960*(Gallimard, 1968), 125쪽.

물에 불과한 것이거나 그것도 아니라면 물에 반사되는 산 그림자 같은 것이라는 것이다.

메를로퐁티의 지각에 대한 분석은 잘 나가다가도 이렇듯 자연에 대한 과학의 개념을 만나면 파도가 모래성을 밑으로부터 허물듯 토대부터 흔들리기 일쑤였다. 지각은 내 실존의 구체성 즉 나와 세계가 만나는 근원적 방식이라는 점에는 의심의 여지가 없다. 자연에 대한 과학적 개념과는 상관없이 인간은 최초 숨을 쉬는 순간부터 보거나 만지고 또는 느끼는 것으로 세계를 경험한다는 사실에는 변함이 없다. 그렇다면 자연에 대한 과학적 개념의 위상을 재검토할 필요가 있다. 그리고 이것은 그 개념이 어디서 비롯되었는지 그 기원을 거슬러 올라가 따짐으로써 가능해진다.

사실 과학이 자연을 인과성의 체계로 전제하는 것은 계산을 가능하게 하기 위한 것이기도 하지만 동시에 자연을 우리의 경험으로부터 독립적 존재로 주장하기 위한 것이다. 자연은 우리가 그것을 지각하거나 말거나 상관없이 자신의 물적 성질과 법칙 속에서 독립적으로 존재한다는 것이다. 앞서 인용한 "자연에 대한 연구는 존재를 정의하기 위한 도입부"라는 메를로퐁티의 말이 의미하는 것이 이것이다. 자연에 대한 과학적 개념을 극복하기 위해서는 그 개념의 뿌리인 과학이 전제하는 독립적 존재의 개념을 극복해야 한다. 그리고 이것 또한 그 존재론의 기원으로 거슬러 올라가 따짐으로써 가능해진다.

메를로퐁티는 오늘날의 과학적 자연 개념의 뿌리를 데카르트의 자연관념에서 찾는다. 보다 근본적으로 말하자면 서구 문화의 '신의 이미지'에서 저 개념의 기원을 본다. 자연 개념과 종교가 무슨 상관이 있기에 그러는 걸까 의아할 것이다. 하지만 깊은 상관이 있다. 과학은 자연을 우리의 경험으로부터 독립적 존재이자 인과성의 체계로 전제한다. 이 전제 위에서 과학은 현상을 해석하고 예측한다. 가령 비 갠 뒤에 나타나는 아름다운 무지개는 자연의 우연성의 산물이 아니라 법칙적으로 설명 가능한 인과적 관계의 결과다. 천왕성의 궤도가 법칙이 예측한 궤도를 벗어난다면 이 또한 자연의 불가해한 우연성의 산물이 아니라 비록 지금은 그 원인을 모를지라도 또 다른 힘이 인과적으로 작용한 결과다. 이 '숨은 원인'을 찾는 것이 과학의 일이다.

자연에 대한 이러한 과학적 개념은 오늘날 우리에게는 자신이 딛고 있는 발밑의 땅처럼 너무나 확고한 진리인 듯 보인다. 그러나 파스칼이 어디에선가 잘 말한 것처럼 우리가 발 딛고 있는 땅이란 그 이면이 보이지 않아서 그렇지 사실은 얇은 달걀 껍질 같은 것이고 그 밑에는 끝 모를 공동(空洞)이 입을 벌리고 있는 것일지도 모른다. 사실이 그렇다. 왜 그렇지 않을까. 우리가 지각하는 시간은 늘 빠르거나 느린데 무슨 근거로 시간의 흐름은 일정하다고 말하는 걸까? 시계를 보여준다면 시계가 시간의 흐름을 재는 기준이 되는 이유는 뭘까? 시계는 일정한 빠르기로 돌아가기는 하는 것일까? 그것은 또 어떻게 확인할까? 또 다른 시계가 필요한 걸까?

하지만 전지전능(全知全能)한 신이 이 세계를 창조했다고 고백하는 순간 이 모든 난점은 사라진다. 전지, 즉 신의 지성은 이 세계를 관통하는 터라 그 시선 하에서 예견 불가능한(예외적인) 것은 없다. 전능, 즉 신은 자신의 지성에 부합하는 방식으로 이 세계를 창조했다. 그리고 무한과 유한 즉 신의 지성은 무한하고 인간의 지성은 유한하다. 이렇게 보면 자연은 신의 섭리에 따른 필연성의 체계가 되고 물질이 드러내는 인과적 질서는 자연을 구성하는 전체 사물들의 질서가 된다. 과학은 이런 전제 위에서 자신의 소유지를 확장해왔다. 특정 현상은 당장은 인과적 관계로 명쾌하게 설명이 안 된다고 하더라도 추가적인 연구를 통해 설명될 것이라고 하면서. 그러나 파스칼의 의심은 여전히 유효하고 지각이 나와 세계의 근원적 관계라는 것은 부정할 수 없는 사실이다. 사랑하는 사람들과의 이별의 시간은 쏜살같이 날아와 박힌다는 것은 신이 존재하고 이 세계는 신의 섭리에 따른다는 주장보다 확실하다.

메를로퐁티는 생의 마지막 시기에 전념했던 자연 강의에서 '인간의 발생'을 분석함으로써 지각은 우리 삶의 근원적 사태이고 인간은 지각하는 몸이라는 사실을 결정적으로 보여주기를 원했다. 인간은 자연 안에서 태어난다. 이것은 확실하다. 그렇다면 자연 안에서 인간은 '어떻게' 태어나는가? 수정이 이루어지고 수정란이 발생을 거듭하고 일정한 달수가 차면 인간인 아이가 태어난다. 여기서 인간은 언제, 어떻게 발생하는 것일까?

이에 대해 메를로퐁티는 "탄생의 사실을 마치 도구인 몸(corps-instrument)이 밖으로부터 생각하는 정신(pensée-pilote)을 받아들이는 것으로 볼 수 없고, 그렇다고 몸이라 불리는 물건이 신비하게도 그 자신으로부터 의식을 산출하는 것으로 볼 수도 없다"[14]고 말한다. 수정이 이루어진 이후 개체가 발생을 거듭하는 과정에서 언제를 인간으로 보아야 하는지는 오늘날 의생명윤리의 논의에서 핵심적으로 문제되는 사안이나 아직 해결이 안 된 문제다.[15]

---

14   M. Merleau-Ponty, 같은 책, 177쪽.

15   졸고, 「배아복제 시대의 생명윤리 규범」, 한국포스트휴먼연구소·한국포스트휴
      먼학회 편저, 『포스트휴먼 사회와 새로운 규범』(아카넷, 2019), 149~185쪽 참조.

언뜻 생각해도 도구인 몸이 생각하는 정신을 받아들인다거나 몸이 '실체 변환(transsubstantiation)'한다거나 할 때 그 시점과 방식을 특정하기는 불가능해 보인다. 사실 불가능하다. 이것이 근본적으로 불가능한 이유는 과학이 자연에 대해 전제하는 것과 달리 인간은 자연 안에 있는 한 개 '사물'이 아니기 때문이다. 반대로 인간은 지각된 존재로서 당신-인간은 바라보는 나의 시선의 끝에 서 있는 존재이기 때문이다. 한마디로 말해 지각된 인간과 지각하는 나는 하나의 불가분의 사태이기 때문이다.

아이가 어른이 되는 시점을 정확하게 이때라고 특정할 수는 없지만 우리는 아이가 '어느 순간' 어른이 되었음을 본다. 낯선 도시에 가면 처음에는 모든 것이 뒤죽박죽 정신이 없다가도 어느 순간 도시가 자리를 잡아간다. 이렇듯 과학이 가닿지 못하는 '자연의 실체 변환'을 지각은 매 순간 아무 일도 아니라는 듯 해낸다. 이제 지각의 이런 힘이 어디에서 비롯되는지를 아는 문제가 남아 있다. 이는 자연에 대한 연구는 존재를 정의하기 위한 도입부라는 메를로퐁티의 말처럼 존재를 정의하는 일이다.

4) 존재

콜레주드프랑스 자연 강의의 결실은 자연이란 지각된 존재임을 최종적으로 확인함으로써 지각 철학의 토대를 흔들던 근본 장애를 극복하게 되었다는 점이다. 과학은 객관적 자연을 우리의 경험과는 독립적 존재로 보고 지각된 자연을 객관적 자연에 대해 이차적인 것으로 전제하지만, 사실은 그 반대다. 지각된 자연이 근원적인 것이고 객관적 자연이란 서구의 문화적 우연성의 산물이다.

그렇다면 오늘날 과학이 점점 더 자연에 대한 놀라운 설명력을 입증해가고 있는 현상을 어떻게 이해해야 할까? 앞서 논의한 대로 과학은 자연을 우리의 경험으로부터 독립적 존재이자 법칙의 체계로 전제한다면 나날이 혁신하는 과학의 성취는 자연에 대한 이러한 인식이 최종적인 진리임을 말해주는 것이 아닐까? 그렇지 않다. 물론 자연에 대한 과학적 개념은 지각된 자연에 근거한 것이기 때문에 이로부터 일정의 설명력을 얻게 된다. 그러나 강물이 바다를 품을 수 없듯이 과학은 자신이 태어난 지반인 지각된 자연을 자신의 체계 속에 가두지 못한다. 자연을 유클리드적 3차원 공간으로 표상하는 것은 지각된 자연에 대한 많은 진실을 담고 있지만 지각된 자연의 모든 진실을 담고 있지는 않다. 그 또한 바다에 연원을 둔 또 다른 강물이 흐르듯 지각된 자연에 뿌리를 두는, 다른 기하학, 공간에 대한 다른 방식의 파악은 얼마든지 가능하다. 서구의 과학은 지각된 자연을 다루는 특수하고 유능한 방식이지만 지각된 자연은 '다른 과학'의 가능성을 무한하게 함축하고 있다.

　　자연 강의를 통해 메를로퐁티는 객관적 자연에 대한 지각된 자연의 '우위성'을 확립했고 이로부터 지각하는 나와 지각된 자연의 불가분적 관계를 확립했다. 과학과 철학은 지금까지 지각하는 나와 자연의 관계를 하나가 다른 하나에 포함 내지는 의존하는 것으로 상정해왔지만 진실은 양자는 정확하게 불가분적 관계, 말하자면 '동시적' 존재라는 것이다. 메를로퐁티가 말하는 양자의 불가분적 관계란 이런 것이다.

　　보통 우리는 지각은 나와 대상이 따로 존재하다가 만나는 것으로 생각한다. 안방에 있다가 거실로 나오면서 나는 부엌 쪽에 있는 탁자를 본다. 이때 우리는 탁자는 내가 보거나 말거나 특정한 크기와 형태를 가진 채 존재하는 것이고 지각은 나의 시선이 탁자로 향해서 탁자의 이런 물적 특성을 파악하는 것이라고 생각한다. 그러나 대상의 물적 특성은 지각과 독립적 존재가 아니다. 가령 우리가 오직 촉각만을 가졌다고 생각해보자. 나는 손으로 어떤 것을 부드럽게 쓰다듬는데 그것은 매끄럽고 딱딱하고 차갑고 그 모서리는 곧다. 이 경우 매끄러움, 딱딱함, 차갑고 곧음은 어디에 속하는 것일까? 그것은 대상의 성질이 아니다. 대상은 그 자체로는 매끄럽지도 딱딱하지도 않다. 그렇다고 저 매끄러움 등이 내게 속한 것도 아니다. 내가 대상에서 손을 떼어 허공을 쓰다듬는다면 저 감각은 더이상 존재하지 않게 된다. 즉 저 매끄러움은 대상과 내 손의 운동이 만나는 곳 바로 그곳에 존재한다. 이런 점에서 저 매끄러움의 지각은 지각하는 나와 대상이 정확하게 동시적 존재임을 말해준다.

그렇다면 보는 것은 어떨까? 보는 것도 마찬가지다. 탁자가 그러한 크기, 그러한 형태로 지각되는 것은 내 시선의 운동과의 관계에서다. 유고작인 『보이는 것과 보이지 않는 것(Le visible et l'invisible)』(1964)에서 메를로퐁티는 이것을 "시선과 보이는 사물들과의 예정 조화의 관계"라고 설명한다. 즉 "시선은 마치 보이는 사물들과 예정된 조화의 관계에 있듯이, 마치 사물들을 알기도 전에 이미 알고 있는 듯이 자기식으로 불규칙적이고 강압적인 스타일로 움직이는데, 그렇지만 포착한 광경들은 무작위적이지 않고 나는 혼돈이 아니라 사물들을 바라보는 터라 결국 우리는 [지각을] 지휘하는 것이 시선인지 아니면 사물들인지 말할 수 없다"[16]는 것이다.

---

16   M. Merleau-Ponty, *Le visible et l'invisible*(Gallimard, 1964), 남수인·최의영 옮김, 『보이는 것과 보이지 않는 것』(동문선, 2004), 191쪽.

메를로퐁티가 말하는 시선과 보이는 사물들과의 예정 조화의 관계는 삶 속에서 너무 자연스럽게 일어나기 때문에 잘 관찰하지 않으면 인식하기 어려운 것은 사실이다. 하지만 특수한 상황을 떠올려본다면 인식할 수 있다. 화재가 나 유독 가스가 건물 내에 퍼지면 비로소 신선한 공기의 존재를 인식하게 되듯이 저 예정 조화의 관계가 깨지는 상황이 그렇다. 나는 평소처럼 거실 책상에 앉아 작업에 열중하다가 잠시 쉬려고 고개를 들고 별생각 없이 천천히 시선을 부엌 쪽으로 돌린다. 서랍장, 전화기, 신발장… 익숙한 사물들이 보인다. 그러다가 멈칫 놀란다. 안방에 있는 줄 알았던 아내가 부엌 쪽 가까이에서 나를 물끄러미 바라보고 있는 것이 아닌가! 이 경험에서 지각의 익숙함과 익숙함이 깨지는 순간이 무엇을 뜻하는지가 중요하다.

결론을 제시하자면 지각의 익숙함과 낯섦은 나의 시선이 주어지는 사물들의 성질을 단순히 수용하는 데에 그치지 않고 사물들을 보기도 전에 사물들이 특정한 방식으로 주어지리라고 '기대'한다는 것을 의미한다. 지각의 익숙함은 시선의 기대가 주어지는 사물과 조화를 이루는 경우이고, 멈칫 놀라게 되는 것은 나의 시선의 기대와 보이는 사물의 일치가 깨지는 경우다. 나의 시선은 서랍장, 전화기, 신발장 등이 연이어 보일 것을 기대했고 늘 그래왔듯 기대는 충족되었다. 반면 나의 시선은 부엌 쪽에 감도는 오후의 나른한 공기를 기대했지 가까이에서 나를 주시하는 아내의 시선을 기대하지 않았다. 그런데 시선의 기대는 아무렇게나 일어나지 않는다. 시선의 기대는 대상에 대한 명시적인 규정을 필요로 하지는 않지만 대상이 어떠어떠하게 주어지리라는 대상에 대한 앎에 바탕해 있다. 나의 시선은 비록 명시적이지는 않지만 하루 중 이 무렵 주방에는 아무도 없고 오후의 옅은 햇살과 나른한 공기만이 감돌 것이라고 알고 있으며 고개를 돌리면서 그러한 주방의 풍경을 받아들일 준비가 되어 있었다.

즉 메를로퐁티가 말한 것처럼 시선은 자기 식으로 불규칙적이고 강압적인 스타일로 움직이기는 하지만 대상에 대한 특정한 기대에 의해 그 움직임이 일정하게 제한되는 것이다. 그 결과 지각을 지휘하는 것이 시선인지 아니면 사물들인지 말할 수 없게 된다.

메를로퐁티는 인간의 몸에 대해 분석하면서 콜레주드프랑스 자연 강의가 절정으로 치닫던 동일한 시기에 새로운 존재론의 초안을 준비했는데 관심의 초점은 시선과 보이는 사물들의 이러한 예정 조화적 동시적 관계를 해명하는 데에 있었다. 시선과 보이는 사물들의 예정 조화적 관계는 사물은 내 시선의 기대 속에서 주어지고 매 순간 내 시선의 기대는 주어지는 사물에 의해 충족되거나 거부되면서 새로운 기대로 변해간다는 것을 뜻한다.

이를 달리 말해보면, 이 탁자 표면의 매끈함에는 일정한 방식으로 움직이는 내 손의 운동과 손바닥의 특정한 감각 능력이 아로새겨져 있듯이 무릇 보이는 사물들에는 고유한 방식으로 기대하고 주시하는 내 시선의 운동과 시각의 특정한 감각 능력이 아로새겨져 있다. 즉 세계 속에는 내 몸의 흔적이, 내 몸에는 세계의 흔적이 아로새겨져 있다. 메를로퐁티는 시선과 보이는 사물들이 서로를 제한하고 서로에게 삼투되는 이러한 관계를 '살(chair)'로 명명한다. 살이란 보이는 사물들과 시선이 서로 얽혀 있는 관계를 표현한 것으로, 보이는 사물들 즉 존재하는 것이란 이미 시선이 자신의 살로 옷 입힌 것이며 마찬가지로 나의 시선 또한 이미 사물들의 살, 세계의 살에 의해 관통되어 있는 것이다.

따라서 나의 시선은 또는 간단히 말해 지각하는 '나'는 원자(atom) 같은 단독적 존재가 아니다. 나는 세계와의 관계이다. 세계와의 살적인 관계 자체가 곧 나, 인간이다. 이렇게 하여 메를로퐁티의 지각 철학은 인간에 대한 전통적 개념을 모두 뒤집는 데에 이른다. 지금까지 철학은 인간에 대해 사고할 때 인간을 세계와 동떨어진 밀실에 가둔 채 해부대에서 핀셋으로 장기들을 조사하듯 '몸' 또는 '영혼' 또는 '의식'을 찾아왔었다. 그러나 인간은 길가에 구르는 돌멩이처럼 자기 동일성의 응결체도 아니고 홀로 초연하게 사색하는 우주적 존재도 아니다. 인간은 철두철미 세계와의 관계 자체이다.

나와 세계의 살의 관계는 살의 발생이 나 혹은 세계 어느 일방에 의해 주도되지 못한다는 사실을 함축한다. 아치(arch)를 떠받치는 것은 마주 놓인 두 개의 벽돌이 서로를 미는 힘이듯이 지각을 떠받치는 것은 나와 세계가 서로를 침투하는 힘이다. 아치는 여러 개의 벽돌을 차례로 쌓아서는 만들 수 없고 오직 허공에 두 개의 벽돌을 '동시에 놓을 때' 만들어지듯이, 지각은 나와 세계의 '동시 놓임' 즉 존재(Être)가 나와 세계로 분화(différenciation)될 때 발생한다. 즉 지각은 나와 세계로 분화되는 존재의 운동이다.

따라서 어떻게 우리에게 지각이 있을 수 있는가 묻는다면 그것은 우리 의식의 종합 작용의 결과가 아니라 존재의 '강압적' 분화 운동의 결과라고 말해야 한다. 우리가 앞서 물음으로 남기고 지나온 지각의 힘이란 이 존재의 분화 운동을 말하는 것이다. 존재의 분화 운동이 나와 세계의 존재 근거이다.

끝으로 그렇다면 타인의 경험은 어떻게 된 걸까? 어떻게 나에게 타인이 존재할 수 있는 것일까? 존재의 분화 운동이 이에 대답해 준다. 나를 구성하는 것은 이 몸과 '나(soi)'라는 의식이다. 그런데 나는 세계와 함께 존재의 분화 운동으로 존재하므로, 나를 이루는 몸과 의식 또한 존재의 분화 운동의 결과이다. 따라서 존재의 분화 운동에 있어서 세계와 나의 몸과 의식, 이 3가지는 동시적인 현상이 된다. 그런데 존재의 분화 운동은 나만을 대상으로 하지 않는다. 나를 발생시키는 저 운동은 동시에 타인을 발생시킨다. 왜 그렇지 않을까. 쉼 없는 자연의 운동은 나와 당신을 낳았으며 뒤잇는 세대를 낳을 것이다. 의식이 없이는 경험이 있을 수 없다는 이유로 세계를 내 의식의 형성물로 간주하는 철학의 전통에서는 타인이란 존재할 수 없다. 타인이란 본질적으로 나의 인식과 예측을 초과하는 존재 즉 자신에 대한 나의 앎을 웃음거리로 만들 수 있는 존재이기 때문이다.

따라서 타인이 나와 같은 의식적 존재이면서 내가 타인을 그렇게 지각할 수 있는 것은 내 의식의 능력 때문이 아니라 나의 이 몸과 의식, 세계 그리고 타인을 동시에 발생시키는 존재의 분화 운동 때문이다. 그렇다면 나의 몸과 세계가 얽히고, 도처에 타인들이 있어 그들의 몸이 세계와 얽히고, 우리는 서로를 봄으로 서로의 몸이 뒤섞이고 그렇지만 여전히 서로 다른 자기(soi)로서 구별되는 존재의 이 '뒤죽박죽'을 어떻게 이해해야 할까? 생의 끝자락에서 메를로퐁티의 지각 철학은 이 물음에 도달했다. 유고로 남은 「작업노트(Notes de travail)」는 그가 이 물음으로부터 시작해 얼마나 대담하게 새로운 철학의 출발에 착수했는지를 잘 보여준다. 그러나 물음에 대한 대답을 구체화하기에 남은 시간은 너무 짧았고 긴 물음은 수수께끼 같은 생각의 조각들로 남게 되었다.

5. 에필로그: 인간이란 무엇인가

　메를로퐁티는 고등학교 졸업반 시절 인간과 삶에 대해 제기하는 철학의 물음을 접하고는 철학을 자신의 소명으로 받아들였다. 그는 평생 자신의 소명에 충실했고 마지막 순간까지 소명이 이끄는 대로 새로운 생각의 길에 들어서기를 망설이지 않았다. 1835년 8월 2일 22살의 청년 키르케고르(Kierkegaard)는 "중요한 것은 진리를 발견하는 것이요, 나에게 있어서 진리란 내가 그것을 위해 살고 죽을 그런 이념을 발견하는 것"이라고 쓴 바 있는데, 키르케고르의 이 말이야말로 또한 메를로퐁티의 삶을 관통했던 철학의 동기를 표현한 것이 아닌가 싶다. 어린 시절 그가 엄마의 사랑 속에서 구원을 보았듯, 세계 속에 놓인 자기의 존재는 항거할 수 없는 것으로 오직 그것을 인식할 때 벗어날 수 있음을 그는 본능처럼 깨달았다. 무서운 꿈이란 그것이 꿈이라는 것을 아는 순간 하찮아지는 법이다.

　그러나 키르케고르의 저 말은 철학의 해피엔드를 뜻하지 않는다. 철학이 철학자에게 그것을 위해 그가 살고 죽을 그런 이념을 발견하는 데까지 이끄는지는 오직 걸어보고 나서야 알 수 있는 문제이고, 최소한 철학은 메를로퐁티에게는 그걸 허락하지 않았다. 사람들처럼 메를로퐁티도 처음에는 철학은 사냥에서 몰이꾼이 포위망을 좁히듯 해답의 가능지들을 줄이다 마지막 방아쇠를 당기는 거라고 생각했을지도 모른다. 그렇게 인간과 삶의 문제는 메를로퐁티를 유혹했고 그는 거기에 응했다.

　그래서 도달한 인간이란 무엇인가? 몇 마디 말로 정리될 수 있다면, 오르골처럼 소지하다가 삶이 오리무중에 빠질 때 꺼내 들으며 외롭지 않게 길을 갈 수 있다면 그 얼마나 좋겠는가! 그러나 메를로퐁티는 인간과 삶의 문제는 풀면 풀수록 포위망이 좁혀지기는커녕 점점 더 넓어져 급기야는 사방이 허점투성이임을 깨닫게 되었다. 유고집의 한 곳에서 그는 "답변이 우리를 만족시키는 경우 그것은 단지 우리가 답변에 깊은 주의를 기울여 듣지 않았거나 우리가 '집에 편안히' 있다고 믿고 있어서이지, 답변 자체가 완벽해서가 아니"[17]라고 고백한다. 왜 철학은 안식을 모르는가? 그것은 바로 철학은 끝없는 추구로서 그 또한 존재의 뒤죽박죽인 인간의 삶일 뿐이기 때문이다.

박신화

파리1대학 철학박사(메를로퐁티 철학 전공). 연세대학교 사회학과와 서울대학교 철학과 대학원을 졸업했다.

광운대, 서울대 등에서 강의했고, 『메를로퐁티 현상학과 예술세계』(2020), 『포스트휴먼 사회와 새로운 규범』(2019) 등의 공저와 다수의 논문이 있다.

17   M. Merleau-Ponty, 같은 책, 150~151쪽.

일상의 삶과 행복

강영안(서강대학교 철학과 명예교수)

사람은 예컨대 먹고, 마시고, 숨 쉬고, 잠잔다. 무엇을 좋아하고, 판단하고, 행동한다. 물건을 만들고, 사고팔고, 말을 주고받는다. 사람 가운데 어떤 사람은 그림을 그리거나 감상하고, 음악을 연주하거나 듣는다. 어떤 사람은 예배하고 기도하고 찬송 드린다. 이런 행위들은 일상을 떠나 일어나는 것이 아니라 일상 속에서, 일상을 통하여 일어나는 행위들이다. 사람이 행복해하거나 불행해하거나, 어떤 때는 행복해하다가, 어떤 때는 불행해하는 곳도 일상이다. 일상 속에서 웃고 울고, 일상 속에서 좌절하고 희망을 가진다. 일상은 사람이 삶을 살아가는 자리이며, 삶의 통로이며, 행복과 불행을 느끼는 대상이다. 그렇다면 일상은 무엇인가? 일상의 삶은 어떤 성격을 지니고 있는가? 만일 행복과 불행을 일상의 삶 속에서 찾아보려면 일상의 성격과 일상의 조건을 생각해보지 않을 수 없다.

일상(日常)은 무엇인가? 모리스 블랑쇼는 "일상은 도망간다(Le quotidien échappe)", "이것이 일상의 정의(C'est sa d finition)"라고 말한다.[1] 하지만 일상은 문자 그대로 따라 하자면 "늘 같은 하루"다. 잠을 자고, 일어나고, 먹고, 일하고, 타인을 만나는 일. 이렇게 동일한 행동이 반복되고, 즐거운 일도 없이, 그렇고 그렇게 유난히 두드러진 일이 하루하루 지나가는 삶. 이것이 우리가 살아가는 일상이다. 사람이면 누구도 벗어날 수 없고(필연성), 진행되는 일이 이 사람이나 저 사람이나 비슷하고(유사성), 반복되고(반복성), 특별히 드러난 것이 없으면서(평범성), 어느 하나도 남아 있지 않고 덧없이 지나가는(일시성) 삶. 이것이 일상이요, 일상의 삶이다. 일상의 삶은 필연성, 유사성, 반복성, 평범성, 일시성의 성격을 띠고 있다는 것을 나는 주장하고자 한다. 이제 이것들을 그려낼 수 있는 만큼 그려내보자.

1. 일상의 성격

1) 일상의 필연성

일상의 삶은 이 땅에 사람으로 태어났다면 누구도 벗어날 수 없는 삶이다. 누구나 잠을 자야 하고, 먹어야 하고, 타인을 만나야 하고, 기쁘거나 슬프거나 감정의 변화를 겪어야 하고, 결정해야 하고, 이것과 저것을 구별하여 판단해야 하고, 때로는 침묵하기도 해야 하고 때로는 말해야 한다. 만

---

1   Maurice Blanchot, *L'Entretien infini*(Paris: Gallimard, 1969), 355356쪽; Michael Sheringham, *Everyday Life. Theories and Practices from Surrealism to the Present*(Oxford: Oxford University Press), 2006, 16쪽에서 재인용.

일 이러한 행위가 없다면, 일상의 삶은 없고, 일상의 삶이 없다면 우리의 현세의 삶은 없다. 따라서 일상 속에서 살아가는 삶의 모습은 사람 따라, 처한 상황 따라 다르게 나타나지만 이와 같은 행위를 하고, 경험을 할 수밖에 없다. 이것을 일컬어 나는 '일상의 필연성'이라 부르고자 한다.

일상의 삶의 내용을 채우는 것들은 뜻하건 뜻하지 않건 중단될 수 있다. 예컨대 시각 장애나 청각 장애는 보고 싶어도 보지 못하고 듣고 싶어도 듣지 못한다. 통증을 마비시키는 나병과 같은 질병을 앓는 사람은 일상의 신체적 고통을 체험하지 못한다. 슬픈 일을 보거나 안타까운 일을 볼 때, 전혀 느낌이 없는 사람도 있을 수 있다. 이런 것들은 일상의 삶이 지닌 여러 내용을 의도와 상관없이 경험하지 못하는 경우들이다.

의도적으로 일상적 삶의 여러 모습을 거부하거나 중단할 수도 있다. 예컨대 정치적 목적이나 종교적 목적으로 단식을 한다든지, 타인을 만나지 않고 홀로 거처한다든지, 침묵으로 일관할 수 있다. 일상적인 것을 떠남으로 일상과 다른 현실과의 만남을 추구하는 경우, 일상적 행위는 일시적으로 중단된다. 수도 공동체에서 볼 수 있는 것처럼 일상을 떠나 일상의 의미를 훨씬 더 깊고 넓게 체험할 수도 있다. 일상의 필연성을, 말하자면 '필연적이 아닌 것'으로, '우연적인 것'으로 만듦으로 일상을 초월하여, 일상과는 다른 삶의 차원, 일상과는 다른 삶의 실재를 맛볼 수 있다. 그러나 수도자의 삶조차도 결국에는 일상으로 복귀한다. 수도자도 먹어야 하고, 자야 하고, 사람과 만나야 한다.

먹지 않고, 말하지 않고, 어떤 방식으로든 타인과의 접촉 없이는 삶이 가능하지 않다는 점에서 우리는 일상의 필연성을 얘기할 수 있다. 이 세계 안에서 타인과 더불어 몸으로 살아가는 사람이라면 일상의 필연적 조건들을 벗어날 수 없다. 나는 이것이 하나님이 인간을 만든 창조의 모습이라 생각한다.

천국도 일상인가? 나는 천국도 우리가 경험하는 일상의 필연성을 벗어난 곳이라 생각하지 않는다. 그곳에도 먹고 마시며, 그곳에도 생각하고, 얘기하고 찬송하는 일이 있을 것이며, 그곳에도 몸으로 움직이며 몸으로 하는 것들을 경험할 것이다. 현세의 우리 일상적 삶에 여러 결함이 있고 문제가 있더라도, 일상적 삶의 조건 자체를 천국은 완전히 소멸시키지 않을 것이다. 천국의 삶은 우리의 일상과는 완전히 다른, 전혀 상관없는 삶이 아니라 하나님은 하나님으로, 사람은 사람으로, 자연은 자연으로, 각자 자신의 자리 가운데 자립성과 고유성을 인정받으면서 삶의 충만을 소외 없이 함께 나누어 가지는 그런 장소, 그런 방식일 것이다. 이와 반대의 장소, 반대의 삶의 방식이 지옥일 것이다. 천국이 행복의 다른 이름이듯이 지옥은 불행의 다른 이름일 것이다.

2) 일상의 유사성

일상적 삶이 지닌 두 번째 성격은 유사성이다. 무엇을 먹는가, 어떤 옷을 입는가, 어떤 거처에서 사는가는 사람에 따라, 지역에 따라, 문화에 따라 다를 수 있다. 피자를 즐겨 먹는 나라 사람이 있는가 하면, 된장국을 즐겨 먹는 나라 사람도 있다. 아파트에 사는 것을 즐기는 나라가 있는가 하면, 단독 주택을 선호하는 나라 사람도 있다.

그러나 땅 위에 사는 사람이면 무엇을 먹든지, 무엇을 입든지, 어떤 처소에 거하든지, 살아가는 모습은 비슷하다. 사람들이 고통받는 모습을 보면 안타까워하고, 아이들의 재롱을 보면 누구나 웃음을 보인다. 힘든 일을 하는 사람은 힘들어 보이고, 일 없이 한가하게 지내는 사람들은 얼굴이 맑고 가볍다. 가진 사람이든, 가지지 못한 사람이든, 배운 사람이든, 배우지 못한 사람이든, 남자든 여자든, 일상의 삶은 대개 비슷하다.

비슷함, 유사성이 있지만, 차이 또한 부인할 수 없다. 어떤 처소에든지, 사람이 거처한다는 점에는 비슷하지만, 어떤 사람은 부족함이 없이 안락하게 살아가고, 어떤 사람은 비바람을 염려해야 할 정도로 조악한 주거 환경에 살아간다. 어떤 사람은 거의 모든 것을 통제할 수 있는 것처럼 살아가고 어떤 사람은 자기 자신에게조차도 영향력을 행사하지 못하고 살아간다. 어떤 사람은 달마다, 주마다 음악회를 찾아가 즐기고 누릴 수 있지만, 어떤 사람은 예술에는 아예 담을 쌓고 살아간다. 어떤 사람은 즐겨 책을 읽고, 책과 함께 생각하며 살아가지만, 책과 전혀 무관하게 살아가는 사람도 있다. 신앙을 가지고 사는 사람이 있는가 하면, 신앙에는 전혀 무관심하게 살아가는 사람도 있다.

이러한 차이는 사회적 차별이나 불평등에서 생기기도 하고, 개인적 취향이나 관심이나 삶의 지향에 따라 생기기도 한다. 어떤 차이는 삶을 힘들게 만들기도 하지만 어떤 차이는 살아가는 당사자에게 전혀 문제가 되지 않는다. 따라서 어떤 차이는 줄이거나 없애려고 해야 할 경우가 있는가 하면 어떤 차이는 더욱더 다양하게 나타나도록 조장해야 할 경우도 있다.

일상의 유사성으로부터 우리는 사람의 행복과 불행과 관련해서 두 가지를 추론할 수 있다. 첫째, 사람이면 누구나 비슷한 삶을 누릴 수 있도록 삶이 보장되어야 한다. 누구나 먹을 수 있어야 하고, 입어야 하고, 거처할 수 있는 곳이 있어야 하고, 타인과 더불어, 각자의 은사대로 삶을 살 수 있도록 삶의 조건이 형성되어야 한다. 가난한 사람이라고 천대받고 부자라고 우대받는 사회, 배운 사람이 배우지 못한 사람보다 특권을 누리는 사회는 잘못된 사회일 것이다. 사람이면 사람으로 존중받는 점에서 비슷해야 한다.

둘째, 차별은 없애야 하지만 다양성으로 인한 차이는 존중되어야 한다. 왜냐하면, 차별을 없앤다고 해서 모든 사람을 꼭 같이 살게 한다면 그것 또한 견딜 수 없는 삶이 될 것이다. 모두가 축구를 해야 하고, 모두가 자전거를 타야 하고, 모두가 음악을 청취해야 하고, 모두가 교회를 가도록 강제화된 일상을 생각해보라. 이런 면에서는 다양화가 인정되고, 조장되어야 한다. 삶은 하나의 빛깔, 하나의 모습이 아니라 다양한 빛깔, 다양한 모습으로 드러나기 때문이다.

3) 일상의 반복성

일상의 세 번째 성격은 반복성이다. 먹고 자고, 일어나고, 사람들을 만나는 삶은 날마다 반복된다. 어제 했던 일을 오늘 하게 되고, 오늘 했던 일을 내일 또 하게 된다. 어제 학교 가느라 걸어간 길을 오늘 또 걸어가고 내일도 다시 걸어갈 것이다. 오늘 밥을 먹고, 내일도 밥을 먹고, 죽을 때까지 이렇게 밥을 먹는다. 먹는 밥, 하는 일, 만나는 사람, 곧 반복의 내용은 동일하지 않더라도 반복의 형식은 동일하다. 그러므로 일상적 삶은 끊임없는 반복으로 구성된다고 해도 틀리지 않는다.

반복하면서 익숙해지고, 익숙해짐으로 인해, 모든 일이 쉽게 진행된다. 만일 먹는 일, 자는 일, 사람들과 만나는 일, 타인과 더불어 사는 일이 전혀 반복이 없이, 그때마다 새롭게 배워야 하는 일이라면 일상의 삶은 언제나 긴장이 연속되는 삶일 것이다. 반복은 약간의 학습 과정과 약간의 긴장으로 삶을 쉽게 영위할 수 있도록 도와준다.

반복은 또한 일정한 취향을 형성하고 습관을 만들어낸다. 전혀 책을 보지 않은 사람은 책에 대한 취향을 얻을 수 없고 전혀 음악을 듣거나 그림을 본 경험이 없는 사람은 그림이나 음악에 대한 취향을 가질 수 없다. 사람을 멀리 떠나보내고, 다시 만나기를 반복하면서, 기다림이 일종의 습관이 되고, 습관이 된 기다림은 또한 인내를 만들어낸다.

다른 사람을 자신보다 존중하는 행동을 거듭하게 되면 이것은 습관이 되고, 이러한 습관은 겸손이라는 덕을 빚어낸다. 아리스토텔레스가 말하듯 같은 장소에서, 같은 일에 관심을 두면서, 같은 일, 같은 말을 반복하면서 일정한 시간을 보낸 사람들 사이에는 그렇지 않은 사람과는 다른 정(情, philia)이 생기며, 그로 인해 사람과 사람 사이에 감정을 민감하게 교류할 수 있는 감수성이 일정한 성품으로 형성된다.[2] 기도를 꾸준히 하는 사람은 기도하는 습관을 통해, 예컨대 수용성이라든지, 신뢰라든지, 낙망하기보다 언제나 희망을 가진다든지, 기뻐한다든지 하는 일정한 성품이 형성된다.

한 번 행하는 일로 습관이 되지 않을뿐더러 성품이 형성되지 않는다. 인내, 겸손, 감수성, 희망, 즐거워함 등의 미덕은 반복된 생활을 통해 형성된 성품의 결과들이다. 일상의 반복 없이 성품 형성은 일어나지 않는다. "한 마리의 제비가 봄을 만드는 것도 아니며 하루가 봄을 만드는 것이 아니듯

---

2   아리스토텔레스, *Ethica Nichomachea*, 8, 3, 8 (1156a25-30). 이창우·김재홍·강상진 옮김, 『니코마코스 윤리학』(이제이북스, 2006), 284쪽.

이 하루나 짧은 시간이 지극히 복되고 행복한 사람을 만드는 것도 아니다"
라고 아리스토텔레스가 말하듯이 일상의 오랜 습관을 통한 성품 형성 없
이 우리는 일상의 삶에서 지속적인 행복을 누릴 수 있으리라 기대할 수
없다.[3]

　일상의 반복성은 그러나 타성을 만들어내고 지루함의 감정을 생산한
다. 타성은 그때그때의 일을 새롭게 대하기보다는 기계적이고 자동적으로
행동하게 만든다. 긴장이나 책임, 사려나 되새김, 새로움이 이 가운데는 없
다. 모든 것은 명백하고, 당연하고, 별다른 감정 개입 없이 진행된다. 병원
진료실에서, 관공서의 민원실에서, 심지어는 교실의 지식 전달에서, 밥을
하는 부엌에서, 이런 타성은 작동한다. 우리의 생존 본능은 일정 부분은 타
성을 필요로 하고, 타성을 바탕으로 신경을 곤두세움 없이, 쉽게 일들을 처
리한다. 이것의 대가는 지루함이다.

　일상의 반복은 지루함을 낳는다. 반복 가운데는 새로운 것, 관심을 끄
는 것, 피를 뜨겁게 하는 것, 신경을 곤두세워 몰두할 수 있는 것이 결여되
어 있기 때문에, 지루함이 발생한다. 지루함은 시간이 없거나 일이 없기 때
문이 아니라, 시간이 있되, 너무 많이 있고, 일이 있되, 정신의 촉각을 세울
만큼 관심을 요구하는 일이 아니기 때문에 생긴다. 삶의 과정이 합리적이
고 논리적으로 처리되기는 하되, 열정이 없고, 고통이 없기 때문에 발생하
는 것이 지루함이다. 그래서 간혹 사람들은 '지루한 천국'보다 '신나는 지
옥'이 좋다고 말한다. '지루한 천국'은 형용사 모순이다. 마치 네모난 원이

3　아리스토텔레스, *Ethica Nichomachea*, 1, 7, 16 (1098a19-21). 이창우·김재
　　홍·강상진 옮김, 『니코마코스 윤리학』(이제이북스, 2006), 30쪽.

원이 아니듯이 지루한 천국은 천국이 아니다. 좋은 것은 많되, 관심과 사랑과 정열이 없다면, 따라서 지루하다면 그곳이야말로 지옥일 것이다. 불행을 느낄 수밖에 없는 삶의 방식과 삶의 장소를 '지옥'이라는 말 외에 무엇이라 부르겠는가?

4) 일상의 평범성

평범성은 일상의 또 다른 특성이다. 일상의 삶에는 눈에 크게 두드러진 것이 없다. 누구에게나 어디서나 공통으로 볼 수 있는, 특별한 것이 없는 것이 일상이 지닌 특성이다. 그야 말로 범용(凡庸)한 것이다. 일상적인 것의 이러한 특징을, 영어로는 '오디너리(ordinary)'라고 부른다. '엑스트라 오디너리(extraordinary)', 곧 비상(非常)하고 특별하고, 독특한 것과는 달리 '오디너리'한 삶, 오디너리 라이프(ordinary life). 이것이 일상이다.

그런데 보라. 범(凡)의 경우든, '오디너리'의 경우든 누구에게나 적용되는 공통의 질서가 이 속에 표현되어 있다. 일상을 어떤 정체(整體)가 없는 무질서로 보면 그것은 오해다. 일상이 일상인 것은 평범하면서 그 가운데 질서가 담겨 있기 때문이다. 그렇지 않다면 일상은 삶의 장(場), 삶의 시간, 삶의 통로일 수 없다. 땅에는 차가 다닐 수 있는 길이 있고, 물에는 배들이 다닐 수 있는 뱃길이 있고, 돌은 쪼개면 일정한 방향으로 쪼개지고, 바람은 한번 불기 시작하면 어느 순간까지는 대체로 일정한 방향으로 분다. 일상이 누구에게 통용되고, 누구에게나 공통적일 수 있는 것은 그 가운데 질서(길, 방향, 구조, 규칙, 이치)가 있기 때문이다.

질서는 일상의 삶을 유지하고 지탱하는 뼈대 같으면서도 동시에 소통을 가능케 하는 통로가 되어준다. 일상의 질서는 자연의 질서와 맞닿아 있으면서 자연의 질서를 초월한다. 우리는 먹어야 하고, 자야 하고, 입어야 한다(그리고 결국 병들고, 늙고, 죽는다). 생노병사(生老病死)는 자연에 적용되는 일정한 법칙에 종속된다. 먹는 것은 모두 하나님이 자연에 정해준 법칙을 따라 생산된 것들이다. 입는 것도 자연에서 취해 가공한 것들이다. 자는 것도 자연에서 취한 재료를 가지고 일정한 공간을 만든 결과 가능하다. 물건을 사고파는 일, 사람들과 소통하는 방식, 이 모든 것들이 일정한 질서로 인해 소통이 가능하고 이것들은 또한 일정한 질서의 제한을 받는다. 국가 존재, 사회 조직, 우리의 의식과 사고와 관습을 통제하는 문화도 일상의 삶을 평범하게 유지하고 통제하는 질서들의 중요한 축을 이룬다.

일상의 평범성은 반복성과 마찬가지로 일상의 삶을 도피 대상으로 만든다. 일상은 지겨워지고 따라서 누구나 가끔 일상의 탈출을 꿈꾼다. 날마다 반복되는 일, 날마다 특별할 것이 없는 일을 떠나, 좀 신기하며, 좀 짜릿하고, 새로운 자극을 줄 수 있는 일을 기대한다. 일정한 궤도, 일정한 질서, 일정한 길을 벗어나 특별한 경험을 해보고자 누구나 일상의 탈출을 꿈꾼다.[4] 새로운 것을 알거나 경험하고자 하는 호기심, 기존의 관념이나 질서와 배치되는 행동이나 사고 양식의 추구나 표현 등은 일상의 평범성을 벗어나고자 하는 노력이다.

낯선 곳으로의 여행은 일상의 평범성을 벗어나고자 하는 노력 가운데

---

4   이런 관점에서 관광 여행의 문제를 철학적으로 다루고 있는 연구서로는 Ruud Welten, *Het ware leven is elders*(Zoetermeer: Klement/Pelckmans, 2013), 특히 105~145쪽 참조.

가장 대표적인 노력이 될 것이다. 누구나 다시 일상으로 복귀하지만, 이러한 행동은 평범한 일상의 삶에 숨통을 터주는 기능을 하고 기존의 질서를 수정하고 새로운 것을 발견하거나 발명할 수 있도록 유도한다. 수도원에도 일상이 여전히 찾아오듯이 관광 여행을 가서 일시적 행복을 맛본다 해도 역시 그곳도 일상이다. "인간의 모든 불행은 단 한 가지, 자기 방에 조용히 머무를 줄 알지 못하기 때문에 생긴다"는 파스칼의 말을 우리는 이 대목에서 떠올리게 된다.[5] 일상을 떠나 행복을 찾아가지만 떠나간 곳도 일상이고 다시 평상시의 일상으로 누구나 돌아오기 마련이다.

5) 일상의 일시성

일상의 다섯 번째 특징으로 나는 일시성(一時性)을 들 수 있다고 생각한다. 우리의 삶은 같은 것이 반복되므로, 같은 것이 언제나 머물러 있는 듯하지만, 세월이 지나 뒤돌아보면 모든 것은 한정된 시간 안에 존재할 뿐 결국 모두 지나가고 만다는 것을 깨닫게 된다. 아침에 일찍 일어나고, 온종일 땀 흘려 일한 것, 밤을 지새우면서 읽고 생각하고 쓴 것들, 그토록 정을 쏟아 사랑한다고 생각한 것들, 즐거워했던 일, 이 모든 것들은 잠시 잠깐 주어질 뿐, 결국은 흔적 없이 사라지고 만다. 「전도서」 기자의 말처럼 모든 것

---

5   Blaise Pascal, *Pensées*(Édition présentée, établie et annotée par Philippe Sellier, Paris: Pocket, 2003), 149쪽. "[T]oute le malheur des hommes vient d'une seule chose, qui est de ne savoir pas demeurer en repos dans une chambre."

은 헛되고 헛되며 바람을 잡으려는 것처럼 모든 수고가 아무런 유익이 없다. 모든 것은 아침 안개처럼 눈앞에 잠시 나타나지만 언제 사라졌는지도 모르게 사라지고 만다. 우리의 일상은 이처럼 무상하고 일시적이고 덧없이 지나간다.[6]

일상의 무상성, 일상의 일시성은 사물의 질서와 밀접하게 관련이 있을 것이다. 해 아래 어느 것도 늘 같은 것으로 머물러 있지 않다. 모든 것은 변하고, 모든 것은 흐른다. 우리는 시간이 지나감에 따라 늙어가고, 병들고, 쇠하고, 죽고, 마침내는 살아 있는 사람들의 기억에서 사라진다. 삶의 일시성, 무상성은 사물의 질서뿐만 아니라 인간이 망각할 수 있는 존재라는 사실과도 관련이 있을 것이다.

만일 모두가 모든 일을 기억한다고 해보자. 내가 쏟은 땀과 노력, 내가 경험했던 참혹한 일들을 모두 하나도 잊지 않고 기억한다고 해보자. 그렇다면 삶은 더욱 의미 있고 아름다울까? 나는 그렇지 않으리라고 생각한다. 망각하고 사라지고 스러져 가기 때문에 지난 것들은 아름답고 새로운 기억이 축적되고, 새로운 것들이 옛것을 대신해서 자리 잡는다. 어떤 의미에서 우리의 성장은 쌓은 것들을 허물어내고 모은 것들을 버리기 때문에 가능하다. 없앰이나 비움 없이 성장은 없다. 그러므로 일시성, 덧없음을 한탄할 일이 아니다. 시작과 마무리가 없는 삶, 다시 새로운 시작을 기대할 수 없는 삶은 희망이 없는 삶일 것이다.

---

6   「전도서」, 『성경전서』(생명의말씀사, 2013), 948쪽 이하.

2. 일상의 삶의 조건

앞에서 나는 일상의 삶이 지닌 성격을 생각해보았다. 사람이면 누구도 벗어날 수 없고(필연성), 누구에게나 비슷하고(유사성), 반복되고(반복성), 특별히 드러난 것이 없으면서(평범성), 덧없이 지나가는(일시성) 삶. 이것을 나는 일상의 삶이 지닌 성격이라고 규정해보았다. 배운 사람이나 배우지 못한 사람, 힘 있는 사람이나 힘없는 사람, 돈 많은 사람이나 없는 사람, 남자나 여자, 어른이나 아이, 미국 사람이나 인도 사람, 백인이나 흑인, 그리스도인이나 불자(佛者), 모두 구별 없이, 사람이면 누구나 일상의 삶이 지닌 이 다섯 가지 보편적 특성을 벗어나지 못한다.

그런데 물어보자. 누구나 일상의 삶이 지닌 보편적 특성을 벗어나지 못하는 이유가 무엇인가? 곧장 답하자면 사람이면 누구나 동일한 삶의 조건에 처해 있기 때문이다. 사람이면 누구나 먹어야 하고, 입어야 하고, 어느 곳에 둥지를 틀고 거주해야 하고, 배워야 하고, 일해야 하고, 사람들을 만나야 한다. 사람이면 누구나 이러한 동일한 조건에 종속된다. 이러한 조건을 나는 '인간의 조건'이라 부르고자 한다.

인간은 누구나 동일한 조건에 처하지만, 누구나 동일한 삶의 내용을 공유하지는 않는다. 어떤 사람은 풍요 속에서 배불리 살아가는가 하면 어떤 사람은 가난을 경험하며 타인과의 갈등으로 괴로워한다. 어떤 사람은 아무런 걱정 근심 없이 사는가 하면 어떤 사람은 마치 지옥에서 사는 것처럼 고통 속에 살아간다.

무엇이 이러한 차이를 가져오는가? 그렇게 많은 경우는 아니겠지만 일상의 삶을 살아가면서 어떤 사람은 무의미한 반복으로 사는 것이 아니라

날마다 주어진 날을 새로운 날로, 새로운 과제와 도전으로 살아가는 까닭은 무엇인가? 이 물음의 답을 찾기 전에 '인간의 조건', 인간이 처한 삶의 조건을 먼저 그려내 보자.

사람이면 누구나 동일하게 처하는 삶의 조건을 먼저 생각해보자. 동일한 삶의 조건에 처해 있다는 것은 무엇보다 **인간의 신체성**과 관련이 있다. 「창세기」 2장에서 하나님이 사람을 만들 때 흙('adamah)으로 빚어 만들었다는 것은 인간이 이 땅에 속한 신체적 존재임을 보여준다.[7] 인간은 몸으로 세상에 존재하도록 지음받았다. 그러므로 먹어야 하고, 입어야 하고, 어느 곳에 거주해야 한다. 먹지 않고서는 우리 몸을 지탱해줄 영양소를 공급받을 수 없다. 우리 몸을 이룬 세포는 물과 음식물과 산소를 필요로 한다. 음식물과 물은 입을 통해야 하고, 산소는 코와 입을 통해서 몸 안으로 들어온다. 그러므로 우리는 먹고 마시고 숨을 쉰다.

생물학적 의미의 생명을 유지하는 동안 누구나, 반드시, 규칙적으로 반복해서, 숨을 쉬고, 마시고, 먹어야 한다. 이런 의미에서 누구나 동일한 일상의 조건에 처해 있다. 무엇을 먹느냐, 무슨 물을 마시느냐 하는 것에 차이가 있을지라도 신체성으로 인해 먹고 마신다는 사실 자체는 누구에게나 동일하다.

사람이면 누구나 입어야 하는 조건에서도 동일하다. 소나 개나 돼지는

---

7   「창세기」, 『성경전서』, 2. 인간이 신체적 존재로 지음 받았다는 것을 반 퍼슨은 인간 존재의 일시성, 인간 존재의 부서지기 쉬움, 곧 연약성과 관련짓는다. C. A. van Peursen, *Ziel-Lichaam-Geest. Inleiding tot een wijsgerige anthropologie*(Utrecht: Bijleveld, 1978), 84쪽 이하 참조.

입을 필요가 없도록 아예 털과 가죽을 갖추고 있다. 하지만 사람은 아무리 조잡한 형태라 하더라도 옷이라는 것을 걸쳐야 한다. 그래야 겨울에는 추위를 피할 수 있고 여름에는 따가운 햇볕으로부터 몸을 보호할 수 있다. 옷은, 가려야 할 곳은 가리고 노출시켜도 무방한 곳은 노출시킬 수 있도록 조절해준다. 자연 조건에 따라, 문화에 따라 노출과 은폐는 다르게 나타난다. 옷은 외모를 아름답게 치장하여 아름다움을 드러내고 신분과 취향을 드러내는 수단으로 쓰이기도 한다. 그러나 어떤 경우이든 옷을 위해 이렇게 하기 위해서 사람은 일해야 한다.

거주의 경우도 마찬가지다. 사람이면 누구에게나 아무리 조잡한 형태라 하더라도 비바람과 추위와 더위로부터 몸을 보호하고 잠을 자고 생활을 영위할 수 있게 해 주는 공간, 곧 집이 있어야 한다. 집을 중심으로 사람은 먹고, 마시고, 잠을 잘 뿐 아니라 일터로 나갔다가 되돌아온다. 집은 남자와 여자의 결합과 그로 인한 아이의 출산으로 형성되는 가족 공동체의 삶을 가능하게 해준다. 주거 방식, 주거 형태, 집의 크기 등은 다를지라도 거주는 나와 다른, 나와 성적(性的)으로 다른 타인의 존재와 그와의 결합을 떠나 생각할 수 없다.

달리 말하자면 사람은 이 땅에 남자로, 또는 여자로, 그리고 남자와 여자의 성적 결합이 가능한 존재자로 태어났다. 창세기 1장은 하나님이 자신의 형상을 따라, 하나님의 형상으로 사람을 지으시되, 남자와 여자로 지었다고 말한다. 창세기 2장은 하나님이 사람을 지으시되 남자와 여자로 땅을 가꾸는 존재로 지었음을 보여준다.

먹고 입는 것과 마찬가지로 집과 거주와 떼어 생각할 수 없는 것이 노동이다. 노동은 땅 위에서 숨을 쉬면서 거주하는 인간이 먹고, 마시고, 입기 위해 필연적으로 의존해야 할 활동이다. 노동은 자연을 통하여 하나님이 베푸는 은총을 먹을거리의 모습으로 거두어들이는 방식이다. 그러므로 여기에는 필연성과 자유, 은총과 노력이 공존한다.

인간의 신체성은 먹고 마시고 입고 거주하고 노동하는 일에만 관여하지 않는다. 이것들 이 전, 이 모든 것에 앞서, 우리는 모두 이 세상에 남과 구별되는 몸으로 태어났다. 나는 나의 몸을 통해 타인과 구별되는 존재다. 나의 몸은 타인의 몸이 아니고, 타인의 몸은 나의 몸이 아니다. 그러므로 나의 손에 가시가 박힐 때는 나는 통증을 느끼지만, 타인은 느끼지 못한다. 왜냐하면, 나의 몸의 외벽을 이루면서 내가 고통을 인지하는 통로인 나의 살갗은 나를 타인과는 다른 개별자로 구획 지우고 있기 때문이다.[8]

살갗은 나와 타인을 구별하는 경계선이다. 나의 눈, 나의 귀, 나의 손은 모두 살갗으로 이루어져 있다. 이것들을 통해 사물을 지각하고 타인을 바라보고 타인을 만난다. 나는 살갗을 통해 타인의 따스함을 느끼기도 하지만 살갗을 통해 타인으로부터 상처를 받기도 한다. 살갗은 사물들을 보고, 만지는 통로이며 타인을 접촉하고, 애무하고, 얼싸안는 통로이고 타인이나 다른 사물에게 찔리고 상처받는 통로이기도 하다.[9]

우리가 각각 살갗으로 서로 구별된 존재로서 이 땅에 존재한다는 것

---

8   '살갗'(peau)은 레비나스의 두 번째 대작 『존재와 다르게, 존재 사건 저편에서』에 자주 등장한다. Emmanuel Levinas, *Autrement qu'être ou au-delà de l'essence*(La Haye: Martinus Nijhoff, 1974), 137~139 참조.

9   레비나스는 『전체성과 무한』 2부에서 여기서 논의하는 내용을 훨씬 더 상세하고 풍부하게 서술하고 있다. Emmauel Levinas, *Totalité et infini*(La Haye: Martinus Nijhof, 1962) 참조.

은 무엇을 함축하는가? 이를 통해 인간의 삶의 조건을 추론해낼 수 있는 것이 무엇인가? 살갗을 통해 우리는 내 바깥의 사물과 타인을 접촉한다. 하지만 그럼에도 나는 타인의 살갗으로 침투해 들어갈 수 없고 타인 또는 타자가 나의 살갗으로 침투해 올 수 없다. 심지어 나와 타인 사이에 가장 친밀하게 나눌 수 있는 행위인 애무나 성관계를 통해서도 나는 타인의 살갗 안으로 침투하지 못할뿐더러 침투해 들어가려고 하지 않는다. 왜냐하면 아무리 친밀한 관계라 해도 살갗을 통해 나는 타인과 구별되기 때문이다.[10]

내가 만일 타인의 살갗 속으로 침투해 들어가고자 시도한다면 나는 타인의 살갗을 찢게 되고, 그렇게 되면 피가 흐르고, 이것이 심할 때는 결국 죽음을 가져온다. 그러므로 선의(善意)로 맺어진 관계에서는 아무리 친밀한 관계에서조차도 살갗을 침투해 들어가는 일이 없이, 살갗으로 인한 차이와 구별을 인정하고 존중한다. "죽이지 말라!"는 여섯 번째 계명은 이런 방식으로 지켜진다.

"죽이지 말라!"는 계명을 지키는 가장 원초적인 방식은 나와 타인의 몸으로 인해 발생한 **공간**의 간격을 존중하는 일이다. 나는 몸으로 타인과 구별되는 공간을 점유한다. 내가 차지한 공간을 타인이 밀어내고 그 자리를 점유하면 나는 그 공간에서 밀려난다. 나와 타인은 인접 공간을 공유하지만 동일한 공간을 차지할 수는 없다. 따라서 나는 몸으로 타인과 나를 구별하며, 몸을 통해 내가 점유하는 공간을 의식한다.

공간은 나에 앞서, 나의 의식에 앞서, 선험적으로 주어져 있다. 하지만

10   Emmanule Levinas, *Le temps et l'autre*(Paris: PUF, 1979), 77쪽 이하.

나는 나와 타인이 인접해 있으면서도 완전히 공유할 수 없는 틈을 의식하면서 비로소 나와 타인에게 의미 있는 공간을 의식한다. 이렇게 의식된 공간은 유클리드 기하학으로 서술될 수 있는 공간이기보다는 무엇보다 다른 것에 앞서 '체험하는 공간'이며, 나와 타인이 '관계된 공간'이며, '의미가 부여된 공간'이다. 신체로서 존재하는 인간이면 누구나 공간에서 주어지는 자유와 제한 조건에 종속된다. 기술을 통해 신체 기능이 확장되고 공간 점유의 가능성이 커졌다고 해서 이 조건이 제거되지는 않는다.

타인과의 관계를 통해 구성되는 공간을 나는 두 가지 관점에서 구별해보고자 한다. 하나는 나와 타인이 구별되면서도 완전히는 구별되지 않는 단계와 구별이 완전히 발생하는 단계이다. 나와 타인이 구별되면서도 완전히 구별되지 않는 단계는 자궁 속의 태아와 어머니의 관계에서 볼 수 있는 경우이다. 자궁 속에서 아이는 어머니의 몸속에 있다. 몸속에 있는 존재로서 태아는 어머니와 구별된다. 이 구별은 그러나 어머니 몸속에서 미분화된 구별이다. 그럼에도 어머니의 몸속에 생긴 틈 사이에 아이가 자리를 잡음으로 아이는 공간을 자신의 공간으로 점유한다. 이때의 공간은 '친밀성'으로 형성된 공간이며, 침해나 방어 이전의, 보호와 양육의 자리로 주어진 공간이다. 자궁 속의 공간은 '선물로서 주어진 공간'이요, 이미 '은총'으로서 체험된 공간이다. 출산과 더불어 어머니의 아이 사이에는 분명한 구별과 차이가 개입한다.

사실 모든 공간이 일차적으로 우리에게는 선물이다. 우리 가운데 누구도 공간을 창조하지 않았을뿐더러 공간을 창조하지 못한다. 우리가 할 수 있는 것은 주어진 공간에 제한을 가하고 설계할 뿐이다. 제한되고 설계되는 공간은 모든 것에 앞서, 하나님께서 창조를 통해 우주 만물 안에 존재하는 모든 존재자에게 존재의 공간으로, 운동의 공간으로, 삶의 공간으로 주신 공간이다.

그러므로 칸트가 말하는, 사물을 표상하는 감성의 형식으로서의 공간은 이미 선물로서 주어진 공간을 전제한다. 아이에게 은총으로 주어진 자궁뿐만 아니라 모든 공간은 살아 있는 존재자들에게는 값없이, 은총으로 주어진 것들이다. 출산 이후 경험하는 공간도 그런 의미에서 선물로서의 의미를 여전히 소유한다. 왜냐하면, 내가 나의 노동을 통해 획득한 것이 아님에도 공간은 나에게 자유롭게 활동할 수 있는 장소를 제공해주며, 그 속에서 신체는 무엇에 얽매이지 않고 자유로움을 체험하기 때문이다. 양수 속에 감싸인 채 탯줄에 더이상 매어 있지 않고 이제는 마음대로 손발을 움직이며 몸을 움직일 때 가장 원초적인 자유를 아이는 체험한다.

그러나 출산 후 경험하는 공간은 자궁의 안전함과는 다른 위험을 안겨주는 공간이기도 하다. 추위에 시달려야 하고 비나 바람에 노출되어야 하고 타인의 위협을 두려워해야 한다. 그러므로 인간은 집을 짓고, 방을 만들어 그 안에 거주 공간을 따로 만든다. 그리고 이 속에서 누구나 비슷하고, 누구나 반복적인 삶을 살아간다.

그런데 여기에 작은 물음이 하나 등장한다. 단지 추위를 피하고 잠을 자기 위한 공간으로 집이 필요하고, 물건을 서로 교환하거나 사고파는 일에 필요한 정도의 도시가 있어야 한다면 오늘 우리가 보는 그런 집, 그런 도시는 인간에게 필요가 없지 않았을까 하는 물음이다. 인간이 서로 죽이고, 침입하고, 전쟁을 일으키기 때문에 외부의 위험으로부터 방어하기 위해 좀 더 크고 튼튼한 집과 좀 더 견고하고 방어하기 쉬운 성곽을 쌓았다고 추정해볼 수 있다.

가인이 아벨을 죽인 뒤, 가장 두려워했던 것은 타인으로부터 죽임을 당할 가능성이었다. 하나님께서 그를 보호하기 위하여 특별한 표시를 해주셨는데도 그는 두려워한 나머지 마침내는 큰 성을 짓고 그 가운데서 안전과 평안을 찾고자 애썼다. 삶의 원천인 하나님과의 단절은 무엇보다 아담과 하와의 먹는 일로 발생하고(「창세기」 3장), 그 자손에서부터는 형이 아우를 죽이는 일과 죽음에 대한 두려움으로 인해 견고한 성을 쌓는 일로 귀결된다(「창세기」 4장).

인간의 신체성은 공간뿐만 아니라 **시간**과도 관련이 있다. 깨어 있는 동안, 일하는 동안 나는 시간을 의식한다. 하지만 시간을 가장 절실하게, 한순간, 한순간, 매우 절실하게 의식하는 순간은 예컨대 배고픔을 경험할 때이다.[11] 타인으로부터 폭력을 당할 때 나는 적어도 그 순간만은 시간을 의식하지 않는다. 시간을 잊고 오직 아픔만을 생각한다. 그러나 배고픈 순간, 그 순간에는 시간을 의식한다. 흐르지 않는 시간, 정체된 시간, 그럼에도 계속되는 고통을 안겨주는 시간은 물리적 시간으로 계산할 수 없는 시간이다.

그러나 상상해보자. 만일 배고픔을 경험하는 내 몸이 과거의 기억을 갖지 않는다면 현재의 결핍만을 생각할 뿐 배고픔을 채워줄 음식에 대한 생각을 할 수 없을 것이다. 현재 결핍의 경험은 과거에 대한 기억, 그리고 미래에 대한 기대와 동일한 지평에 놓여 있다. 이것은 필연적으로 의식을 요구하며 의식의 주체로서의 영혼을 요청한다. 왜냐하면, 아우구스티누스가

---

11   여기서 말하는 배고픔은 레이먼드 탈리스가 '1차 배고픔'이라 부른 것이다. Raymond Tallis, *Hunger*(Acumen, 2008), 9쪽 이하.

누구보다 분명하게 보여주었듯이 만일 영혼이 없다면 우리는 어디서도 시간을 잴 수 없을뿐더러 시간의 흐름에 대해 얘기할 수 없기 때문이다.[12]

만일 그렇다면 시간을 통해 말할 수 있는 일상의 일시성, 일상의 덧없음은 의식 때문에 존재하는가? 우리가 시간을 의식을 통해, 의식 안에서 하나의 흐름으로 파악한다고 하더라도 그렇게 파악되는 시간은 현실적으로 나의 의식, 너의 의식에 선행하는 것이 아닌가? 우리 가운데 아무도 의식을 통해 시간을 창조하지 않았다. 시간은 아우구스티누스가 주장하듯이 창조주께서 우주를 창조하는 순간 공간과 더불어 창조되었다. 그러므로 시간도 나와 너의 의식에 앞서, 공간과 마찬가지로 '선물로서 주어진 것', '은총으로 체험되는 것'이라고 해야 할 것이다.

아무도 시간을 스스로 만들지 않았으며 아무도 시간을 자기 것으로 소유하거나 양도하지 못한다. 시간은 짧거나 길거나 우리에게 단지 주어진 것일 뿐이다. 그래서 시간을 잘 사용하거나 아니면 낭비하거나 허비할 수 있을 뿐 시간을 누구도 자신의 것으로 소유할 수는 없다. 나의 관심과 노력과 무관하게 시간은 결국 흘러가고, 흘러간 시간은 기억과 기록을 제외하고는 다시 반복해서 경험할 수 없다. 미래 시간도, 미리 앞당겨 상상하고 계획을 세울 수 있지만, 아무리 애쓴다고 해도 미리 앞당겨 가질 수는 없다. 시간은 나와 너에게 오는 것이고 나와 너를 떠나 지나가는 것이다. 일상의 성격 가운데 하나로 지목했던 일상의 일시성은 시간과 관련해서 인간의 삶의 조건이 가진 특성이다.

---

12   Aurelius Augustinus, *Confessiones*, 11, 27., 최민순 옮김, 『고백록』(바오로딸, 2013), 514쪽.

시간을 주체적으로 감지하는 의식(意識)은 각각 다른 신체 안에서 발생하는 점에서 신체와 마찬가지로 개별성을 갖는다. 나의 몸이 너의 몸이 아니듯이 나의 의식은 너의 의식이 아니다. 내가 보고 들은 것이 네가 보고 들은 것과 동일할지라도 너의 의식과 나의 의식은 구별된다. 나의 고통을 너의 의식 속에 담을 수 없고 너의 고통을 나의 의식 속에 그대로 고스란히 담을 수 없는 것처럼 시간 의식의 주체는 나와 네가 서로 구분된 몸의 주체이며 몸을 떠나 따로 존재하지 않는다. 그러므로 배고픔 속에서 의식된 시간은 몸의 주체를 통해 의식된 시간이고 어떤 누구와도 바꿀 수 없는 고유성을 갖는다. 너와 나는 시간 의식의 주체로서 먹음의 주체요, 마심의 주체요, 잠의 주체이며, 고통의 주체이다. 이 가운데서 타인을 경험하고, 무엇보다도 먹을거리가 될 수 있는 주변의 사물들을 경험하며, 나처럼 배고프고 목마른 타인을 경험한다.

신체성, 노동과 거주, 나와 타인, 공간성, 시간성 밖에도 '인간의 조건'을 형성하는 요소들은 더 많이 존재한다. 사람이면 누구나 동일하게 처하는 물리적·사회적·경제적·정치적·문화적 조건들도 앞에서 생각해본 것들 못지않게, 아니, 그보다 사실은 훨씬 일상의 삶을 더 넓고 깊게 조절하고 통제하는 조건들이다. 주거지와 그것들 사이로 난 도로와 교통 체계, 운송 수단, 먹을거리와 입을 거리 등 일상용품을 사고파는 상점, 식당, 이것들을 소통시키는 거래 체계, 거래의 수단(화폐, 신용카드), 기업체, 이것들을 통제하고 관리하는 법과 행정 체계, 관공서, 정치 체제, 권력의 구조와 실행, 지식 전승의 장소로 사용되는 학교, 이 모든 것의 소통을 가능케 하는 언어, 의미와 해석 체계, 이 가운데서도 삶의 진리를 말하는 종교 등 수없이 많은 것이 삶의 조건을 형성한다.

신체 없이, 의식 없이, 나와 타인 없이, 공간과 시간 없이 이것들이 가능하지 않지만—여기서 단지 언급만 할 뿐 논의조차 들어가지 못한— 일상의 물리적·사회적·정치적·경제적·문화적 조건 없이는 우리의 일상은 제대로 작동되지 않는다. 이 두 그룹의 조건들이 함께 하나의 거대한 그물 조직으로 연결된 것이 일상의 현실이다. 이 조건들이 함께 일상의 성격들을 빚어낸다. 만일 이러한 조건들을 제거한다면 일상도 없고, 일상의 특정적인 성격도 없을 것이다.

만일 지금까지 논의를 수용한다면 우리가 그 안에서 행복할 수도 있고 불행할 수도 있는 일상의 구조는 하나의 좌표계로 그려볼 수 있다. 무엇보다 일상의 삶이 영위되고 수행되는 바탕과 진행 과정은 하나님께서 인간에게 창조를 통해 주신 **공간과 시간**이라고 말해야 할 것이다. 공간은 크게 보면 우주이고, 훨씬 더 좁혀서 보면 지구, 곧 이 땅이고, 좀 더 좁히면 각자 부모를 통해 태어난 곳, 자란 곳, 하나의 특정한 언어를 모국어로 쓰면서 사는 곳이다. 물론 이 가운데 우리는 수없는 이동을 체험하며 다른 언어들을 경험한다. 공간이 하나의 축을 이룬다면 삶의 다른 축은 시간 축이 될 것이다. 시간 축은 태어남에서 죽을 때까지 매우 한정된 트랙으로 구성된다. 우리 각자는 의식을 지닌 신체적 존재로 이 트랙을 여행한다.

인간은 적어도 원칙적으로는 공간과 시간 안에서 자유롭게 삶의 길을 따라 걸어가지만, 현실적으로는 수많은 제약과 수많은 조건에 종속된다. 예컨대 근대 민족 국가가 출현한 후로는, 이제 지구상에 태어난 사람은 누구나 각각 자신이 속한 국가에서 발급한 여권을 소지한다. 따라서 누구나 남의 나라를 허가 없이 출입하거나 장기간 체류할 수 없다. 하지만 태어난 사람은 누구나, 비록 제한이 있기는 하지만, 자신에게 주어진 시간과 공간 안에서 삶의 길을 따라 걸어간다.

공간 축과 시간 축을 일상적 삶의 좌표계로 삼아 우리는 **각자 나**로서 먹고 마시고, 잠자고, 교육받고, 일하고, 타인을 만나고, 사랑을 나누고, 아이를 낳고 키우며, 미래를 설계한다. 때로는 **타인**과 어울려 하나의 목표를 두고 함께 일하는가 하면, 때로는 싸우고 등을 돌리고 헤어지기도 한다. 어떤 사람은 오직 정치에 관심을 두고 모든 관심을 쏟는가 하면 어떤 사람은 오직 돈 버는 일에만 관심을 둔다. 어떤 사람은 오직 쾌락에 몰두하는가 하면 어떤 사람은 목표를 달성하기까지는 모든 쾌락을 유보하기도 한다.

우리는 물적·영적·지적·사회적·문화적·영적, 그 외 모든 자원과 선물을 활용하여 누구나 서로의 유익을 먼저 생각하면서 충만하고 번성한 삶을 살도록 지음받았다. 이 땅에 태어난 이상, 모두 이 은총을 동일하게 받은 존재들이다. 어느 누구도 여기서 제외될 수 없다. 하나님의 창조 질서를 따르면 누구나 동일하게 하나님의 형상으로 지음받았고, 누구나 동일하게 하나님의 형상을 드러내면서, 자신에게 주어진 은사와 선물(Gabe)들을 활용하면서 삶을 살도록 과제(Aufgabe)를 받았기 때문이다.

3. 행복과 불행, 그리고 '판단의 틀'(세계관)

그럼에도, 어떤 사람에게는 이러한 조건들 아래 움직이는 일상의 삶이 은총으로 경험되는가 하면, 어떤 사람에게는 무거운 짐으로 경험되는 까닭은 무엇인가? 어떤 사람에게는 삶이 천국이지만 어떤 사람에게는 지옥이 되는 까닭은 무엇인가? 모두 동일한 인간의 조건에 처해 있지만, 시간과 공간, 사물과 타인은 사람에 따라 각각 다르게 체험되는 까닭은 무엇인가? 일상의 삶이 끊임없이 반복되고, 덧없이 지나가지만 때로는 날마다 새롭고, 예기치 않은 기쁨을 체험하고, 새로운 모험을 시도하는 까닭은 무엇일까? 일상의 성격이 누구에게도 동일한 강도로, 동일한 성질로 경험되지 않고 오히려 그 반대 경우가 있는 것은 무슨 까닭인가? 한 문장으로 줄여 묻자면 왜 어떤 사람은 삶을 행복 가운데 살아가는가 하면, 어떤 사람은 불행 가운데 살아가는가?

가장 가까운 곳에서, 형식적으로, 답을 찾아보자면 우리는 이렇게 말할 수 있다. "사람은 다르기 때문"이라고. 우리 모두는 타인들이다. 나는 나이고, 너는 너이다. 나는 너가 아니고, 너는 내가 아니다. 나는 너와 다르고, 너는 나와 다르다. 너는 너대로 하나의 개체이고 나는 나대로 하나의 개체이다. 우리의 삶은 설사 집단적으로 같은 상황에서, 같은 조건으로, 같은 내용을 체험한다고 해도, 체험 자체는 각자, 타인과 서로 분리되어, 따로 이루어진다. 나는 나의 삶을 체험하고 너는 너의 삶을 체험한다. 체험의 차이는 체험의 주체인 너와 내가 서로 다른 개체이기 때문에 발생한다.

그런데 개체의 차이는 어디서 오는가? 피부, 곧 살갗이 너와 나를 구별 짓는 경계선임을 우리는 앞에서 살펴보았다. 살갗을 통해 너와 나는 구별된다. 좀 더 정확하게 말하자면 살갗이 밖으로 서로 이어져 쌀이나 보리를 담는 자루처럼 신체를 에워싸고 있기 때문에 나와 너는 구별된다. 만일 너와 내가 친근한 사이라면 서로 살갗을 마주 대고, 부비고, 따스함을 나눌 수 있을 것이다. 그러나 나와 너는 살갗을 뚫고 들어가서 하나로 융합되지는 않는다. 같은 마음을 가지고, 같은 생각을 가질지라도 살갗은 여전히 그대로 남아 있고 몸은 역시 다른 몸이다. 살갗의 구별, 몸의 차이를 통한 개체의 구별은 나의 개별 신체가 소멸되기까지는 계속 유지된다.

그런데 살갗만이, 신체만이 나와 너를 구별하는 조건인가? 그렇지 않다. 나와 너는 서로 다른 몸으로 개체를 형성한다고 하더라도 만일 우리가 '마음'이라 부르는 실체가 없다면 우리는 우리 개체 신체를 통해 타인과 다르게, 타인과 구별해서 체험을 할 수 없을뿐더러, 체험을 했다고 하더라도 그 체험을 '나의' 체험으로 확인하고 수용할 수 없다. 마음은 내부 세계와 외부 세계로 연결하는 통로가 될 뿐 아니라 내가 내 신체를 통해 개별적으로 지각하고 경험한 것을 조직하고 통합한다. 마음 때문에 나는 타인과 다르게, 타인과 구별해서 내가 보고 느낀 것을 나 자신의 체험으로 인식하고 이해한다.

그러므로 삶에 대해서 다르게 체험하고, 다르게 평가하게 되는 근거는 무엇보다도 신체를 매개로 한 각각의 '마음의 차이' 때문이라고 말할 수 있다. 마치 나의 몸은 너의 몸이 아니듯이 나의 마음은 너의 마음이 아니다. 나는 나대로, 너는 너대로, 서로 떨어져서 무엇을 의식하고 무엇을 판단한다. 각각의 마음의 차이가 삶의 체험을 다르게 할 수 있는 근거가 된다.

그러면 다시 물어보자. 사람이 신체와 마음으로 타인과 분리되어 있다는 사실이 체험의 차이를 가져오는가? 나는 나로서, 너는 너로서, 그리고 그는 그로서 각각 하는 체험을 두고 말하자면 "그렇다"고 답할 수밖에 없다. 우리는 각자 몸으로, 마음으로 분리된 개체들이다. 그러므로 너의 체험은 나의 체험과 다르다. 설사 체험의 내용이 같다고 할지라도 나의 체험은 내가 하는 체험이고 너의 체험은 네가 하는 체험이다. 두 체험은 체험의 주체가 다르므로 같은 체험이라 할 수 없다.

그런데 체험의 다름이 사람을 행복하게 또는 불행하게 만드는 근거가 되는가? 나는 그렇지 않다고 생각한다. 왜냐하면, 일상의 삶을 행복하게 또는 불행하게 판단하는 것은 삶의 수용과 평가, 곧 삶을 어떻게 받아들이느냐에 달려 있기 때문이다. 삶의 수용과 평가에는 주어진 조건의 좋음과 나쁨이 중요한 요인으로 작용하지만 유일한 요인이 되지는 못한다. 만일 어떤 사람에게 주어진 조건이 좋다면 그 사람은 언제나 행복할 것이고 주어진 조건이 나쁘다면 그 사람은 불행할 것이다. 그런데 삶의 실상을 돌아보면 삶의 조건이 나쁘면서도 행복하게 살아가는 사람이 있는가 하면 삶의 조건이 좋으면서도 불행하게 살아가는 사람도 있다. 그러므로 삶의 조건을 두고 우리는 행복과 불행을 말할 수 없다.

불행과 행복의 갈림길을 만드는 것은 역시 마음이다. 너무나 당연한 얘기이지만 (그러나 자연주의자들, 유물론자들은 이것을 부인한다) 사람에게는 마음이 있다. 마음이 없다면 삶의 행복과 불행을 말할 수 없다. 마음이 없는 돌이나 바위에게는 '행복하다'거나 '불행하다'거나 하는 술어는 의미가 없다. 행복과 불행은 마음이 느끼고 마음이 판단한다.

그런데 마음에는 한 가지 기능만 있는 것이 아니다. 소리를 듣고, 색깔을 보는 감각 작용이 마음에 있다. 갓 죽은 사람에게도 눈이 있고 귀가 있지만 신체가 아니라 이미 시체가 된 인간의 몸으로는 보지도 못하고 듣지도 못한다. 왜냐하면, 그곳에는 마음이 없기 때문이다. 살아 있는 신체, 살아 있는 몸에서만 우리는 이렇게 보고 지각하는 마음을 이야기할 수 있다.

마음에는 사물에 대한 관념을 서로 결합하고 조합하는 상상의 능력이 있다. 상상을 통해서 과거를 떠올리고 현재를 포착하고 미래를 그려낸다. 마음에는 또한 개념 능력이 있다. 내가 보는 개는 서로 다른 모습을 가진 개이지만 그것들을 '개'라는 하나의 개념을 통해 생긴 모습도 다르고 크기도 다르고 색깔도 다른 개에게 동일하게 적용한다. 마음에는 이렇게 지각하고 판단하는 작용이 있다. 이것을 일컬어 우리는 '지성'이라 부른다. 그런데 마음에는 무엇을 욕구하고 의욕하고 추구하는 능력도 있다. 이를 일컬어 우리는 '의지'라고 부른다. 마음에는 또한 '좋다', '나쁘다', '아름답다', '추하다', '좋다', '나쁘다'고 판단하는 능력이 있다. 이를 일컬어 우리는 '감정'이라 부른다. 사물을 이해하고 파악하는 인지 능력, 무엇을 추구하고 의욕 하는 의지 능력, 쾌락과 고통을 느끼고 판단하는 감정 능력이 누구에게나 있다. 마음의 이 능력들은 하나님이 사람에게 주신 선물들이다. 삶이 행복하다거나 불행하다는 것은 만일 사람에게 이런 능력이 결여되어 있다면 가능하지 않은 판단이다.

삶을 행복하다고 보거나 불행하다고 보는 것은 삶을 수용하는 방식이고 평가하는 방식이다. 이런 평가는 어떻게 가능한가? 사람이 사물에 대해서 판단하는 방식은 대상에 따라 다르다. 예컨대 내 앞에 장미꽃이 있다고 하자. 나는 저 장미꽃을 보면서 "저것은 장미꽃이다"라고 진술한다. "저 장미꽃은 붉다", "저 장미꽃은 향기가 진하다" 등 장미꽃을 보면서 이렇게 저렇게 술어를 붙여 장미꽃에 대해서 진술할 수 있다. 이렇게 진술하는 것을 우리는 '사실 판단'이라 부른다. 만일 내가 장미꽃에 대해서 "저 장미꽃은 아름답다"라고 말한다면 나는 '가치 판단'을 하고 있다. 장미꽃에 관한 나의 사실 판단은 장미꽃이라는 하나의 사물을 두고 그 사물이 지닌 속성들과 성질들을 서술하는 행위이다.

이와 달리 "저 장미꽃은 아름답다"고 말할 때 나는 장미꽃에 대한 나의 느낌, 나의 감정을 표현한다(시든 장미꽃을 보고는 "아름답다"고 얘기하지 않을 테니, 내가 "저 장미꽃이 아름답다" 말하는 것이 정말 가치 판단이기만 한 것인지 당연히 물어볼 수 있다). 내가 "저 장미꽃은 아름답다"고 말할 때 나는 장미꽃이 참으로 아름답다는 사실을 말하고자 하지만 나는 나에게 나타나고, 나에게 보이는 장미꽃에 대한 나의 느낌과 나의 평가를 말하고 있다. 그런데 삶에 관해서 내가 행복하다거나 불행하다거나 할 때, 나는 어떻게 판단을 하게 되는가?

다시 '판단'에 대한 이야기로 돌아가 보자. 내가 장미꽃에 대해서 이렇게, 또는 저렇게 말할 수 있는 근거가 무엇인가? 내가 장미꽃을 보고 있다는 사실이다. 장미꽃은 하나의 사물로서 내 앞에 주어져 있고, 하나의 사물로서 속성을 지니고 있다. 그러므로 장미꽃을 두고서 사실 판단을 할 수 있다. 장미꽃에 대해서 아름답다고 하는 경우에도 장미꽃은 적어도 나에게는 그렇게 나타나거나 그렇게 보인다. 그렇지 않다면 나는 보이지도 않는 것에 대해서 그것이 아름답다거나 못생겼다고 말하는 셈이 된다. 장미꽃에 대한 가치 판단은 나에게 나타난 장미를 두고 내리는 판단이다. 나에게 보이는 것, 나에게 나타난 것에 대해서 나는 그 사실을 판단하거나 그 가치를 판단한다. 그런데 삶도 그렇게 판단할 수 있는가? 삶을 행복하게 보거나 불행하게 보는 것도 나에게 보이는 것, 나에게 나타난 것을 두고 판단하는가? 내가 내 앞에 있는 장미꽃을 두고 판단하듯이 삶도 그렇게 판단을 내릴 수 있는 대상인가?

생각해보자. 삶을 대상으로 삼는다 하지만 삶이 장미꽃처럼 내 앞에 주어져 있는가? 나는 삶에 대해서 몇 가지 특정한 속성을 지닌 사물처럼 서술하고 판단할 수 없다. 왜냐하면, 삶은 눈앞에 주어져 있지 않기 때문이다. 삶은 눈앞에 주어져 있지 않을뿐더러 내가 내 손 앞에 있는 도구처럼 이렇게 저렇게 사용할 수 있는 것도 아니다. 삶은 눈앞에 주어져 있지 않기 때문에 처음부터 끝까지 전체를 눈앞에 두고 지각하거나 판단할 수 없다. 따라서 우리 각자 우리 자신의 삶을 두고 이렇게 말할 수 있을 뿐이다. "나는 태어났고, 살고 있고, 언젠가는 죽을 것이다." 나는 내가 태어났다는 사실을 알 뿐 태어난 순간을 경험하지 못했으며, 나는 언젠가 죽게 될 것이지만 죽음 자체를 체험하지는 못할 것이다. 삶에 대해서 나는 "나는 다만 지금 살고 있을 뿐"이라 말할 수 있을 뿐이다. 물론 이 가운데는 과거에 대한 기억과 판단들이 포함된다.

그렇다면 나는 나의 삶에 대해서 어떻게 평가할 수 있는가? 삶이 전체로서 나에게 나타나지 않는다면 내가 삶에 대해 판단하더라도 나의 판단은 '삶에 대한 단편적인 판단'에 지나지 않는다. 아니, 나의 판단은 '단편적인 삶에 대한 판단'이라고 말하는 것이 더 정확할지 모른다. 나는 먹고, 일하고, 잠자고, 사람들을 만난다. 나는 가족들과 삶을 나누며 살아간다. 나는 친구들을 만나고, 책을 읽고, 생각하고, 글을 쓴다. 내가 삶에 대해서 사실 판단을 내리거나 가치 판단을 내릴 때, 나의 판단의 근거가 되는 것은 이렇게 먹고 마시고, 잠자고, 일하고, 사람들을 만날 때, 그때마다 느끼는 나의 감정들이다. 나는 일이 잘 풀릴 때는 기뻐하고, 일이 잘 풀리지 않을 때는 힘들어한다. 어떤 사람을 만날 때는 기쁨이 있지만 어떤 경우에는 그렇지 않다. 삶을 행복하다고 느끼거나 불행하게 느끼는 것은 이러한 순간들에 의존한다. 우리가 '은총의 순간'으로 경험하는 시간은 드물게 찾아올 뿐, 대부분의 시간은 그저 평범하게, 별다른 감정 없이 경험된다.

삶에 대한 우리의 판단에 커다란 영향을 주는 것은 타인과의 비교 감정이다.[13] 앞에서 우리는 사람에게는 마음이 있다고 했다. 마음에는 인지 기능과 의욕 기능, 감정 기능이 있다. 그러므로 상황을 인지하고, 무엇을 하고 싶어 하고 무엇을 가지고 싶어 한다. 상황에 대해서 좋다거나 싫다거나 일정한 감정을 표시한다. 그런데 우리는 홀로 사는 것이 아니라 타인들과 살고 있기 때문에 삶에 대한 우리의 판단은 타인과 비교해서 이루어진다. 내가 가지고 싶으나 가지지 않을 것을 타인이 가지고 있을 때, 내가 하고 싶을 것을 하지 못하나 타인은 할 때, 내가 성취하고 싶은 꿈을 나는 이루지 못하고 있으나 타인이 성취했을 때, 나는 행복을 느끼기보다 오히려 불행을 느낀다. 행복과 불행의 감정은 대체로 타인과의 비교 감정에서 비롯된다. 타인과의 비교의 기준은 부의 소유, 지식의 소유, 권력의 소유 등, 세속적인 소유 관념과 관련이 되어 있다.

삶에 대한 나의 판단이 삶을 전체로 파악한 것에 기초하지 않고 단편적인 경험에 기초한 것이고, 나 자신의 주체적인 인식에 기초한 것이 아니라 타인과의 비교에서 발생한 감정에 기초한다면, 이로부터 예상될 수 있는 결과는 두 가지이다. 삶에 대한 판단이 일상의 단편적인 경험에 근거한다면 행복과 불행의 상호 교차 외에 삶을 달리 평가할 방법이 없다. 때로는 행복하고 때로는 불행하게 살아가는 것이 우리 삶이고, 우리는 이렇게 행복과 불행이 서로 교차하는 가운데서 때로는 기뻐하고 때로는 슬퍼하는 삶을 살 수밖에 없다.

두 번째 결과는 삶을 경쟁으로 보는 것이다. 내가 행복한가, 불행한가 하는 삶에 대한 평가가 만일 타인과의 비교에 기초한다면, 나는 타인을 나

---

13   칸트는 비교 감정과 이성을 밀접하게 연결시킨다. Immanuel Kant, *Die Religion innerhalb der Grenzen der blossen Vernunft, Kant's Gesammelte Schriften*, A.A., VI, 26~27쪽.

의 경쟁자로밖에 볼 수 없다. 타인보다는 조금 더 가져야 하고, 타인보다는 조금 더 인정받아야 하고, 타인보다 조금 더 나은 위치에 있어야 한다. 타인은 두 팔꿈치로 밀어내고 앞으로 치고 나가야 할 존재일 뿐, 어깨동무를 하고서 앞으로 함께 걸어가야 할 길동무(道伴)로 볼 수 없게 된다.

생각해보자. 우리 자신의 삶, 전체로서의 삶에 대한 판단이 가능하려면 전체적 관점을 얻을 수 있는 지점을 확보해야 하지 않을까 물어볼 수 있다. 만일 나의 삶, 타인의 삶에 대한 판단이 한 시점에 제한되어 있다면, 그리고 한둘의 특정한 경험에 제한되어 있다면 그 삶의 행복 또는 불행을 판단하기가 쉽지 않을 것이다. 또한, 이렇게 경험된 행복은 그때그때의 행복일 뿐 스피노자가 말하듯 "영원토록 즐거워할, 지속적이고 최상의 기쁨"으로부터 오는 행복이 아닐 것이다.[14]

그렇다면 여기서 시도할 수 있는 것은 후설이 말하는 일종의 '태도 변경'이다. 칸트 방식으로 말한다면 경험을 뛰어넘어, 경험과는 독립해서는 판단할 수 있는 '선험적 관점'을 확보하는 것이다. 그런데 어디서 삶을 전체적으로 볼 수 있는 그런 관점을 얻을 수 있는가? 삶을 전체적으로 보는 관점을 우리는 '세계관'이라 부른다. 월터스의 정의를 따르면 세계관은 '사물에 관한 기본 신념들의 포괄적 틀'이다.[15] 만일 이것이 생소하고 많은 물음을 제기한다면 '판단의 틀'이라고 불러도 좋다고 생각한다. 그렇다면 삶을

14   Baruch de Spinoza, *Tractatus de intellectus emandatione*, *Spinoza Opera*, Carl Gebhardt (ed.), II, 5~40쪽. 이 가운데 첫 절.

15   Al Wolters, Creation Regained, with a Postscript coauthored by Michael W. Goheen(Grand Rapids: Eerdmans, 2005), 2쪽.

전체로 볼 수 있는 판단의 틀을 우리는 어디서 얻을 수 있는가? 이것은 다음의 과제로 남겨두자.

5. 결론: 일상 속의 인간의 행복과 불행

인간의 삶의 자리는 일상이다. 이 사실은 일상을 떠나 삶을 생각하고자 하는 사람에게도 피할 수 없는 현실이다. 그런데 일상은 앞에서 본 것처럼 우리가 벗어날 수 없고, 누구에게나 비슷하고, 반복적이며, 평범하고, 모든 것이 결국에는 덧없이, 일시적인 것으로 지나가고 마는 현실이다. 이 속에서 우리는 행복과 불행을 체험한다. 그런데 사람이 처한 조건을 보면 동일하기도 하고 다르기도 하다. 그러나 신체적 존재, 시간적 존재로 이 땅을 살아가면 나와 타인이 서로 대면하면서도 때로는 기쁘고 때로는 즐겁게 살아가는 조건은 유사하다.

만일 우리가 행복을 순간적이고, 단회적이며, 일시적인 즐거움의 상태라 정의한다면 우리의 삶은 주어진 조건과 그때마다 가지는 감정 상태에 따라 행복과 불행이 교차되는 현실이라 볼 수 있을 것이다. 그러나 삶의 행복과 불행이 주어진 조건과 상태, 그때마다의 감정에 따른 순간적인 현실이 아니라 지속적인 상태, 전체적인 상태로 생각하면 행복을 순간적이고 일시적인 기쁨이라 보기보다는 때로는 역경에 직면하고 슬퍼해야 해야 할 일을 만난다고 하더라도 언제나 마음 깊숙한 자리로부터 치솟아 오르는 기쁨이라 볼 수 있을 것이다. 그러자면 우리에게는 삶을 전체적으로 볼 수 있는 '판단의 틀' 또는 '세계관'이 필요하다. 어떤 세계관에 따라 행복과 불행이 규정되는지는 구체적인 세계관을 자세히 검토해보아야 좀 더 구체적이고 합리적인 논의를 할 수 있을 것이다.

강영안

현재 서강대 명예교수, 미국 캘빈신학대학원 철학신학 교수, 한동대 석좌교수. 서강대 철학과 교수로 오래 가르쳤고 지은 책 가운데는 『칸트의 형이상학과 표상적 사유』, 『자유와 자연 사이』, 『타인의 얼굴: 레비나스의 철학』, 『도덕은 무엇으로부터 오는가』, 『인간의 얼굴을 가진 지식: 인문학의 철학』 등 20여 권의 단독 저서와 40여 권의 공저, 120여 편의 논문이 있다.

철학과 현실의 소통 변증법:
열암 박종홍의 철학관 소고

황경식(서울대학교 철학과 명예교수)

현대 실존철학자 중 하나인 독일의 칼 야스퍼스는 "어중간한 철학은 현실을 떠나지만 온전한 철학은 다시 현실로 돌아온다"는 말과 비슷한 철학관을 밝힌 적이 있다고 들었다. 좀 더 부연하자면 모든 철학은 현실에서 생겨난 것이고 현실을 그 출발의 모태로 삼는다. 그러나 철학 중 일부는 영원히 다시 현실로 돌아오지 않지만, 그중 온전한 철학은 다시 현실로 돌아와 현실을 개선, 개조하는 유익한 영향을 주고 다시 현실로부터 새로운 과제를 발견, 새로운 여정을 떠남으로써 철학과 현실의 소통과 상호 작용을 통해 현실도 살리고 철학도 생명력을 갖는 철학과 현실의 호순환을 말한 것으로 이해된다.

필자도 일찍이 열암 박종홍 선생의 도움으로 이 같은 현실 철학관에 친숙하여 지금까지 실천철학의 길을 걷고자 노력해왔다. 아래의 글은 열암의 철학관에 대한 필자의 논고와 더불어 그로 인한 필자의 철학적 일대기를 요약한 일종의 고백록이라 할 수 있다.

1. 철학, 구름에서 내려와서

어린 시절, 다소 불우한 환경에서 자란 탓인지 고등학교 때부터 철학에 대한 막연한 기대를 갖고서 서울대 철학과에 입학했다. 그러나 철학에 대한 이 같은 기대는 철학과에 입문한 지 오래지 않아 무너지고 말았다. 철학과에서 접한 대부분의 강의는 마음의 상처를 달래주기에는 지나치게 이론적이고 스콜라적이라 생각되어 실망스럽기까지 했다. 점차 나의 관심은 교실에서 충족되지 않는 공허함을 이러저러한 독서에서 보완받고자 했다. 그러던 차에 나의 갈증 해소에 다소간 도움이 되었던 것은 열암 박종홍 선생의 여러 저술이었다.

특히 열암 선생의 저술들에서 나의 주목을 끌게 된 점은 철학의 출발점에 대한 그의 고민, 그리고 철학의 기반으로서의 현실 및 그리고 다시 현실로 회귀하는 철학에 대한 요청 등이 아니었나 생각된다. 이러한 관점에서 열암의 철학관, 현실관 그리고 철학과 현실의 관계에 대한 그의 입장을 터득하기 위해 한두 해는 그의 저술 대부분을 통독하는 데 열을 올렸다. 이때부터 열암 선생님의 철학과 현실관은 철학 초년생인 나에게 알게 모르게 상당한 영향을 미친 것을 부인할 수 없다. 물론 이와 직접적인 관련은 없겠지만, 그 후 필자의 학위 논문이자 첫 번째 저서가 열암 저술상을 수여받았고 열암 철학에 대한 연구 논문을 쓴 적도 있는 것은 귀한 인연이었다.

그 후 철학과 고학년이 되자 형이상학이나 인식론 같은 이론철학보다는, 윤리학이나 사회철학 같은 실천철학에 보다 강한 관심을 가지게 된 것도 이 같은 선행공부의 영향이라 할 수 있을 것이다. 그러자 마침 그 당시 철학과 동기들의 뜨거운 관심을 끌게 된 과목 중 하나가 우송 김태길 교수 의 '윤리학'이었고 이 강의의 영향으로 나의 철학적 행로는 자연스레 윤리 학 쪽으로 기울게 되었다. 사실상 고백하건대 우송의 윤리학 강의는 매우 명료하고 논리적이어서 학생들의 주목을 끌긴 했으나 이름 그 자체와는 달 리 그다지 실천적이거나 현실적인 것은 아니었고 매우 이론적이고 분석적 인 윤리학이었던 점이 다소 아쉬웠으며 대신 우송의 다른 강의인 '듀이의 사회철학'이 보완적인 의미를 갖는 것으로 필자에게 다가온 셈이다.

철학 공부의 방향이나 지도교수도 이미 내정된 만큼 대학원 석사과정 은 우송 선생으로부터 영미 윤리학을 사사받는 것으로 정해졌다. 그런 즈 음에 나는 어느 외국 잡지 *Economist*에서 (2000년 전후) 충격적인 하나의 특 집 기사를 읽고 아연실색하지 않을 수 없었다. 그것은 "철학, 구름에서 땅 으로 내려와서(Philosophy from the Clouds down to the Earth)"라는 기획 특집 이었다.

상식을 음미했던 현실 철학자 소크라테스마저 '구름(Clouds)'이라는 궤변의 여신을 신봉한다는 명목으로 극작가 아리스토파네스의 조롱을 받 은 이래 그보다 못한 비현실적 철학자들이 현실을 멀리함으로써 철학이 현 실에 대해 진 빚은 상당하다 할 것이다. 철학의 현실 소외는 다시 현실의 철 학 소외를 불러일으킴으로써 결국 철학이나 현실 모두에게 불이익이 되는 결과에 이르게 된 것이다.

그런데 위의 기획 기사가 주목한 바와 같이 최근 영미를 중심으로 전개되고 있는 철학계의 주목할 만한 이벤트는 바로 실천 철학으로서 윤리학과 현실의 재회라고 할 수 있다. 이는 생명-의료 윤리를 위시해서 정보-사이버 윤리, 환경-생태 윤리 등으로 나타나고 있으며 흔히 응용 윤리학(Applied Ethics) 혹은 실천 윤리학(Practical Ethics) 등으로 불리고 있다. 이로써 철학도 그야말로 현실과의 접점을 다시 찾아 현실에서 빛을 발하는 동시에 철학 자체의 생기를 회복하고 있다 할 것이다.

이제 철학자들은 고답적인 상아탑에서 내려와 우리 삶의 현장 깊숙이까지 진입하고 있다. 미국의 여러 병원에서는 철학자들이 생과 사의 결단 문제에 관해 의사의 자문 위원으로 고용되고 있다. 또한, 철학자들이 미국의 각 주에서 입법이나 사법 과정의 고문으로 채용되고 있으며 원자핵 문제나 심지어 유전공학의 문제에 이르기까지 널리 철학자의 조언을 요청하게 되었다. 이와 때를 같이하여 미국 대부분의 의과대학에서는 철학 개론을 '생의 윤리학(Bio-Medical Ethics)'으로 대체하고 있으며 1970년대에 들어와 미국 각 대학에는 직업 윤리와 관련된 교과 과정이 300여 개나 개설되고 있다고 한다.

2. 철학과 현실의 접점을 찾아

이상과 같이 실천 윤리나 실천 철학이 각광을 받고 있다는 놀라운 뉴스에 힘을 받아 필자도 이러한 실천 윤리적 분위기를 국내에도 이식하기 위해 같은 성향의 윤리학 저술들을 번역, 소개하는 데 열을 올렸다. 그간 필자가 번역한 응용 윤리 내지 실천 철학의 중요 번역서들을 열거하자면 『생명 의료윤리학』(서광사), 『윤리학』 및 『응용윤리학』(종로서적), 『환경윤리와 환경정책』(법영사), 『정보기술의 윤리』, 『실천윤리학』(철학과현실사), 『사랑이 있는 성, 사랑이 없는 성』(철학과현실사) 등이다. 이 같은 응용 윤리학 내지 실천 윤리학 관련 서책의 번역과 더불어 관련 분야의 논문들을 썼고 그것들을 묶어 『철학과 현실의 접점: 철학, 구름에서 내려와서』라는 단행본을 철학과현실사에서 내기도 했다.

실천 윤리 내지 실천 철학에는 생명, 의료, 환경, 정보통신, 성 윤리 등 개인의 의식, 양심, 윤리 등 각론적인 논의만 있는 것이 아니고, 보다 총론적인 사회 제도 혹은 사회 구조나 체제와 관련된 논의도 있을 수 있다. 그래서 필자는 1971년에 출간된 존 롤스의 『정의론(A Theory of Justice)』을 지인으로부터 소개받은 후 박사과정에서 지도교수님과 3학기간 완독 후, 1975~1978년까지 600여 쪽이 넘는 방대한 저서를 완역, 세 권의 책으로 출간(서광사)한 후 이를 중심으로 학위논문을 작성하기로 결심했고 1979에서 1981년, 풀브라이트 스칼라십을 받아 하버드대로 유학, 저자인 롤스(Rawls)의 지도 아래 학위 논문을 완성하였다. 이듬해 논문을 서울대에 제출해 1982년 철학 박사학위 논문으로 인정되었고 1983년 『사회정의의 철학적 기초』(문학과 지성사)로 출간, 영예롭게도 1985년 열암 학술상을 수상하게 되었다.

그 후 필자는 정의론과 관련 다양한 논문을 작성하여 관련 저술을 여러 권 간행하였고 정의 내지 공정과 유관한 다양한 저술을 출간하게 되었다. 대표적 저서를 거론해보면, 『개방사회의 사회윤리』, 『시민공동체를 향하여』, 『이론과 실천(도덕철학적 탐구)』, 『자유주의는 진화하는가』 등을 저술했으며 그 이후 실천 윤리 내지 실천 철학도 제도 내지 구조적 측면과 개인의 윤리 내지 의식의 측면이 통합되어 각론과 총론이 상호 보완되어야 함을 깨달아 사회 정의론과 개인의 정의감 내지 덕성이 함께 다루어져야 한다는 생각에 이르러 『덕 윤리의 현대적 의의』(아카넷)라는 저술을 수년간 연구, 저술하고(국가 석학기금) 이어서 『정의론과 덕윤리』(아카넷)라는 단행본으로 개인 윤리와 사회 윤리 간의 관계를 정리하였다.

이즈음 실천 철학적 맥락에서 매우 생소한 주제가 철학의 새로운 한 분야로 떠올랐다. 그것은 최근 구미 각국, 특히 미국과 영국 등지에서 거론되고 있는 철학의 조기 교육이다. 지난 세월, 이 문제를 중심으로 연구한 철학자와 교육자, 심리학자들의 지속적인 공동 논의는 '철학과 어린이(Philosophy and Children)'라는 철학의 새로운 한 분야를 열어놓고 있다. 물론 아직도 그것은 형성 도상의 분야로서 앞으로 이 분야의 운명을 섣불리 예측하기는 지극히 어려운 일이나 이 주제는 특히 그것이 갖는 교육적인 함축으로 인해 더욱 주목할 만한 가치를 지니고 있는 것이다.

'철학과 어린이'는 철학을 대학에서 끌어내려 초·중등 학교에 도입할 가능성을 제시하며 어린이의 사고가 상당히 철학적인 성향을 띠고 있다는, 즉 '어린이에 의한 철학'이 가능하다는 사실과 더불어 이러한 점에 어른이 도움을 줄 수 있다는, '어린이를 위한 철학'이 있음을 말하기 때문이다. 어린이와 철학의 만남은 가능할 뿐만 아니라 진정한 철학 교육을 위해서는 조기 철학 교육이 필수적이라는 것이다. 고등학교에 이르기까지 철학과 무관한 세계에 살다 이미 머리가 굳어진 다음 대학에 와서 철학 교육을 강제한다는 것이 얼마나 비생산적인 작업인지 이미 우리가 실감하고 있는 사실이기 때문이다.

그 이후 실천 철학의 교육학적 기반이 '어린이와 철학'이라는 인식 아래 필자는 어린이와 철학을 위한 기초 자료 개발에 수년을 투여했다. 이미 미국에서는 어린이와 철학을 위한 본격적인 연구소인 어린이 철학 개발원(Institute for the Advancement of Philosophy for Children)이 설립되었고 이의 지원 아래 초등학교는 물론이고 중·고등학교에서도 많은 실험 학교가 운영되고 있다. 위 연구소에서는 어린이를 위한 철학 교육 교재는 물론이고 영화 필름을 중심으로 한 시청각 토론, 교육 자료 등이 개발되고 있다.

어린이를 위한 철학 교재는 유치원에서부터 12학년 즉 고등학교 3학년 수준에 이르는 갖가지 주제와 관련된 철학 동화 및 철학 소설 형식으로 개발되어 있으며 그에 따른 교사용 지침서도 개발되어 있다. 위 연구소에서는 또한 어린이 철학 교육과 관련된 전문 잡지인 《생각하기(Thinking)》도 지속적으로 간행하고 있다. 그래서 필자는 우선 어린이를 위한 철학 교재인 어린이 철학 동화와 철학 소설 12권을 우리말로 옮겨 철학과현실사에서 간행하고 교사용 지침서 역시 《철학과 현실》이라는 잡지에 연재하여 이들을 모아 『철학 속의 논리』라는 단행본으로 철학과현실사에서 간행했다.

마침 그 당시 중·고등학교에 논리와 논술의 바람이 불어 논술이 대학

입시에도 반영되었다. 그리고 미국의 어린이를 위한 철학 교육 자료들도 철학에서 논리적 사고의 중요성을 강조하고 있는 터라 필자 또한 이에 공감하여『논리+논술이야기』전 3권을 열림원에서 출간하여 20만여 권이 팔리는 히트 상품이 되었다. 이어서 필자는 좀 더 심층적인 논리 교재로서『토론거리 논술거리』전 3권을 연속해서 출간하였다. 이에 힘을 받아 여러 출판사에서 '어린이와 철학' 출판에 관심을 가졌고 그중 '기탄 어린이 철학 출판사'에서는 필자의 자문 아래 지금까지 50여 권의 어린이 철학 연재물을 출판, 인기리에 철학의 저변 확대에 기여하고 있다.

이상은 철학과 초년생으로서 필자의 방황과 그 해결의 단초를 열암 박종홍 교수의 서책으로부터 발견했다는 저 나름의 고백이었다 해도 과언이 아니다. 저의 고민과 모색은 그 이후에도 계속되어 소박한 해결의 윤곽이 학부 학위 논문으로 정리되었다. 학부 논문의 제목은 「이론과 실천의 유기적 연관구조」(1970)로서 그 요지는 영미 철학, 특히 존 듀이(John dewey)의 철학을 열암의 프레임으로 해석한 것이라 할 수 있다.

그 이후 필자의 철학적 노력은 한마디로 말해 '철학과 현실의 접점을 찾아서'라 할 수 있으며 위에서 설명한 대로 크게 나누어 실천 윤리학 내지 응용 윤리학, 정의론과 덕의 윤리, 어린이와 철학으로 요약된다고 할 수 있다. 지금부터 계속되는 아래의 논문은 필자의 철학적 행로에 크게 영향을 미친 열암의 철학관에 대한 필자 나름의 이해라 할 수 있으며, 과거에 쓴 글을 다시 손질하여 첨부하고자 하니 양해하기 바란다. (『理論과 實踐의 辨證法 — 열암사상의 한 이해』, 1998)

3. 철학의 출발점과 실천적 지반

열암 선생은 대학을 졸업한 직후 본격적인 철학적 탐구에 앞서 '철학하는 것'의 출발점에 관해 심각한 의문을 가졌고, 그에 대한 나름의 답변으로서 실천적 지반을 발견하였다. 철학하는 것의 출발점에 대한 선철들의 입장들을 개관하고, 특히 헤겔(Hegel)과 훗설(Husserl)의 견해를 비판적으로 논의한 후 자기 나름으로 출발점에 대한 탐색을 전개한다.

열암에 따르면 나의 일상생활에서 제일 가까운 것, 가장 먼저 만나는 것은 언뜻 '나 자신'이라 생각될지 모르나 사실 그것은 벌써 자기 내 반성을 전제로 하는 것이요 그러기 위해서는 나 아닌 것의 매개가 앞서야 하는데, 그것은 바로 환경 세계라 할 수 있다는 것이다. 나아가 열암에 따르면 우리는 일반적으로 이러한 실천적 태도로서 주위의 존재와 교섭하고 이해하고 있다는 것이다.

다시 말하면 이러한 실천적 교섭은 대상적 인식 이전에 이미 있는 것이지만 결코 맹목적인 것이 아니며 실천적 교섭에 특유한 존재 이해를 가지고 있어 우리가 사용하며 활동하는 것을 지도하고 있다는 것이다. 그리고 우리는 단지 환경 세계뿐만 아니라 사회적 존재들과도 이러한 실천적 태도로서 교섭하고 있다고 한다. 그런데 종래의 인식론은 대상적 지식에 치중해 왔기 때문에 모든 이론 구성에 앞서서 그 지반이 되어 있는 생생한 사실로서 우리에게 가장 근원적인 실천적 교섭을 소홀히 다루어왔다고 비판한다.

실천적인 제1차적 근원적 존재를 열암은 술어적으로 '현실적 존재'로

부르고자 한다. 그리고 이 같은 현실적 존재를 평범하고 비속하다고 하여 속계를 초월함으로써 비현실적인 것으로부터 시작하는 철학을 열암은 비판하고 있다. 이론을 위해 이론을 추구하는 이러한 철학은 그 어느 것이나 인류 사회를 구원해내는 철학이 아니며, 그 결과에 있어 오히려 사회로부터 개인을 소외시키는 철학이 되고 말며, 드디어는 은둔의 철학에 빠지고 있다는 것이다.

무한한 과거의 사실을 자기 속에 함유하면서 동시에 현재적인 것으로 미래에 대한 가능성, 미래에 대한 약진을 위하여 긴장한 채로 생존해나감에 있어서 부딪히는 이 현실적 존재, 여기에서 여러 구체적인 철학적 문제에 눈을 뜨며 충격을 받아 비로소 해결하려고 고심한다고 열암은 생각한다. 그리고 그는 이어서 우리의 철학하는 동기는 아리스토텔레스가 말한 그런 얌전한 '경이'가 아니고 너무나 억울한 현실적 고뇌로부터 비롯하여 그러한 문제가 실천으로서의 해결을 요구하는 그것이라 말한다. 열암의 결론은 한마디로 우리의 철학하는 것의 출발점은 이 시대의, 이 사회의, 이 땅의, 이 현실적 존재라는 것이다. 이 현실적 지반을 떠나 그 출발점을 찾는 철학은 결국 그 시대 그 사회에 대해 하등의 현실적 의미를 가질 수 없을 뿐만 아니라 철학 자체에 있어서도 새로운 경지의 개척을 기대하기 어렵다는 것이다.

이어서 열암은 철학하는 것의 출발점으로서 실천적인 제1차적 근원적 존재 혹은 현실적 존재, 실천적 존재라고 하는 것의 개념을 더욱 분명히 하고자 한다. 열암에 따르면 현실적 존재가 우리의 철학하는 것에 있어서 문제가 되는 것은 하나의 지적 호기심의 대상으로서가 아니고 현실 생활에 있어서의 실천이 해결을 요구하는 바의 문제라는 것이다. 이같이 현실적 존재가 가지고 있는바 우리에게 대한 문제성은 근원적으로 우리의 실천에 뿌리박고 있으며, 따라서 우리의 문제인 현실적 존재 파악의 방향을 이 실천의 성질이 제약하고 있다고 한다.

현실적 존재의 현실적인 존재성을 규정하는 것이 실천이라고 했다. 나아가서 열암은 실천에 있어서 현실적 존재의 구조가 형성되는 것이라고 말한다. 현실적 존재를 특히 실천에 있어서 파악함은 현실적 존재를 그 자체에 있어서 완료된 것으로 간주하거나 그것을 특히 운동에 있어서 파악함이 없이 정적으로 고정시켜 관찰하려는 잘못을 멀리하고자 함이라고 말한다. 실천은 상호 간의 존재성을 규정하면서 발전하는 바 제 계기로서 된 동적이며 전체적인 현실적 존재의 구체적인 존재성이라는 것이다.

열암은 철학하는 것의 실천적 지반을 실천이 이론을 제약하는 면에서 볼 뿐만 아니라 다시 이론이 거기에서 실천화되어야 할 것으로 본다. 이론이 실천의 산물이기는 하나 실천으로 인해 생산된 이론이 다시 실천화함으로써 새로운 현실이 생겨나게 된다. 이러한 측면에서 본다면 이론은 또한 실천을 제약한다고 볼 수 있는 것이다.

열암은 철학하는 것의 출발점에 대한 자신의 말을 다음과 같이 맺는다. 인식의 전제 조건과 또한 결정 조건을, 즉 철학하는 것의 지반을 실천 가운데 구하는 곳에 곧 이론과 실천과의 변증법적 통일이 성립됨을 볼 수 있다. 좀 더 자세히 말하면 이론과 실천이라는 대립물은 서로 제약하는 것이요 실천 면에서 본다면 실천은 이론의 지도를 받음으로써 발전하고 그리하여 발전된 실천은 다시 새로운 단계의 이론을 요구하고 있는 것이다. 또 이론 편으로 본다면 이론은 실천을 발전시키는 동시에 자기를 발전시키고 그리하여 발전된 실천은 다시 새로운 단계의 이론을 요구하고 있는 것이다. 또 이론 편으로 본다면 이론은 실천을 발전시키는 동시에 자기를 발전시키고 그리하여 발전된 이론은 다시 새로운 단계의 이론을 요구하게 된다는 것이다.

이론과 실천은 이러한 단계를 밟으며 서로 발전하는 것이요, 따라서 양자의 변증법적 통일 때문에 이론이 결코 현실의 실천적 지반으로부터 유리될 수 없는 것이다. 실천은 항상 자기를 발전시키기 위하여 이론을 요구한다. 실천으로 본다면 이론은 곧 타자인 것이다. 그러나 이 타자는 그 자신이 현실적 실천에다 지반을 두지 않을 수 없다고 할 수 있다.

이렇게 해서 실천은 자기로부터 나와서 타자인 이론으로 이행하지만, 이 타자인 이론이라는 것이 결국 실천 자신의 파악이므로 타자인 이론으로 이행함이 곧 자기에게로 귀환하는 것이 된다. 이러한 과정을 거듭함에 따라 이론은 점차로 그의 절대적 진리성으로 접근하게 되고 실천은 자연발생적인 실천으로부터 이론적으로 자각되고 단련된 보다 고차적인 실천이 되는 것이다.

4. 논리학 체계와 이론: 실천의 변증법

철학하는 것의 출발점을 실천적 지반으로 확인하고 그로부터 이론과 실천의 변증법을 철학의 방법론으로 파악한 열암은 논리학 체계에 있어서도 그러한 지반과 방법론으로 일관한다. 논리학 체계에 있어 열암은 우선 형식 논리학의 전개와 그 한계를 지적함에 있어서도, 그리고 창조 논리의 암시에 있어서도 실천적 지반과 이론-실천의 변증법의 관점에 선다. 인식론에 있어 합리성과 실증성의 변증법을 강조함에 있어서도 같은 맥락에 서 있으며 변증법적 논리에 있어서는 두말할 필요가 없다. 그 밖에 역학의 논리와 창조의 논리가 본격적으로 완성되지 못함은 애석할 따름이다.

열암은 「일반논리학」의 결론에서 일반논리학의 한계를 지적하면서 이것은 이미 있는 것, 주어진 것을 있는 그대로, 주어진 그대로 밝히려는 이론에 불과하고 새로운 것을, 즉 전에 없었던 것을 새로 만들어 냄에 관한 논리가 아니라고 했다. 종래의 일반논리학은 논증의 논리(연역법)요 발견의 논리(귀납법)이기는 하였으나 발명의 논리, 창조의 논리가 아니였으며 바로 여기에 종래의 일반논리학의 한계가 있다는 것이다. 발명이나 창조는 그저 있는 것을, 주어진 것을 밝히는 데 그치지 않고 이것을 토대로, 다시 이것을 넘어서서 새로운 구형이 요구된다고 했다.

물론 종래의 일반논리학에서도 새로 만들어냄으로써 밝히려는 방법적인 면을 다루지 않는 것은 아니며, 가설이나 실험이 문제되어 왔음은 곧 이를 의미하고 있다는 것이다. 하지만 열암에 따르면 가설이 상상력에 의해 전에 없던 것을 새로 만들어내는 것은 사실이나 어디까지나 주어진 것을 있는 그대로 밝히기 위한 방법적 추정이요, 의식을 넘어서 구체적인 현실적 형태에 있어서 만들어냄이 아니어서 가설은 언제나 계량적 실험을 통해 엄밀한 검증이 필요하게 되는 것이라 했다.

종래의 일반논리학에서 다루어온 것 중 만듦으로써 밝히려는 방법의 가장 대표적인 것이 실험이다. 그러나 열암에 따르면 탐구 방법으로서의 실험의 목표 역시 새로운 형태를 만드는 데 있다기보다는 즉 발명에 있다기보다는 역시 대상의 일반적 법칙을 찾아내는 것, 즉 발견에 있다는 것이다. 그것은 있는 것을 밝히기 위하여 만드는 것이며, 따라서 만듦으로써 밝히는 것이라고 말한다.

열암은 칸트(kant) 순수이성의 실험적 방법 역시 '넣어서 생각하는 것(hineindenken)' 의식의 실험이나 사변적 구상에 그치는 것이요 대상에 하등의 실제적인 변형을 일으키는 것이 못 된다고 비판했다. 그래서 열암은 비록 완성을 보지는 못했으나 창조의 논리에 대한 예비적 시론을 쓰게 된다. 그에 따르면 창조 내지 발명은 천재의 두뇌에서 튀어나온 신비적 생산을 말함이 아니다. 창조는 물론 기존의 형식이나 제약으로부터의 이탈·배반이요 혁신적 성격을 가진 질적 비약이기는 하나 허공을 달리는 천마의 꿈이나 공상이 아니고 바로 현실에 있어서의 구상적 형성이며 따라서 객관적인 형식과 구조를 밝히는 논리가 필요하다는 것이다.

열암은 창조적 실천의 일반적 구조를 소재·목적·소재의 분석과 연역

등으로 밝히고, 창조의 제상(諸相)을 과정에서 본 분류(목적 선행의 창조, 소재 선행의 창조), 대상으로서 본 분류(기술·정책) 등을 설명한다. 그리고 끝으로 종래의 일반 논리는 논증의 논리, 발견의 논리였으나, 현대에는 무엇보다도 창조·발명의 논리가 요구되고 있다고 전제하고 더욱 총계획적인 기술로서의 정책에 관한 논리의 확립이 당면의 과제로서 나타나고 있다고 말한다. 또한, 원래 발견과 발명 내지 창조는 서로 독자성을 가지면서 상호 제약적으로 결부되고 있어서 종래의 일반 논리와 창조의 논리 또한 서로 뗄 수 없는 연관성을 가지고 있다고 한다.

그러나 열암은 창조에 있어서 주체적인 것과 객관적인 것은 질적으로 비약적인 종합에 있어서 새로운 형태를 만들면서 구체적인 역사적·사회적 현실이 전개되고 있다고 한다. 따라서 창조의 논리에 있어서 사유 내지 의미의 논리가 대상의 논리와 종합, 지양될 가능성을 찾아낼 수 있으리라는 것이 추측된다고 한다. 사유나 의미(이론)가 대상으로부터 그저 일탈되고 마는 것이 아니라 상호 침투하는 실천 과정으로서의 창조에 있어서 가장 포괄적인 논리가 전개되는 것이요 종래의 일반 논리는 창조의 논리에까지 전진함으로써 일반 논리의 기본적 영역이 비로소 전적으로 다루어지게 된다. 그러나 창조의 논리의 확립 또한 인식논리나 변증법적 논리의 규명을 거쳐 다시금 완수될 수 있을 것이라고 했다.

그러나 안타깝게도 열암은 인식논리만을 완성했을 뿐 변증논리는 제대로 마무리 짓지 못한 채 미완으로 남기고 있는 듯하다. 열암은 인식논리학의 결론에서 이론과 관련해서 전개되는 '합리성'과 실천에 의해 확보되는 '실증성'에 주목하면서 인식의 변증법적 성격과 역사성을 강조하고 있다. 열암은 그의 '인식논리'의 중심 논의를 선험적 인식론에 두고 칸트, 서남학파와 마르부르크(Marburg)학파의 제 주장을 검토한 후 과학적 인식 논리학, 특히 조작주의(operationalism)에 깊은 관심을 가지고 탐구한다.

인식논리학을 마무리하면서 열암은 합리성과 실증성의 분리·독립을 명확히 하는 동시에 그 양자는 다시금 필연적으로 결합되어야 하는 것이니 그 둘은 그저 직접적으로 대응하는 것이 아니라 상호 매개적으로 결합함으로써 인식에 있어서의 객관성과 실재성이 확보되는 것이라 한다. 그에 따르면 원래 사실의 이상화는 사실의 재구성을 위한 원리 파악을 의도하는 것이요 사실로 다시 복귀하기 위해서 이것을 일단 부정하는 것이다. 사실에로의 복귀, 환원의 보증이 없다면 이상은 공상일 뿐이라는 것이다. 합리성은 사실에의 환원이라는 조건 아래서만 인식논리적으로 성립하는 것이요, 따라서 여기서 실증성은 합리성의 필연적 제약인 것이다. 결국 열암에 따르면 합리성과 실증성은 변증법적으로 상호 부정을 통해 그의 통일을 행위적으로 실현한다는 것이다.

합리성과 실증성이 변증법적으로 상호 매개된다는 것은 곧 양자의 대화성을 의미하는 것이요, 이 대화의 관계가 다름 아닌 변증법적 성격을 드러내주는 것이라고 열암은 말한다. 그에 따르면 원래 변증법이란 대화에서 유래한 것으로서 문답을 통해 사상의 일치에 이르는 것이 고대의 변증법이라면, 현대의 과학적 인식에 있어서의 변증법적 성격은 실험이라는 행위를 통하여 도전하며 응답함으로써 이를 실현하는 것을 특징으로 한다는 것이다. 결국 열암은 실증성은 합리성과의 상호 관련 없이 설립 불가능한 것이요, 양자의 변증법적 매개성을 자각한 점이 오늘날 인식논리의 도달점이라고 본다. 그래서 과학적 인식은 하나의 탐구 과정으로서 역사성을 지니게 된다고 한다.

5. 이론적 편향과 향내 — 향외의 통합

이미 논의했듯이 열암에게 있어서 철학이란 바로 현실 자체의 자각 과정으로 요약될 수가 있다. 그의 철학관은 "어중간한 철학은 현실을 떠나 버리지만 완전한 철학은 현실로 인도한다"는 야스퍼스(Jaspers)의 말로 잘 대변된다. 실로 출발점이나 귀착점이 한가지로 이 현실 자체일 수밖에 없다는 것이 그에 있어서 철학의 기본적인 특징이라고 할 수 있다. 그런데 열암에 따르면 동일한 현실적 사태에 있어서도 사람에 따라 그의 관심이 주로 밖으로만 향하는 사람도 있고 도리어 안으로 자기부터 반성하려는 사람도 있는 것이 사실이며, 여기에 철학 내지 세계관에 있어서 여러 가지 유형을 보게 되는 이유가 있다고 했다.

스위스의 정신의학자요 심리학자인 융(Jung)은 인간의 심리적 유형을 내향성과 외향성으로 유별하였다. 이에 따라 열암은 현실 파악의 방향 역시 향내적(向內的)인 것과 향외적(向外的)인 것으로 이분하며 개인뿐만 아니라 한 민족, 한 국민에 있어서도 상이하고 각 시대의 변천에 따라 방향 정위의 추이도 각기 다르다고 본다. 그의 『철학개론』은 바로 이 두 가지 방향성을 축으로 하여 서양 철학사를 정리한 것이라 할 수 있다.

고대 그리스에 있어서 현실 파악의 두 방향으로서 전성기의 향외적 사상과 말엽의 향내적 사상, 근대 초기 문예 부흥과 이탈리아의 향외적 사조와 종교개혁 및 독일의 신비주의의 향내성, 향외적 현실 파악의 현대적 유형으로서 미국의 프래그머티즘, 조작주의(operationalism), 논리실증주의, 향외적으로 일탈한 유물 사상, 향내적 현실 파악의 현대적 유형으로서 실존주의 등을 자세히 분석 기술하고 있다. 끝으로 향외·향내의 한계와 동양 사상에 대한 새로운 관심에 이어 한국 사상도 살피고 있다.

그런데 열암은 이같은 향내적 자각과 향외적 자각이 현실 파악에 있어 지극히 일면적이고 편향된 것으로 이해하고, 그 각각이 한계를 지니고 있을 뿐 아니라 현대 사상이 각각 이러한 편향성의 자각 아래 서서히 반대 방향으로 전환하고 있음을 지적한다. 서로 갈 곳까지 다 간 나머지 그 극한에 있어서 그가 박차고 나왔던 모순 대립된 향방으로 전환이 불가피하다는 것이다. 양(陽)이 다하는 곳에 음(陰)이 생기고 음이 다하는 곳에 양이 생기는 이법과 같이 향외적 태도와 향내적 태도는 하나의 철학적 요구 속에 동적으로 상호 관련되어 있으며 원심과 구심의 힘이 세차게 긴장된 채로 상호 전환하면서 그 지양을 향하여 움직일 때 거기에 비로소 생의 약동이 넘치게 된다고 본다.

가장 구체적인 현실은 만드는 것에 그 의의가 있는 것이요, 이 만드는 것, 즉 건설은 향외·향내를 지양하는 것이 아닐 수 없다. 그것은 향외·향내의 어중간한 절충이 아니요, 서로를 부정하고 매개함으로써 모두가 진정 살려짐을 의미하여 여기에 이르러 철학은 비로소 구체적인 현실의 건설에까지 나오게 된다는 것이다. 열암에 따르면 하나의 예술적 창작을 비롯하여 인간의 세계적인 모든 활동에 이르기까지 이 향내·향외의 변증법적 통일의 구체적인 나타남이 아닌 것이 없으며, 모든 성현의 깨침도 결국 이에 귀일한다는 것이다.

열암은 논의를 마무리하면서 향내·향외의 변증법을 보다 소박하게 다음과 같이 표현하기도 한다. 향내적 자각을 간단히 양심의 소리라 하자. 향외적 자각을 과학적 기술의 소임이라 하자. 양심이 따로 있고 기술이 따로 있어서 향내와 향외가 갈리는 동안 거기에는 진정한 힘이 발휘될 수 없으며, 활로가 열릴 까닭이 없다. 향내적 양심을 결여한 기술은 얼빠진 모방이 아니면 사람을 해치는 흉기에 그칠 것이요, 향외적 기술을 무시한 양심은 부질없는 애상이나 비분에 그치지 않으면 저돌적 만용을 결과할 뿐이라는 것이다. 열암에 따르면 이같이 편향된 모습은 모두가 진정한 힘의 발로가 될 수 없다고 한다. 그에 따르면 다 할 줄 모르는 현실적인 힘은 향내와 향외, 양심과 기술이 하나의 절대적 행동에 있어서 지양되는 데에서만 찾을 수 있으며, 여기에 창조가 가능하고 건설이 이룩된다는 것이다.

결국 열암에 있어서 철학의 목표는 '참'에 있으며, 그것은 성실의 참[眞]인 동시에 진리의 참[眞]이라 할 수 있고 이 두 가지 변증법적 통일로서의 참이라고 할 수 있다. 참[眞]이 결여될 때 또는 지식과 기술은 도리어 참[眞]을 왜곡하고 은폐하는 수단으로 바뀌고 만다. 진리(veritas)와 진실

(veracitas) 역시 원래 따로 떨어져 있는 것이 아니고 종국에 있어서는 하나가 될 수밖에 없다고 열암은 주장한다. 그가 자주 내세우는 바 현대 철학의 전환도 결국 과학철학과 실존철학이 각각의 편향성을 자각한 데서 나오는 것이고, 그럴 수밖에 없는 이치라는 것이다. 열암에 따르면 참을 사랑하는 것이 사람이다. 그리고 사람이 사람 노릇을 하는 것이 곧 철학임을 알 수 있으며, 철학적 태도란 별 게 아니라 사람이 참으로 사람답게 살려는 태도 바로 그것이라는 것이다.

6. 이론 — 실천의 변증법에 대한 논평

열암 사상에 있어서의 이론에 대한 실천의 우위는 칸트 철학에 있어서의 이론 이성에 대한 실천 이성의 우위와는 사뭇 다르다. 열암에 있어서는 실천의 우위에 의하여 이론을 강화하려는 데 뜻이 있다면 칸트에 있어서는 실천 이성의 우위를 통해 이론을 제한하려는 데 목적이 있기 때문이다. "신앙에 자리를 내주기 위하여 지식에 제한을 둔다"는 등 칸트 자신의 말은 이론 이성에 대한 실천 이성의 우위가 어떤 의미를 갖는지 명시하고 있다.

또한 열암은 이론에 대한 실천의 우위를 통해 이론과 실천을 통합하려는 데 반해 칸트는 이론 이성에 대한 실천 이성의 우위를 통해 오히려 이론과 실천을 분리하고자 한다. 칸트 철학에 있어서의 실천이란 특히 도덕적 행위 혹은 종교적 신앙과 관련되는 것이다. 더욱이 칸트 철학에 있어서의 인식은 오직 현상계에 한정되는 것으로서 본 체계에 관해서 이론은 아무 말도 할 수 없으며 본 체계와 관련해서는 오직 신앙에 의뢰하지 않을 수 없다는 것이다.

이렇게 해서 칸트 철학에 있어서 이론 이성에 대한 실천 이성의 우위는 지식과 신앙과의 화해를 의미하고, 게다가 이 화해가 지식의 신앙에의 종속에 의해 수행되고 있음은 분명한 사실이다. 칸트 철학에 있어 실천 이성의 우위는 그 핵심에 있어서 불가지론 혹은 초월주의에의 준비에 불과하다. 이로 인해 이론과 실천은 절연되고 인식은 무력하게 되는 것이다.

이론과 실천과의 통합은 열암 사상에 있어 핵심인 동시에 이는 또한 이론 자신의 내부에 있어서 인식론과 제 과학의 통일을 결과하게 된다. 우리는 여기에서도 열암 사상과 칸트 철학과의 차이를 만나게 된다. 칸트 철학에 있어서 이론과 실천의 분리는 이론 자체의 내부에 있어서 분과 과학과 인식론의 분리로 나타나게 된다.

칸트 철학은 뉴턴(Newton)의 물리학을 필두로 당시 대두된 자연과학의 기초를 공고히 하여 한편으로는 극단적 회의론을 극복하고 다른 한편으로는 형이상학적 독단과 과학에 대한 종교의 간섭을 배척하려는 적극적 지향을 갖는다. 그러나 이 경우에도 인식론은 과학의 앞에나 밖에 혹은 뒤에 있는 것으로서 과학 속에 있는 것이 아니었다. 즉 칸트의 인식론은 미래에 나타날 과학을 앞에서, 현재 발전 과정에 있는 과학을 밖에서, 이미 이루어진 과학을 뒤에서 그 기초를 다지고 해명하는 데 그칠 뿐으로서 과학의 탄생·발전·완성을 그 내부에서 실질적으로 돕는다는 점에 있어서는 무력하다고 할 수 있다.

다시 말하면 칸트의 인식론은 과학의 방법론일 수 없다고 할 수 있다. 그의 선험적 방법은 과학 자체의 방법이라기보다는 과학이 어떻게 가능한지를 밝히는 방법에 불과한 것이다. 칸트주의에 있어서는 철학의 방법과 과학의 방법은 전혀 연결이 없으며 아무런 관련도 없다고 할 수 있다.

그러나 열암 사상에 있어서 이론과 실천의 변증법은 현실 파악과 방법인 동시에 창조의 논리이며, 나아가서 과학 자체의 방법이기도 한 것이다. 인식론인 동시에 방법론일 경우에만 비로소 인식론은 구체적 과학과 결부될 수가 있는 것이다. 과학의 방법적 지침을 부여할 수 없는 인식론은 창조적이고 생산적인 것일 수가 없다. 하지만 방법론 또한 인식론으로부터 유리되어서는 안 된다. 인식론으로부터 유리된 방법론으로서의 변증법은 순수한 방법론으로서의 관념적인 것으로 전락하게 되는 것이다.

헤겔은 논리학 속에 실천의 개념을 끌어들였으며, 이는 그밖에 어떤 관념론자에 있어서도 보기 드문 일이었다. 일반적으로 관념론자들은 실천을 말한다 할지라도 논리학 속에서 이론을 강화하기 위해서가 아니고 논리학 밖에서 이론을 제한하고 신앙을 강화하기 위한 것이다. 그러나 헤겔은 이와는 반대 의견을 주장하고 있다. 그리고 헤겔의 이러한 생각은 마르크스(Marx)에 의해 계승 발전되었다고 할 수 있다.

그러나 헤겔에 있어서 관념론적으로 파악된 실천은 마르크스에 의하여 유물론적으로 파악되었다. 헤겔에 있어서 실천은 정신적 노동이었음에 반하여 마르크스에 있어서는 대상적 활동(기본적으로는 노동)이다. 헤겔의 인식론(정신현상학)에 있어서도 일정한 의식 형태는 실천에서 생기며 실천에 의하여 검증, 수정되고 실천에 의해 발전하고 실천을 통하여 한층 더 높은 의식 형태로 이행한다. 하지만 여기에 있어서도 그는 실천을 정신적 노동으로 파악할 수밖에 없었다.

헤겔에 있어서는 의식의 대상도 의식으로부터 독립하여 존재하는 대상이 아니고 의식에 있어서의 대상이며 주체도 인간적인 감성적이고 실천적인 활동으로서의 주체가 아니다. 의식이 이같이 실천과 결부될 수 없는 한 의식의 발전이나 논리적 발전이 결국에 있어서 역사적 발전으로부터 유리되는 것은 당연한 일이다. 우리는 의식의 발전과 논리적 발전을 역사적 발전으로 이해하려는 과정에서 마르크스를 만나게 된다.

마르크스에 있어서 실천은 옳은 이론에 의해 인도될 경우에만 성공적인 것이 될 수 있는 것과 같이 이론은 실천에서 생기며 실천에 의하여 검증, 수정되며 실천적으로 발전하고 실천에 종속하지 않으면 안 된다. 마르크스에 있어서 실천은 인식론의 모든 계기에, 그것도 내적으로 침투하고 있으며 실천에 우위를 둔 이론과 실천과의 통일이 인식론의 기본 원리요 실천이야말로 옳은 인식, 인식의 발전, 전면적인 인식을 단지 요구할 뿐만 아니라 또한 생산하는 것이라 할 수 있다.

이상과 같은 맥락에서 바라볼 때 열암의 입장은 실천 이성의 우위를 말하는 칸트의 입장과는 그 핵심에 있어서 분명히 구분되며 이론과 실천의 상호 침투를 말하는 점에서 헤겔이나 마르크스의 견해에 보다 가깝다. 그러나 열암에 있어서는 실천이 단지 정신적 노동이나 의식상의 실천이 아니라 철학하는 것의 지반으로서의 실천이요 모순과 고민에 찬 실천이며 건설과 창조의 기반으로서의 실천이라 할 때, 이는 보기에 따라서 오히려 마르크스의 입장에 근접하는 듯이 보이기도 한다.

그러나 사실 열암은 결코 관념론자는 아니며 유물론자는 더더욱 아니다. 그는 자신의 형이상학적 입장 표명을 지극히 절제하고 있다. 이런 의미에서 그의 이론-실천 변증법에는 별다른 존재론적 함축을 발견하기 어렵다고 생각되며, 오직 인식론적 함축만이 강하게 포함되어 있는 것으로 보인다. 적어도 평자가 보기에 그는 인식론적 변증법론자라 할 수 있으며, 그는 헤겔주의자도 마르크스주의자도 아니었던 것으로 보인다.

황경식

동국대 및 서울대 철학과 교수, 한국 윤리학회, 철학연구회, 한국철학회 회장을 역임했다. 현 서울대 명예교수이자 명경의료재단 꽃마을 한방병원 이사장이다. 존 롤스의 『정의론』을 번역했으며 『사회정의의 철학적 기초』, 『개방사회의 사회윤리』 등 저서 및 역서를 다수 집필했다.

참고문헌

1부 현대 문명 비판

푸코의 문제화로서의 철학과 철학의 문제화

윤영광

가즈야, 세리자와 외(김상운 옮김), 『푸코 이후: 통치성, 안전, 투쟁』, 난장, 2015,

고든, 콜린 외(심성보 외 옮김), 『푸코 효과: 통치성에 관한 연구』, 난장, 2014.

네그리, 안토니오(김종호 옮김), 「과거와 장래 사이의 푸코」, 가즈야 외 『푸코 이후: 통치성, 안전, 투쟁』, 난장, 2015.

들뢰즈, 질(김종호 옮김), 『대담 1972~1990』, 솔, 1993.

_____(김상환 옮김), 『차이와 반복』, 민음사, 2004.

_____(박정태 옮김), 『들뢰즈가 만든 철학사』, 이학사, 2007.

라이크먼, 존(심세광 옮김), 『미셸 푸코, 철학의 자유』, 그린비, 2020.

발리바르, 에티엔(최원·서관모 옮김), 『대중들의 공포: 맑스 전과 후의 정치와 철학』, 도서출판b. 2007.

벤느, 폴(이상길·김현경 옮김), 『역사를 어떻게 쓰는가』, 새물결, 2004.

옥살라, 요하나(홍은영 옮김), 『How to read 푸코』, 웅진지식하우스, 2008.

윤영광, 「칸트 철학에서 주체 구성의 문제 — 푸코적 칸트주의의 관점에서」, 서울대학교 철학과 박사 학위 논문, 2020.

정대훈, 「'지식의 의지' 개념 분석을 중심으로 한 푸코와 니체의 사상적 관계에 대한 고
　　찰」, 《철학》 139집, 2019.

푸코, 미셸 외(정일준 편역), 『자유를 향한 참을 수 없는 열망: 푸코 ― 하버마스 논쟁 재
　　론』, 새물결, 1999.

＿＿＿＿(문경자·신은영 옮김), 『성의 역사 2: 쾌락의 활용』, 나남, 2004.

＿＿＿＿(이승철 옮김), 『푸코의 맑스』, 갈무리, 2004.

＿＿＿＿(심세광 옮김), 『주체의 해석학. 콜레주드프랑스 강의 1981-1982년』, 동문선,
　　2007.

＿＿＿＿(오트르망 옮김), 『생명관리정치의 탄생. 콜레주드프랑스 강의 1978~79년』, 난
　　장, 2012.

＿＿＿＿(오트르망·심세광·전혜리 옮김), 『비판이란 무엇인가?: 자기수양』, 옮김. 동녘.
　　2016.

＿＿＿＿(오트르망·심세광·전혜리 옮김), 『담론과 진실: 파레시아』, 동녘, 2017.

＿＿＿＿(오트르망·심세광·전혜리), .『자기해석학의 기원』, 동녘, 2022.

Deleuze, Gilles & Guattari, Félix, *Qu'est-ce que la philosophie?*, Paris: Éditions de
　　Minuit, 1991.

Foucault, Michel, "À propos des faiseurs d'histoire" In Foucault(2001), 1982.

＿＿＿＿, "Polemics, Politics, and Problemizations: An Interview with Michel
　　Foucault" In Rabinow(1984), 1984.

＿＿＿＿, "The Concern for Truth" In *Kritzman*(1988), 1984.

＿＿＿＿, *Dits et Ecrits* II, 1976-1988, Paris: Gallimard, 2001.

＿＿＿＿. *Le Courage de la Vérité: Le Gouvernement de Soi et des Autres II: Cours
　　au Collège de France*(1983-1984), Paris: Gallimard : Seuil, 2009.

Gutting, Gary. ed., *The Cambridge Companion to Foucault*, Cambridge: Cambridge
　　University Press, 2005.

Han, Beatrice, "The Analytic of Finitude and the History of Subjectivity" In
　　Gutting(2005), 2005.

Kritzman, Lawrence. ed., *Politics, Philosophy, Culture: Interviews and Other
　　Writings, 1977-1984*, New York: Routledge, 1988.

Rabinow, Paul. ed., *The Foucault Reader*, New York: Pantheon Books, 1984.

2부 정의 실천의 모색

한국 및 독일 사회의 '현실'과 하버마스의 사회'철학'

선우현

강준만, 『퇴마 정치』, 인물과 사상사, 2022.

김원식, 『하버마스 읽기』, 세창출판사, 2015.

김재현, 「하버마스에서 공론영역의 양면성」, 『하버마스의 비판적 사회이론』, 문예출판 사, 1996.

레제-쉐퍼, 발터(선우현 옮김), 『하버마스: 철학과 사회이론』, 거름, 1998.

사회와 철학 연구회 지음/선우현 기획·편집, 『한국사회의 현실과 하버마스의 사회철 학』, 씨

아이알, 2023.

선우현, 「탈근대적 이성비판의 의의와 한계」, 『11회 한국철학자 연합학술대회 대회보』, 1998.

선우현, 『사회비판과 정치적 실천: 하버마스의 비판적 사회이론』, 백의, 1999.

선우현, 「체계/생활세계의 2단계 사회이론의 비판적 재구성」, 《사회와 철학》 14, 2007.

선우현, 「이성의 운명, 해체냐 부활이냐」, 『이성의 다양한 목소리』, 철학과현실사, 2009.

선우현, 『한국 사회의 현실과 사회철학』, 울력, 2009.

선우현, 『도덕 판단의 보편적 잣대는 존재하는가』, 울력, 2020.

선우현, 「사회변혁과 비판적 지식인의 리더십」, 《사회와 철학》 44, 2022.

선우현, 『철학은 현실과 무관한 공리공담의 학문인가』, 울력, 2023.

윤은주, 『한나 아렌트의 『예루살렘의 아이히만』 읽기』, 세창미디어, 2023.

이삼열, 「하버마스의 삶과 철학의 도정」, 《철학과 현실》 28, 1996.

이시윤, 『하버마스 스캔들』, 파이돈, 2022.

임지현·김용우 엮음, 『대중독재: 강제와 동의 사이에서』, 책세상, 2017.

정호근 외, 『하버마스, 이성적 사회의 기획, 그 논리와 윤리』, 나남출판, 1997.

장춘익 외, 『하버마스의 사상, 주요 주제와 쟁점들』, 나남출판, 2001.

하상복, 『푸코 & 하버마스: 광기의 시대, 소통의 이성』, 김영사, 2013.

하버마스, J.(이진우 옮김), 『현대성의 철학적 담론』, 문예출판사, 1994.

하버마스, J.(한상진 외 옮김), 『사실성과 타당성』, 나남출판, 2000.

하버마스, J.(황태연 옮김), 『이질성의 포용』, 나남출판, 2000.

하버마스, J.(한승완 옮김), 『공론장의 구조변동』, 나남출판, 2001.

하버마스, J.(장춘익 옮김), 『의사소통행위이론 1』, 나남출판, 2006.

하버마스, J.(장춘익 옮김), 『의사소통행위이론 2』, 나남출판, 2006.

한상진, 『하버마스와의 대화』, 중민출판사, 2022.

한전숙·차인석, 『현대의 철학 I』, 서울대 출판부, 1997.

호르크하이머, M.·아도르노, J.(김유동 옮김), 『계몽의 변증법』, 문예출판사, 1995.

호르크하이머, M.(박구용 옮김), 『도구적 이성 비판』, 문예출판사, 2006.

Adorno, Th., *Kulturkritik und Gesellschaft 1*, *Gesammelte Schriften 10.1*, Suhrkamp, 1997.

Bohman, J./Rehg, W.(eds.), *Deliberative Democracy*, The MIT Press, 1997.

Boyne, R., *Foucault and Derrida: The Other Side of Reason*, Unwin, 1990.

Derrida, J., *Positions*, Minuit, 1972.

Dews, P., *Habermas: Autonomy & Solidarity*, Verso, 1986.

Habermas, J., *Theorie des Kommunikativen Handelns 1*, Suhrkamp, 1981.

Habermas, J., *Erläuterungen zur Diskursethik*, Suhrkamp, 1991.

Habermas, J., *Die Normalität einer Berliner Republik*, Suhrkamp, 1995.

Habermas, J., *Ein neuer Strukturwandel der Öffentlicheit und die deliberative Politik*, Suhrkamp, 2022.

Horster, D., *Habermas zur Einführung*, Junius, 1995.

Lyotard, J.-F., *La postmoderne expliqué aux enfants*, Galilée, 1988.

현실의 역설과 다차원적 구성에 관한 루만의 체계이론

정성훈

루만, 니클라스(장춘익 옮김), 『사회의 사회』, 새물결, 2014.

정성훈, 「'사회의 사회'라는 역설과 새로운 사회이론의 촉구」, 한림과학원, 『개념과 소통』 제11호, 2013.

후설, 에드문트(이종훈 옮김), 『데카르트적 성찰』, 한길사, 2002.

Luhmann, N., *Soziale Systeme – Grundriß einer allgemeinen Theorie*, Suhrkamp, 1984.

Luhmann, N., "Das Erkenntnisprogramm des Konstruktivismus und die unbekannt bleibende Realität", *Soziologische Aufklärung* Band 5(제3판, 초판은 1990), 2005.

Luhmann, N., "Ich sehe was, was Du nicht siehst", *Soziologische Aufklärung* Band 5(제3판, 초판은 1990), 2005.

Luhmann, N., "Erkenntnis als Konstruktion", *Aufsätze und Reden*, Reclam, 2001.

부뤼노 라투르의 새로운 사회학과 행위자 개념
손화철

A. 블록 & T. E. 옌센(황장진 옮김), 『처음 읽는 브뤼노 라투르: 하이브리드 세계의 하이브리드 사상』, 사월의 책, 2017/2011.

B. 라투르(홍성욱 옮김), 『인간·사물·동맹: 행위자 네트워크 이론과 테크노사이언스』, 이음, 2010.

B. 라투르·S. 울거(이상원 옮김), 『실험실 생활: 과학적 사실의 구성』, 한울엠플러스, 2018/1986/1979.

B. 라투르(홍철기 옮김), 『우리는 결코 근대인였던 적이 없다』, 갈무리, 2009/1991.

B. 라투르(장하원·홍성욱 옮김), 『판도라의 희망: 과학기술학의 참모습에 관한 에세이』, 휴머니스트, 2018/1999.

B. Latour, *The Pasteurization of France*, trans. A. Sheridan and J. Law, Cambridge: Harvard U. P., 1988/1984.

B. Latour, *Reassembling the Social: An Introduction to Actor-Network-Theory*, London: Oxford U.P., 2005

오킨, 여성주의적 정의론의 가능성을 탐색하다
김은희

김은희, 「사회정의 영역으로서 가족과 젠더 문제」, 《가톨릭철학》 Vol. 39, 2022.

김은희, 「오킨의 "휴머니스트 정의"를 위한 변론」, 《철학》 Vol. 158, 2024.

Galtry, Judith, "Susan Moller Okin: A New Zealand tribute ten years on", *Women's Studies Journal*, Vol. 28., N. 2, December 2014.

Okin, Susan Moller, *Women in Western Political Thought*, Princeton University Press, 1979.

_____, "Women and the Making of the Sentiment Family", *Philosophy & Public Affairs*, Winter, 1982, Vol. 11, No. 1(Winter, 1982).

_____, *Justice, Gender and the Family*, Basic Books, 1989.

_____, "Reply", Susan Moller Okin, *Is Muliticulturalism Bad for Women?*, edited by Joshua Cohen et. al., New Jersey: Princeton University Press, 1999.

_____, "*Is Muliticulturalism Bad for Women?*", Susan Moller Okin, Is Muliticulturalism Bad for Women?, edited by Joshua Cohen et. al., New Jersey: Princeton University Press, 1999.

_____, "Poverty, Well-Being, and Gender: What Counts, Who's Heard?", *Philosophy & Public Affairs*, Summer, 2003, Vol. 31, No. 3(Summer, 2003).

_____, "Gender, Justice and Gender: An Unfinished Debate", *Fordham Law Review*, volume 72, Issue 5, 2004.

_____, "Feminism and Multiculturalism: Some Tensions", *Ethics*, Vol. 108, No. 4 (July 1998).

Walzer, Michael, "Feminism and Me", *Dissent*, Winter, 2013.

3부 경험의 한계와 진리에 대한 사색

사용으로서의 의미: 비트겐슈타인의 통찰과 브랜덤의 추론주의 의미 이론
석기용

Baker, G. P. & Hacker, P. M., *Wittgenstein: Understanding and Meaning: Essays on Philosophical Investigations*, Blackwell Publishing Limited, 2004.

Brandom, R., *The Tales of Mighty Dead: Historical Essays in the Metaphysics of Intentionality*, Harvard University Press, 2002.

_____, *Articulating Reasons: An Introduction to Inferentialism*, Harvard University Press, 2000.

_____, *Making it Explicit: Reasoning, Representing, and Discursive Commitment,*

Harvard University Press, 1994.

Dummett, M., *Frege: Philosophy of Language*, Harvard University Press, 1981.

Horwich, P., *Meaning*, Clarendon Press, 1998.

Lycan, W., *Philosophy of Language: A Contemporary Introduction*, Routledge & Kegan Paul, London, 2001.

Miller, A., *Philosophy of Language*, UCL Press, 1998.

Pears, D., *Wittgenstein*, Fontana/Collins, 1981.

Schiffer, S., *Remnants of Meaning*, The MIT Press, 1987.

Wittgenstein, L., *Philosophical Investigations*, translated by G. E. Anscombe, Basil Blackwell & Mott, Ltd, 1963.

_____, *Tractatus Logico-Philosophicus*, Translated by C. K. Ogden, Routledge & Kegan Paul, London, 1981.

원초적 해석과 의미: 데이빗슨의 인과주의 비판

이영철

들뢰즈(서동욱, 이충민 옮김), 『프루스트와 기호들』, 민음사, 2005.

이영철, 『진리와 해석』, 서광사, 1991.

이영철, 『비트겐슈타인의 철학』, 책세상, 2016.

비트겐슈타인(이영철 옮김), 『소품집』, 책세상, 2006.

비트겐슈타인(이영철 옮김), 『청색 책·갈색 책』, 책세상, 2006.

비트겐슈타인(이영철 옮김), 『철학적 탐구』, 책세상, 2006.

비트겐슈타인(이영철 옮김), 『확실성에 관하여』, 책세상, 2006.

비트겐슈타인(코라 다이아몬드 엮음, 박정일 옮김), 『수학의 기초에 관한 강의』, 사피엔스21, 2010.

Davidson, D., *Essays on Actions and Events*, Oxford U. P., 1980.

Davidson, D., *Inquiries into Truth and Interpretation*, Oxford U. P., 1984.

Davidson, D., *Subjective, Intersubjective, Objective*, Oxford U. P., 2001.

Davidson, D., *Problems of Rationality*, Oxford U. P., 2004.

Davidson, D., *Truth, Language, and History*, Oxford U. P., 2005.

Dummett, M., "A Nice Derangement of Epitaphs: Some Comments on Davidson and Hacking", in E. Lepore (ed.), *Truth and Interpretation*., Oxford: Blackwell, 1986.

Glock, H.-J., *Quine and Davidson on Language, Thought and Reality*, Cambridge U. P., 2003.

Quine, W.V., *Word and Object*, M.I.T. Press, 1960.

Quine, W.V., *Ontological Relativity and Other Essays*, Columbia U. P., 1969.

인문 교육의 힘: 유명론과 언어적 전환

백도형

백도형, 「제거주의와 실재론」, 《哲學硏究》 제36집, 철학연구회, 1995 봄.

_____, 「'과학의 시대'에 돌아보는 인문학의 역할」, 《숭실대학교 논문집(인문과학편)》 30호, 2000.

_____, 「4차원 개별자론」, 《철학연구》 68집, 철학연구회, 2005.

_____, 「일반화 논변과 심신 환원」, 《철학적 분석》 11호, 한국분석철학회, 2005 여름.

_____, 「문화와 언어: 인문교육의 지평」, 《인간·환경·미래》 4집, 인제대학교 인간환경 미래연구원, 2010 봄.

_____, 『심신 문제: 인간과 자연의 형이상학』, 아카넷, 2014.

_____, 「언어적 전환과 인문 교육」, 《문화기술의 융합》 v.6, no.1, 국제문화기술진흥 원, 2020.

이상욱, 「가능세계와 과학철학: 쿤의 견해를 중심으로」(제17회 한국철학자대회 발표문), 2004.

이정민, 「쿤의 세계 변화 — 해석과 재구성」, 《과학철학》 25 (1), 2022.

천현득, 『토머스 쿤 / 미완의 혁명』, 서울대학교 출판문화원, 2023.

황미란, 『쿤의 공약불가능성 논제에 대한 해킹식 재구성 — 공약불가능성과 과학적 실 재론을 중심으로』, 숭실대학교 석사학위 논문, 2023.

리케르트, 하인리히(이상엽 역), 『문화과학과 자연과학』, 책세상, 1899/2004.

소쉬르, 페르디낭드(최승언 역), 『일반언어학 강의』, 민음사, 1915/1972/2007.

파트남, 힐러리(김효명 역), 『이성, 진리, 역사』, 민음사, 1981/1987.

Hacking, Ian, "Working in a New World: The Taxonomic Solution", in *World Changes: Thomas Kuhn and the Nature of Science*, The MIT Press, 1993.

Heil, J. & Mele, A. (eds), *Mental Causation*, Oxford University Press, 1993.

4부 다시 '참'을 추구하는 노고(勞苦)

베르그손이 말하는 물리학자의 사유와 그 토대

이서영

Albert Einstein(장현영 옮김), 『상대성 이론: 특수 상대성 이론과 일반 상대성 이론 (*Relativity: The Special and The Gereral theory*)』, 지식을만드는지식, 2012.

Henry Bergson, *Essai sur les données immédiates de la conscience*, Paris: PUF, 2007.

_____, *Évolution Créatrice*, Paris: PUF, 2008.

_____, *Les deux sources de la moral et de la religion*, Paris: PUF, 2008

_____, *Durée et Simultanéité*, Paris: PUF, 2009.

_____, *Pensée et le mouvant*, Paris: PUF, 2009.

_____, *Écrits philosophiques*, Paris: PUF, 2011.

Jimena Canales, *The Physicist and the Philosopher: Einstein, Bergson, and the Debate That Changed Our Understanding of Time*, New Jersey: Princeton, 2015.

Milič Čapek, *Bergson and Modern Physics*, Dordrecht: D.Reidel Publishing Company, 1971.

Karl Popper(이한구·정연교·이창환 옮김), 『객관적 지식: 진화론적 접근(*Objective Knowledge*)』, 철학과현실사, 2013.

현상학의 현상학: '현상학함'에 대한 스승과 제자의 대화

문아현

Camus, A.(김화영 옮김), 『시지프 신화』, 책세상, 2012.

Cairns, D. *Conversations with Husserl and Fink*(Phänomenologica 66), Den Hagg, 1976.

Decarte, R.(이현복 옮김), 『성찰』, 문예출판사, 2012.

Fink, E. *VI. Cartesianische Meditation. Teil I. Die Idee einer transzendentalen Methodenlehre.* Hrsg. v. Ebeling, Hans; Holl, Jann; Kerckhoven, Guy van, 1988, 이종훈 옮김, 『데카르트적 성찰』, 한길사, 2009.

Fink, E. *VI. Cartesianische Meditation. Teil II: Ergänzungsband.* Hrsg. v. Kerckhoven, Guy van, 1988.

Husserl, E. *Ideen zu einer reinen Phänomenologie und phänomenologischen Philosophie. Drittes Buch: Die Phänomenologie und die Fundamente der Wissenshaften.* Hrsg. v. Biemel, Marly, 1952.

Husserl, E. Erste *Philosophie* (1923/24). *Zweiter Teil: Theorie der phänomenologischn Reduktion.* Hrsg. v. Boehm, Rudolf, 1956.

문아현, 「현상학의 현상학 — 오이겐 핑크의 『제6 데카르트적 성찰』에 대한 검토를 중심으로」, 서울대학교 석사학위 논문, 2019.

다시금 인간이란 무엇인가: 메를로퐁티의 지각 철학의 문제 형성과 전개

박신화

박신화, 「배아복제 시대의 생명윤리 규범」, 한국포스트휴먼연구소 · 한국포스트휴먼학회 편저, 『포스트휴먼 사회와 새로운 규범』, 아카넷, 2019.

손화철, 「포스트휴먼 시대의 기술철학」, 한국포스트휴먼학회 편저, 『포스트휴먼 시대의 휴먼』, 아카넷, 2016.

M. Merleau-Ponty, *Sens et non-sens*, Paris: Nagel, 1966.

M. Merleau-Ponty, *Le primat de la perception et ses conséquences philosophiques*, Grenoble: Cynara, 1989.

M. Merleau-Ponty, *Parcours 1935~1951*, Verdier, 1997.

M. Merleau-Ponty, *Phénoménologie de la perception*, Gallimard, 1945, 류의근 옮김, 『지각의 현상학』, 문학과 지성사, 2002.

M. Merleau-Ponty, *Résumés de cours* - *Collège de France, 1952~1960*, Gallimard, 1968.

M. Merleau-Ponty, *Le visible et l'invisible*, Gallimard, 1964, 남수인 · 최의영 옮김, 『보이는 것과 보이지 않는 것』, 동문선, 2004.

S.-A. Noble, "Maurice Merleau-Ponty, ou le parcours d'un philosophe. Éléments pour une biographie intellectuelle", *Chiasmi international n°13*, Paris: Vrin, 2011.

J.-P. Sartre, *Situation, tome IV*, Gallimard, 1964, 윤정임 옮김, 『시대의 초상: 사르트르가 만난 전환기의 사람들』, 생각의 나무, 2009.

일상의 삶과 행복

강영안

『성경전서』, 생명의말씀사, 2013.

강영안, 「행복의 조건: 레비나스와 더불어 행복을 생각함」, 《철학과 현상학 연구》 제66집, 한국현상학회, 2015년 가을.

아리스토텔레스(이창우·김재홍·강상진 옮김), 『니코마코스 윤리학』, 이제이북스, 2006.

아우구스티누스(최민순 옮김), 『고백록』, 바오로딸, 2013.

Kant, Immanuel, *Die Religion innerhalb der Grenzen der blossen Vernunft, in: Kant's Gesammelte Schriften*, A.A, Berlin, 1907.

Levinas, Emmanuel, *Totalité et infini*, La Haye: Martinus Nijhof, 1962.

_____, *Le temps et l'autre*, Paris: PUF, 1979.

_____, *Autrement qu'être ou au-delà de l'essence*, La Haye: Martinus Nijhoff, 1974.

Pascal, Blaise, *Pensées*, Édition présentée, établie et annotée par Philippe Sellier, Paris: Pocket, 2003.

Sheringham, Michael, *Everyday Life. Theories and Practices from Surrealism to the Present*, Oxford: Oxford University Press, 2006.

Tallis, Raymond, *Hunger*, New York: Routledge, 2008.

Van Peursen, C. A., *Ziel-Lichaam-Geest. Inleiding tot een wijsgerige anthropologie*, Utrecht: Bijleveld, 1978.

Welten, Ruud, *Het ware leven is elders*, Zoetermeer: Klement/Pelckmans, 2013.

Wolters, Al, *Creation Regained*, with a Postscript coauthored by Michael W. Goheen, Grand Rapids: Eerdmans, 2005.

철학과 현실의 소통 변증법: 열암 박종홍의 철학관 소고

황경식

哲學的 小論(朴鍾鴻全集 제1권)

一般論理學(朴鍾鴻全集 제2권)

認識論理(朴鍾鴻全集 제2권)

哲學開設(朴鍾鴻全集 제3권)

思想과 行動(朴鍾鴻全集 제6권)

理論과 實踐의 유기적 연관 구조, 1970.

理論과 實踐의 辨證法 — 열암사상의 한 이해, 1998.

열암기념사업회 엮음, 『현실과 창조』, 천지, 1998.

KI신서 12918

철학과 현실, 현실과 철학 4 : 현대 문명의 향도
인류 문명 진보를 위한 현대 철학의 모색들

1판 1쇄 인쇄 2024년 7월 8일
1판 1쇄 발행 2024년 8월 1일

지은이 이명현, 한충수, 윤영광, 최훈, 선우현, 정성훈, 손화철, 정원섭, 목광수, 김은희, 박정일,
　　　　석기용, 이영철, 백두환, 김도식, 백도형, 이서영, 문아현, 박신화, 강영안, 황경식
엮은이 백종현
펴낸이 김영곤
펴낸곳 ㈜북이십일 21세기북스

인문기획팀 팀장 양으녕 **책임편집** 서진교 **마케팅** 김주현
디자인 최혜진
출판마케팅영업본부장 한충희
마케팅2팀 나은경 한경화
영업팀 최명열 김다운 권채영 김도연
제작팀 이영민 권경민

출판등록 2000년 5월 6일 제406-2003-061호
주소 (10881) 경기도 파주시 회동길 201(문발동)
대표전화 031-955-2100 **팩스** 031-955-2151 **이메일** book21@book21.co.kr

(주)북이십일 경계를 허무는 콘텐츠 리더

21세기북스 채널에서 도서 정보와 다양한 영상자료, 이벤트를 만나세요!
페이스북 facebook.com/jiinpill21　　　**포스트** post.naver.com/21c_editors
인스타그램 instagram.com/jiinpill21　　　**홈페이지** www.book21.com
유튜브 youtube.com/book21pub

당신의 일상을 빛내줄 탐나는 탐구 생활 〈탐탐〉
21세기북스 채널에서 취미생활자들을 위한 유익한 정보를 만나보세요!

ⓒ 이명현, 2024
ISBN 979-11-7117-696-0 (94100)